日本における
『詩経』学史

張文朝　著

目次

序 ……………………………………………………………………………… 3

第一章　古代の『詩経』学（-1192）……………………… 7

第一節　大和・奈良時代（-794）……………………… 8
第二節　平安時代（794-1192）……………………… 12
第三節　小結………………………………………………… 25

第二章　中世の『詩経』学（1192-1603）……………… 29

第一節　鎌倉時代（1192-1333）……………………… 29
第二節　室町時代（1336-1573）……………………… 34
第三節　安土桃山時代（1573-1603）……………… 55
第四節　小結………………………………………………… 57

第三章　近世の『詩経』学（1603-1868）……………… 61

第一節　江戸初期出版事業の背景……………………… 63
第二節　朝鮮版『詩経』の伝来……………………… 67
第三節　藩校の『詩経』学……………………………… 70
第四節　中国からの『詩経』関係書籍の伝来……… 103
第五節　日本学者の『詩経』関係著作………………… 121
第六節　小結………………………………………………… 181

第四章　近現代の『詩経』学（1868-2010）………183

第一節　整理方法 ………………………………185

第二節　著訳者について ………………………187

第三節　『詩経』学研究の内容について ………190

第四節　出版機関について ……………………210

第五節　出版年について ………………………216

第六節　小結 ……………………………………219

結論 …………………………………………………221

参考文献 ………………………………………………227

付録 ……………………………………………………235

表一　「古代『詩経』引用例：大和・奈良時代」………237

表二　「古代『詩経』引用例：平安時代」……………240

表三　「藩校の『詩経』教学と学風」…………………250

表四　「藩校の創立期と学風」…………………………251

表五　「藩校所在地域と学風との関係」………………265

表六　「『四庫提要』分析」……………………………266

表七　「日蔵『詩経』漢籍」……………………………272

表八　「唐船持渡書年代別」……………………………295

表九　「『詩経』学統表」………………………………307

表十　「『詩経』相関著作学者」………………………316

表十一　「『詩経』相関著作」…………………………338

表十二　「『詩集伝』相関著作」………………………384

表十三　「近現代における『詩経』関係著作」………386

序

　『詩経』は中国のみならず、世界中の数多の学者に研究され、各地で『詩経』学が形成されている。本書はその中の日本『詩経』学を主要な対象とし、日本において、『詩経』が古代から現代まで一体どのように受容され、発展してきたのかについて史的に論述を試みるものである。そこでまず、日本の時代を古代、中世、近世、近現代の四つに分けて、各一章とする。各時代の『詩経』に関する書籍がいつ、誰によって、どのように日本へ伝えられてきたか、どのような人がどのように用いているか、政治（侍読・公文書・改元）、教育（大学・講学）、文学（作品の中で『詩経』の引用）などの項目に分けて論じ、また、『詩経』に関する書籍がどれほどあったか等を究明する。『詩経』関係の書籍量については、例えば、日本古代の書籍目録書に収録されているものや、中世以降に朝鮮や中国から伝えられてきたもの、日本の学者が訓点や校定等を施した書籍などの数を諸目録書から掘り出して統計分析を加える。さらに、可能な限りそうした書籍の著作年・著者・巻数等の書誌情報を明記する。そうすることで、『詩経』学の日本における伝播状況について明らかにしたい。

　本書の構成について略述しておく。本書は序、本論、結論の三部分によって構成されている。

　本論の第一章では、日本古代の『詩経』学について述べていく。本書における日本の古代とは大和時代・奈良時代・平安時代を指している。大和時代は、古墳時代と飛鳥時代である。奈良時代は710

年に元明天皇が奈良の平城京に都を遷してから、794年に桓武天皇
が平安京に遷都するまでの時代であり、平安時代は平安京遷都か
ら、1192年の鎌倉幕府の成立までの時代である。この章では朝鮮や
中国から五経博士や律令などが日本に導入され、『詩経』がその中
でどのように流布していったのかを探求する。また、どれほどの
『詩経』関係書籍が日本に伝来し、そうした書籍が当時の日本にど
のような影響を与えたかを調査し、古代日本における『詩経』流通
の状況を明らかにしたい。そのために、大和・奈良時代、平安時代
の二節を置いて古代の『詩経』学について論じる。

　第二章では、日本中世の『詩経』学について述べていく。日本の
中世とは鎌倉時代・室町時代・安土桃山時代といった時代を指す。
鎌倉時代は1192年に源頼朝が征夷大将軍に任じられて鎌倉幕府を開
いた年から1333年に鎌倉幕府が滅亡するまでの時代、室町時代は足
利尊氏が北朝を擁立し室町幕府を開いた1336年から1573年に織田信
長が足利義昭を追放し、室町幕府が消滅するまでの時代である。な
お、室町時代は、南北朝時代（1331-1392）と戦国時代（1493-
1573）とを含んでいる[1]。安土桃山時代とは、室町幕府滅亡から、
1603年に徳川家康が征夷大将軍に任ぜられ江戸に幕府が開かれるま
での時代を指す。宋学や朱子学などが僧侶によって日本にもたらさ
れた時代である。従来の古注である『詩経』と新しく伝来した新注
である朱子の『詩集伝』とがどのように研究されているか、どれほ
どの『詩経』関連書籍が日本に伝来したか、また、これらの書籍が

1　日本の南北朝時代とは朝廷が、後醍醐天皇が 1333 年に開いた天皇親政の政権南
　　朝と足利尊氏が 1336 年に室町幕府を開いた際に擁立した光厳天皇以後の北朝と
　　に分裂した時代を指す。戦国時代とは 1493 年の明応の政変から、1573 年に織田
　　信長が足利義昭を追放して室町幕府が消滅するまでの時代を指す。

当時の日本にどのような影響を与えたか、日本の学者がその影響を受けて如何なる『詩経』関係書籍を著したかなどを検討し、日本中世における『詩経』伝播の状況を明らかにする。そのために、それぞれ鎌倉時代、室町時代、安土桃山時代の三節を置いて中世の『詩経』学を論じてみたい。

　第三章では、日本近世の『詩経』学について考察を加える。日本の近世とは、1603年の江戸開府から、1868年の大政奉還までの江戸時代に当たる。朱子学が藤原惺窩や林羅山等によって僧侶から解放され、幕府や庶民たちに歓迎され研究された時代である。この章で検討する課題は、こうした江戸時代に朝鮮や中国からどれほど『詩経』関係の書籍が流入したのか、どう流布したのか、どれほどの学者がどれほどの『詩経』についての著作を作ったのか、朱子の新注である『詩集伝』が江戸時代の『詩経』学史にどのような地位を占めているのか等である。こうした問題を考えるために、江戸初期出版事業の背景、朝鮮版『詩経』の伝来、藩校の『詩経』学、中国からの『詩経』関係書籍の伝来、日本学者の『詩経』関係著作といった各節を置いて、近世の『詩経』学を明らかにしたい。

　第四章では、日本近現代の『詩経』学について論じる。近現代とは明治時代・大正時代・昭和時代・平成時代を指す。明治時代は明治天皇在位期間である1868年から1912年までの期間、大正時代は大正天皇の1912年から1926年までの期間であり、昭和時代は昭和天皇の1926年から1989年までの在位期間である。平成時代は1989年から2010年までの期間を指す。この四つの時代は、それぞれの期間が短いので一章として、『詩経』研究の状況、成果、特色などについて、整理方法、著訳者について、『詩経』学研究の内容について、出版機関について、出版年についての各節を置いて論じることとす

る。
　最後の結論では、各章で論じたものを総括して、本書を締め括
る。

第一章
古代の『詩経』学（-1192）

　本章は、日本古代における『詩経』学の状況について究明するものである。日本の大和時代から奈良時代・平安時代に至るまで、朝鮮、中国から五経博士や律令などが日本に導入されると共に、『詩経』がどのように流布していったのかについて探求したい。また、どれほどの『詩経』関係書籍が日本に伝来したのか、それらの書籍が当時の日本にどのような影響をもたらしたのかを論ずるものである。

　以下、当時の様々な書物や文献、たとえば、政治的文献である「十七条憲法」、「意見封事十二箇条」、各天皇の詔書や、歴史書『日本書紀』・『続日本紀』・『日本後紀』・『続日本後紀』、また『懐風藻』・『万葉集』・『凌雲集』・『文華秀麗集』・『経国集』・『本朝麗藻』・『本朝無題詩』・『本朝文粋』・『本朝続文粋』・『古今和歌集』といった文学作品、さらには『弘決外典抄』・『三教指帰』・『発揮性霊集』等の宗教関係書籍や、各公卿の個人詩文集『都氏文集』・『田氏家集』・『菅家文草』・『雑言奉和』・『江吏部集』などの著作から、古代における『詩経』の流布状況を明らかにしてみよう。また、『日本国見在書目録』等から『詩経』に関する書籍を分析し、その数量や影響を調査してみたい。

第一節　大和・奈良時代（-794）

　日本は古代から朝鮮半島とは海を隔てて交通が盛んである。応神十六年（285）に王仁が百済より『論語』十巻と『千字文』を携えて渡来して、皇太子菟道稚郎子が王仁にそれらを学んでいたことは『古事記』と『日本書紀』に記されている。言うまでもなく、『論語』の中には孔子やその門人達の『詩経』観を垣間見ることができるし、『千字文』にも実は『詩経』に関する記述が何箇所か見られる。たとえば、「詩に羔羊を賛せり」（『詩経』には「召南・羔羊篇」を賛えるものがある）、「臨深履薄」（「小雅・小旻篇」の「深淵に臨むが如く、薄氷を履むが如し」に基づく）、「存するに甘棠を以てし、去りて益々詠ぜらる」（「召南・甘棠篇」のこと。召公が生きている時には甘棠の木の下で政治を行ない、亡くなった後、民がますます彼のことを懐かしく思って歌っている。）「孔だ懐うは兄弟なり」（「小雅・常棣篇」の「兄弟孔だ懐ふ」の句であり、兄弟が友愛すべきことを誦じている）。王仁がどのようにこの二書を皇太子に解釈して教えたか、今でははっきりしないが、皇太子が「通達せざるはなし」と言われている以上、『詩経』についてもこの二書を通じて、ある程度の知見を得ていたと考えられる。

　王仁来日後の二百年間、日朝の交流は続けられた。さらに継体天皇七年（513）に百済より五経博士段楊爾が来日しているが、これは日本で初めての五経に関する記録である。続いて継体天皇十年（516）に百済より五経博士漢高茂が来日し、段楊爾と交代した。欽明天皇十五年（554）にはまた、百済より五経博士王柳貴が固徳馬丁安に替わって来日、推古天皇十八年（610）には高句麗王の命

により五経を学んだ僧曇徴も来日している。天智天皇十年（671）になると五経に明らかであった百済からの帰化人許率母等に官位を授けている。

　一方、日本は中国とも古くから深い関係にあった。前漢武帝（紀元前141-紀元前87）の時代から両国間で交流が行なわれていたことが、中国の正史である『漢書』に記録されている。以来、両国の交流は頻繁に行われた。推古天皇十五年（607）から同二十二年（614）まで三回遣隋使が派遣され、舒明天皇三年（630）から宇多天皇寛平六年（894）に至るまで、二十回にも亘る遣唐使が送られ、中国の文化を吸収していくのである。

　特に文武天皇元年（701）、大宝律令が実施され、大学・国学の制度が定められたことは、日本教育史上の重要なできごとであった。大学の教科書は唐制を基礎としており、明経科の教科書は『周易』・『尚書』・『周礼』・『儀礼』・『礼記』・『毛詩』・『春秋左氏伝』、各一経として、学ぶ者は『孝経』・『論語』を兼習することとなっている。

　大学寮の明経生は四百人にも達している。その入学資格は官位五位以上の子孫、東西史部の子、八位以上の子弟であり、年齢は十三歳以上十六歳以下であった。九年で卒業し、それを超える者は皆退学となる。学生は一経を学び始めると、それを完全に最後まで学び終えるまでは、他経へと転ずることは許されなかったし、教授もまた一経を最後まで教え終えずに他経に移ることはできなかった。経は大・中・小三経に分けられている。大経は『礼記』・『左伝』、中経は『毛詩』・『周礼』・『儀礼』、小経は『周易』・『尚書』である。その中で必ず二経以上を学ばなければならないのだが、小経のみ二経は許されない。二経に通ずる者は、大経中の一経及び小経中の一

経を選ぶか、中経中の二経を選ぶ。三経を学ぶ者は大経・中経・小
経から各一経、五経に通ずる者は大経・中経・小経全て学ばなけれ
ばならなかった。また、『孝経』・『論語』は必修の基本文献であっ
た[1]。

　以上のように日本では奈良時代まで、朝鮮半島から五経博士が派
遣され、僧侶や帰化人などが登用されて、日本の学術に貢献してき
たのである。さらに中国から律令制度などを取り入れ、儒家経典で
ある五経や『孝経』・『論語』などを大学で学んだ。そして、その大
学の入学資格からは、大学が貴族のために開かれ、儒学が貴族の間
で行なわれていたことが分かる。しかし、以上からは『詩経』の流行
状況についてはあまりはっきりしていない。そこで、日本の古代に
おける『詩経』の流伝状況を解明するためには現存する文献にその
痕跡を求めるしかない。この点についてはすでに、市川本太郎の
『日本儒教史』（1989年）や内野熊一郎の『日本漢文研究』（1991
年）が詳細な分析を行なっている。以下、両書中の『詩経』に関す
る部分を借りて日本古代の『詩経』受容の状況をまとめてみよう。

　　『日本儒教史（一）上古篇』によると、『詩経』の詩句を引く書
籍と回数は次のようになる。『日本書紀』十六例、「十七条憲法」八
例、『続日本紀』六例、『懐風藻』四例、『万葉集』二例である。こ
れを付録「表一：古代『詩経』引用例：大和・奈良時代」によって
統計し、分析していきたい。「表一」から見れば、大和時代に『韓
詩外伝』が一例、『毛詩』に関するものが二十六例ある。その内、
『毛詩』の大序が一例、国風が四例、小雅が十一例、大雅が九例、

1　市川本太郎著『日本儒教史（一）上古篇』（東亜学術研究会、1989 年、377 頁-
　398 頁）。

頌が一例である。奈良時代には計十例『毛詩』からの引用が認められる。その内訳は、国風が一例、小雅が六例、大雅が三例である。雅が圧倒的に多いことが分かる。それは雅が政治的な性質を持つ詩歌であることによるだろう。『日本漢文研究』によれば、大和時代には十例、奈良時代には十五例があるという[2]。

　なお、『日本書紀』にある崇神天皇即位十二年の詔書は「大体『漢書』の『成帝本紀』の鴻嘉元年及び二年の文に基いているもの」である[3]。したがって、その詔書中の『詩』の引用は恐らく『詩経』の詩句であることを意識的に使っているのではなく、ただ便宜的に『成帝本紀』を写しているだけであろう。それから、仁徳天皇の詔書は『淮南子』に依拠したもので、内容・文字や熟語が一致するところが多く[4]、雄略天皇の遺詔は『隋書』の高祖紀を転用したものである[5]。億計王が顕宗天皇の質問に対して述べた語は、『晏子春秋』に見える叙述に酷似しており[6]、継体天皇の詔文は『呂氏春秋』と全く同文である[7]。『万葉集』の歌には各歌毎に歌の題名が付せられている。市川本太郎は、『詩経』にも各詩に題名に代る詩序が付されていることから、万葉の歌名は間接的に『詩経』の影響を受けたということができると指摘している[8]。

　以上のように奈良時代までの日本では、中国の書物を模倣の対象

2　内野熊一郎著『日本漢文研究』（名著普及会、1991 年、119 頁）。なお、本書では、上古代と飛鳥時代とを大和時代として見ている。

3　市川本太郎著『日本儒教史（一）上古篇』（東亜学術研究会、1989 年、41 頁）。

4　同上、（57 頁）。

5　同上、（61 頁）。

6　同上、（66 頁）。

7　同上、（67 頁）。

8　同上、（450 頁-451 頁）。

としながら政治的活動を行なっていた。まさに内野熊一郎が「経書
経句説の残存実例によって観ると、我国古代経書経説学の伝行形態
は、或は原型原義の伝承的に、乃至は展開的に、或は転義展説的
に、形成せられている」[9]と指摘しているように、原型原義の伝承の
側面が多いと言えよう。

　この時代に伝来し、現存する『詩経』に関する書籍としては、東
洋文庫が所蔵する初唐写本『毛詩』巻六残巻がある[10]。

第二節　平安時代（794-1192）

　平安時代に入り、遣唐使の派遣は三回続けられたが、やがて、安
史の乱のため宇多天皇寛平六年（894）の二十回目で中止された。
しかし、民間での交流はその後も頻繁に行なわれ、中国の文化は多
く日本へもたらされた。その上、平安初期に朝廷の奨励によって大
学寮が充実され、毎年の釈奠時には、天皇はしばしば学者を集めて
経書の講義を命じている。「その講書に用いられた書は、『毛詩』・
『尚書』が最も多く、『周易』・『左氏伝』・『礼記』・『孝経』の順
で、『論語』が最も少なく、『周礼』・『儀礼』・『公羊』・『穀梁』は全
く見えない」[11]という。ここからは、平安初期では『毛詩』が重視
されていたことが分かる。中期になると、大学の明経道や明経博士
などに興味を持つ学生が少なくなり、紀伝道や文章博士は人気があ
ったものの、末期ともなると、大学寮は形式的に運営されるだけの
状況になっている。さらに安元三年（1177）の京都大火で大学寮が

9　内野熊一郎著『日本漢文研究』（名著普及会、1991 年、85 頁）。
10　大庭脩著『漢籍輸入の文化史』（研文出版、1997 年、38 頁）。
11　市川本太郎著『日本儒教史（二）中古篇』（東亜学術研究会、1991 年、37 頁）。

焼失すると、大学は衰えていった。

　平安時代に『詩経』の詩句を引く書物と回数は『日本儒教史（二）中古篇』によると、次のようになる。『日本後紀』四例、『続日本後紀』一例、『三教指帰』十一例、『発揮性霊集』二例、『群書類従』三例、『凌雲集』一例、『文華秀麗集』六例、『経国集』三例、『都氏文集』六例、『田氏家集』一例、『菅家文草』三十二例、紀長谷雄の著作五例、「意見封事十二箇条」十例、『雑言奉和』三例、『本朝文粋』二十六例、『江吏部集』十例、菅原雅規の著作四例、菅原文時の著作二十一例、藤原師輔の著作二例、『本朝麗藻』三例、『本朝無題詩』五例、『本朝続文粋』十四例である。これを付録「表二：古代『詩経』引用例：平安時代」で統計し、分析していこう。「表二」から見れば、『韓詩外伝』が二例、『毛詩』に関するものが百七十三例となり、その内、『毛詩』の大序は二十六例、国風は五十五例、小雅は四十一例、大雅は三十七例、頌は五例となる。平安時代にも雅はそれなりの数を保っているが、国風もかなり重視されるようになったことが分かる。こうした傾向は、漢詩文に関する著作の増加に伴う文学的視野の拡大と密接な関係があると見てよい。『日本漢文研究』によれば、平安時代初期では『詩経』の引用が十二例あり[12]、その外に具平親王（964-1009）の『弘決外典抄』にも十四例が認められる。こうした例からは、具平親王の『詩経』学が毛『伝』・鄭『箋』・『正義』によって成り立ち、音注は『釈文』の反切に拠っていることが明白である。中には、例えば、「小雅・大東篇」の「維南有箕」「維北有斗」について、『正義』では「箕と斗とは並び南方に在るの時」と解釈しているが、『弘決外

12　内野熊一郎著『日本漢文研究』（名著普及会、1991年、119頁）。

典抄』では「案ずるに、是の北斗は、是れ南斗と謂ふなり」という
ような具平親王独自な意見も見られることは注意を要する[13]。

　また、『古今和歌集』（905年）の序には仮名と真名とがある。仮
名の序は紀貫之（871-946）、真名の序は紀淑望（？-919）が書いた
ものであるが、とりわけ仮名の序で述べられている歌論は後世の文
学に大きな影響を与えた。ここでまずその真名の序について分析し
てみたい。冒頭部分には次のようにある。

　　　夫れ和歌は、其の根を心地に託け、其の花を詞林に発くもの
　　　なり。人の世に在るや、無為なること能はず。思慮遷り易
　　　く、哀楽相変ず。感は志に生り、詠は言に形はる。是を以ち
　　　て、逸せる者は其の声楽しみ、怨ぜる者は其の吟悲しむ。以
　　　ちて懐を述べつべく、以ちて憤を発しつべし。天地を動か
　　　し、鬼神を感ぜしめ、人倫を化し、夫婦を和ぐること、和歌
　　　より宜しきはなし。和歌に六義あり。一に曰く、風。二に曰
　　　く、賦。三に曰く、比。四に曰く、興。五に曰く、雅。六に
　　　曰く、頌。[14]

　これはまさに『毛詩』の「序」を利用して、日本の和歌の本質や
効果を説明しようとしたものである。「夫れ和歌は、其の根を心地
に託け、其の花を詞林に発くものなり」とは『毛詩』の「詩は志の

13　内野熊一郎著『日本漢文研究』（名著普及会、1991 年、247 頁-249 頁）。

14　夫和歌者、託其根於心地、発其花於詞林者也。人之在世、不能無為。思慮易
　　遷、哀楽相変。感生於志、詠形於言。是以逸者其声楽、怨者其吟悲。可以述
　　懐、可以発憤。動天地、感鬼神、化人倫、和夫婦、莫宜於和歌。和歌有六義。
　　一曰風。二曰賦。三曰比。四曰興。五曰雅。六曰頌。小沢正夫校注訳『古今和
　　歌集』（小学館、日本古典文学全集・七、第 4 版、1971 年、413 頁）を参照。

之く所なり。心に在るを志と為し、言に発するを詩と為す」句に拠るものである。「人の世に在るや、無為なること能はず。思慮遷り易く、哀楽相変ず。感は志に生り、詠は言に形はる」も『毛詩』の「情、中に動きて、言に形はる」、「是を以ちて、逸せる者は其の声楽しみ、怨ぜる者は其の吟悲しむ。以ちて懐を述べつべく、以ちて憤を発しつべし」は『毛詩』の「情、声に発し、声、文を成す。之を音と謂ふ。治世の音は、安くして以て楽しむ。其の政、和すればなり。乱世の音は、怨みて以て怒る。其の政、乖けばなり。亡国の音は、哀しみて以て思ふ。其の民、困しめばなり」句に基づく。『毛詩』における国家的政治的な文意を、個人的な逸楽怨悲の情に変じている点では異なるが、特に和歌の効果である「天地を動かし、鬼神を感ぜしめ、人倫を化し、夫婦を和ぐること」や「和歌に六義あり」といった説は『毛詩』のそれとほぼ同じである。

　続いて、仮名の序と比べてみよう。第一段落の「やまとうたは、人の心を種として、万の言の葉とぞなれりける。世の中にある人、ことわざ繁きものなれば、心に思ふことを、見るもの聞くものにつけて、言ひ出せるなり。花に鳴く鶯、水に住む蛙の声を聞けば、生きとし生けるもの、いづれか歌をよまざりける。力をも入れずして天地を動かし、目に見えぬ鬼神をもあはれと思はせ、男女の中をも和らげ、猛き武士の心をも慰むるは歌なり」という和歌の本質と効果とは真名の序とほぼ同じである。しかし、真名の序での「和歌に六義あり」という表現は、仮名の序の第三段落で次のように変わっている。

　　　そもそも、歌のさま、六なり。唐の歌にもかくぞあるべ
　　　き。その六種の

一つには、そへ歌。

　　大鷦鷯の帝をそへ奉れる歌。

　　難波津に咲くや木の花冬こもり今は春べと咲くや木の
　　花

　といへるなるべし。

二つには、かぞへ歌。

　　咲く花に思ひつく身のあぢきなさに身にいたつきのい
　　るも知らずて

　といへるなるべし。

三つには、なずらへ歌。

　　君に今朝朝の霜のおきていなば恋しきごとに消えやわ
　　たらむ

　といふなるべし。

四つには、たとへ歌。

　　わが恋はよむとも尽きじ荒磯海の浜の真砂はよみ尽く
　　すとも

　といへるなるべし。

五つには、ただごと歌。

　　いつはりのなき世なりせばいかばかり人の言の葉うれ
　　しからまし

　といへるなるべし。

六つには、いはひ歌。

　　この殿はむべもとみけり三枝のみつばよつばに殿づく
　　りせり

　といへるなるべし。

　この六つの歌のさまはそれぞれ『毛詩』の「六義」の風・賦・比・興・雅・頌に相当する。『毛詩』の「序」では風・雅・頌だけを説明し、真名の序では何も説明を加えていなかったのに対して、仮名の序では、六つの歌のさまには皆それぞれ例歌が付されている。しかし、そうした例歌によって「六義」の意味を説明するのは、やはり困難を伴うことあった。その理由は、例歌の後に記されている「古注」の説に明らかである[15]。例えば、二番目の「賦」に相当する「かぞへ歌」は「この歌、いかにいへるにかあらむ。その心、えがたし」と、古注は述べている。むしろ、「五つに、ただごと歌といへるなむ、これにはかなふべき」との意見を述べるのである。また、三番目の「比」に相当する「なずらへ歌」も「この歌、よくかなへりとも見えず」と指摘され、四番目の「興」に相当する「たとへ歌」についても、「この歌は、隠れたる所なむなき」と批判が加えられている。五番目の「雅」に相当する「ただごと歌」も「この歌の心さらにかなはず」とされて、六番目の「頌」に相当する「いはひ歌」も「この歌、いはひ歌とは見えずなむある」と完全に否定されている。そして、最後に結論として「おほよそ、六種に分れむことは、えあるまじきことになむ」と、歌を六つに分けるこ

15　本書は小沢正夫校注訳『古今和歌集』（小学館、日本古典文学全集・七、第4版、1971年）を用いた。該書の解説（36頁）によると、北村季吟の『八代集抄』までは「古注」と呼び、契沖以後の近世国学者の注を「新注」と呼んでいる。また、49頁上欄の注7にも「以下、小活字の部分はすべて古注と呼ばれ、この部分をもたない古写本もあるほどで、「仮名序」の原形にはなかったものであろう」とあるから、本書でも「古注」と呼ぶことにする。しかし、古注を施したのは誰であろうか。小沢氏の解説によると、初めて『古今集』の両序を注釈したのは藤原教長（1109-？）であり、鎌倉時代の顕昭『古今集註』、藤原定家『顕註密勘』なども『古今集』のほとんど全ての歌に注を施したと述べているが、実際の古注者が誰なのか特定できていない。

とができないとまで述べるのである。

　ちなみに「古注の説は『毛詩正義』の六義の説明に多くよっている」と小沢正夫は指摘しているが[16]、その通りであろう。例えば、古注は二番目の「かぞへ歌」を「これは直言にいひて、ものに譬へなどもせぬものなり」と定義している。『毛詩正義』には「詩文直ちに其の事を陳べ、譬喩せざる者は、皆賦の辞なり」という表現があるが[17]、古注はこれによったのであろう。三番目の「なずらへ歌」を「これは、ものにもなずらへて、それがやうになむあるとやうにいふなり」と定義するのも、『毛詩正義』の「物に比託し、正言敢へず、畏懼有る所に似たり」という句から出たものだと考えられる。また、四番目の「たとへ歌」は「これは万の草木鳥獣につけて、心を見するなり」と定義されている。『毛詩正義』では、鄭衆（司農）の「興なる者は、事を物に託するなり」という言葉を引いて「則ち興なる者は、起こすなり。譬ひ取りて類を引く、己の心を起発し、詩文に諸れ草木鳥獣を挙げて以て意を見わす者は、皆興の辞なり」[18]と注解したのを古注は引用しているのであろう。五番目の「ただごと歌」の「これは、事のととのほり、ただしきをいふなり」も『毛詩正義』の「斉正を以て名と為す」を利用したものである。なお、一番目の「風」に相当する「そへ歌」はその例歌から見れば、『毛詩・序』の「一国の事は、一人の本に繋る」に近く、六番目の「頌」に相当する「いはひ歌」の「これは、世をほめて神に

16　小沢正夫校注訳『古今和歌集』（小学館、日本古典文学全集・七、第 4 版、1971 年、52 頁）を参照。

17　李学勤主編『毛詩正義』（北京大学出版社、十三経注疏・四、1999 年、14 頁上欄）を参照。

18　「（司農又云）興者託事於物。則興者起也。取譬引類、起発己心、詩文諸挙草木鳥獣以見意者、皆興辞也。」

告ぐるなり」という定義は、『毛詩』の序の「盛徳の形容を美め、其の成功を以て神明に告ぐる者なり」に基づくものである。

　こうした仮名の序で『毛詩』の「六義」を和歌の様式「六種」に当て嵌めようとする作業には、次第に衰えていく和歌を復興しようとする意図が見られる。それは仮名の序に「ここに、古のことをも、歌の心をも知れる人、わづかに一人二人なりき」、「かの御時よりこのかた、年は百年余り、世は十つぎになむなりにける。古のことをも、歌をも知れる人、よむ人多からず」に明らかである。真名の序にも「彼の漢家の字を移して、我日域の俗を化す。民業一たび改って、和歌漸く衰ふ」、「近代古風を存する者、纔かに二、三人なり」や「適、和歌の中興に遇ひて、以ちて吾が道の再び昌んなることを楽しむ」等の表現がある[19]。

　以上述べたように、『詩経』は継体天皇の世に百済からの五経博士の来日によって紹介された。文武天皇の世に大宝律令による大学の制度が実施されると、明経家の教科書の中経の一つとして学ばれ、釈奠には経書講義の対象として使われている。また、多くの日本人の著作や政治上の文書（例えば詔書など）に詩句は引用された。そのテキストは主として毛『伝』・鄭『箋』の『毛詩』や孔穎達疏の『毛詩正義』、韓嬰撰の『韓詩外伝』などである。平安初期までの『詩経』源流について内野熊一郎は『日本漢文研究』の中で、推古帝初年以前、百済より毛亨伝『毛詩』が伝来し、飛鳥時代の隋との交流を通して、『隋志』の毛萇伝『毛詩』が伝わり、その後、飛鳥朝後期から奈良・平安朝にかけては唐との交流が行なわ

---

19 仮名の序は小沢正夫校注訳『古今和歌集』（小学館、日本古典文学全集・七、第４版、1971年、57頁）を、真名の序は該書の415頁-420頁を参照。

れ、唐の毛亨伝系が流存したが、学制上と博士家説とは皆『隋志』
並に唐制を襲う毛萇説系であったと指摘している[20]。これによれ
ば、『毛詩』には毛亨伝と毛萇伝との二伝本があったと考えられる
が、後漢の鄭玄（127-200）『詩譜』や三国の呉の陸璣『毛詩草木鳥
獣虫魚疏』は魯の大毛公亨が『訓詁（古）伝』を作って趙の小毛公
萇に教えたとしている。『欽定四庫全書総目』は、この二人が「併
せて『毛詩』を伝授し、淵源自る有り、言ふ所必ず誣らざるなり」
と毛亨を『毛詩』の伝者とし、さらに、「趙人毛萇『詩』を伝ふ。
是れ『毛詩』と為す」と記す南朝宋の范曄（398-445）『後漢書』
と、それに従って、「漢河間太守毛萇伝、鄭氏箋」と著録する『隋
志』とを「殊に舛誤と為す」と見て、清朝まで「流俗沿襲し、之を
更ふ能はず」と述べている。また、「『毛詩』二十九巻を以て毛亨撰
と題し、注に曰く佚、と。毛詩訓故伝三十巻を毛萇撰と題し、注に
曰く存、と」という清の朱彝尊（1629-1709）『経義考』の説を「意
は調停を主とすれば、尤も古に於いて拠無しと為す」としている[21]。

　このように、『欽定四庫全書総目』は毛亨を『毛詩』の伝者とし
ているが、歴代正史の『経籍志』・『芸文志』の叙述を「流俗沿襲」

20　内野熊一郎著『日本漢文研究』（名著普及会、1991 年、131 頁-133 頁、163 頁-
　　174 頁）を参照。

21　「併伝授『毛詩』、淵源有自、所言必不誣也」、「趙人毛長伝詩。是為『毛
　　詩』」、「殊為舛誤」、「流俗沿襲、莫之能更」、「以毛詩二十九巻題毛亨撰、注
　　曰佚。毛詩訓故伝三十巻題毛萇撰、注曰存」、「意主調停、尤為於古無拠」。
　　『欽定四庫全書総目』、台湾商務印書館『景印文淵閣四庫全書』総目経部・詩類
　　一・『毛詩正義』の条、1983-1986 年、322 頁を参照。なお、なぜか、この「以毛
　　詩二十九巻題毛亨撰」と「毛詩訓故伝三十巻題毛萇撰」というところは、朱彝
　　尊の『経義考』巻百・詩三の「毛氏亨詩故訓伝、三十巻、佚。毛氏萇詩伝、二
　　十九巻、存」の説と違っている。

として見るのは不適切ではないかと思われる[22]。また、内野熊一郎の毛亨伝・毛萇伝の二伝本説は『経義考』の調停説に近い立場であることが分かる。

なお、日本古代の『詩経』に関する書籍は、寛平年間（889-898）に藤原佐世の編修した勅書『日本国見在書目録』によれば、その概況を知ることができる[23]。詩家に関するものは次のようである。

　　　韓詩外伝十巻　　韓嬰撰
　　　毛詩二十巻　　漢河間大傅毛萇伝鄭氏箋
　　　釈注毛詩二十巻
　　　周詩十巻　　陸善経注
　　　毛詩譜序一巻　　鄭玄箋大叔求撰
　　　毛詩序略議一巻
　　　毛詩周南邵南篇決一巻
　　　毛詩義疏十四巻　　一巻問答
　　　毛詩義疏二巻
　　　毛詩草木魚虫疏二巻　　晉陸機撰
　　　毛詩正義四十巻　　孔穎達撰
　　　毛詩述議三十巻　　劉炫撰

22　『漢書芸文志』毛詩二十九巻、毛詩故訓伝三十巻。
　　『隋書経籍志』毛詩二十巻、漢河間太守毛萇伝、鄭氏箋。
　　『唐書経籍芸文合志』毛詩十巻、毛萇撰。
　　『宋史芸文志』毛詩二十巻、漢毛萇為詁訓伝、鄭玄箋。
23　この目録は日本で現存する最古の輸入漢籍の目録である。『隋書』経籍志を模倣し、当時日本に伝わっていた漢籍を 40 部門、1579 部、16790 巻に分けて記録している。

　　　毛詩不忘記六巻
　　　毛詩私記十巻
　　　毛詩音義一巻　徐仙民撰

計十五部、百六十八巻がある。この中で撰者の姓名が記録されていないものが七部あるが、『釈注毛詩』は書名から見れば梁（502-557）の崔霊恩の『集注毛詩』に近いが、果たして実際にそうであったかは確認できない。『毛詩序略議』は『毛詩・序』についての略議を記したものだと考えられるが、或は孫暢之か雷次宗（386-448）の『毛詩序義』についての簡略研究書であろうか。また、『毛詩義疏』は二部著録されているが、劉毓慶の『歴代詩経著述考（先秦-元代）』によると[24]、三国から唐五代まで『毛詩義疏』には謝沈や舒援など計十四家があり、その中のいずれの義疏であるか、もはや考究することはできない。それから、『毛詩周南邵南篇決』（『毛詩』の逸篇を記したものか）・『毛詩不忘記』・『毛詩私記』等について、矢島玄亮『日本国見在書目録──集證と研究』は「国書混入、（二）日本人の編纂抄録と思われるもの」としている[25]。とすれば、この時期に既に『詩経』についての日本人自らが撰述した研究書が存在したこととなる。これはまさに日本『詩経』史上の一大事件であると言えよう。しかし、以上の編纂抄録者の記録のない七部は残念ながら全て散逸してしまった。またなぜか第十部門の小学家にも『詩経』十八巻がある。それについても矢島氏は「或は『詩経』を手本として習字的に書いたものか」として、同じく「日本人

24　劉毓慶著『歴代詩経著述考（先秦-元代）』（北京、中華書局、2002 年）。
25　矢島玄亮著『日本国見在書目録──集證と研究』（汲古書院、1987 年）。

の編纂抄録と思われるもの」とされている[26]。大庭脩は「五経の『詩経』ではなく、詩、文の作法に関する書も小学に含まれていることがわかる」と、それを作法書として見ている[27]。ただ、その『詩経』という、記録のされ方には注意が必要である。中国では宋代まで『詩経』という書名はまだあまり定着していなかった。それが『日本国見在書目録』に見えるのは貴重な記録であると思われる[28]。

26　矢島玄亮著『日本国見在書目録——集證と研究』（汲古書院、1987 年）、集證では 80 頁、研究では 251 頁を参照。

27　大庭脩著『漢籍輸入の文化史』（研文出版、1997 年、49 頁）。

28　劉毓慶著『歴代詩経著述考』（先秦-元代）によると、逸失した漢の『詩経』二十八巻という書だけである。しかし、『漢書芸文志』の体例によると、まずは経、後は伝などという順序で書籍を記録している。例えば、

　『春秋古経』十二篇
　　　『経』十一巻。公羊・穀梁二家。
　　　『左氏伝』三十巻。左丘明、魯太史。
　　　『公羊伝』十一巻。公羊子、斉人。
　　　『穀梁伝』十一巻。穀梁子、魯人。
　　　『鄒氏伝』十一巻。
　　　『挟氏伝』十一巻。有録無書。
　『尚書古文経』四十六巻。為五十七篇。
　　　『経』二十九巻。大・小夏侯二家。
　『欧陽経』三十二巻。
　　　『伝』四十一篇。
　　　『欧陽章句』三十一巻。
したがって、『詩』部分の読み方は太文字のように次のようであると思われる。
　『詩』
　　　『経』二十八巻。魯・斉・韓三家。
　　　『魯故』二十五巻。
　　　『魯説』二十八巻。
　　　『斉後氏故』二十巻
　　　『斉孫氏故』二十七巻。『斉後氏伝』三十九巻。
　　　『斉孫氏伝』二十八巻。

　平安時代末期の公卿である藤原頼長（1120-1156）は、宋の商人である劉文沖に求書目録を渡した。その中での『詩経』に関する目録は次のようである。

　　　釈注毛詩
　　　毛詩義疏
　　　草木魚虫□
　　　毛詩詩義
　　　毛詩音弁
　　　詩学物性門類草木魚虫疏
　　　詩緯

　この目録には著作者名は載っていないから、誰の著作であるかはっきり分からない。『釈注毛詩』・『毛詩義疏』・『草木魚虫□（疏？）』は藤原佐世の『日本国見在書目録』にも見える書籍であ

『斉雑記』十八巻。
『韓故』三十六巻。
『韓内伝』四巻。
『韓外伝』六巻。
『韓説』四十一巻。
『毛詩』二十九巻。
『毛詩故訓伝』三十巻。

また、同書北宋劉敞（1019-1068）が撰した、現在『詩経小伝』と呼称される書物は彼の『七経小伝』中の『毛詩』であり、本来は『詩経小伝』とは呼ばれていなかった。また、「漢故執金吾承武栄碑」に武栄が『魯詩経韋君章句』を治むという句を彫刻している。これは中国で最初に「詩経」を使った例であろう。なお、清姚振宗の『漢書芸文志拾補録目』では『魯詩韋君章句』と著録され、「経」が書かれていない。

る。『毛詩詩義』には晋の釈恵遠の『毛詩義』や、南北朝の宋の雷
次宗の『毛詩義』一巻、斉の関康之の『毛詩義』、梁の劉璠の『毛
詩義』四巻、梁・陳の張譏（513-589）の『毛詩義』十五巻、北宋
の周希孟（1013-1054）の『詩義』、彭汝礪（1042-1095）の『詩義』
二十巻、林處の『詩義』、趙仲鋭の『詩義』三巻などがあるが、い
ずれも散逸しており、どれであるかは分からない。『毛詩音弁』は
宋の鄭庠撰『詩古音弁』一巻のようであるが、やはりはっきりとは
分からない。『詩学物性門類草木魚虫疏』は北宋の陸佃（1042-
1102）の『詩物性門類』八巻と見られる。『詩緯』は漢の『詩緯』
十八巻であろう。これらの書籍を劉文沖が果たして全て入手できた
かも記録がないため判然としない。また、大庭脩も言及しているよ
うに藤原頼長はそうした書名資料をどうやって手に入れたのかとい
う疑問が残る[29]。もし、それらの書籍が既に日本に輸入されていた
のであれば、頼長はわざわざ劉文沖に頼んで購入する必要はない。
しかし、日本にそれらの書籍がなかったのであれば、頼長がどのよ
うにしてそうした書籍情報に接したのかという問題が出てくるので
ある。

第三節　小結

　応神十六年に百済の王仁が『論語』と『千字文』を携えて日本に
渡来し、この二書を通して皇太子に『詩経』に関する知識を紹介し
たと考えられる。その後、六世紀になると百済の五経博士であった
段楊爾等が来日し、五経に関する知識をもたらした。さらに七世紀

29　大庭脩著『漢籍輸入の文化史』（研文出版、1997 年、59 頁）。

より九世紀末まで、遣隋使や遣唐使によって中国の文化を輸入するのである。そうした日中交流の中で、八世紀の初めから唐の制度に基づいて大学・国学が定められ、『毛詩』もその教科書の一つ（中経の一経）として選定され、教授されていた。

　日本古代の『詩経』は、天皇、貴族の間でよく読まれただけでなく、日本の古典の政治、史学、文学、宗教各方面における著作にもしばしば引用された。しかし、その引用は内野熊一郎の指摘した通り、まだ所謂「原型原義の伝承」に止まるに過ぎないが、平安時代初期の朝廷での講義用書には『毛詩』が多かったことから『毛詩』重視の風潮を知ることができる。中期ともなると、経学は大学の衰退と共に衰えていく。しかし、日本の著作物には『詩経』を引用する書籍や文章などがますます増えていった。引用された内容については、『詩経』の「二雅」が多かったが、漢詩文などの文学的な著作が増えるに随って「国風」も重視されていく。天皇の勅書のみならず、公卿の個人的な詩文集も多く「国風」の文言を用いている。

　なお、『詩経』に関する書籍とその影響について述べると、奈良時代における『詩経』関係書籍は『韓詩外伝』と『毛詩』との二種類だけが見られて、現存するものは初唐写本『毛詩』巻六残巻（東洋文庫所蔵）のみである。平安時代の『日本国見在書目録』に見られるのは計十五部、百六十八巻である。その中、『毛詩正義』はいつ日本に伝えられてきたのかはよく分からないものの、日本古代では、すでに『弘決外典抄』や『古今和歌集』（905年）などに利用されて、特に『弘決外典抄』では『毛詩正義』の解釈に満足しない具平親王が独自な意見を提出する程影響力があった。また紀貫之の『古今和歌集』のように、『詩経』の「六義」を借用して日本の和歌の本質や効果を説明しようとするものまであった。さらに『毛詩

周南邵南篇決』・『毛詩不忘記』・『毛詩私記』の三書は日本人の編纂
抄録したものであると見られ、この時期に既に『詩経』についての
日本人独自の研究書が出てきたことを示している。これはまさに日
本『詩経』学史上の一大事件であると言えるが、残念ながら著作者
の名が著録されなかった七種類の書籍は全部散佚して今は伝わらな
い。平安時代末期の藤原頼長は、求書目録を作り、商人を経由して
中国の書籍を求めているが、その中に『詩経』関係書籍が含まれて
いることは非常に興味深い。

第二章
中世の『詩経』学（1192-1603）

　本章は、日本中世における『詩経』学について究明するものである。鎌倉時代に宋学が、室町時代に朱子学がそれぞれ僧侶によって日本にもたらされた。従来の古注である『毛詩』などと新しく伝来した新注である朱子の『詩集伝』とがどのように研究されたか、また、『詩経』関係書籍がどれほど日本に伝来したか、それらの書籍が当時の日本にどのような影響を与えたか、そして日本の学者がその影響下でどのような『詩経』に関する著述を行なったかなどを調査することで、日本の中世における『詩経』学の全貌を明らかにしたい。

　そのために、この章では各時代の天皇・公卿の関与、武家による奨励、博士家における講学、禅僧の禅修などの各階層の人物を挙げて、『詩経』利用の状況を確認する。また、当時、全国最大規模であった足利学校の蔵書目録をたよりとして、『詩経』関係書籍の状況を見ていくことにする。

第一節　鎌倉時代（1192-1333）

　中国では宋代に入ると、禅宗が盛んとなり、士大夫や学者たちはその教えを好んで禅僧とも交遊している。朱子もそうした背景下で禅学へと接近し、特に「窮理」・「尽性」といった朱子学中の重要概念は禅学の「頓悟」・「見性」などと密接な関係の下に生まれた。さ

らに朱子学が成立して盛んになると、禅僧も朱子学を研究し、朱子
学と禅学とは互いに融合していく。日本鎌倉時代の僧侶たちも宋へ
渡って禅学を勉強し、禅学と朱子学とを共に日本にもたらしたので
ある[1]。

　鎌倉時代の天皇は後鳥羽天皇（1180-1239）から後醍醐天皇
（1283-1339）まで十五代にわたるが、多く文教を奨励し、学術を
重んじた。その中で、『詩経』関連の出来事としては次のようなこ
とが挙げられる。たとえば、後鳥羽天皇は建久六年（1195）に[2]、土
御門天皇（1195-1231）は建仁二年（1202）に釈奠を行なって、『毛
詩』を講書させている[3]。その二年後、元久と改元しているが、その
出典は『毛詩正義』の「大雅・文王篇」にある「文王建元久矣」で
ある[4]。また、建永元年（1206）改元の詔では、夙夜怠らない様子を
詠った『詩経』の「大雅・烝民篇」を引用し、土御門天皇自ら自分
を精励している[5]。亀山天皇（1249-1305）の文永十年（1273）に明
経博士清原良季（1253-1331）が『毛詩』を進講し[6]、1288年に伏見
天皇（1265-1317）が即位した際も正応と改元しているが、出典は
やはり『毛詩』注「徳正応利」であった[7]。伏見天皇はさらに永仁元

1　市川本太郎著『日本儒教史（三）中世篇』（東亜学術研究会、1992 年、18
　　頁）。なお、足利衍述は『鎌倉室町時代の儒教』（32 頁-35 頁）で朱子が禅教か
　　ら得たものは全く心性の説にあり、さらにその居敬・静坐という修養法も禅学
　　の坐禅と随時随処の修養法に由来するものであると、主張し、朱子学と禅学と
　　の関係を論じている。
2　斯文会著『日本漢学年表』（大修館書店、1977 年、202 頁）。
3　同上、（206 頁）。
4　同上、（207 頁）。
5　同上、（207 頁）。
6　同上、（226 頁）。
7　同上、（230 頁）。

年（1293）に釈奠を行なって、『毛詩』を講書させている[8]。花園天皇（1297-1348）も延慶四年（1311）に釈奠を行ない、明経諸学士に逐次講論させ、『毛詩』を進講させた[9]。また、この花園天皇の二十八歳までの読書書目には『毛詩』が見られ、彼が編述した『論語抄』によれば、朱子学の教義に拠りながら、古・新注両注を折衷する態度をとっていたことが分かる[10]。当時の学術界ではまだ古注中心であったが、花園天皇はすでに朱子学に目を向けているのである。花園天皇の次の天皇後醍醐天皇は朱子学の儒僧である玄恵法印（?-1350）を登用し、新注で経典解釈を進展させていく[11]。

　大学寮は平安時代からの不況が続いている。博士は平安朝中期から世襲となり、明経道の清原家・中原家、紀伝道の菅原家・大江家、藤原氏が博士に任命された。明経博士は大勢いたが、その学術活動の実態は不明であり、『詩経』学の状況もはっきり分からない。上述したように、清原家の良季は亀山天皇に『毛詩』を進講した。その息子、良枝（1253-1331）は亀山天皇から光厳天皇（1313-1364）まで七代の侍読となって六経を教授している[12]。ただし、この時代の博士家の学問は依然として古注を中心とするものであった。

　鎌倉時代の禅僧は多く中国宋へと留学へ行っている。そこで朱子学に接触する可能性が高かった。たとえば、1212年に俊芿（1166-1227）が中国の宋より帰朝し、仏書のほかに、儒書二百五十六巻を

8　斯文会著『日本漢学年表』（大修館書店、1977年、231頁）。

9　同上、（236頁）。

10　市川本太郎著『日本儒教史（三）中世篇』（東亜学術研究会、1992年、44頁-49頁）。

11　同上、（203頁-206頁）。

12　同上、（72頁）。

将来した[13]。俊芿は1227年に亡くなるまで禅僧の間に朱子学を広め
ていく。円爾（1202-1280）も仁治二年（1241）に宋から多くの朱
子学関係書籍を日本に持ち帰っている。東福寺『普門院経論章疏語
録儒書等目録』の中には朱子が著した四書関係書籍や或問が見える
が、『詩集伝』の名は見えない。しかし、『詩経』に関するものとし
て、『毛詩』二冊、『毛詩句解』二冊、『毛詩』三冊、『九経直音』一
冊、『毛詩注疏』七冊がある。特に注目しなければならないのは朱
子の友人である呂祖謙（1137-1181）の著した『呂氏家塾読詩記』も
円爾によって日本にもたらされたことである[14]。この書には朱子の
早期『詩経』観が多く採録されている。『詩経』解釈の際、恐らく
呂著の中から朱子の『詩経』観を取り出し議論していたことだろ
う。また宋・元からの帰化僧である蘭渓道隆（1213-1278）や祖元
無学（1226-1286）、一山一寧（1247-1317）なども朱子学の伝播に大
きく貢献した[15]。祖元の再伝の弟子友山士偲（1301-1370）は『友山
録』巻二、「跋知侍者送行詩軸」で「夫れ詩の道なるものは、一心
を修むるを以て体と為し、六義を述ぶるを以て用と為す。所謂思邪
無しとは、蓋し一心の体を指すなり。風を移し、俗を易ふる者は、
六義の用を発すなり」と述べている[16]。これは『毛詩・序』と孔子

---

13 市川本太郎著『日本儒教史（三）中世篇』（東亜学術研究会、1992 年、90 頁）。

14 この本は五冊、宋槧本であり、図書寮に所存されている。『普門院経論章疏語録
儒書等目録』については、『大正新修法宝総目録』（影印新修大正蔵経委員会出
版、1988 年、970 頁）を参照。

15 市川本太郎著『日本儒教史（三）中世篇』（東亜学術研究会、1992 年、97-108
頁）。

16 「夫詩之道也者、以修一心為体、以述六義為用。所謂思無邪者、蓋指一心之体
也。移風易俗者、発六義之用也」。足利衍述著『鎌倉室町時代の儒教』（有朋書
房、復刻版、1970 年、65 頁）。

の詩教に基づいて、無邪気な心を修め、詩を学び、詩を作ることに
よって、社会秩序を回復するという道徳的な『詩経』観を表わした
ものである。

　武家は国を統治するために学問知識を必要とした。そこで博士を
招いて学問を奨励し、武将自身も学問に励んだ。たとえば、北条顕
時（1248-1301）は清原俊隆に師事して『左伝』や『毛詩』の講義
を行なわせている[17]。

　この時代の書物である『平家物語』や『十訓抄』などにはそれぞ
れ『詩経』「小雅・小旻篇」の「深淵に臨むが如く、薄氷を履むが
如し」、「小雅・山北篇」の「溥天の下、王土に非ざるは莫し。率土
の濱、王臣に非ざるは莫し」等が引かれ、当時の政治や社会状況が
語られている[18]。

　当代通行の『詩経』関連書籍には、古注系統の『毛詩鄭箋』と孔
穎達の『毛詩正義』、呂祖謙の『呂氏家塾読詩記』、著者不明の『九
経直音』、宋李公凱の『毛詩句解』がある。『九経直音』は著者が不
明であるし、その利用については具体的には不明である。『毛詩句
解』については『静嘉堂文庫漢籍分類目録』（49頁）に『新刊直音
傍訓纂集東萊毛詩句解』二十巻宋李公凱撰とある。『静嘉堂秘籍
志』巻一に「其の書、東萊読詩記を以て宗と為す」「小序を尊尚
す」などの指摘がある[19]。次節で挙げる足利学校の蔵書目録には著

17　「久原文庫蔵清原家所伝の毛詩奥記によれば、文久七年十二月に毛詩全部の講
　　義を聴き終れるものなり」と、足利衍述が述べている。『鎌倉室町時代の儒教』
　　（有朋書房、復刻版、1970 年、118 頁）を参照。

18　市川本太郎著『日本儒教史（三）中世篇』（東亜学術研究会、1992 年）を参照。
　　『平家物語』の引用句は『日本儒教史（三）』の 133 頁、135 頁にあり、『十訓
　　抄』は 149 頁、152 頁にある。

19　河田羆編『静嘉堂秘籍志』（大正 6 年、刻本、65 頁-66 頁）、賈貴栄輯『日本蔵漢

録されており、江戸時代まで残存していたが、鎌倉時代当時の記録
には一切見えない。

第二節　室町時代（1336-1573）

　室町時代に入ると、南朝の後村上天皇（1328-1368）から長慶天
皇（1343-1394）、後亀山天皇（1350-1424）までの三代、北朝の光明
天皇（1321-1380）から後小松天皇（1377-1433）までの五代の間、
皇室の『詩経』学では長慶天皇の和歌「奇道祝」にあるように儒教
の詩書礼楽を古の聖代に回帰させようとする動きがあった[20]。この
間、後光厳天皇（1336-1374）は貞治五年（1366）に禁中で『毛
詩』の談義を行なっているし[21]、1368年には『毛詩正義』「大雅・江
漢篇」の「幸応安定」を出典として応安と改元したり[22]、後小松天
皇（1377-1433）の1387年に『毛詩正義』の「将有嘉慶」に典拠を
求めて嘉慶と改元している[23]。さらに後小松天皇から正親町天皇
（1517-1593）まで七代の皇室における『詩経』学については、後
花園天皇（1419-1470）は清原業忠（1160-1212）に四書五経などを
全般に亘って嘉吉三年（1443）に進講させているし[24]、1449年にも
再び『毛詩』などを講義させている[25]。正親町天皇の1570年に元亀

　籍善本書志書目集成』第 4 冊（北京図書館出版、2003 年）に収録。
20 市川本太郎著『日本儒教史（三）中世篇』（東亜学術研究会、1992 年、174
　頁）。
21 斯文会著『日本漢学年表』（大修館書店、1977 年、256 頁）。
22 同上、（257 頁）。
23 同上、（262 頁）。
24 同上、（274 頁）。
25 同上、（276 頁）。

と改元したのも『毛詩』「魯頌・泮水篇」の「元亀象歯」に依拠するものである[26]。また貞常親王（1425-1474）は中原康冨（1399-1457）を師とし四書五経を通誦していた[27]。

　博士家の『詩経』学については、北朝の明経博士である清原良賢（？-1432）は後光厳天皇に『毛詩』を七十二回も続講し[28]、中原康冨らも聴聞して、1422年までに二十巻を終えたという[29]。また、菅原秀長（1338-1411）は新注をとって足利義満（1358-1408）に四書五経を講義している[30]。南朝の中原師夏（1364-1374）は花園上皇に『毛詩』を侍読し、御前で切音で読んだことが『宸記』元亨四年（1324）十二月十三日の条に記録されている。中原師夏は上皇に侍読するとき、時には切音で、時には引音で読んだようだが、清原良枝は全部切音で読んだという[31]。こうした記録からは、両家の講学の異同を知ることができる。後醍醐天皇の元応三年辛酉に当たって、中原師緒は『五経正義』の『尚書正義』・『礼記正義』・『毛詩正義』などにある緯候の説が誤りであることをあげて説明し、革命説を廃止すべきだと主張した[32]。清原業忠は文安五年（1448）に二条邸で『毛詩』を講じ、翌年にも後花園上皇に『毛詩』などを進講し

26　斯文会著『日本漢学年表』（大修館書店、1977 年、311 頁）。

27　同上、（283 頁）。

28　市川本太郎著『日本儒教史（三）中世篇』（東亜学術研究会、1992 年、180 頁）。

29　斯文会著『日本漢学年表』（大修館書店、1977 年、269 頁）。

30　市川本太郎著『日本儒教史（三）中世篇』（東亜学術研究会、1992 年、183 頁）。

31　足利衍述著『鎌倉室町時代の儒教』（有朋書房、復刻版、1970 年、202 頁）。

32　市川本太郎著『日本儒教史（三）中世篇』（東亜学術研究会、1992 年、185 頁-186 頁）。

た[33]。中原師冨（1434-1508）が宝徳二年（1450）に三条西邸で『毛
詩』を講じた同じ年にも[34]、清原業忠は伏見殿で『毛詩』を講じて
いる[35]。中原康冨は享徳二年（1453）から享徳三年まで三条公躬
（1290-1342）に『毛詩』を進講した[36]。また、高辻章長（1469-
1525）は文亀二年（1502）から永正元年（1504）まで近衛政家邸
で[37]、永正五年（1508）と永正六年に伏見殿で『毛詩』を講義して
いる[38]。清原宣賢（1475-1550）は五経と『論』・『孟』は古注を、
『学』・『庸』は朱註を用いている。それについて、市川本太郎は次
のように述べている。

　　　宣賢は孔子の学を「心性学」となして、（中略）、『詩経』の
　　「天生蒸民、有物有則。民之秉彝、好是懿徳」とある「秉
　　彝」が性の心であり、人の上にありては性と云い、天に在り
　　ては理と云う。名は異るも理は同じ、天の埋に元亨利貞の四
　　徳があり、人の性にも仁義礼智の四徳がある。此の性は混沌
　　未分の太極の理で、これを受けて生れるものが性である、故
　　に性は理であり理は性であって性即理であると。これ宋儒の
　　説と等しい主張である。[39]

33　斯文会著『日本漢学年表』（大修館書店、1977 年、276 頁）。
34　同上、（276 頁）。
35　同上、（277 頁）。
36　同上、（277 頁）。
37　同上、（293 頁-294 頁）。
38　同上、（295 頁-296 頁）。
39　市川本太郎著『日本儒教史（三）中世篇』（東亜学術研究会、1992 年、314 頁-
　　315 頁）。

　宣賢は永正元年（1504）に権大納言三条西実隆（1455-1537）か
ら『毛詩』の合点を求められた。同年、その子右中将公条（1487-
1563）の師となって永正二年まで『毛詩』の講義を行なっている[40]。
永正十年（1513）に唐本『毛詩鄭箋』を書写し、加点し[41]、大永元
年（1521）四月から十月まで甘露寺元長邸で『毛詩鄭箋』を講じて
いる[42]。また、享禄四年（1531）に僧侶と俗人のために[43]、天文二年
（1533）には尊鎮親王（1504-1550）に『毛詩』を講じたが[44]、天文
三年（1534）四月から翌年五月まで再び僧侶と俗人のために『毛
詩』を続講している[45]。宣賢の『毛詩』研究は天文八年（1539）の
『毛詩抄』（両足院本）十三冊にまとめられており[46]、船橋師賢
（1783-1832）が写した写本『毛詩聞書抄』は現在、京都大学附属
図書館の所蔵となっている。

　足利衍述は『鎌倉室町時代の儒教』第三編第三章の京学博士家
「清原家の経学」『毛詩』の項で家本・訓読・伝箋に対する態度・
註解・講義等の五つの項を並べて詳しく論じている。それによれ
ば、家本については、宣賢が唐刊本を自写して、旧家本と合校加点
し、『毛詩抄』を著して新たな家本としたため旧家本は散亡したと

40 市川本太郎著『日本儒教史（三）中世篇』（東亜学術研究会、1992 年、310
　頁）。

41 斯文会著『日本漢学年表』（大修館書店、1977 年、298 頁）。この本は現在、静
　嘉堂文庫に所蔵されている。汲古書院は 1992 年から 1994 年まで三冊を出版
　し、米山寅太郎と築島裕との解題が付されている。静嘉堂文庫所蔵の写本『毛
　詩二十巻』の影印本である。

42 斯文会著『日本漢学年表』（300 頁）。

43 足利衍述著『鎌倉室町時代の儒教』（有朋書房、復刻版、1970 年、473 頁）。

44 斯文会著『日本漢学年表』（303 頁）。

45 足利衍述著『鎌倉室町時代の儒教』（473 頁）。

46 斯文会著『日本漢学年表』（305 頁）。

いう。足利衍述は「宣賢自写の『毛詩』と自著した『毛詩抄』に家本を引いて校勘したところがあり、その中に後世の伝本と異なるところが十余り条ある」と述べて、その中の五条を陸徳明の『経典釈文』と対勘した結果、家本の二ヶ所が『経典釈文』にはないことを指摘して、旧家本が六朝唐初より伝来したもので、陸徳明も未見の一本ではなかったか、と推測している。続いて、訓読については、「イ点」は毛『伝』の意に、「ケ点」は鄭『箋』の意に従ったもので、旧家本の伝統を受け継ぎながら、同時代の大江家の訓読をも参考し、そのとるべきところは引用するのである。『伝』・『箋』に対する態度については、もし、『伝』と『箋』とで見解に異なる箇所があれば、両注とも訓読し、一方に偏らないという態度をとっている。註解については、宣賢は『伝』・『箋』・『正義』のほか、朱子『詩集伝』、呂祖謙『読詩記』、厳粲『詩緝』、元の劉瑾『詩集伝通釈』、明の永楽帝勅撰『詩経大全』といった宋・元・明の新注をも参考している。また講義については、宣賢の『毛詩抄』が古注を主として、新注を折衷したものであると指摘している。足利衍述によると、古・新二註を併講して賛否を決めないものは九例あり、古注に依拠して、新注を参考したものは五十七例、新注を駁したものは五例、新注に従って古注にしたがわないものは十七例、古・新を折衷したものは十四例あるという[47]。

こうした事実は、清原家の『詩経』学の実相を理解するための手がかりとなる。宣賢が朱子の『詩集伝』を多く取り上げて議論していることは、その時代に『詩集伝』がより重視され、研究の必要に

---

47 足利衍述著『鎌倉室町時代の儒教』（有朋書房、復刻版、1970 年、495 頁-501頁）を参照。

迫られていたことを示している。旧家本が六朝唐初に伝来したもの
で、陸徳明も未見の一本ではないかという見解は興味を引くが、し
かし長く古い伝統を有する清原家の『毛詩』教学上、誰かが一ヶ所
や二ヶ所ぐらい中国の書物にない校勘を施した可能性は十分にあり
うる。宣賢は古・新注を折衷しようとしたばかりでなく、当時の博
士家の説も融和しようとした。たとえば、『論語・為政篇』「詩三百
章」の「思無邪」の訓読については、菅家は『毛詩』・『論語』とも
に「思ふこと邪無し」と読むが、清原家と大江家とは『毛詩』では
「思ふこと邪無し」と読み、『論語』では「邪無からんことを思
へ」と読んでいる。宣賢は「思ふこと邪無し」と読んだほうが優れ
るが、「邪無からんことを思へ」と読んでも害はないと言って両説
を共存させている[48]。

　公卿の『詩経』学において最も重要な人物は、権大納言三条西実
隆であろう。三条西実隆は延徳元年（1489）に禁中で『毛詩』の講
義を聴講し始める[49]。明応八年（1499）には東福寺歓西堂より『毛
詩大全』三冊を借用したり[50]、永正六年（1509）にはその批点本を
も借用している[51]。翌年、『毛詩聞書』を書写すると[52]、享禄元年
（1528）には宣賢の『毛詩和註』を能登の畠山氏に送り[53]、1533年

---

48 足利衍述著『鎌倉室町時代の儒教』（有朋書房、復刻版、1970 年、512 頁-513
　頁）を参照。
49 市川本太郎著『日本儒教史（三）中世篇』（東亜学術研究会、1992 年、338
　頁）。
50 斯文会著『日本漢学年表』（大修館書店、1977 年、292 頁）。
51 同上、（296 頁）。
52 同上、（296 頁）。それについて田中志瑞子「伝三条西実隆筆『毛詩国風篇聞書』
　について」がある。『訓点語と訓点資料』第 118 輯（2007 年、43 頁-119 頁）を
　参照。
53 斯文会著『日本漢学年表』（大修館書店、1977 年、302 頁）。

にも東素経（号は最勝院）が持参した『毛詩六義聞書』を味読している[54]。実隆の他には、二条良基（1320-1388）が康安元年（1361）に阿一に『毛詩』などを講義させたという記録がある[55]。

　侯伯・武家における『詩経』学では、上杉憲実（1411-1466）が足利学校再興のために永享十一年（1439）に宋版五経註疏を寄附したことにまず触れなければならない[56]。再興以降、足利学校への新注書の寄贈が増加し、講学も盛んになった。大内義隆（1507-1551）は清原頼賢を山口に招いて師事し、清原宣賢の所有していた四書五経の諺解を借りて写した。また、天文三年（1534）には使節を朝鮮に派遣し、四書五経の註釈書を求め、同七年に使僧正晥を朝鮮へと派遣し、『詩経』などの朱子新注五経をもたらさせた。その三年後にも、朝鮮から『詩』・『書』の二経を送られている。さらに清原頼宣所蔵の四書五経についての講抄を借りて抄写したり、天文十五年（1456）に近習及び小座敷の若者を集めて、自ら四書五経を講釈したり、また同年から二年にわたって頼賢・小槻伊治（1496-1551）・柳原資定（1495-1578）等を講師として四書五経の輪講を行ない、疑義を質させたりしている[57]。甲斐の武田信玄（1521-1573）も儒学を好んで、「四書六経諸史百家の書尽く学ばざるは無し」と恵林寺の快川禅師（快川紹喜？-1582）に「信玄七周忌仏事散説」で言わ

54　斯文会著『日本漢学年表』（大修館書店、1977 年、303 頁）。

55　同上、（254 頁）。

56　同上、（273 頁）。『毛詩註疏』三十冊のほかに『尚書正義』八冊、『礼記正義』三十五冊、『春秋左氏伝註疏』二十五冊も現存しているが、『周易』だけは欠けている。後に上杉憲忠が宋版『周易註疏』十三冊を寄進し、補っている。

57　市川本太郎著『日本儒教史（三）中世篇』（東亜学術研究会、1992 年、410 頁-411頁）を参照。

しめている[58]。

　禅僧の『詩経』学としては、虎関師錬（1278-1346）が或人の質
問に答えた文が『済北集』巻十一に、

　　　周公の二詩（鴟鴞・七月）は詩に見る者のみ。意く周公の
　　　世、豈に唯だ二篇のみか。孔子の詩は見ざると雖も、我其の
　　　詩人と為るを知る。何とならば、其の刪手を以てなり。方に
　　　今の世人、詩を作るあたわざる者、焉んぞ能く詩を刪るを得
　　　んや。若し又詩を作らざる者、仮に刪ること有れば、其の編
　　　寧んぞ世に行ふに足らんや。今三百篇を見、万代の詩法と為
　　　し、是れ仲尼詩人と為るを知なり。[59]

と記されている。これによると、虎関師錬の『詩経』観について次
の三つのことが分かる。一点目は、周公を『詩経』の作者の一人と
して認めていることである。二点目は、『詩経』が孔子によって刪
訂されていることを認めていること。そして三点目は、『詩経』を
万代の詩法として評価していることである。夢窓疎石（1275-
1351）も『西山夜話』で『詩経』「大雅・蕩篇」の「克く終有るこ
と鮮し」を引いて弟子を教誨している[60]。義堂周信（1325- 1388）は

58　市川本太郎著『日本儒教史（三）中世篇』（東亜学術研究会、1992 年、430
　　頁）。

59　「周公二詩者見于詩者耳。意周公世、豈唯二篇而已乎。孔子詩雖不見、我知其
　　為詩人矣。何者、以其刪手也。方今世人不能作詩者、焉能得刪詩乎。若又不作
　　詩者、仮有刪、其編寧足行世乎。今見三百篇、為万代詩法、是知仲尼為詩人
　　也。」久須本文雄著『日本中世禅林の儒学』（山喜房佛書林、1992 年、31 頁-32
　　頁）を参照。

60　久須本文雄著『日本中世禅林の儒学』（山喜房佛書林、1992 年、69 頁）。

『空華集』第十三で「周人の志を知る者は詩三百なり」と述べ、
『詩経』を人の志を観る書として見ており、同巻十六でも『詩経』
「大雅・抑篇」の「白圭の玷、猶磨くべしなり。斯言の玷、為すべ
からざるなり」を引いて「大圭説」を論じ、また同巻十七では『詩
経』「秦風・小戎篇」の「言に君子を念ふ、温として其れ玉の如
し」を引いて「玉林説」を説いている[61]。さらに絶海中津（1334-
1405）は『初住相国寺語録』で「二南の歌は周召の化なり」と書い
て、京都と鎌倉との二地を周南と召南の二南として周公と召公との
教化を喩えているし、『三住相国寺語録』では『詩経』「小雅・何人
斯篇」の「伯氏壎を吹き、仲氏篪を吹く」を引き、皆が兄弟のよう
に親和することを述べている。また、『絶海語録』でも『詩経』「大
雅・緜篇」の「緜緜たる瓜瓞」を借りて「瓜瓞緜緜たり」の句を作
って子孫の絶えないことを喩え、「召南・甘棠篇」の詩意を引いて
「甘棠の遺愛なり」の句を作って某居士の遺した善政を喩えたり、
「大雅・巻阿篇」の詩意を完全に把握し「鳳鳴き朝陽に下る」の詩
句を作って高僧の世にめったに現れないことを述べてもいる。『蕉
堅稿』で「小雅・小宛篇」の「爾の所生を忝むる無かれ」を「所生
を忝むる勿かれ」として引用し、父母の名を宣揚すべきことを説く
のも絶海中津である[62]。岐陽方秀（1363-1424）は幼くして祖父から
詩書を教わって直ちに暗誦し、長じては朱子学に精通し、応永十年
（1403）に、明朝から舶来した『詩集伝』・『四書集注』などを講学
している。これはおそらく日本初の『詩集伝』講学の記録であろ
う。さらに彼は朱子の『四書集註』を公開的に講学した第一人者と

---

61 久須本文雄著『日本中世禅林の儒学』（山喜房佛書林、1992 年、142 頁-143 頁）。
62 同上、（162 頁-163 頁）。

しても有名であり、『四書集註』に和点を施し、朱子学の伝播に大
いに貢献した[63]。方秀の著した『碧巌不二抄』には『詩経』などの
語を引用し仏教の教えを説明したものがある点には注意すべきであ
ろう[64]。横川景三（1429-1493）は『補庵京華続集』で『詩経』「衞
風・淇奥篇」を引き、次のように述べている。

> 詩曰く、斐たる君子あり、切するがごとく磋するがごとく、
> 琢するがごとく磨するがごとし、と。之を解する者曰く、切
> するがごとく磋するがごとしとは、言ふこころは学を講ずる
> なり。琢するがごとく磨するがごとしとは、言ふこころは身
> を脩むなり、と。蓋し君子の世に処るや、仁義五常を以て其
> の身を脩み、四書六芸を以て其の学を講ずる。[65]

朱子の『大学章句』の解釈を引伸して詩の「切磋」を四書六芸の道
問学とし、「琢磨」を仁義五常の尊徳性として見ていることが分か
る。景徐周麟（宜竹、1440-1518）『日渉記』では、自筆の『毛詩聞

63　足利衍述著『鎌倉室町時代の儒教』（有朋書房、復刻版、1970 年、362 頁-364
　　頁）。また、久須本文雄著『日本中世禅林の儒学』（山喜房佛書林、1992 年、189
　　頁）や和島芳男著『中世の儒学』（吉川弘文館、1965 年、79 頁）、同氏著『日本
　　宋学史の研究』（吉川弘文館、1988 年、110 頁）などもこのことに言及している
　　が、方秀が初めて『四書集注』を講じたという点は疑っている。市川本太郎著
　　『日本儒教史（三）中世篇』（東亜学術研究会、1992 年、344 頁）は四書集注を
　　講じたのは方秀を第一とする。
64　市川本太郎著『日本儒教史（三）中世篇』（東亜学術研究会、1992 年、344
　　頁）。
65　「詩曰、有斐君子、如切如磋、如琢如磨。解之者曰、如切如磋者、言講於学
　　也。如琢如磨者、言脩於身也。蓋君子之処世也、仁義五常以脩其身、四書六芸
　　以講其学」。久須本文雄著『日本中世禅林の儒学』（山喜房佛書林、1992 年、
　　228 頁）を参照。

書』七冊を外記の子に借りたという記録がある[66]。芳賀幸四郎『中
世禅林の学問及び文学に関する研究』によると、彼は永正七年
（1510）に慈照院で『毛詩』を講じたが、その講義は新注によって
行なわれたらしい[67]。月舟寿桂（1470-1533）は仏の『般若』は儒の
『毛詩』であり、仏の『宝積』は儒の『尚書』であるとして、仏儒
の経典を一致化させて仏儒一致論を主張している[68]。その著『幻雲
文集』の『大学』新民を解釈した「詩に曰く、周は旧邦と雖も其の
命維れ新なりと」というところで、「蓋し文王能く其の徳を新たに
し、始めて天命を受く」と解釈している[69]。これは言うまでも無く
朱子の『大学章句』の解釈に従うものであるが、これによって月舟
寿桂も朱子学に精通した禅僧であったことが分かる。また、仁如集
堯（1483-1574）は「孔子封案見書図」という詩の中で次のように
孔子の功績を述べている。

　　　仲尼憂世為書生、　　仲尼世を憂ひ書生の為に
　　　詩礼春秋筆削成。　　詩礼春秋、筆削成る。
　　　学者仰之如日月、　　学者之れを仰ぎ日月の如し
　　　至今天下帯其明。　　今に至るまで天下其の明を帯ぶ。

66　辻善之助編纂『鹿苑日録』（太洋社、1934 年、126 頁）上の欄を参照。

67　芳賀幸四郎著『中世禅林の学問及び文学に関する研究』（思文閣出版、1981 年、
　　97 頁）。

68　久須本文雄著『日本中世禅林の儒学』（山喜房佛書林、1992 年、253 頁）、及び
　　市川本太郎著『日本儒教史（三）中世篇』（東亜学術研究会、1992 年、373
　　頁）。

69　市川本太郎著『日本儒教史（三）中世篇』（東亜学術研究会、1992 年、374
　　頁）。

仁如集尭が『詩経』などは孔子の添削により作成されたと考えて
いることが分かる[70]。策彦周良（1501-1579）も十一歳の時に既に
『詩経』・『左伝』などの経書を読んでおり、天文八年（1539）と天
文十六年に大内義隆の要請により明に渡り、多くの書物を日本にも
たらしている[71]。桂庵玄樹（1417-1508）は周防の人、九歳で上京し
て南禅寺に入り景浦玄忻に従い、蘭坂景茝（1419-1501）のもとに
参禅し、惟正明貞・景召瑞棠に師事して儒学を学んだが、応仁元年
（1467）に明に渡り新注の学を学んで、文明五年（1473）に帰国し
ている。その後は、応仁の乱をさけるために各地に遊び、鹿児島な
どで朱子の『四書集註』や『周易本義』・『詩経集伝』などを講学し
た。文明十三年に『大学章句』を刊行しているが、それは朱子新注
についての日本で最初の刊行物となった[72]。大休（大休宗休、1467-
1549）は特芳（特芳禅傑、1419-1506）の門に学び、儒学的な学問
を好んだ。その著『見桃録』巻一「和童子試毫韻」に「小童若し是
れ鄹人の子ならば、礼を学びて如何んぞ詩を学ばざらんや」の句が
ある。もし、孔子の学（儒学）に志があれば、礼と詩とを学ばなけ
ればならないと学童に勧めるのである[73]。これは孔子が自分の子で
ある鯉に詩と礼との学習を勧めた『論語・季氏篇』の陳亢問於伯魚
章をふまえて作られた詩句であるが、大休の儒学において礼と詩と

---

70 市川本太郎著『日本儒教史（三）中世篇』（東亜学術研究会、1992 年、378
　　頁）。

71 同上、（379 頁）。

72 久須本文雄著『日本中世禅林の儒学』（山喜房佛書林、1992 年、261 頁-262
　　頁）、及び市川本太郎著『日本儒教史（三）中世篇』（東亜学術研究会、1992
　　年、454 頁-457 頁）を参照。

73 「小童若是鄹人子、学礼如何不学詩。」足利衍述著『鎌倉室町時代の儒教』（有
　　朋書房、復刻版、1970 年、414 頁-415 頁）を参照。

が重視されていたことが知れる。雪嶺（永瑾、1447-1537）も同じ
くこの陳亢問於伯魚章を用いて「詩を学び礼を学び鯉庭を過ぐ、一
旦竜飛び百霆を起こす」の詩句を残している[74]。忍性は儒学者であ
る南村梅軒（?-1579）の程朱学を学び、長宗我部元親（1539-1599）
の招きにより岡豊城で四書五経を講義した[75]。如淵（真四堂、1556-
1621）も四書五経を講義し、五山儒僧で始めて程朱の静坐説を実行
した人物である[76]。天室（?-1623）の四書・『詩』・『易』などの講義
は、百人以上の聴衆を集めている[77]。

　ところで、足利衍述は『鎌倉室町時代の儒教』の中で、室町時代
において『詩経』の詩句を引用した書籍について、『太平記』に七
条引用されていることを指摘した。しかし、その七条の内容は示し
ていない[78]。市川本太郎の『日本儒教史（三）中世篇』では、それ
について次のような三箇所を挙げている。

　　一、「普天下無非王土、率土人無非王民」（『太平記』巻第四、
　　　　「笠置囚人死罪流刑事付藤房卿事」）。この語は経書によく
　　　　見られるが『孟子』に次の如く見えている。「詩に云ふ、
　　　　普天の下、王土に非ざるは莫し。率土の浜、王臣に非ざる
　　　　は莫し。」法印の言は『孟子』の言の如く『詩経』に基い
　　　　たことは明かである。

---

[74] 「学詩学礼鯉過庭、一旦竜飛起百霆」。足利衍述著『鎌倉室町時代の儒教』（有
　　朋書房、復刻版、1970 年、457 頁）。
[75] 市川本太郎著『日本儒教史（三）中世篇』（東亜学術研究会、1992 年、471 頁-
　　473 頁）。
[76] 同上、(471 頁-473 頁)。
[77] 同上、(473 頁-474 頁)。
[78] 足利衍述著『鎌倉室町時代の儒教』（有朋書房、復刻版、1970 年、820 頁）。

一、「鄭声雅ヲ乱ル故ニ一唱三歎ノ曲ニ非ズ」ト申ケレルガ、
　　果シテ平公滅ビニケリ」（『太平記』巻十三、「北山殿謀叛
　　事」）。この文中の「鄭声ハ雅ヲ乱ル」とある文の根拠は、
　　孔子の言であって、『論語・陽貨篇』に次の如く見えてい
　　る。「子曰く紫の朱を奪ふを悪む也。鄭声の雅楽を乱るを
　　悪む也」。元来『詩経』の鄭の国の音楽は淫靡であるため
　　に孔子はこれを嫌ってこのように述べたのである。

一、「詩三百一言思無邪ト。サレバ治マレル代ノ音ハ安ジテ楽
　　ム、乱レタル代ノ音ハ恨テ怨ルトイヘリ。日本哥モ可如
　　此。政ヲ正シテ邪正ヲ教ヘ、王道ノ興廃ヲ知ルハ此ノ道ナ
　　リ」（『太平記』巻四十、「中殿御会事」）。「詩三百、一言で
　　思ひ邪無し」の語は『論語』に見える孔子の言であり、次
　　の「治マレル・・・」の語は『詩経』大序に見えている
　　「治世の音は、安らかにして以て楽しむ、其の政和らげば
　　なり。乱世の音は、怨みて以て怒る、其の政乖ればなり」
　　であり、『太平記』の文は詩大序の言を省略している。[79]

筆者はさらに次の十例をあげて、『太平記』の『詩経』引用を述べ
たい。

一、「夭桃の春を傷める粧ひ、垂柳の風を含める御形」（『太平
　　記』巻第一、「立后事付三位殿御局事」）[80]。これは「周

79　市川本太郎著『日本儒教史（三）中世篇』（東亜学術研究会、1992 年、288 頁-
　　292 頁）。
80　後藤丹治、釜田喜三郎校注『太平記』1（岩波書店、1960 年、39 頁）。岩波書店
　　編『日本古典文学大系』34 に収録。

南・桃夭篇」の「桃の夭夭たる、灼灼たり其の華」の句を
引用していると考えられる。さらに『太平記』巻第三十七
の「畠山入道々誓謀叛事付楊国忠事」にも桃の春意爛漫、
少女が婚約の望みを描いた「時の王侯・貴人・公卿・大
夫・媒妁を求め、婚礼を厚して、夫婦たらん事を望みしか
共、父母かつて不許。秘して深窓に有りしかば、夭々たる
桃花の暁の露を含んで、墻より余る一枝の霞に匂へるが如
くなり」という句がある。[81]

一、「関雎は楽而不淫、哀而不傷。詩人採て、后妃の徳とす」
　　（『太平記』巻第一、「立后事付三位殿御局事」）[82]、「楽而
　　不淫、哀而不傷」は『論語・八佾篇』の孔子の言葉である
　　が、「后妃の徳とす」は明らかに『毛詩』の「序」からと
　　ったものである。

一、「螽斯の化、行れて、皇后元妃の外、君恩に誇る官女、甚
　　だ多かりければ、宮々次第に御誕生有つて、十六人までぞ
　　御座しける」（『太平記』巻第一、「儲王御事」）[83]。これは
　　「周南・螽斯篇」の「序」にある后妃の子孫が多いという
　　句をそのまま引用したものである。

一、「第一の宮尊良親王は、御子左の大納言為世の卿の女、贈
　　従三位為子の御腹にて御坐しを、吉田の内大臣定房公養君
　　にし奉しかば、志学の歳の始より、六義の道に長じさせ給

81 後藤丹治、岡見正雄校注『太平記』3（岩波書店、1962年、387頁）。岩波書店
　編『日本古典文学大系』36に収録。
82 後藤丹治、釜田喜三郎校注『太平記』1（岩波書店、1960年、40頁）。岩波書店
　編『日本古典文学大系』34に収録。
83 同上、（40頁）。

へり」（『太平記』巻第一、「儲王御事」）[84]。これは宮尊良親王が詩に長じていることを表現したものであるが、『毛詩・序』の「故に詩に六義有り」という句を襲ったものである。また、『太平記』巻第二の「僧徒六波羅召捕事付為明詠歌事」でも詩の「六義」について述べている。「詩歌は朝廷の翫ぶ処、弓馬は武家の嗜む道なれば、其の慣はし未必ずしも、六義数奇の道に携はらねども、物の相感ずる事、皆自然なれば、此の歌一首の感に依つて、嗷問の責を止める、東夷の心中こそやさしけれ。力をも入れずして、天地を動かし、目に見へぬ鬼神をも哀れと思はせ、男女の中をも和らげ、猛き武士の心をも慰むるは歌也と、紀貫之が古今の序に書きたりしも、理なりと覚えたり」[85]。『毛詩・序』を活かしたものだといえよう。特に紀貫之の『古今和歌集』の序「力をも入れずして、天地を動かし、目にみへぬ鬼神をも哀れと思はせ、男女の中をも和らげ、猛き武士の心をも慰むるは歌也」をも引いて自分の説を立証している点からは、詩と和歌とを同一のものと見ていることが分かる。

一、「世のうねの野に鳴く鶴も、子を思ふかと哀れ也」（『太平記』巻第二、「俊基朝臣再関東下向事」）[86]。これは「小雅・鶴鳴篇」の「鶴九皋に鳴く、声野に聞ゆ」の引用である。『毛詩・序』には「宣王を誨へるなり」とあるが、こ

---

84 後藤丹治、釜田喜三郎校注『太平記』1（岩波書店、1960 年、40 頁-41 頁）。岩波書店編『日本古典文学大系』34 に収録。

85 同上、（62 頁）。

86 同上、（67 頁-68 頁）。

こでは子を思う親鶴の鳴き声から、旅に出ている旅人も自分の子を思い出して悲しい限りだという句である。

一、「范蠡聞之、越王の御前に参りて犯面申しけるは、「伐柯其則不遠。会稽の古は天越を呉に与へたり。而るを呉王取る事無して忽に此害に逢へり」(『太平記』巻第四、「備後三郎高徳事付呉越軍事」)[87]。ここでは「豳風・伐柯篇」の「柯を伐り柯を伐る、其の則遠からず」の句を引用している。新しい斧の柄をとるなら、その模倣の対象はまさにこの古い斧の柄にある、つまり、法則は遠くないところにあるということを喩えているのである。

一、「畿内の軍未だ静かならざるに、又四国・西国日を追つて乱れければ、人の心皆薄氷を履んで国の危ふき事深淵に臨むが如し」(『太平記』巻第七、「先帝船上臨幸事」)[88]。これは「小雅・小旻篇」の「戦戦兢兢として、深淵に臨むが如く、薄氷を履むが如し」の句を引用したものである。人心も国事も危うい状況にあることを譬えている。また、次の例も同じく世が危殆に瀕していることを描いている。それは巻第三十四の「宰相中将殿賜将軍宣旨事」の「鎌倉贈左大臣尊氏公薨じ給ひし刻み、世の危む事、深淵に臨んで薄氷を蹈むが如し」である。[89]

一、「彼神泉園と申すは、大内始めて成りし時、准周文王霊

---

87 後藤丹治、釜田喜三郎校注『太平記』1(岩波書店、1960 年、154 頁)。岩波書店編『日本古典文学大系』34 に収録。

88 同上、(229 頁)。

89 後藤丹治、岡見正雄校注『太平記』3(岩波書店、1962 年、276 頁)。岩波書店編『日本古典文学大系』36 に収録。

囿、方八町に被築たりし園囿なり」（『太平記』巻第十二、
「神泉苑事」）[90]。ここでは「大雅・霊台篇」の「王霊囿に
在す、麈鹿の伏する 攸 」の句を引用している。

一、「御在位の間、風教多くは延喜の聖代を被追しかば、尤も
　　其寄有りとて、後醍醐天皇と諡し奉る」（『太平記』巻第二
　　十一、「任遺勅被成綸旨事付義助攻落黒丸城事」）[91]。「風
　　教」とは『毛詩』の「序」の「教化を美しくし、風俗を移
　　す」を引用したものであると考えられる。

一、「昨夜春園風雨暴、和枝吹落棣棠花と云ふ句の有りけるを
　　聞て、皆人感涙をぞ流しける」（『太平記』巻第三十、「将
　　軍御兄弟和睦事付天狗勢汰事」）[92]。「小雅・常棣篇」に
　　「常棣の華、鄂として韡韡たらざらんや、凡そ今の人、兄
　　弟に如くは莫し」とある、この句を引いて、高師直（？-
　　1351）・師泰（？-1351）兄弟の和睦を説明するのである。

　このように漢詩文だけでなく、『太平記』のような軍記物語にも
『詩経』の句や篇名などがよく引用されている。『詩経』中の教
化、風化、家族や男女の愛情、慎重な行動、身近な法則、詩の文芸
などの思想が大衆小説を通して、一般民衆にも浸透しつつあること
を知ることができる。

---

90 後藤丹治、釜田喜三郎校注『太平記』1（岩波書店、1960 年、420 頁）。岩波書
　店編『日本古典文学大系』34 に収録。
91 後藤丹治、釜田喜三郎校注『太平記』2（岩波書店、1961 年、346 頁）。岩波書
　店編『日本古典文学大系』35 に収録。
92 後藤丹治、岡見正雄校注『太平記』3（岩波書店、1962 年、149 頁）。岩波書店
　編『日本古典文学大系』36 に収録。

　この時代に通行した『詩経』関係書籍については、足利学校の蔵
書目録を例として挙げてみよう。足利衍述の調査によると、慶長以
前の足利学校の蔵書で『詩経』に関するものは以下のようになる[93]。

　　　毛詩注疏三十冊　　宋槧本　　上杉憲実寄進　　現存
　　　毛詩鄭箋十冊　　　古抄本　　現存
　　　毛詩鄭箋七冊　　　古抄欠本　現存
　　　毛詩序一冊　　　　永禄十三年七世九華抄本　亡佚
　　　詩集伝二冊　　　　元槧欠本　現存
　　　毛詩句解　　　　　亡佚
　　　毛詩抄六冊　　　　古抄欠本　現存

　『毛詩鄭箋』は、川瀬一馬の著した『五山版の研究』によると、
南北朝時代（確かな年代は不明）には漢唐の古注に基づいて刊行さ
れている[94]。足利衍述の『鎌倉室町時代の儒教』では、このことに
ついてまず『活版経籍考』の「一本字は大にして位置は平正し、註
の内に箋云の二字は伝文と連属す。一本字は促にして位置は稍欹斜
し、伝と箋との中間に一字断空す。倶に洛京の印本なり。未だ孰か
先にするを詳ならず」を引き、続いて、『経籍訪古志』の「板式は
世の五山板を称する者に似る。活字本は恐らく此の本に原づく」を
引いている[95]。伝本としては、日本宮内庁書陵部に十二冊、室町時

93　足利衍述著『鎌倉室町時代の儒教』（有朋書房、復刻版、1970年、661頁）。
94　川瀬一馬著『五山版の研究』（日本古書籍商協會、1970年、191頁及び488頁）。
95　「一本字大而位置平正、註内箋云二字与伝文連属。一本字促而位置稍欹斜、伝
　　与箋中間断空一字。倶洛京印本、未詳孰先」と「板式似世称五山板者、活字本
　　恐原于此本」とは、共に足利衍述著『鎌倉室町時代の儒教』（有朋書房、復刻

代の訓点本が残されている。また、静嘉堂文庫に文安元年（1444）
の東耕子の朱筆識語がある外、お茶の水図書館成簣堂文庫に十冊、
早稲田大学に二十冊保存されている[96]。このように京都五山禅僧に
よって『毛詩鄭箋』が刊行されたことは、『詩経』学の流布の上で
大きな貢献となった。また、長沢規矩也編『訂補足利学校遺蹟図書
館古書分類目録』によれば、

　　　　毛詩二十巻　旧題漢毛亨伝　鄭玄箋　室町写　十冊
　　　　毛詩二十巻（巻十一、十二、十七至二十欠）　旧題漢毛亨伝
　　　　　　　鄭玄箋　室町末写　　七冊
　　　　毛詩註疏（附釈音十行本）二十巻　首一巻　旧題漢毛亨伝
　　　　　　　鄭玄箋　唐孔穎達等疏　宋刊（建安劉叔剛一経
　　　　　　　堂）　三十冊

とあり、足利学校伝来の確証のあるものとして登録されているとい
う[97]。この『毛詩註疏』三十冊本こそが上杉憲実の寄進本である。
　『詩集伝』については、南宋朱子の著である。応永年間（1394-
1427）に伝えられたものであるが、それがどの版本であったか分か
らない。岐陽方秀がこれを講学している。なお、『訂補足利学校遺
蹟図書館古書分類目録』によれば、

　　版、1970 年、322 頁）を参照。
96　川瀬一馬著『五山版の研究』（上・下）（日本古書籍商協會、1970 年、191 頁及
　　び 488 頁）。
97　長沢規矩也編『訂補足利学校遺蹟図書館古書分類目録』（汲古書院、1988 年、本
　　文 2 頁と凡例 4 頁-5 頁）。

　　　　詩（集伝）　零本一巻（巻一）首一巻　宋朱熹　元至正十二
　　　　刊（宗文精舎）

とあり、これも足利学校伝来の確証のあるものとされている[98]。し
かし、江戸時代までは、日本学者による『詩集伝』についての著作
は現れなかった。

　『毛詩抄』については、上述したように清原宣賢が天文八年
（1539）に著したものである。その写本は足利衍述の『鎌倉室町時
代の儒教』によると[99]、

　　　　宣賢自筆業賢輔写本十冊（外題詩経抄、内題毛詩聴塵）
　　　　　　　　　　　　　　　京都帝国大学蔵
　　　　　　古抄本十冊　　　京都帝国大学蔵
　　　　　　古抄本二十冊　　京都帝国大学蔵
　　　　天文八年林宗二（安盛）手写本十三冊（外題毛詩環翠口義）
　　　　　　　　　　　　　京都両足院蔵
　　　　　　古抄本十三冊　　東京橋本進吉氏蔵
　　　　　　古抄零本六冊　　足利学校蔵
　　　　　　寛永刊本六冊　　図書寮蔵

とあるが、足利学校の伝来蔵書には見えない。ただ江戸初期の写本
のみが残されている[100]。

98　長沢規矩也編『訂補足利学校遺蹟図書館古書分類目録』（汲古書院、1988 年、
　　本文 2 頁と凡例 4 頁-5 頁）。

99　足利衍述著『鎌倉室町時代の儒教』（有朋書房、復刻版、1970 年、860 頁）。

100　長沢規矩也編『訂補足利学校遺蹟図書館古書分類目録』（汲古書院、1988 年、

　また『国書総目録』によると、『毛詩抄』は国立国会図書館に十二冊（写年不明）、京大に船橋業賢補写十一冊、天文八年写十冊、万生写二十冊、巻一・二、一冊があり、足利学校図書館に巻三・十一-十七・十九・二十、江戸初期写六冊がある。また、蓬左文庫に慶長写十冊、尊経閣文庫に十三冊、天理大学に江戸初期写一四巻七冊と十三冊、両足院に天文八年に林宗二が写した十三冊が残されている。寛永古活字版は宮書に六冊、京大・筑波大・名大皇学に九冊所蔵されている[101]。

第三節　安土桃山時代（1573-1603）

　安土桃山時代の天皇は正親町天皇と後陽成天皇（1571-1617）との二代である。後陽成天皇は主に船橋国賢（1544-1614）、船橋秀賢（1573-1614）らに四書や『孝経』を進講させている[102]。1596年に慶長と改元、その出典は『毛詩』「大雅・文王篇」、疏「故福慶延長」である[103]。

　博士家の『詩経』学では、船橋枝賢（1520-1590）が1580年に武将の細川幽斎（1534-1610）に『古今集』が『毛詩』を模倣したものであるとの旨を述べている[104]。船橋秀賢は三要元佶（1548-1612）が円光寺で『毛詩』を講ずるのを聴講し、後に後陽成天皇と後水尾太子（1596-1680）の侍読となって、『毛詩』を含む各経書を進講し

---

　　66 頁）。

101　『国書総目録』第 7 巻（岩波書店、1997 年、661 頁）。

102　市川本太郎著『日本儒教史（三）中世篇』（東亜学術研究会、1992 年、306 頁）。

103　斯文会著『日本漢学年表』（大修館書店、1977 年、316 頁）。

104　同上、（313 頁）。

た[105]。

武家の『詩経』学では、長宗我部元親が南村梅軒の学問を重んじたことは、南学の発展に大きく寄与するものであった。元親は司馬温公（1019-1086）の勧学歌「子を養い、教へざるは父の過なり」と『詩経』の「愷悌の君子は、民の父母」の句を読んで「豈に啻に一門の子弟のみならや、境内の民皆我子なり、父として教えざるは我過なり」と言い、教育を奨励している[106]。徳川家康（1542-1616）も1599年に『毛詩』の講義を聴いている[107]。

禅僧の『詩経』学では、三要元佶が家康に伏見の学校に招かれている。慶長二年（159七）の伏見城での『毛詩』講義は家康や前田利家（1538-1599）・西笑承兌（1548-1608）等が傍聴している。元佶はまた後に円光寺を開山し、伏見版の『孔子家語』・『六韜』・『三略』（1599年）・『武経七書』（1606年）を出版した[108]。南浦文之（別名文之玄昌、1555-1620）は、安土桃山時代から江戸時代前期にかけての臨済宗の僧、俗姓は湯浅氏、日向国の出身である。その著『南浦文集』巻之下・五「和人山老禅詩十三首」の序文で、次のように述べている。

是の故に、情、中に動ひて、言、外に彰はる。（中略）情の正と偏とを知らんと欲する者、宜く詩に若しくは無かるべし、詩といふ者は志の之く所なり。心に在るを志と為し、言

105　市川本太郎著『日本儒教史（三）中世篇』（東亜学術研究会、1992 年、316 頁-317 頁）。

106　同上、（440 頁）。

107　斯文会著『日本漢学年表』（大修館書店、1977 年、317 頁）。

108　同上、（316 頁-317 頁）。

に発はるるを詩と為す。[109]

これは詩大序の冒頭句であるが、「情の正と偏と」は朱子の『論語集註』や『詩伝綱領』などの「凡そ詩の言は善いものは、人の善心を感発することができ、悪いものは人の逸志を懲創することができる。その用は人にその情性の正を得させるということに帰するのみ」をふまえて言ったものだと考えられる[110]。また藤原惺窩（1561-1619）は、慶長四年（1599）に慶長役で捕虜となった姜沆（1567-1618）に依頼して、赤松広通（1562-1600）のために四書五経等を筆写し、「五経跋」を記させている[111]。

第四節　小結

上に述べたように、『詩経』が日本に伝来して千年、鎌倉時代に新注と言われる朱子学が、室町時代に朱子の『詩集伝』が伝来してきた。こうした新たな刺激を受けて、中世の日本では各階層の学術が多様になってきたのである。

ここで新・古注の消長について概観してみよう。鎌倉時代に新注が始めて禅僧によってもたらされてから五山禅林の間に伝わり、僧侶は新注を主として講学を行なった。その他は依然として古注中心であったが、室町時代になると、新注は皇室や武将などにも幅広く

109　「是故、情動于中、言彰于外矣。（中略）欲知情之正与偏者、宜無若詩、詩者志之所之也。在心為志、発言為詩。」（中野道伴刊行、1649 年、12 葉表）。

110　朱熹著『詩集伝』。朱傑人校点『朱子全書』第 1 冊（上海古籍出版社、2002 年、347 頁）に収録。

111　斯文会著『日本漢学年表』（大修館書店、1977 年、317 頁）。

受容され、博士家にも浸透していく。しかし、古注は新注の伝来に
よってそのまま消えたのではなく、博士家の講学の中で生き続けて
いたといえる。なぜならば、博士家の学問が多くは新・古注を折衷
する姿勢を取っていたからである。

　こうした背景の下で、日本中世の『詩経』の流布について考える
に、政教上では各時代の天皇の年号改元や、釈奠後の講書に大体
『毛詩』を用いている。博士家も多く『毛詩』をテキストとして講
学したり、公家に進講したりしていた。菅原秀長のように新注の四
書五経を講義したり、清原宣賢の『毛詩抄』のように家本として
『詩集伝』まで参考したりしていたことは、室町時代の『詩集伝』
流行の程をよく示すものである。また、禅僧たちは『詩経』の詩句
を引用して、自分の主張を説いたり、仏教の教義を説明したりする
とともに、政治を隠喩したり、学子を教誨したりしている。さらに
は、『詩経』に評価を与えたりしていた例も見える。文学上では、
鎌倉時代では『平家物語』や『十訓抄』などが小雅を引いて当時の
政治や世の状況を語り、室町時代では軍記小説である『太平記』が
多く『詩経』を用いていた。この点については、従来挙げられてい
た『詩経』の引用事例が少なかったため、本書ではさらに十例を挙
げて『太平記』の『詩経』引用の実態についてより明確にした。

　この中世における『詩経』関係の新しい書籍とその影響について
は、従前から用いられていた『毛詩鄭箋』の他に、『毛詩正義』や
朱子の早期『詩経』観をよく記した『呂氏家塾読詩記』にも注視す
る必要がある。しかし、やはり特筆しなければならないのは朱子の
『詩集伝』と清原宣賢の講書『毛詩抄』である。

　『詩集伝』の伝来によって、従来の古注に新たな解釈が注がれる
ことで日本の『詩経』学に刺激を与えたのである。応永十年

　（1403）に岐陽方秀が京都で『詩集伝』を講じて以来、禅林で行なわれるばかりでなく、博士家にも浸透して講学されている。清原宣賢は家本と『詩集伝』とを対校して『毛詩抄』を著し、以後清原家の家本として代々大切に扱われた。九州では桂庵玄樹が『詩経集伝』などを講学し、四国では程朱学者であった忍性・如渕・天室等が新注の四書五経を講学している。大内義隆は山口と北九州で朝鮮の朱子新注五経を広めた。このように西日本では禅僧をはじめ、武家、博士家なども新注の『詩集伝』を用いるようになっている。さらに、如道（1253-1340）によって当時唯一の学校である足利学校に『詩集伝』が寄進される。当時の足利学校の盛況ぶりからすれば、『詩集伝』は全国から集まった学者に読まれ、研究されていたに違いないと推測される[112]。江戸時代に入ってから、それに訓点や注釈を施したり、和刻で再出版したりしたものが多くなったのは、その影響力の大きさを物語るものである。

　『毛詩抄』は室町時代における日本人学者の代表作としては唯一、現存する『詩経』関係書物である[113]。清原宣賢は新注の伝来後、各階層で研究されている趨勢に刺激されて、元来は古注であった家本に新注の『詩集伝』を導入し、参考しながら古新の注の折衷を試みた。清原宣賢が作った『毛詩抄』などの「抄物」は、江戸時代の初期まで多く書かれていく。

　このように、朱子学は鎌倉時代に伝来してから、日本の中世を通

112　足利衍述著『鎌倉室町時代の儒教』（有朋書房、復刻版、1970 年）。如道の寄進
　　は 639 頁を、学校の盛況については第 3 編第 7 章を参照。

113　足利衍述の『鎌倉室町時代の儒教』によれば、京都鈴鹿義鯨氏所蔵の善応軒
　　『詩経抄』（古抄本二冊）こそ室町時代の詩経講義中最初のものとされている。
　　（有朋書房、復刻版、1970 年、859 頁-860 頁）を参照。

じて禅僧によって研究され、儒仏一致の説が行なわれた。さらに皇
室や博士家、武将等にも採用され、古注との折衷が行なわれた。し
かし、朱子学は本質的に仏教を批判する姿勢を示しているし、古注
の煩雑さへの反動として生まれた新しい学問であることから、畢
竟、仏教や古注といった学問と同調するものではなかった。むしろ
分離して独立していくことは時間の問題であった[114]。江戸時代に入
り、それが実現されたのは本来禅僧であった藤原惺窩が深衣道服の
姿で将軍徳川家康の前に現れたときである。それは藤原惺窩の個人
的な行動だったとはいえ、後日、朱子学が江戸幕府に正学として受
け入れられるきっかけでもあった。というのは藤原惺窩の仏教との
別離によって、朱子学が独立できたからに他ならない。幕府は林羅
山（1583-1657）等の朱子学者を採用し、儒学を奨励し、ついに江
戸時代は儒学全盛の時代となっていくのである。

---

114 阿部吉雄著『日本朱子学と朝鮮』（東京大学出版会、1971 年、3 頁）を参照。

第三章

近世の『詩経』学（1603-1868）

　本章は、日本近世における『詩経』学について究明するものである。日本の近世と言う時代区分はちょうど江戸時代に等しい。したがって、本章は江戸時代における『詩経』学について考察するものだともいえる。

　大庭脩の『江戸時代における唐船持渡書の研究』の「序論」で中国より日本へもたらされた書籍を研究しようとするとき、五つの視点が必要であると指摘している。それを要約すれば、その一は伝来の径路はどうであったか、その二は伝来の方法がどうであったか、その三は伝来した書籍名は何か、その四は伝来した書籍が書誌学的に如何なるものか、その五は日本で著作された書物の中に、伝来した書籍についての記事や表現、思想などが見られるか、ということである[1]。

　これらの視点は、正に本章の問題解決のために参考となるものである。本書にとっての研究対象は言うまでもなく『詩経』に関する書籍に限られる。その伝来の径路は朝鮮より伝来してきたものもあれば、中国より伝来してきたものもある。その伝来の方法が朝鮮経由のものは朝鮮戦役時に武将が持ち帰ったものもあれば、幕府の御用で輸入したものもある。また、中国より直接伝来したものは大抵

1　大庭脩著『江戸時代における唐船持渡書の研究』（関西大学東西学術研究所、1967 年、1 頁-2 頁）。

貿易によって輸入されてきたものである。こうした伝来書籍名については、江戸時代の古書籍目録、大庭脩の『江戸時代における唐船持渡書の研究』に採録された書籍名、江口尚純の編集した「江戸期における詩経関係書目」[2]及び「江戸期における詩経関係和刻本目録」[3]、それから現代日本の主要図書館の蔵書目録、京都大学人文科学研究所附属漢字情報研究センター提供の「全国漢籍データベース」総合漢籍目録、二松学舎大学二十一世紀ＣＯＥプログラムによる「日本漢文文献目録データベース」の目録及び国文学研究資料館による「日本古典籍総合目録」等から、『詩経』関係書籍を掘り出して分析する。伝来書籍の書誌学的性格については、本書では扱わない。ちなみに、日本におけるそれらの書籍の影響については、かつて朱熹『詩集伝』を取り上げて、江戸時代の学者の『詩経』観について、筆者の博士論文『江戸時代における詩集伝の受容に関する研究』でふれたことがある。

　本章では、以上に述べた視点・方法から江戸時代に朝鮮や中国から『詩経』に関する書籍がどれほど伝来してきたか、江戸時代でどう流布していたか、どれほどの学者がどれほどの『詩経』についての著作を作ったか、朱子の新注である『詩集伝』が江戸時代の『詩経』学史にどのような地位を有しているかを分析する。また、江戸時代の『詩経』の流行状況を明らかにするために、江戸初期出版事業の背景、朝鮮版『詩経』の伝来、藩校の『詩経』学、中国からの

2　江口尚純編集「江戸期における詩経関係書目（第一次分類版）」（『静岡大学教育学部研究報告：人文・社会科学篇』54、静岡大学教育学部編、2004 年、1 頁-13頁）。

3　江口尚純編「江戸期における詩経関係和刻本目録（暫定版）」（『中国古典研究』48 号、2003、1 頁-13 頁）。

『詩経』関係書籍の伝来、日本学者の『詩経』関係著作といった各節を置いて江戸時代の『詩経』学を論じていきたい。

第一節　江戸初期出版事業の背景

　豊臣秀吉（1537-1598）は文禄・慶長年間（1592-1598）二度も朝鮮に出兵したが、この歴史的事件は軍事的意義のほかに、文化の伝播という点で日本に重大な影響を与えた。当時、朝鮮で流行していた活字印刷器具と朝鮮で刊行された書籍文献などが日本にもたらされたのである[4]。

一　活字印刷器具の伝来

　朝鮮からもたらされた活字印刷器具は天皇も率先して用いて開版し、幕府の奨励や諸藩の支持、民間需要の増加も手伝って、江戸初期の慶長から寛永までの五十年間最も使われた出版器具となっていた。以下、本節では朝廷・幕府・諸藩・寺院・庶民などの方面から検討し、活字印刷の影響の広さを具体的に見てみよう。

　まずは朝廷についてである。後陽成天皇は文禄二年（1593）に勅命を出し、『古文孝経』を出版したが、これは日本で最初の活字書籍であった。しかし、この本は既に散佚している[5]。元和七年（1621）、後水尾天皇の勅命で『皇朝類苑』を七十八巻、十五冊が

4　笠井助治著『近世藩校に於ける出版書の研究』（吉川弘文館、1962 年、6 頁）。

5　同上、（6 頁-8 頁）。しかし、厳紹璗は 1396 年に刊行された『五百家注韓柳文集』こそ日本近世活字印刷の源流であったと主張している。厳紹璗著『漢籍在日本的流布研究』（江蘇古籍出版社、1992 年、155 頁）を参照。

銅活字印刷で出版されており、この本は国立国会図書館、尊経閣、東洋文庫、内閣文庫などに現在も所蔵されている。また、伏見宮家も『職原抄』一冊を出版しているが、これも活字印刷であった。

　徳川家康は江戸で幕府を開いてから文人や学問のある僧侶を起用し、学校を創設し、学術を奨励している。家康の書籍出版事業はこうした彼の文教政策の進展に大きく寄与するものであった。この書籍出版事業には、慶長四年（1599）より慶長十一年（1606）まで京都伏見で足利学校の庠主元佶と相国寺承兌が家康の命を受けて出版した伏見版と、その後の十年間、駿府で林羅山に命じて出版させた駿河版とがある[6]。

　続いて藩校について述べる。寛永年間より慶応年間まで全日本で約二百三十個の藩校が建てられた[7]。慶長年間から慶応年間まで各藩府や各藩校によって出版された書籍は七百四十一部、四千四百八十六冊に達しているが、その中、漢学（儒学・歴史・政法奏議など）関係のものは四百二十五部、二千九百八十五冊にもより、さらに儒学類の書籍は二百十四部、千三百一冊であった[8]。これらは全てが活字印刷の書籍という訳ではなかったが、諸藩出版の書籍がそれほどの数に上るのは、活字印刷の普及によるものであることは言うまでもない。

6　川瀬一馬著『古活字版之研究』（安田文庫、1937 年、210 頁-231 頁）。また、鈴木博雄著『近世藩校に関する研究』（東京都、振学出版社、1995 年、8 頁）を参照。

7　この数字は笠井助治著『近世藩校の総合的研究』（吉川弘文館、1982 年、2 頁）に付した「藩校創設年代一覧表」によって計算したものである。

8　これらの数字は笠井助治著『近世藩校に於ける出版書の研究』（吉川弘文館、1962 年、81 頁-83 頁）に付した「藩版・藩校版種目別年代一覧表」によって統計したものである。

　活字印刷の日本伝来以前、日本の出版事業はほとんどが寺院に独占されていた。活字印刷が伝来すると、朝廷・幕府・諸藩などによる出版事業も増加するが、京都や各地の寺院でも引き続いて出版事業が行なわれている。川瀬一馬の『古活字版之研究』によると、京都の寺院としては要法寺・本国寺・本能寺・北野経王堂・西本願寺・宝珠院・一条清和院・心蓮院・宝蔵寺・高台寺・妙心寺等があり、地方では、比叡山・高野山・福興寺（奈良）・元興寺（奈良）・東大寺（奈良）・平地善宗寺（今の愛知県東部）・竜沢山大巌寺（今の千葉県北部、埼玉県と東京都東部、茨城県南西部）、飯高法輪寺（千葉県北部）などが出版を行なった寺院として挙げられている[9]。これらの寺院によって出版されたものは主として仏書であるが、要法寺が慶長年間に四書を[10]、本能寺が前町版の『前漢書』・『周易抄』・『毛詩抄』を[11]、比叡山が慶長十六年に『毛詩』や『左伝』などの儒書を出版している[12]。

　このように朝鮮活字印刷が盛んになって、読者層も広がっていく。しかし、需要が激増し、活字印刷が応じることができなくなると、整版の木版本が寛永中期から再び行なわれるようになった。また、書籍需要の急増を受けて、庶民が経営する書肆も盛んになる。京都には、慶長年間に一軒だけだったものが、元和年間には十四軒にも増加している。江戸に幕府政権が確立され、政治・経済の中心も東に移ったが、書肆も京都から次第に大阪・江戸へと発展してい

9　川瀬一馬著『古活字版之研究』（安田文庫、1937 年、253 頁-324 頁）。

10　同上、（273 頁）。

11　同上、（281 頁-282 頁）。

12　同上、（309 頁）。

った[13]。『慶長以来書賈集覧』の統計によれば、江戸時代を通じて約千百四十軒があった。その内訳は京都に四百八十五軒、江戸に三百五十六軒、大阪に二百四十二軒となっている[14]。庶民出版の書籍は、医学・仏書・漢籍・日本の書籍などに関するものが多かった。

さて、活字印刷によって出版された漢籍については、川瀬一馬がかつて次のように統計している。即ち、経部二十四部、史部十三部、子部四十一部、集部二十三部、計百一部と[15]。その中、『詩経』に関する書籍は『毛詩』と『毛詩抄』との二種類だけである。『毛詩』には慶長年間刊・慶長十六年刊・無注本との三点がある。活字版の『詩集伝』が見られないのは、江戸初期にはまだ活字印刷業界に『詩集伝』が注目されなかったことを示している。

二　朝鮮刊の書籍文献

朝鮮出兵の結果、文化の伝播という面で日本に重大な影響を与えたもう一つの事件は朝鮮から大量の古刊本がもたらされたことである。しかし、藤本幸夫の『日本現存朝鮮本研究・集部』（2006年）の「前言」によると、現在、これらの書籍は多数失われ、その殆どが零本や残巻などの形で図書館や個人に所蔵されているとのことである[16]。また川瀬一馬によれば、養安院の旧蔵書・米沢図書館の旧上杉家所蔵・蓬左文庫・水戸家彰考館文庫・内閣文庫・図書寮・葵

13　笠井助治著『近世藩校に於ける出版書の研究』（吉川弘文館、1962 年、12 頁-14頁）。
14　井上和雄著『慶長以来書賈集覧』（彙文堂、1916 年、106 頁）を参照。
15　川瀬一馬著『古活字版之研究』（安田文庫、1937 年、368 頁-369 頁）。
16　藤本幸夫著『日本現存朝鮮本研究・集部』（京都大学学術出版会、2006 年、8頁）。

文庫などに文禄・慶長の役でもたらされた朝鮮古刊本は所蔵されているようである[17]。

　江戸時代においては、朝鮮との外交は対馬藩に任されていた。今、長崎県立歴史民俗資料館の宗家文庫には、約八百冊の刊本が所蔵されている[18]。対馬藩が天和三年（1683）に作成した『宗藩蔵書目録』に約三千二百種が記されている。しかし、これは江戸前期の記録資料であり、中・後期については、不明である[19]。

　藤本幸夫の『日本現存朝鮮本研究・集部』には三千種の書目を著録しているが、日本に現存する朝鮮本はいったいどれほどあるのかという問題は、経・史・子の三部の完成を待てば、より明らかになることだろう。

第二節　朝鮮版『詩経』の伝来

　日本は古代から朝鮮と交流してきたが、それは朝鮮半島を経由して、中国の文化を受容してきたということを意味している。『詩経』関係書籍についていえば、内野熊一郎の『日本漢文研究』によると、日本には、推古帝以前に百済より毛亨伝『毛詩』が伝来して

17　川瀬一馬著『古活字版之研究』（安田文庫、1937 年、152 頁）。

18　藤本幸夫著『日本現存朝鮮本研究・集部』（京都大学学術出版会、2006 年、9 頁）。対馬藩の宗家文庫については、長崎県立歴史民俗資料館のホームページ：http://www.pref.nagasaki.jp/t_reki 参照。

19　本書では、慶長年間（1596-1615）から貞享年間（1684-1688）までを前期、元禄年間（1688-1704）から安永年間（1772-1781）までを中期、天明年間（1781-1789）から慶応年間（1865-1868）までを後期として、江戸時代を三期に分けて論じていきたい。

いる[20]。そして、中世になっても、大内義隆が朝鮮に朱子新注の
『詩』・『書』二経を求めた[21]。そして、どれ程の『詩経』関係書
籍が含まれていたかは不明ではあるものの、文禄・慶長年間の朝鮮
出兵により大量の古朝鮮本が日本へともたらされたのである[22]。で
は、現存する朝鮮版の『詩経』関係書籍にはどのようなものがある
のだろうか。筆者が集め得たのは次のものである。

　　五経大全　百二十一巻（詩集伝大全二十巻）　明胡広等奉勅撰
　　　朝鮮旧刊十行本　有尾陽文庫印記　蓬左文庫
　　五経大全（詩集伝大全　二十巻　図一巻）　明胡広等奉勅撰　朝
　　　鮮刊　寧辺府　朝鮮芸閣旧蔵　内閣文庫
　　詩伝　二十巻　首一巻　朱熹集伝　朝鮮銅活字印本
　　詩伝大全　二十巻　図一巻　明胡広等奉勅撰　嘉靖中朝鮮刊　黑口
　　　十行本　有御本印記　駿河御譲本　九冊　蓬左文庫
　　三経通義（詩伝、易伝、書伝）　朝鮮白鳳来著　九竜斎集第三
　　　冊、四冊　大阪府立中之島図
　　毛詩講義　上・中・下巻　朝鮮徐有榘著　写本　三冊　大阪府立中
　　　之島図
　　詩故弁　六巻　朝鮮徐瑩修輯　写本　三冊　大阪府立中之島図
　　詩伝音釈　一巻　元鄒季友　朝鮮　明崇禎三年　永宝閣刊　二十六冊
　　　三康図書館
　　詩経諺解　二十巻　朝鮮宣祖命撰　戊子年朝鮮刊本　七冊　一橋大

20　内野熊一郎著『日本漢文研究』（名著普及会、1991 年、132 頁）。
21　市川本太郎著『日本儒教史（三）中世篇』（東亜学術研究会、1992 年、410
　　頁）。
22　藤本幸夫著「朝鮮の印刷文化」（『静脩』Vol.49 No.2、2002 年、7 頁）。

（另一本九冊）　五経百篇　五巻　朝鮮正祖、李滉輯　朝鮮正祖
二十二年刊本　五冊　東大総

三経四書正文　十巻（第三冊、詩経二巻）　朝鮮正祖、李滉輯
朝鮮純祖二十年新刊　庚辰新刊内閣蔵板　八冊　国会、東北大
（五冊）、東大総（五冊）

詩伝　一巻　宋朱熹集伝　朝鮮刊本　七冊　九大

詩伝大文　巻上　朝鮮刊　一冊　国会

詩伝大全　二十巻　明永楽中胡広等奉勅撰　戊子年朝鮮刊本　十冊
宮内庁書陵部、東北大、一橋大

詩伝大全　二十巻　首一巻　明胡広等奉勅撰　朝鮮刊本　八冊　愛知
大　簡斎文庫

詩伝大全　二十巻　首一巻　明胡広等奉勅撰　朝鮮拠丁酉字銅活字
印本刊　十冊　東大総

詩伝大全　二十巻　図一巻　明胡広等奉勅撰　朝鮮宣祖三年平安道
咸従県国安寺信仁刊　朝鮮宣祖四年初印本　九冊　宮城県図

詩伝大全図　一巻　宋朱熹撰　朝鮮刊　一冊　国会

詩経大文　二巻　朝鮮正祖憲宗間　鈔本　二冊　東大総

詩経　不分巻　朝鮮純祖憲宗間　鈔本　三冊　東大総

新刊経書（三経四書）　宋朱（熹）、元鄒季友　朝鮮　明崇禎三年
永宝閣刊　第十至十八冊詩〔集伝）二十巻　綱領一巻第十九冊
詩序〔弁説）一巻　詩伝音釈一巻　二十六冊　三康図書館

十三経（『毛詩』）漢鄭玄箋、姜僖喆書　朝鮮写本　三十七冊　山
梨県図根津文庫

[五経] 詩一巻　朝鮮　万暦二十七年　写（朝鮮姜沆手跋本）　十冊
内閣文庫

　これら二十二種の朝鮮本がいつ、誰によって、どのように日本に伝えられたのかは全く不明であるが、この中で蓬左文庫所蔵の『五経大全』（『詩集伝大全』二十巻を含む）には、尾張藩の藩祖徳川義直（1601-1650、徳川家康の九男）の所蔵書籍と二代光友（1625-1700）所蔵の書籍とに押される「尾陽文庫」の印記があることから、朝鮮で刊行されたものが日本へと伝わり、徳川家康を経て、名古屋の尾張藩主の所蔵となり、最後に蓬左文庫収蔵となったということを知ることができる。『詩伝大全』も同じような経緯を有しているが、別に「御本」の印記があることから、所謂徳川家康の「駿河御譲本」であり、先述の「尾陽文庫」印記のある『五経大全』本『詩集伝大全』とは異なるものである。

　いずれにせよ、以上の朝鮮伝来の書目から見れば、朱子の新注系統のほうが多いことが一目瞭然であろう。

第三節　藩校の『詩経』学

　上に述べたように藩校の教育は文武兼備を指導方針としている。「文」には主として四書五経を対象としたものであったから、藩校によって出版されたものも自然と漢学が多いのである。この節では地域別に藩校の『詩経』関係書籍の出版状況と藩校の『詩経』教育とについて探ることで、江戸時代における『詩経』の流布状況を論じてみたい[23]。

23　以下、この節の資料は笠井助治著『近世藩校に於ける出版書の研究』（吉川弘文館、1962 年）及び同著『近世藩校の総合的研究』（吉川弘文館、1982 年）、同著『近世藩校に於ける学統学派の研究』上・下（吉川弘文館、1982 年）、鈴木博雄著『近世藩校に関する研究』（振学出版社、1995 年）、大石学編『近世藩制・藩

一　藩校の『詩経』相関書籍の出版

（一）九州地域

1　福岡藩（福岡県）

　九代藩主黒田斉隆（1777-1795）は天明三年（1783）に儒臣竹田定良（1738-1798）と亀井南冥（魯、道載1743-1814）に命じて、各々郭内の中城で東学問所を、郭外の唐人町で西学問所を整備させ、翌年開校させた。東学は貝原益軒（1630-1714）の朱子学を奉じ、西学は荻生徂徠の蘐園学を奉じた。学生は自由に東西いずれかを選んで入学できた。

　福岡藩における『詩経』関係書籍については、以下が挙げられる。

　　　　五経正文訓点（貝原本）　十一巻、十一冊、貝原篤信校刊[24]

　内閣文庫に所蔵されている貝原益軒点、竹田定直（1660-1745）校の『新点五経』は享保八年（1723）に刊行したものを天保十二年（1841）に修訂したものであり、本はと言えば福岡藩出版の『五経正文訓点』に関係すると考えられる。なお、内閣文庫所蔵の『新点

校大事典』（吉川弘文館、2006 年）等によったものである。書籍の所蔵地は主に岩波書店編『国書総目録』全 9 冊（岩波書店、補訂版、1989 年-1991 年）、市古貞次等編『国書人名辞典』全 5 巻（岩波書店、1993 年-1998 年）、京都大学「全国漢籍データベース」を参考とした。

24 笠井助治著『近世藩校に於ける出版書の研究』（吉川弘文館、1962 年、471 頁-475 頁）。

五経』は『書経』が佚し、他の四経だけが現存しており、その中に『詩経』二巻も含まれている。

2　蓮池藩（佐賀市）

佐賀藩の支藩である蓮池藩五代藩主鍋島直興（1730-1757）は延享年間に京都の儒者岡白駒（太仲1692-1767）を招聘し、郭内に蓮池学寮を設立した。また、七代藩主直温（1766-1825）は天明四年（1784）に郭内に藩学成章館を設立し、寄宿制を採用している。蓮池藩が出版した『詩経』関係書籍には、

　　　詩経毛伝補義　二十巻、十二冊、岡白駒撰、延享二年序

がある。この本は孔穎達の『疏』に基づいて他本と対校し、漢の毛『伝』に補注を施したものである[25]。延享三年に京都風月堂左衛門によって十冊が刊行された『毛詩補義』（題簽に『詩経毛伝補義』と作る）は現在、東京都の三康図書館・宮城県図書館・愛知大簡斎文庫に所蔵されている。また、東京都立中央図・酒田市立光丘文庫・二松学舎大・国会・金沢大・筑波大・東大・東洋大哲学堂・岩国・成田・無窮平沼などの図書館にも所蔵されている。

3　平戸藩（長崎県）

九代藩主松浦清（静山1760-1841）は安永八年（1779）、現在の宮の町に藩校維新館を設立し、後、天明三年（1783）には亀岡城内に

25　笠井助治著『近世藩校に於ける出版書の研究』（吉川弘文館、1962 年、489 頁-490 頁）。

移している。滝川貞嘉を総教として藩の子弟平の教育を行なった。平戸藩は次の書籍を出版している。

　　　詩経繹解　十五巻、十一冊、皆川淇園（愿1734-1807）撰[26]

安永九年の自序があり、この年に刊行されたと見られるものは愛知大簡斎文庫に所蔵され、『詩経繹解付録或問』を附したものは東京都立中央図に所蔵されている。他に、京大（写本）・国会・大谷、金沢大、京大、筑波大、国学院、東北大、葵、大阪府、刈谷、旧三井鶚軒などにも所蔵がある。なお、文化九年（1812）に京都の書肆葛西市郎兵衞などにも出版されている。

4　熊本藩（熊本県）

　初代藩主細川重賢（1721-1785）は宝暦四年（1754）に熊本城内に藩校時習館を設立した。長岡忠英（1698-1772）を総教とし、秋山玉山（儀1702-1763）を教授としている。熊本藩は、

　　　韓詩外伝　十巻、五冊、漢韓嬰撰、秋山玉山校訂、宝暦年間刊[27]

を出版している。現在、玉山校訂の『韓詩外伝』は見つからないが、宝暦九年に刊行された『韓詩外伝』には鳥山宗成（？-1776）訓点のものと太宰春台（1680-1747）校勘のものと二種類がある。

26　笠井助治著『近世藩校に於ける出版書の研究』（吉川弘文館、1962 年、493 頁-494 頁）。

27　同上、（499 頁、502 頁）。

5　岡藩（大分県、竹田藩とも称する）

　八代藩主中川久通（1663-1710）は享保十一年（1726）に竹田村に学舎輔仁堂を設立し、十代藩主久貞（1724-1790）は安永五年（1776）に学舎を拡張して由学館と改称した。孔子の像を安置し、儒臣夏目壮右衛門らを講師としている。十三代藩主久教（1800-1840）は天保三年（1832）に儒者角田九華（1784-1856）を教授としている。岡藩は出版の『詩経』関係書籍としては次のものがある。

　　　詩経白文　一冊、天保五年刊、由学館蔵版

この本は十三代藩主久教の時に出版された『五経白文』の一つであるが、今は見つからない[28]。一方、現在、竹田市立図書館所蔵の由学館典籍をまとめた『岡藩由学館典籍等目録』によると、『詩経正文』と記録されて、もと二巻があったが、上巻が欠けているものがある[29]。同一書籍であろう。

6　鹿児島藩（鹿児島県、薩摩藩とも称する）

　八代藩主島津重豪（1745-1833）は安永二年（1773）に山下町に藩学造士館そ設立し、山本秋水（伝蔵1734-1808）を教授とした。十一代藩主斉彬（1809-1858）は和・漢・洋一体の教育方針を立

28　笠井助治著『近世藩校に於ける出版書の研究』（吉川弘文館、1962 年、512 頁-513 頁）。
29　竹田市立図書館編『岡藩由学館典籍等目録』（竹田市立図書館、1992 年、6 頁）。

て、藩士を育成している。その鹿児島藩は次の書籍を出版してい
る。

　　　五経　山崎嘉点、天保十三年刊、薩摩府学蔵版

この本は十代藩主斉興（1791-1859）の時に出版されたものであ
る。天保年間のものは見つからないが、嘉永七年（1854）の補刊本
十一冊は鹿大玉里文庫と京大人文研東方に所蔵されている[30]。

7　佐土原藩（宮崎県）

　鹿児島藩の支藩佐土原藩九代藩主島津忠持（1766-1831）は文政
四年（1821）、城追手門内に藩校学習館を設立し、御牧篤好（1772-
1833）を教主とし、樺山舎人（1832-1912）らを儒官とした。釈奠
を行ない、朱子学を宗とし、『小学』・『家礼』・四書・『近思録』・五
経などの教科書は必修の課目とされている。十一代藩主忠寛
（1839-1871）は嘉永年間に城下の四方に追手学校・鵬之口学校・
野久尾学校十文字学校などを設立し、また都於郡・富田・三納・新
田・三財などに郷学を設立している。佐土原藩は次の本を出版して
いる。

　　　五経　後藤芝山（1721-1782）点、佐土原学習館蔵版[31]

今、四書・『近思録』の旧版が残されているが、五経は所在不明で

30　笠井助治著『近世藩校に於ける出版書の研究』（吉川弘文館、1962 年、529 頁-
　　530 頁、537 頁）。
31　同上、（524 頁、527 頁）。

ある。

（二）四国地域

1　徳島藩（徳島県）

　七代藩主蜂須賀綱矩（1661-1730）、八代藩主宗員（1709-1735）は
ともに朱子学者中村惕斎（1629-1702）の学生増田立軒（謙之1664-
1743）を儒官とした。増田は師惕斎の著作を出版し、これを藩士に
教えている。また、寛政三年（1791）に十三代藩主治昭（1758-
1814）は寺島に学問所を設立し、合田立誠（栄蔵？-1847）を教官
とし、朱子学を教授した。徳島藩が出版したものとして、

　　　詩経集伝筆記　十六巻、付録読詩要領四巻、合九冊、中村惕
　　　斎撰[32]

が挙げられる。現存するのは付録のない明和元年（1764）に刊行さ
れたものだけである。他に延生軒蔵板に拠って刊行したものは杜城
図書館や九大碩水文庫・白石市図書館に、京都の再昌軒平楽寺によ
って出版されたものは二松学舎大に所蔵されているが、徳島版は現
在、山梨県図徴典館に所蔵されるもののみである。なお、国会と早
大には写本があり、東京都立中央図や内閣文庫、東大、東北大、無
窮会などにも刊本の所蔵がある。続いて、

---

32 笠井助治著『近世藩校に於ける出版書の研究』（吉川弘文館、1962 年、453 頁-
　454 頁）。

　　　五経訓点　惕斎点、十一巻、十一冊、中村惕斎撰[33]

がある。訓点本の五経は、九大には京都で出版された五巻十一冊、
愛媛大には『周易』二巻、『書経』一巻、『詩経』一巻があるが、
『春秋』と『礼記』は欠落している。

2　高松藩（香川県）

　松平家二代藩主頼常（1652-1704）は林鳳岡（信篤1644-1732）の
門人である菊池半隠（武雅1659-1720）、岡井郡太夫（冰室）らを侍
講とした。元禄十五年（1702）に城南の菅廟に藩校「学校」を設立
し、堂中に孔子像を安置している。六代藩主頼真（1743-1780）は
安永八年（1779）に「学校」を拡張して講道館となし、後藤芝山を
総裁とし、高松藩の藩校の最盛期を築く。その高松藩は、

　　　訓点五経　十一巻、十一冊、後藤芝山校、寛政四年初版（講
　　道館蔵版）[34]

を出版している。寛政四年（1792）版は見つからないが、これより
前の天明四年（1784）に京都で出版されたものは国会図書館に所蔵
されている。「文政三年再版、天保六年三刻、天保十一年四刻」と
言われているが[35]、天明七年に京都で出版されたものは国士舘楠本
文庫、竜野歴史文化資料館（十冊）、立命館大学、東北大、宮城県

---

33 笠井助治著『近世藩校に於ける出版書の研究』（吉川弘文館、1962 年、454
　頁）。
34 同上、（461 頁-462 頁、464 頁）。
35 同上、（464 頁）。

図に、文化十年（1813）に京都で再刊されたものは館林市立秋元文庫、東京都立中央図、八戸市立、一橋大、飯田市立中央図（堀家所蔵古書）、文政十三年（1830）に京都と大阪とで出版された三刻本は中央大岡野文庫、千葉県立中央図林泰輔文庫に、そして、天保十年（1839）に京都と大阪とで出版された四刻本は千葉県立中央図市原蒼海文庫、島根県図、内閣文庫、立命館大学、三康図書館、鹿大玉里文庫、飯田市立中央図、山梨県図（十冊）、東大総に所蔵が確認されている。弘化三年（1846）には補刊本が大阪で出版されているが、現在千葉県立中央図小沼量平文庫、佐賀県図、三康図書館、島根県図に所蔵されているようである。また大阪で安政二年（1855）に五刻本、文久三年（1863）に六刻本が出版されているが、五刻本は鹿大玉里文庫、二松学舎、東北大、東大総（尚書欠）に、六刻本は鹿大玉里文庫、内閣文庫、飯田市立中央図（堀家所蔵古書十七冊）に所蔵がある。

　このように後藤点の五経は、江戸後期の初めから、江戸期の終わりまで、頻繁に出版されている。その優れた訓点が当時の学者に魅力を覚えさせたことを示していると言えよう。

（三）中国地域

1　鳥取藩（鳥取県）

　七代藩主池田重寛（1746-1783）は宝暦六年（1756）に藩学尚徳館を設立した。初めは徂徠の諸著作を素読の教材としたが、安政元年（1854）から朱子学へと変更、その後は専ら朱子学を主とした。鳥取藩は次の本を出版している。

詩経鄭注　尚徳館蔵版[36]

この尚徳館蔵版は無窮会に所蔵されている尚徳館点の『毛詩』十二
巻ではないかと考えられる。

2　岡山藩（岡山県）

　初代藩主池田光政（1609-1682）は中江藤樹を尊崇し、藤樹の門
人である熊沢蕃山（1619-1691）及び陽明学者を任用し、学問所を
開いた。寛永十八年（1641）に藩校花畠教場を設立し、後に朱子学
をも導入している。また寛文八年（1668）に和気郡木谷村に庶民の
ための閑谷学校を設立した。岡山藩は、

　　　毛詩鄭箋　二十巻、五冊、岡山藩儒井上通熙（1705-1761）校
　　　定[37]

を出版している。出版時期については分からないが、現存する五冊
の刊本はそのほとんどが延享四年（1747）に江戸崇文堂によって刊
行されたものである。島根県図、広島大斯波、東北大、東大総、鹿
大松本文庫、宮城県図、東京都立中央図、酒田市光丘文庫（本間光
弥氏寄贈本）、飯田市立中央図（堀家所蔵古書）などに所蔵されて
いる。

36　笠井助治著『近世藩校に於ける出版書の研究』（吉川弘文館、1962 年、400 頁-
　　401 頁）。
37　同上、（417 頁-418 頁）。

3　萩藩（山口県、長州藩とも称する）

　四代藩主毛利吉広（1673-1707）は山県長白（1648-1728）、小倉尚斎（1677-1737）らを儒官とし、藩校を立てようとしたが、宝永四年（1707）にわずか35歳で急死する。養子として長府藩から迎えられた吉元（1677-1731）は、その遺志を継ぎ、徂徠の弟子山県周南（1687-1752）を侍読とし、享保四年（1719）に明倫館を設立して、小倉尚斎らに講学させた。十三代藩主敬親（1819-1871）は天保六年（1835）に山県太華（禎1781-1866）を明倫館の学頭とし、朱子学を主としている。萩藩は次の本を出版している。

　　　　改訂音訓五経（明倫館定点）　十一冊、無刊年、長門蔵版局版[38]

刊行年のない刊本は関西大学泊園文庫に『詩経』二巻がある。明治以降出版された翻刻本では後藤芝山の点としている。そうであるならば、萩藩出版の刊本は天保六年の朱子学導入以後のものであろう。

（四）近畿地域

1　彦根藩（滋賀県）

　十三代藩主井伊直中（1766-1831）は寛政十一年（1799）に稽古館を設立した。国学は本居宣長（1730-1801）の門人である三浦元

38　笠井助治著『近世藩校に於ける出版書の研究』（吉川弘文館、1962 年、426 頁-428 頁、440 頁）。

苗を頭取とし、漢学は朱子学を主としている。彦根藩で出版された
のは、

　　　　詩経本義　十五巻、四冊、宋欧陽脩撰、彦根藩木活字版[39]

である。彦根藩の木活字版で出版した『詩経本義』（『詩本義』或は
『毛詩本義』）は滋賀大学と大阪府立中之島図に所蔵されている。

2　姫路藩（兵庫県）

　酒井家初代藩主忠恭（1710-1772）は寛延二年（1749）に総社門
に藩学好古堂を設立し、四代藩主酒井忠実（1779-1848）は文化十
三年（1816）にそれを大手門前に移して、河合寸翁（1767-1841）
を総裁とした。また後に、城南仁寿山に支校仁寿館を設立した。姫
路藩は次のような書籍を刊行している。

　　　　厳氏詩緝　三十八巻、十八冊、宋厳粲撰、姫路藩学支校仁寿
　　　　館蔵版

厳粲が撰したのは三十六巻、十八冊のものであり、『詩序』を尊重
し、多くの学説を集めながら、時には自説を提出している。天保十
五年、弘化三年、安政六年に中国から輸入されてきた。今、姫路藩
仁寿館蔵版として現存しているものは、書後に五代藩主「城主源忠
学（1809-1844）識」のある天保十五年（弘化元年、1884）三月重

39　笠井助治著『近世藩校に於ける出版書の研究』（吉川弘文館、1962 年、336 頁、
　　339 頁）。

刻版であり[40]、一橋大学、伊那市立高遠町、立命大学、島根県図、改革文庫に所蔵がある。なお、弘化二年に重印されたものは新潟大学、国会、東京都立中央図にも所蔵されている。

3　和歌山藩（和歌山県、紀州藩）

紀州徳川家五代藩主吉宗（1684-1751）は正徳三年（1713）に和歌山湊昌平河岸北詰で講釈所を設けたが、後に講堂と称した。十代藩主徳川治宝（1771-1853）は寛政三年（1791）にこれを学習館と改称、山本東籬（惟恭1745-1807）を督学とし、八歳以上三十歳以下の全ての藩士子弟に就学の義務を付している。和歌山藩は、

　　　　　　九経補韻　一巻、一冊、宋楊伯嵒（?-1254）撰、川合襄平校[41]

楊伯嵒は宋の景祐年間（1034-1038）に頒布した『礼部韻略』の不備を補うために九経の字を収集して、この書を著した。日本に輸入された時期は不明である。川合春川（襄平1750-1824）が校定したものは見つからないが、文政三年（1820）に江戸昌平坂学問所によって重刻した官版は内閣文庫、東京都立中央図、山梨県図、新潟大学、飯田市立中央図（堀家所蔵古書）が所蔵している。

40　笠井助治著『近世藩校に於ける出版書の研究』（吉川弘文館、1962 年、365 頁、369 頁）。
41　同上、（389 頁-390 頁、393 頁）。

（五）東海地域

1　名古屋藩（愛知県、尾張藩）

　初代藩主徳川義直（1601-1650）は徳川家康の第九子であり、慶長十一年（1606）に尾張に封じられた。林羅山に師事して経史を学び、元和八年（1622）に堀杏庵（1585-1642）を儒員とした。名古屋城内に孔子堂を建てたり、寛永九年（1632）に林羅山の宅地である忍ケ岡に聖廟を建てて与えたりしている。また寛永十三年には、深田正室（?-1663）を儒員とし、学問所を建てさせた。八代藩主宗勝（1705-1761）は寛延元年（1748）に蟹養斎（1705-1778）の建議で巾下に学問所を建て、翌二年に明倫堂の前身を設立した。九代藩主宗睦（1733-1800）は天明三年（1783）に城南長島町に明倫堂を再興し、細井平洲（1728-1801）を督学、朱子註を主としている。文化八年（1811）には塚田大峯（虎1747-1832）が監督となり、自らの注釈を教材として教授し、古学が中心となった。文久三年（1863）に田宮如雲（1808-1871）を総裁としてからは、塚註と朱註とを併用している。そうした名古屋藩で出版されたのは、

　　　　毛詩塚註　二十巻、十冊、塚田虎撰[42]

である。この本については、早大、秋田、筑波大、無窮織田、鶴舞（名古屋市鶴舞中央図書館）、国会、学習院に写本がある。享和元年（1801）の序があるものは東京都立中央図、新潟大に所蔵されて

42　笠井助治著『近世藩校に於ける出版書の研究』（吉川弘文館、1962 年、304 頁、310 頁）。

いる。また、中央大学には刊行年不詳の本がある。

2　岩村藩（岐阜県）

　信濃小諸藩から移封された大給松平家九代藩主乗紀（1674-
1717）は元禄十五年（1702）に文武所を設立し、後に知新館と改称
している。徂徠学派の佐藤周軒（勘平1665-1741）、福島松江（子幹
1722-1772）らを儒官とし、藩士を教導した。十四代藩主乗喬
（1821-1855）は佐藤一斎（1772-1859）の門人である若山勿堂
（1802-1867）、田辺恕亭（1812-1863）を知新館に招聘し、学風は朱
子学に変わった。岩村藩は次の本を出版している。

　　　六経略説　一巻、一冊、太宰純撰、延享二年刊[43]

この本は太宰春台が岩村藩の世子のために六経の大意を説いたもの
であるという。国会、九大、金沢市稼堂図、豊橋図には写本があ
り、刊本は九大、山形県教育庁、刈谷、日比谷加賀、早大、米沢興
譲、京大、東大、東北大狩野、東洋大哲学堂、松宇、金沢市立玉川
図書館、津市図書館、神宮、茶図成簣、筑波大、無窮会、飯田市立
中央図、慶大、蓬左文庫、鶴舞、国会、旧三井鶚軒、旧浅野、静嘉
に所蔵がある。

3　掛川藩（静岡県）

　大田家十五代藩主資愛（1739-1805）は折衷学者である松崎慊堂

---

43 笠井助治著『近世藩校に於ける出版書の研究』（吉川弘文館、1962 年、301
　頁）。

（1771-1844）を招聘し、享和二年（1802）に掛川城内北門に藩校徳造書院を設立した。掛川藩が出版したものとして、

開成石本十二経 松崎慊堂校訂、掛川藩蔵版[44]

が挙げられる。しかし、これは実は西条択善書院、佐倉成徳書院、肥後新田成章館等が天保十五年（1844）に小島成斎（知足1796-1862）等の臨模唐開成石経拓本に拠って縮刻し出版したものである。書名は『縮刻唐石経十二経』が正しいが、その十二経とは『周易』九巻、『尚書』十三巻、『毛詩』二十巻（以上は西条択善書院の出版である）、『周礼』十二巻、『儀礼』十七巻、『礼記』二十巻（以上は掛川徳造書院の出版である）、『春秋左氏伝』三十巻、『春秋公羊伝解詁』十一巻、『春秋穀梁伝』十二巻（以上は佐倉成徳書院の出版である）、『論語』十巻、『孝経』一巻、『爾雅』三巻（以上は肥後新田成章館の出版である）であり、付録には『五経文字』三巻、『新加九経字様』一巻がある（以上は佐倉成徳書院の出版である）[45]。現在関西大学内藤文庫に所蔵されている。

（六）信越地域

1　新発田藩（新潟県）

八代藩主溝口直養（浩軒1736-1797）は道学堂を設立し、石原寛信（1727-1775）を監督とし、闇斎学風の朱子学を尊崇していた。

---

44 笠井助治著『近世藩校に於ける出版書の研究』（吉川弘文館、1962 年、237 頁-238 頁）。
45 京都大学「全国漢籍データベース」による。

そのため、藩校道学堂を中心として、山崎闇斎訓点の四書五経など
の教科書を多く出版している。十代藩主直諒（1799-1858）は嘉永
二年（1849）に学寮を増設し、士人の嫡子の全てに入学させ、志あ
る庶子や小役人の子弟にも入寮を許している。新発田藩出版の書籍
として、

　　　五経　十一冊[46]

がある。溝口直養編の五経と言われているが、今見ることができる
のは安永八年跋のある献上本『春秋四伝抄略』四巻、『礼書抄略』
二十四巻と、天明二年刊行の『儀礼経伝通解続』二十九巻だけであ
る。他に『易』・『詩』・『書』などの「抄略」の献上本もあった
はずであるが、現在は見ることができない。なお、『春秋四伝抄
略』は鹿大玉里文庫（六冊）、内閣文庫（五冊）が所蔵、『礼書抄
略』は内閣文庫（十三冊）に所蔵がある。他に『儀礼経伝通解』三
十七巻があるが、新発田藩が刊行したかどうか不明である。その
『続』の二十九巻は国士館楠本文庫、内閣文庫（内閣文庫には林大
学頭家本、昌平坂学問所本、豊後佐伯藩主毛利高標本などの三種類
がある）、滋賀大、国会が所蔵している[47]。

46　笠井助治著『近世藩校に於ける学統学派の研究』上（吉川弘文館、1982 年、412
　　頁-413 頁）、京都大学「全国漢籍データベース」。
47　笠井助治著『近世藩校に於ける出版書の研究』（吉川弘文館、1962 年、250
　　頁）、同氏著『近世藩校に於ける学統学派の研究』上（吉川弘文館、1982 年、
　　414 頁）、京都大学「全国漢籍データベース」。

（七）北陸地域

1　金沢藩（石川県、加賀藩とも称する）

　五代藩主前田綱紀（1643-1724）は好学で、多くの漢籍を集めて、尊経閣・秘閣群籍・経庫群籍・子庫群籍・集古群籍・四庫副本・俟清叢書・滑耀叢書の八庫に納めた。十一代藩主前田治脩（1745-1810）は寛政四年（1792）に出羽町に文（明倫堂）、武（経武館）の学校を創設し、朱子学者である新井白蛾（祐登1715-1792）を学頭とした。その金沢藩は次の本を出版している。

　　　欽定四経　一〇〇巻、清聖祖康熙帝勅伝、大島桃年等校、嘉
　　　永三年刊、加賀国学蔵版

これは天保十三年（1842）に幕府が十万石以上の大名に儒書の翻刻を勧奨したことに応じて出版されたものである。大島藍涯（桃年1794-1853）が四経校正局主任となり、弘化二年（1845）から嘉永二年（1848）まで校正に当たった。嘉永三年に三部を製本し、その内一部は藩主に納め、他の二部は嘉永四年に幕府に納めている[48]。東大総、東大東文研、新潟大、滋賀大、東北大、内閣文庫、前田育徳会尊経閣、千葉県立中央図堀田正恆伯爵文庫、大阪府立中之島図に所蔵がある。なお、一橋大、千葉県立中央図には『御纂周易折中』が、東京都中央図には『欽定春秋伝説彙纂』・『欽定書経伝説彙纂』、実践女子山岸文庫には『欽定書経伝説彙纂』が所蔵されて

48　笠井助治著『近世藩校に於ける出版書の研究』（吉川弘文館、1962 年、264 頁-265 頁、271 頁-272 頁）。

いる。

2 富山藩（富山県）

　六代藩主前田利与（1737-1794）は安永二年（1773）に城内総曲輪の地に広徳館を設立した。また、十三代藩主利同（1856-1921）は慶応元年（1865）に儒官杏立（1818-1885）を祭酒とし、四書五経などの教科書を校正させている。その成果が、

　　　　五経 十一冊、杏立校正、慶応二年、広徳館蔵版[49]

である。広徳館は『詩経』「魯頌・泮水篇」の「済済多士、克広徳心」という句から名づけられている[50]。慶応二年に一万冊が出版されたというが、現存するのは皆慶応三年版である。五経全てを所蔵しているのは東洋文庫、無窮会、新潟大、一橋大菅文庫、八戸市立図書館などである。東大総には『尚書』と『春秋』を、千葉県立中央図には『礼記』・『周易』、広島大斯波文庫には『礼記』が所蔵されている。

3 福井藩（福井県）

　十三代藩主松平治好（1768-1826）は文政二年（1819）に学問所正義堂を設立し、前田雲洞（潤1746-1833）を学校総督とし、藩儒高野春華（謙1761-1839）、清田丹蔵（松堂）らを教官として、闇斎派の朱子学を奉じている。十六代藩主慶永は安政二年（1855）に新

---

49 笠井助治著『近世藩校に於ける出版書の研究』（吉川弘文館、1962 年、256 頁-257 頁、263 頁-264 頁）。
50 大石学編『近世藩制・藩校大事典』（吉川弘文館、2006 年、468 頁）。

たに学問所明道館を城内に設立した。最盛時の生徒は千三百人にも
上ったという。経書は朱子の定本に拠るものであり、

　　　　五経旁訓　十一巻、十一冊、清田絢訓点、安永中刊[51]

を出版している。清田儋叟（絢1719-1785）の訓点した『五経旁
訓』は現在では、見つからない。

（八）東北地域

1　弘前藩（青森県）

　四代藩主津軽信政(1646-1710）は山鹿素行（1622-1685）に師事
し、素行の古学を奉じた。九代藩主津軽寧親（1765-1833）が寛政
八年（1796）に藩校稽古館を設立し、文化七年（1810)、葛西清俊
（善太？-1811）の建議で朱子学派の教科書を用いている。弘前藩は
次の本を出版している。

　　　　詩経　二冊、刊年不詳、稽古館蔵版[52]

弘前藩稽古館の木活版で文化六年（1809）に出版され、現在、東北
大学に所蔵されている。

51　笠井助治著『近世藩校に於ける出版書の研究』（吉川弘文館、1962 年、274 頁、
　　278 頁）。
52　同上、(93 頁、100 頁）。

2 盛岡藩（岩手県）

三代藩主南部重直（1606-1664）は寛永十三年（1636）に盛岡城北に文武場稽古所を設立した。後、何度も移され、最後は三戸町に至っている。十三代藩主利済（1797-1855）は天保十三年（1842）にこれを明義堂と改称し、藩儒藤井柳所（又蔵？-1867）を主宰とし、四書五経を訂正し出版させて生徒に賞与した。文久二年（1862）には、十五代藩主利剛（1826-1896）は明義堂を作人館と改称している[53]。盛岡藩出版に係るのは、

五経素読本　一斎点、藤井又蔵校、天保年間[54]

である。藤井又蔵の校定した五経は今見つからないが、天保十二年に浪華（大阪）で出版された『音訓五経』一斎点本は東大総、内閣文庫、千葉県立中央図堀田正恆伯爵文庫、宮城県図、（山形県米沢市）市立米沢図書館に所蔵されている。また、京都で出版されたものもあり、九大、神戸大人間科学図書館が所蔵している。

3 仙台藩（宮城県）

五代藩主伊達吉村（1680-1752）は元文元年（1736）に仙台北三番丁に学問所を設立した。七代藩主重村（1742-1796）は宝暦十年

53　大石学編『近世藩制・藩校大事典』（吉川弘文館、2006 年、231 頁）。大石編著書によれば、利済が稽古所を明義堂に改称したのは天保十一年であり、利剛が明義堂を作人館に改称したのは慶応元年である。

54　笠井助治著『近世藩校に於ける出版書の研究』（吉川弘文館、1962 年、101 頁-103 頁）。

（1760）にこれを一番丁に移し、明和九年（1772）には養賢堂と改
称、儒員田辺楽斎（匡勅1754-1823）を学頭としている。文化七年
（1810）に大槻平泉（清準1773-1850）が継承し、宋学を重んじて
いる。仙台藩出版の書としては、

　　　訂正五経　十巻、十冊、田辺匡勅校訂、文化五年刊、養賢堂
　　　蔵版[55]

がある。この本は宮城県図、宮城教育大学（宮城県女子師範学校旧
蔵）、東北大（『尚書』欠）に所蔵がある。そのほか、東大総には
『詩経』のみながらも二巻が存している。

4　庄内藩（山形県、鶴岡藩とも称する）

　七代藩主酒井忠徳（1755-1812）は文化元年（1804）に鶴岡御持
筒町に藩校致道館を設立し、白井重行（1753-1812）を祭酒とし学
校の総奉行に任じ、徂徠学を重んじさせた。庄内藩は、

　　　毛詩正文　二巻、一冊、無刊年、致道館蔵版

を出版している。これは致道館での素読用の教科書であるが[56]、二
巻二冊本は宮城県図、酒田市立光丘文庫に、不分巻二冊本は大阪府
立中之島図、東北大、東京都立中央図諸橋文庫に、一巻一冊本は愛
媛大に、一巻二冊本は中央大に所蔵がある。

55　笠井助治著『近世藩校に於ける出版書の研究』（吉川弘文館、1962 年、106 頁-
　　108 頁）。
56　同上、（124 頁、126 頁）。

5 　会津藩（福島県）

　藩祖保科正之（1611-1673）は二代将軍秀忠（1579-1632）の子で
あり、山崎闇斎に師事し、自著『二程治教録』・『玉山講義付録』
・『伊洛三子伝心録』を出版している。また、第五代容頌（1744-
1805）の治世寛政十一年（1799）に、家老田中玄宰（1748-1808）
の建議により藩校日新館を設立している。会津藩出版の書籍として
は次の二書が挙げられる。

　　　詩経正文　二巻、二冊、猪狩維岳校、日新館蔵版
　　　詩経世本古義　二十八巻、二十八冊、明、何楷網撰、古屋鬲
　　　（昔陽）校、寛政十一年刊、会津藩蔵版、活字版[57]

猪狩維岳校、日新館蔵版の『詩経正文』は今見つからない。同様に
寛政十一年刊古屋昔陽（1734-1806）校定『詩経世本古義』も見つ
からないが、寛政十年に出版された三十冊版は飯田市立中央図（堀
家所蔵古書）、滋賀大、東大総、新潟大に所蔵されている。なお、
無窮会には無刊年の会津秘府の覆刻本三十冊、大阪府立中之島図に
は無刊年の刊本三十冊がある。

　以上述べてきたように、全国各藩によって出版された『詩経』関
係書籍は九州地域に七種類、四国地域に三種類、中国地域に三種
類、近畿地域に三種類、東海地域に三種類、信越地域に一種類、北

57　笠井助治著『近世藩校に於ける出版書の研究』（吉川弘文館、1962 年、131 頁-
　　132 頁、135 頁-136 頁）。

陸地域に三種類、東北地域に六種類となり、計二十七校、二十九種類がある。新・古注系統で見れば、漢唐古注系統は十種類、新注系統は十四種類、折衷系統は三種類、三家詩系統は一種類、未詳は一種類である。九州地域に特に朱子学の新注系統が多いことが分かる。出版年で見れば、前期にはほとんどないが、中期には十種類、後期には十八種類、未詳は一種類である。

二　藩校の『詩経』教学

　以上述べた各藩は、各々『詩経』関係書籍を出版しており、各藩主及び藩儒が『詩経』を重視していたことが分かる。以下で述べようとする各藩は、『詩経』関係書籍を出版しなかったが、四書五経を藩校の教科書として藩士を教導していた藩であり、二十三校が挙げられる。『詩経』が五経の一つである以上、もちろん主要な教材の一つであった。この点で、まさしく『詩経』の伝播に対して「功、没むべからざる」と言えるのである。

（一）九州地域

1　日出藩（大分県）

　十一代藩主木下俊懋（1772-1822）は文化元年（1804）に稽古堂を設立、帆足万里（1778-1852）を藩儒とした。天保年間（1830-1844）には十三代藩主木下俊敦（1802-1886）が城内二ノ丸に学問所を設立して、帆足に講釈を行なわせている。その後、新たに致道館が設立され、帆足の門人米良東嶠（1811-1871）に学制の整備を一任している。従来、古義学や徂徠学を中心としていたが、帆足以後

は朱子学を主とした学風となった[58]。日出藩では受講生・素読生・四書生・五経生・明経生の五等級制を採用している。こうした五等級の名称から見れば、基本的な聴・読から四書五経の経学究明に至るまで一貫した朱子学的教育制度を行なっていたことが分かる。

2　福江藩（長崎県）

九代藩主五島盛運（1753-1809）は安永九年（1780）に稽古所を設立し、永富亀山（数馬1757-1801）を招く。稽古所は後に至善堂と改称され、徂徠学を中心として講義が行なわれた。しかし、文政四年（1821）には育英館と改称され、朱子学を主とした教育への転換を行なっている。武士や領民の子弟を教育対象とし、『孝経』・『大学』・『中庸』・『論語』・『孟子』・『詩経』・『書経』の七部書が必修であった。午前は素読、午後は輪講と会読を行ない、校生は寄宿生約三十名、通学生約八十名で、農工商の子弟で優秀な者には、一代士族の特典を与える制度が用意され、文教を振興している[59]。

3　対馬藩（長崎県）

三代藩主宗義真（1639-1702）は貞享二年（1685）に府中に小学校を設立し、大坂の儒者塩川谷斎（政親？-1693）を教授とした。元禄七年（1694）に中江常省（季重、藤樹の三男、1648-1709）を学校奉行とし、教科書には四書五経、和漢の史書などを用いたが、中心としたのは朱子学であった。十二代藩主義功（富寿、1773-

---

58 大石学編『近世藩制・藩校大事典』（吉川弘文館、2006 年、924 頁）。
59 同上、（893 頁-894 頁）。

1813）は小学より上級の人材育成のため、天明八年（1788）に十五歳以上の藩士の子弟を対象とした講学所を設立、満山右内（1736-1790）を学長とし、文政二年（1819）には思文館と改称している。その講義内容は古学を中心とするものであった。元治元年（1864）に日新館を新たに設立するために思文館は廃校となる。新たに開かれた日新館は、尊王攘夷を中心とする教育方針であった[60]。

（二）近畿地域

1　膳所藩（滋賀県）

　本多家十二代藩主康禎（1787-1848）は文化五年（1808）に儒者皆川淇園（1734-1807）の建議で藩校遵義堂を設立し、手習・四書五経を教えている[61]。皆川淇園の学問は、古学（古注）を主とするものであったから、膳所藩の学風はその影響を受けていると考えられる。

2　宮津藩（京都府）

　松平本庄家五代藩主宗発（1782-1840）は、文政元年（1818）に城外に藩校礼譲館を設立し、折衷学者である藩士沢辺北溟（1764-1852）を学頭とした。朱子学を主として、四書五経などの教科を教えている。幕末の生徒数は三百名にも達した。館内の聖廟に孔子像を置いて釈奠を行なったという[62]。

60　笠井助治著『近世藩校に於ける学統学派の研究』下（吉川弘文館、1982 年、1705 頁-1706 頁）。また、大石学編『近世藩制・藩校大事典』（吉川弘文館、2006年、896 頁-897 頁）。
61　大石学編『近世藩制・藩校大事典』（吉川弘文館、2006 年、636 頁）。
62　同上、（656 頁）。

3 安志藩（兵庫県）

六代藩主小笠原長興（1712-1786）は享保三年（1718）に安志に学問所を設立し、学識ある藩士を教師に任じた。寛政二年（1790）に稲垣隆秀（1723-1797）を教頭に任じ、朱子学を主とすると定め、弘化元年（1844）に学問所を明倫堂と改名した。藩士子弟の入学は義務とし、八歳で入学し、十八、九歳で終業する。漢学では四書・五経などの教科書があり、素読・解釈・講義を修めた[63]。

4 三日月藩（兵庫県）

五代藩主森快温（1769-1801）は寛政九年（1797）に乃井野の藩邸内に藩校広業館を設立した。教科は四書五経・『小学』・『二十一史略』などの古注的な漢学が中心である。八歳で文学の課程に入学し、二十歳で卒業する。藩費で他国に遊学する制度があった[64]。

5 櫛羅藩（奈良県）

もと大和新庄藩だった永井家八代藩主直壮（1846-1865）が櫛羅に移転、元治元年（1864）に櫛羅陣屋構内に藩立学校を設立した。漢文の教科は四書五経を中心とするものであった[65]。

---

63 笠井助治著『近世藩校に於ける学統学派の研究』上（吉川弘文館、1982 年、1024 頁）。また、大石学編『近世藩制・藩校大事典』（吉川弘文館、2006 年、682 頁）。

64 大石学編『近世藩制・藩校大事典』（吉川弘文館、2006 年、703 頁）。

65 笠井助治著『近世藩校に於ける学統学派の研究』上（吉川弘文館、1982 年、910 頁）。また、大石学編『近世藩制・藩校大事典』（吉川弘文館、2006 年、714 頁）。

（三）東海地域

1　高須藩（岐阜県）

　高須藩の藩校日新堂は享保年中に設立された。寛政・文化のころに日比野秋江（1756-1825）を教授とし、ついで川内当当（1763-1856？）・森川謙山（1812-?）等が教授となっている。その学問は折衷学を主とし、幕末では四書五経を教科書として用いている。入学は七、八歳から、学年は上中下の三等三年間であり、生徒数は寄宿生七十八人、通学生三百人前後であった[66]。

2　高富藩（岐阜県）

　九代藩主本庄道貫（1797-1858）は弘化年間（1844-1848）、江戸の藩邸に教倫学校を設立した。四書五経や歴史、詩文を中心として教えている[67]。

（四）北陸地域

1　鯖江藩（福井県）

　六代藩主間部詮允（1790-1814）は文化十年（1813）に江戸の藩邸内に惜陰堂を設立し、七代藩主詮勝（1804-1884）は文化十一年に藩内に進徳館を設立した。学風は朱子学を宗としており、漢学の科目は四書・五経、『孝経』・『小学』・『近思録』などであった。生徒は八歳から十五歳まで、文武両道を兼修する。年平均は約八十名

66　大石学編『近世藩制・藩校大事典』（吉川弘文館、2006 年、554 頁）。
67　同上、（555 頁）。

ほどで、職員、師範役は数名だけであった[68]。

（五）関東地域

1　喜連川藩（栃木県）

　十代藩主喜連川煕氏（1812-1861）は天保十年（1839）に学問所を設立した。弘化二年（1845）に翰林館、嘉永年間に広運閣と改称した。秋元与助（1801-1885）を教授とした。経伝は古注を採用し、教科書は『孟子』以外の四書と五経である[69]。

2　烏山藩（栃木県）

　大久保家初代藩主常春（1675-1728）は享保十一年（1726）に城内に学問所を設立した。漢学のみを教授し、朱子学の『小学』・『近思録』・『孝経』、四書・五経などを基本とした。藩士子弟は七、八歳から二十歳余まで在学することとなっている[70]。

3　伊勢崎藩（群馬県）

　三代藩主酒井忠温（1737-1801）は安永四年（1775）に学問所学習堂を設立し、村士玉水（1729-1776）を教授とした。教科書は『小学』・『近思録』・四書・五経などであった。学風は佐藤直方

68 笠井助治著『近世藩校に於ける学統学派の研究』上（吉川弘文館、1982 年、541頁）。また、大石学編『近世藩制・藩校大事典』（吉川弘文館、2006 年、497頁）。

69 笠井助治著『近世藩校に於ける学統学派の研究』上（281 頁）。また、大石学編『近世藩制・藩校大事典』（360 頁）。

70 笠井助治著『近世藩校に於ける学統学派の研究』上（282 頁）。また、大石学編『近世藩制・藩校大事典』（358 頁）。

（1650-1719）の闇斎学である。士族の男子は八、九歳から入学する。文化五年（1808）に戸数三十数戸の村落のために郷校嚮義堂を設立し、農閑期に藩校学習堂から教授を出張させて公開講釈を行なった。課業期間は冬至から翌年の八十八夜まで、課業時間は午前六時から八時までである。藩校と同じように教科書の素読・復読を中心に教えていたという[71]。

4　沼田藩（群馬県）

土岐家初代藩主頼稔（1695-1744）は寛保二年（1742）に城内に藩校沼田学舎を設立し、十代藩主頼寧（1826-1847）は弘化元年（1844）に江戸の邸内に学問所を設立している。十一代藩主頼之（1827-1873）は文久元年（1861）にこれを沼田学舎分校敬修堂と改称したが、翌年に江戸の敬修堂を本校とした。生徒は七、八歳から入学し、約四年間修業する。武道専修者以外、四書五経が終らないと修了することができなかった[72]。

5　谷村藩（山梨県、郡内藩とも称する）

谷村藩の興譲館は地方の有志者から義捐金を募って嘉永四年（1851）に設立された。学ぶ者は多い時は百五十余名にも及んだ。教科書は四書五経、『小学』・『春秋左氏伝』・『史記』・『漢書』・『文選』などである。生徒は教員宅に寄宿するが、自費である。毎年二月十五日と八月十五日に釈奠を行ない、「白鹿洞書院掲示」、『孝

71　大石学編『近世藩制・藩校大事典』（吉川弘文館、2006 年、272 頁-273 頁）。

72　笠井助治著『近世藩校に於ける学統学派の研究』上（吉川弘文館、1982 年、291 頁）。また、大石学編『近世藩制・藩校大事典』（吉川弘文館、2006 年、384 頁）。

経』首章を印刷し、聴衆に頒布した[73]。以上によれば、谷村藩の学風は朱子学であったと考えられる。

6　多古藩（千葉県）

松平家六代藩主勝権（1807-1868）は天保元年（1830）に江戸の藩邸内に藩校学問所を設立した。生徒は、まず寺子屋などで習字を習い、十四歳ころ藩校に入学する。七代藩主勝行（1832-1869）は朱子学と古学との折衷の漢学を重んじた。教師は一名で生徒四、五人に素読を授け、四書五経や『史記』・『左伝』・『文選』などを教授した[74]。

7　鶴牧藩（千葉県）

三代藩主水野忠順（1824-1884）は天保年間（1830-1844）に江戸上屋敷に藩主の学校修来館を、江戸中屋敷および鶴牧に藩士の学校修成館を設立し、佐藤一斎（1772-1859）や百々尚一郎らを賓師とした。生徒は八歳から入学することとされ、漢学は『小学』や四書五経を専務とした。学風は昌平派朱子学であった[75]。

8　小田原藩（神奈川県）

七代藩主大久保忠真（1778-1837）は文政五年（1822）に城内三ノ丸に文武諸稽古所を設立し、集成館と称した。学風は朱子学を中

73　大石学編『近世藩制・藩校大事典』（吉川弘文館、2006 年、513 頁）。

74　笠井助治著『近世藩校に於ける学統学派の研究』上（吉川弘文館、1982 年、332 頁）。また、大石学編『近世藩制・藩校大事典』（吉川弘文館、2006 年、426 頁）。

75　大石学編『近世藩制・藩校大事典』（吉川弘文館、2006 年、428 頁-429 頁）。

心とし、教科書は『小学』・四書・五経・『近思録』などである[76]。

（六）東北地域

1　上山藩（山形県）

　松平七代藩主信行（1790-1873）は文化六年（1809）に天輔館を
設立し、武田孫兵衛に講釈を行なわせた。天保十一年（1840）に八
代藩主信宝（1817-1872）は天輔館を明新館と改称した。武田は古
注を主としていたが、後に朱子学に移っている。教科書は四書・五
経・『史記』・『漢書』などである。弘化四年（1847）からは他領の
者や庶民の子弟の入学も可能であった。九歳から十七歳まで在学
し、午前中は素読、午後は会読論講などを行なった。十月から二月
までは夜学も行なわれた。毎月十二日が素読の試験日で、春と秋の
試験の合格者には賞与が出たという[77]。

2　新庄藩（山形県）

　十一代藩主戸沢正実（1833-1896）は明和年間に先人の講堂を改
築して明倫堂と称し、朱子学を中心として教導にあたらせた。生徒
は私塾で四書・五経などの素読を習い、十五、六歳になると、明倫
堂でその講釈を聞くのである[78]。

76　笠井助治著『近世藩校に於ける学統学派の研究』上（吉川弘文館、1982 年、367
　　頁）。また、大石学編『近世藩制・藩校大事典』（吉川弘文館、2006 年、440 頁-
　　441 頁）。
77　笠井助治著『近世藩校に於ける学統学派の研究』上（183 頁-184 頁）。また、大
　　石学編『近世藩制・藩校大事典』（29 頁と 262 頁）。
78　大石学編『近世藩制・藩校大事典』（吉川弘文館、2006 年、263 頁）。

3　天童藩（山形県）

　天童藩歴代の督学は朱子学者である安積艮斎（1791-1861）門である。二代藩主織田信学（1819-1891）は文久三年（1863）に藩校養正館を設立した。慶応元年（1865）から三十歳以下の者は毎日午前十二時より午後四時まで学校に出席することとされ、部屋住の者は終日通学することとされた。教科は四書五経を専務とした[79]。

4　秋田藩（秋田県、久保田藩とも称する）

　九代藩主佐竹義和（1775-1815）は寛政元年（1789）に藩校明道館を設立し、文化八年（1811）に明徳館と改称した。館内に聖廟を設けて釈奠を行なった。文場は東西両学に分け、東学では十五、六歳までの初級者に素読・算術・習字を教え、西学では『詩経』・『書経』・『易』・『春秋』・『礼記』・『儀礼』・『周礼』の七局を立て、十六歳以上の学徒にそれぞれ専門一科の経書を専攻させた。士族の嫡子で初めて出仕する際に必ず四書の素読試験済証を要したという。学風は村瀬栲亭（1744-1819）の古注学派が主流であった[80]。

　このように江戸期を通して、付録「表三：藩校の『詩経』教学と学風」の示しているように九州地域には三校、近畿地域には五校、東海地域には二校、北陸地域には一校、関東地域には八校、東北地域には四校がある。各藩は藩士の文教武功のために教育を行なった。特に文教面では朱子以来重視されてきた四書五経に対する教育が行なわれていた。これによれば、江戸時代の各藩の『詩経』教育

79　大石学編『近世藩制・藩校大事典』（吉川弘文館、2006 年、267 頁）。

80　笠井助治著『近世藩校に於ける学統学派の研究』上（吉川弘文館、1982 年、125 頁）。また、大石学編『近世藩制・藩校大事典』（249 頁-250 頁）。

では朱子の新注が主流とされていたことが知れる。

　さらに、付録「表四：藩校の創立期と学風」に示したように、江戸時代では三百三十三校が設立されている。江戸前期で設立された藩校は四校、中期では五十校、後期では二百七十九校がある。江戸期を通して、朱子学を主とした藩校は二百校、徂徠学は三十五校、折衷学は三十四校、闇斎学は二十五校、仁斎学は十七校、古学は十三校、陽明学は五校、国学は二校、水戸学は二校となる。これによれば、江戸時代の藩校の学風は新注の朱子学を主としたものが多かったことが分かる。また、付録「表五：藩校所在地と学風との関係」に示したように、各地域の藩校も朱子学を主としたことが明白である。特に九州地域の六十四校がその中で一番多かったことも歴然とする。

第四節　中国からの『詩経』関係書籍の伝来

　さて、前に述べたように、江戸幕府は1635年より中国船との交流を長崎一港だけに限って開放した。また、日本人の出入国は禁止される。こうした歴史背景において、中国歴代の『詩経』関係書籍はいつ、どれほど、どのように伝来したのか、以下で究明してみたい。まず、中国における『詩経』学史について概観しておく。

　『詩経要籍集成』（2002年）によれば、中国における『詩経』学史については、二段階に分けて論述されている。1918年五四新文化運動以前は伝統『詩経』学の時代であり、それ以降は現代『詩経』学の時代だとされている。本節でいう中国の『詩経』関係書籍はまさにこの伝統『詩経』学におけるそれにほかならない。

　伝統『詩経』学では、先秦時期の孔子・孟子・荀子らによって

『詩』観や方法論などが提出されている。漢では『詩』が経とされ、それを伝える今文経である『魯詩』・『斉詩』・『韓詩』の三家が大学で標準の教科書として学ばれた。古文経である『毛詩』だけは民間で研究されている。鄭玄（127-200）は『毛詩』を主として、三家を合わせて注釈を集大成する。以降、『毛詩』は独占的地位を占めることとなった。魏晋に入ると、古文経学を主張する王粛（195-256）は鄭学を攻撃したが、鄭・王両学は対峙したまま南北朝に入っていく。南朝では王学を、北朝では鄭学を尊重していたため、その学問上の争いも王・鄭二学間論争の延長であった。結局、隋代になって劉焯（544-608）・劉炫（546-613）らに統一され、唐代でも、教育や科挙などのために経学統一の試みが続けられていく。そこで太宗李世民（599-649）の勅令で『毛詩正義』が編纂されたのである。この間に、様々な争いがあったが、本質的に言えば、ただ、今・古文経学の争いのみであったといえる。宋では所謂「宋学派」である欧陽脩（1007-1072）『詩本義』や蘇轍（1039-1112）『詩集伝』、王安石（1021-1086）『詩経新義』、鄭樵（1103-1162）『詩弁妄』などが漢・唐の解釈に、特に『毛詩・序』の信憑性が薄いという疑問や不信の姿勢をとった。鄭樵の『詩弁妄』はその代表作とされている。そのほかに、朱熹（1130-1200）『詩集伝』、王質（1127-1189）『詩総聞』、楊簡（1141-1226）『慈湖詩伝』、輔広『詩童子問』、朱鑒『詩伝遺説』、王柏（1197-1274）『詩疑』などの「反序」の著作がある。と同時に、所謂「漢学派」である范処義『詩補伝』や周孚（1135-1177）『非詩弁妄』などはそうした動きに反対した。そこで、尊序の「漢学派」と廃序の「宋学派」との争いが始まったのである。それを折衷しようとした著作も出た。たとえば、魏了翁（1178-1237）『毛詩要義』はそれである。朱熹の『詩集

伝』は宋までの『詩経』解釈学を大集成したものであり、宋・元・明・清を亘って影響を与え、宋学の新注を用うべしとする「述朱学派」が形成されている。それは元・延祐年間（1314-1319）から科挙で朱子の『詩集伝』を試験科目の標準教科書とされたことと深い関係にあると考えられる。一方、明の中葉から朱子『詩集伝』の解釈に反対する声も挙がり、やがて漢・唐の古注を尊重する「反朱子学派」も形成されている。そして、両者を調和し自説を提出した著作も出た。それが「折衷派」である。また、こうした議論とは無関係とし自らの論説を提出した「独自派」も出ている。さらに、文字・音韻・名物などの考証に重点を置く「考証学派」も出た。清に入ると、宋・明以来の朱子理学の説から脱却しようと、漢代の古文経学を復興し、典章・制度・文字・音韻・訓詁・名物などを主な考究の対象とする範囲の広い所謂「新漢学」の「考証学派」が形成されていく。陳啓源（1825-1905）『毛詩稽古編』はそうした古文経学の代表作とされている。そのほかには、戴震（1724-1777）・段玉裁（1735-1815）・陳奐（1786-1863）・馬瑞辰（1782-1853）・胡承珙（1776-1832）らがあり、主に毛・鄭の説によって朱子を攻撃した。また、乾嘉時代に始まり道咸時代に盛んになった今文経学派も出た。魏源（1794-1857）『詩古微』はその時期の代表作である。そのほかには、龔自珍（1792-1841）・丁晏(1794-1875）・馮登府（1783-1841）らがいる。主に三家詩によって、『毛伝』を批判した。他に清代を通して自説を提出した「独立思考派」もあった。前期では姚際恆（1647-1715？）『詩経通論』を、中期では崔述（1740-1816)『読詩偶識』を、後期では方玉潤（1811-1883）『詩経原始』が

代表的である[81]。

　以上、中国の伝統『詩経』学を簡略に述べた。中国の伝統『詩経』学が解釈方法によって、まずは唐までの古注系統と宋に発展してきた新注系統との相違があり、それを調和しようとする折衷系統、あるいは自説を提出した自説系統もあった。古注系統にはまた『毛詩』による古文経学と『魯詩』・『斉詩』・『韓詩』三家による今文経学の区別があった。古文経学は時代を通じて優位を保っているが、いずれも『毛詩・序』による『詩経』の本旨を説く点では等しい。これが所謂「尊序派」である。一方、朱子は南宋までの『詩経』学説を吸収し、『毛詩・序』による解釈ではなく、『詩経』の本文についての新たな解釈を施し、『詩集伝』を著わした。それが所謂「廃序派」である。世にこれを新注と呼んでいる。以降、毛『伝』・鄭『箋』・孔（穎達）『疏』による解釈は古注系統或は「尊序派」に属し、朱子の集伝による解釈は新注系統或は「廃序派」に属するとされている。

　それに基づいて、『四庫提要』の経部詩類を分類すれば、宋・元・明・清四朝の『詩経』に関する重要著作は次のようである。新注系統には、宋の王柏『詩疑』、王質『詩総聞』、程大昌（1123-1195）『詩論』、楊簡『慈湖詩伝』、輔広『詩童子問』、元の朱公遷『詩経疏義』、梁益『詩伝旁通』、梁寅（1303-1386）『詩演義』、許謙（1270-1337）『詩集伝名物鈔』、劉玉汝『詩纘緒』、劉瑾『詩伝通釈』、明の胡広等奉勅『詩経大全』、朱善（1314-1385）『詩解頤』、鄒忠允『詩伝闡』、戴君恩（1570-1636）『読風臆評』、清の范芳『詩

---

81 以上は、主に中国詩経学会編集『詩経要籍集成』全 42 冊（学苑出版社、2002年）によって整理したものである。

経彙詁』、康熙末聖祖仁皇帝御定『欽定詩経伝説彙纂』、黄夢白・陳曽『詩経広大全』、趙燦英『詩経集成』などがあり、古注系統には宋の呂祖謙（1137-1181）『呂氏家塾読詩記』、戴渓（？-1215）『続呂氏家塾読詩記』、段昌武『毛詩集解』、厳粲『詩緝』、明の呂柟（1479-1542）『毛詩説序』、郝敬（1558-1639）『毛詩原解』、鍾惺（1574-1625）『毛詩解』、清の毛奇齢（1623-1716）『白鷺洲主客説詩』、王夫之（1619-1692）『詩経稗疏』、陳啓源『毛詩稽古編』などがある。また、折衷系統には明の唐汝諤（1555-1641？）『詩経微言合参』、邵弁（隆慶中貢生）『詩序解頤』、張溥（1602-1641）『詩経注疏大全合纂』、陳組綬『詩経副墨』、賀貽孫(1603-1688)『詩触』、清の李光地（1642-1718）『詩所』、孫承沢（1592-1676）『詩経朱伝翼』、楊名時(1660-1736)『詩経箚記』、閻若璩（1636-1704）『毛朱詩説』、乾隆二十年皇上御纂『欽定詩義折中』などがあり、自説系統には宋の張耒（1054-1114）『詩説』、元の朱倬（1093-1163）『詩疑問』、明の姚舜牧（1543-1627）『詩経疑問』、李先芳（1510-1594）『読詩私記』、季本（1485-1563）『詩説解頤』、陳子竜（1608-1647）『詩問略』、清の徐世沐（1635-1717）『詩経惜陰録』、惠周惕(1671-1741)『詩説』などがある[82]。

　以上、中国における『詩経』学史について紹介した。続いて、日本に伝来した中国書籍について述べていきたい。それについての先行研究として、中国の厳紹璗『日蔵漢籍善本書録』（2007年）が挙げられる。氏はこの本で日本に所蔵されている古代から中国の明朝までの日伝漢籍を紹介している。その中の経部詩類には百三十三種、群経総義類の中で『詩経』に関するものには六十九種があり、

82　詳しい分類は付録「表六：『四庫提要』分析」を参照。

計二百二種が紹介されている[83]。

これによれば、同じ書名を除いて百四十五種がある。前述したように、漢の『毛詩鄭箋』や唐の『毛詩注疏』、宋の『詩集伝』などの重要な『詩経』関係書籍は江戸時代以前には既に日本にもたらされていた。厳氏著に載録されている『詩経』関係論著について詳細に分析を加えてみると、漢のものには二種がある。『毛詩鄭箋』と『韓詩外伝』である。唐のものは『毛詩注疏』だけであり、宋は十六種、元は七種、明は百十六種、著作時代が分からないものは三種ある。漢・唐の古注系統には二十三種、宋朱子学の新注系統には四十八種があり、朱子『詩集伝』に関係する書名としては、元の梁益『詩伝旁通』十五巻、許謙『詩集伝音釈』十巻、劉瑾『詩集伝通釈付詩伝綱領』二十巻付一巻、羅復『詩集伝音釈』二十巻首一巻、胡一桂（1247-1315？）『詩集伝付録纂疏』二十巻、明の毛晋（1599-1659）『五経集注』一百六巻、楊寿隆『詩経集注刪補』四巻、鄒忠胤『詩伝闡』二十三巻などがある。そのほか、名物・文字・音韻などを論じた著作も少なくない。特に明代の『詩経』関係書籍が百十六種にも達しているのは、江戸時代におけるそうした知識への需給の様子を語っている。

しかし、厳氏の紹介しているものは明朝までのものだけであるから、江戸時代とほぼ同時代の清代の書籍は含まれていない[84]。そこ

---

83 厳紹璗編著『日蔵漢籍善本書録』上冊（北京、中華書局、2007年、経部詩類56頁-86頁、経部群経総義類176頁-196頁）。『詩経』に関する書籍は付録「表七：日蔵『詩経』漢籍」を参照。

84 清代の『詩経』に関する著作については、呉宏一主編『清代詩話知見録』（台北、中央研究院中国文哲研究所、2002年）の付録1-1、蒋秋華・王清信纂輯校対「清代詩経著述現存版本目録初稿」（665頁-727頁）と、林慶彰・蒋秋華主編『張寿林著作集：古典文学論著（上）』（台北、中央研究院中国文哲研究所、

で、江戸時代の状況から述べていきたい。

　江戸期以前の時代に通行している『詩経』関連テキストには、『毛詩鄭箋』・『毛詩正義』・『呂氏家塾読詩記』・『毛詩句解』・『詩集伝』・『毛詩抄』しかなかった。『毛詩句解』だけは亡佚したが、そのほかは江戸前期でも博士家で用いられていたと考えられる。しかし、徳川家康が江戸に新しい幕府を開いた時期、中国明朝も朝鮮半島も学問的には程朱学が主流となっていた。こうした国際背景下にあって、江戸前期の学問も自然と程朱学に触れ合い、それを受容したのである。当時、「多くは浪人・医者・禅僧等から出身あるいは転身した専門の儒者達は特殊技能者として大名等に雇われた」。「彼等は、まず当時の中国・朝鮮からの渡来本（唐本・韓本）やその和刻本に接するのが普通であった」[85]。朝鮮本の渡来については前に触れた。唐本については、その前期における中国からの渡来本の記録さえあれば、当時の『詩経』関係書籍の伝来状況を研究することができるが、残念ながら、そうした資料は見つからない。今、前期に属する書籍目録として『寛文書籍目録』によって[86]、『詩経』に関するものを挙げてみよう。

　　　五経　十一冊
　　　五経新板無点　十一冊
　　　詩経新板　八冊

　　2009 年）「清代詩経著述考略」（715 頁-764 頁）を参照。
85　渡辺浩著『近世日本社会と宋学』（東京大学出版社、1987 年）。23 頁及び 7 頁を参照。
86　禿氏祐祥編『書目集覧』（東林書房、1928 年）に収録されている。

　　五経集注　五十七冊

　　五経大全　百二十六冊

　　詩経集注　八冊

　　詩経大全　二十二冊

　この七種の書籍については、著作名や出版者などの資料が全く明
記されていないため、唐本であるのか、韓本であるのか、あるいは
日本人の著作であるのかさえ判断できない。しかし、書名から見れ
ば、新注系統のほうが多いようである。和刻本については、江口尚
純の編集した「江戸期における詩経関係和刻本目録」がある[87]。そ
の中に掲載されている前期に属する書籍を調査すると、出版年が分
からないものを除いて、時代順に見ていくと、次のような書籍を目
にすることができる。

　　毛詩二十巻　漢毛亨伝、漢鄭玄箋　慶長年間に古活字版が刊
　　　行された。古注系統。

　　詩経　慶長年間の古活字である。

　　五経集註　宋朱熹等撰　慶安二年（1649）、三年、四年、承
　　　応二年（1653）に京都の林甚右衛門によって出版された。
　　　中に『詩経集註』十五巻がある。新注系統。

　　詩経集註十五巻　宋朱熹撰　慶安二年（1649）、寛文三年
　　　（1663）、寛文四年に京都の野田庄右衛門が刊行。新注系
　　　統。

---

87 江口尚純編「江戸期における詩経関係和刻本目録（暫定版）」（『中国古典研究』
　 48号、2003年、1頁-13頁）。

　　詩経集伝八巻　宋朱熹撰　寛文三年、寛文四年に京都の野田
　　　庄右衛門が刊行。新注系統。

　　七経考異六巻　宋王応麟　承応年間に江戸で刊行された。中
　　　には『詩経考異』一巻がある。新注系統。

　　五経　明翁溥校　明暦二年（1656）に山形屋が『五経正文』
　　　を刊行した。朱子の注である『毛詩』（『詩経』）一巻があ
　　　る。寛文五年（1665）に大阪の山内五郎兵衛に印刷され
　　　た。『詩経』二巻を含む。また、江戸の須原屋茂兵衛らが
　　　『五経白文』を刊行した。中に『毛詩』一巻がある。ま
　　　た、京都の村上勘兵衛らが明嘉靖三十一年の刊本によっ
　　　て、『五経正文』を重刻しており、『毛詩』一巻を含んでい
　　　る。新注系統。

　　詩経説約二十八巻　明顧夢麟撰、明楊彝訂　寛文九年
　　　（1669）に京都の芳野屋権兵衛が明の呉門張叔籟の刊本を
　　　重刊し、京都の出雲寺和泉が印刷した。新注系統。

　　毛詩蒙引二十巻、首一巻　明唐汝諤（士雅）撰、明陳子竜重
　　　訂　寛文十二年（1672）に京都の村上平楽寺が刊行した。
　　　折衷系統。

　以上の九種の書籍を古・新注で分析すれば、古注系統と折衷系統
とはともに一点だけであり、不明が一点ある。ほかの六点は全て朱
子の『詩集伝』に関する新注系統である。また、「全国漢籍データ
ベース」によると、これらの他に次の八種の書籍を補うことができ
る。

　　毛詩二十巻　漢毛亨伝、漢鄭玄箋　慶長二十年の釈禅珠跋本

が足利学校に所蔵されている。寛文二年にも刊行された。
古注系統。

呂氏家塾読詩記三十二巻　宋呂祖謙撰　寛永元年に京都の山
形屋喜兵衛が刊行した。古注系統。

多識編七巻　明林兆珂撰　寛永四年に幕府が購入した本で明
刊の八行本である。尾陽文庫の印記がある。古注系統。

詩経類考三十巻　明沈万鈳撰、明沈万銘等校　寛永五年に幕
府が購入した本である。明の末葉の十行本である。尾陽文
庫の印記がある。名物類。

新刻陳先生心伝弁疑訓解詩経文林妙達二十巻　明陳紳撰、明
蔡慎徽編　寛永九年に幕府が万暦五年の建邑書林の克勤斎
の余彰徳刊本を購入したものであり、尾陽文庫の印記があ
る。（蓬左文庫にはあるが、台湾にも中国にもないもので
あり、系統不明。）

新刻翰林六進士参定劉先生詩経博約説鈔十二巻　明劉前撰、
明敖崇化評校　寛永十一年に幕府が万暦二十二年の書林鄭
豪雲竹の刊本を購入したものであり、尾陽文庫の印記があ
る。（蓬左文庫にはあるが、台湾にも中国にもないもので
あり、系統不明。）

聖門伝詩嫡冢十六巻、坿申公詩説一巻　明凌濛初撰、漢申培
撰詩説　寛永十一年に幕府が明崇禎四年の呉興凌氏序、金
闓安少雲の刊本を購入した本であり、尾陽文庫の印記があ
る。新注系統。

詩経二十巻　漢毛亨伝、漢鄭玄箋　延宝四年に江戸の藤木久
市が刊行した。古注系統。

そのほかに、参考として、日本人学者の訓点本を以下に挙げる。
例えば、藤原惺窩（1561-1619）の『五経』（寛永五年（1628）、慶
安五年（1652）、万治二年（1659）刊）、林羅山の『五経』（寛永五
年（1628）、明暦三年（1657）、寛文元年（1661）、寛文十一年、貞
享元年（1684）刊）、『五経大全』（慶安から承応二年（1653）ま
で）、松永昌易（1619-1680）の『新刻頭書五経集註』（寛文四年
（1664）刊）などがそれである。新注系統のものが多いことが分か
る。

　以上、江戸前期には渡来本の唐本でも韓本でも、日本の学者の施
した訓点和刻本でも、朱子学の新注系統が多かったことを示してい
る。

　続いて、中期以降の状況に移りたい。中期以降の中国からの渡来
本の記録は大庭脩の『江戸時代における唐船持渡書の研究』（1967
年）によって明確になっている。そこで本節では大庭氏著を利用し
て日本に伝来した『詩経』書籍を掘り起こし、伝来の年代順に従っ
て表八「唐船持渡書年代別」を作成した[88]。こうして整理してみる
と、元禄六年（1693）から安政七年（1860）までとなり、ちょうど
江戸中期の初めから後期の終わりまでとなる。これより以前に『詩
経』関係書籍は見あたらない。同書名を除けば、計百四十二種があ
り、群経類には八十三種、『詩経』類には五十九種が著録されてい
る。ここからは、江戸時代の中期以後、群経類の需要が単行本の
『詩経』類より多かったことが分かる。

　さて、この百四十二種の書籍について、以下のように分析を行な

---

88 それについては、大庭脩著『江戸時代における唐船持渡書の研究』の提供して
　いる書籍の中から『詩経』に関するものを日本に伝来された年で整理したもの
　である。付録「表八：唐船持渡書年代別」を参照。

うことができる。

　(一) 「全国漢籍データベース」で書名が見つかったものは八十一点である[89]。その中、漢代のものは五点、唐代は三点、宋代は八点、明代は二十六点、清代は三十四点、時代の分からないものは五点ある。次の書籍は現在、日本にはあるが、台湾にも中国にもないものである。

1　『十三経石刻付五経文字』
　　その付録である『五経文字』は台・中にもあるが、『十三経石刻』は残っていない。『石刻十三経』と同じものであろう。この『石刻十三経』は関西大学内藤文庫に拓本二帳（春秋公羊巻第一周礼巻第十）が所蔵されている。

2　『倭紙嘉慶板十三経注疏』
　　清の嘉慶三年に明の毛晋汲古閣本、清の阮元（1764-1849）の編で日本紙で印刷された『十三経注疏』のことであり、公文書館に所蔵がある。また、アメリカのプリンストン大学東亜図書館とカリフォルニア大学東亜図書館には、公文書館と同じく清の嘉慶三年に明の毛氏汲古閣本を刊行したものが現存しているが、和紙に印刷したものであるかどうかは確認できない。

3　『詩経通解』
　　元禄七年の『大意書』によると、清の祝文彦の著作であることが分かる。内閣文庫が所蔵する『慶符堂集詩経挙業正旨通解』

89　これは、日本の京都大学「全国漢籍データベース」と台湾の国家図書館「中文古籍書目資料庫」、「台湾地区善本古籍連合目録」と中国の中国国家図書館「中国古籍善本書目連合導航系統」でこの百四十二点の書籍をチェックした結果である。

四巻はまさにこれである。そして、その付録『慶符堂集詩経独
解』一冊も内閣文庫に所蔵されている。

4　『詩経翼注』八巻

別名『詩経恵灯』、明の鄒之麟の選で、崇禎五年の刊本であ
る。蓬左文庫所蔵。京都大学には『新鐫鄒臣虎先生詩経翼注講
意』不分巻七冊、内閣文庫にも『新鐫鄒臣虎先生詩経翼注講
意』全四巻を所蔵している[90]。

（二）大庭氏著書中には、以下のように書名に疑問があるものが計
二十一点存在する。

1　『五経旁注』については、大庭氏著には『五経旁注』とある
が、「全国漢籍データベース」にはこの書はない。しかし、中
国の昌楽県図書館には明の陳仁錫（1581-1636）の編集した
『五経旁注』（『易経旁注』三巻、『書経旁注』二巻、『詩経旁
注』四巻、『礼記旁注』六巻、『春秋旁注』四巻）があり、東北
大学には明の朱升（1299-1370）の『周易旁注』四巻がある。

2　『五経説約』については、「全国漢籍データベース」には明の
顧夢麟（1585-1653）『詩経説約』二十八巻、清の閣鋅『周易説
約』十六巻、明の李燸『尚書説約』全四巻、清の何思佐『礼記
説約』四十九巻があるが、大庭氏著中の『五経説約』はない。

3　『五経読本』とあるが、京大人文研東方所蔵の嘉慶十年に刊行
された『五経四書読本』ではないかと考えられる。その『五経

90 台湾中央研究院中国文哲研究所には、内閣文庫の蔵本によって複製したものが
ある。

四書読本』の『五経読本』は朱熹『周易本義』四巻、蔡沈
（1167-1230）『書経集伝』六巻、朱熹『詩経集伝』八巻、陳澔
（1261-1341）『礼記集説』十巻、『春秋』十六巻である。

4 『五経増訂旁訓』とは、元の李恕が選した『五経旁訓』であろ
う。そのほか、公文書館には清乾隆四十七年に刊行した張氏
『礼記増訂旁訓』六巻、東北大学には清咸豊十年に刊行した張
氏の重校の『書経増訂旁訓』四巻がある。

5 『毛詩大全』は、明の永楽中に胡広等の奉勅選の『詩伝大全』
二十巻であるか、あるいは申学士の校正した『詩経大全』二十
巻であるかと思われる。

6 『毛詩名物柳』は、宋の蔡卞（元度1058-1117）『毛詩名物解』
二十巻であるか、もしくは元の許謙撰であり、清の納蘭成徳
（1655-1685）編の『毛詩名物鈔』、または清の朱桓『毛詩名物
畧』四巻であろう。

7 『毛詩微言』は、明の唐汝諤（1555-?）『詩経微言』二十巻、
もしくは明の張以誠（1568-1615）『詩経微言』二十巻。中国の
北京大学図書館には明の張以誠『張君一先生毛詩微言』があ
る。

8 『御定四経』は、『欽定四経』ではないかと思われる。『御定四
経』という名では台湾にも中国にも見つからない。

9 『御按五経』は、『御案五経』の誤りであろう。

10 『御纂二経』は、清の高宗（乾隆1711-1799）『御纂三経』と聖
祖（康熙1654-1722）『御纂五経』・『御纂七経』との関係がある
ものであろうか。

11 『欽定七経』とあるのは、清の聖祖『御纂七経』を指すもので
あろうか。

12 『欽定篆文六経』とは、『欽定篆文六経四書』ではないかと考
　えられる。

13 『詩書精義』は、清の黄淦『五経精義』の中の『周易精義』四
　巻・首一巻、『書経精義』四巻・首一巻・末一巻・『古尚書
　序』一巻、『詩経精義』四巻・首一巻・末一巻・『詩序』一巻、
　『礼記精義』六巻・首一巻、『春秋精義』四巻・首一巻ではあ
　るまいか。そのほか、黄淦には『七経精義』がある。上の『五
　経精義』に『周礼精義』六巻・首一巻、『儀礼精義』不分巻・
　補編一巻を加えたものである。

14 『詩経古音考』は、明の陳第（1541-1617）『毛詩古音考』四巻
　であろう。

15 『詩経衍義』は、明の王崇慶（1484-1565）『五経心義』（『易』
　曰議卦、『書』曰説晷、『詩』曰衍義、『春秋』曰断義、『礼記』
　曰約蒙、各為一巻）、もしくは明の江環『重鍥江晋雲先生詩経
　衍義集注』。

16 『詩経解正』は、清の康熙二十三年に深柳堂の刻本であり、姜
　文燦・呉荃の『詩経正解』三一三巻のことであろうか。

17 『詩経演弁真』とは、尊経閣所蔵の明の李若愚『新刻李愚公先
　生家伝詩経演弁真』十三巻であろう。なお、この本は台湾にも
　中国にも現存しない。

18 『詩経精花』は、清の薛嘉英『詩経精華』十巻ではないか。

19 『詩経体注』とは、『詩経融注大全体要』八巻ではないだろう
　か。中国国家図書館所蔵の清の高朝瑛『詩経融注大全体要』は
　見返し及び版心に『詩経体注』と題していることから考える
　と、それであろう。

20 『詩義纂要』は、中国社会科学院文学研究所に所蔵されている

清の康熙十九年周霈の編集で、盛百二（1720-？）の批校した
『棣鄂堂詩義纂要』八巻ではないかと考えられる。日本の内閣
文庫もこれを所蔵しているが、著作欄には清の洪雲来とある。
しかし、同じものであろう。

21 『監板詩経』は、『監本詩経』であろうと考えられる。

（三）「全国漢籍データベース」で見つからなかったのは、四十点
である。その中、『七経題鑑』・『二経合刻疏意』・『三経別解』・『五
経手抄』・『五経文釈』・『五経典要』・『五経集疏』・『五経補注』・『五
経講説』・『五経弁体』・『五経弁体合訂五経旁訓』（『五経旁訓』はあ
ったが、『五経弁体』はない）、『五経纂要』・『六経集説』・『六経補
注』・『六経叢錦』・『六経体注』・『毛詩草木疏』・『古講詩経』・『四経
論義』・『映雪詩経』・『袖珍六経』・『詩経直解指南彙編』・『詩経青銭
解』・『詩経解説』・『詩経導窾』・『詩経続補便蒙解注』・『詩楽全
図』・『満漢字詩経』・『諸儒詩伝』・『読詩序考』等の三十点は日本に
も台湾にも、そして中国にも現存しない。また、以下の十点は中国
に現存していたり、書誌目録上にのみ見ることのできるものであ
る。

1 『六経図』
　宝暦十年の『大意書』によると、これは宋の呉翬飛、趙元補等
　編、明の呉継任考校の『六経図説』であるが、『六経図説』は
　大庭氏著書中にもないものである。

2 『五経研硃集』
　中国の国家図書館には明の張瑄（1417-1494）『研硃集五種』
　（版心の下に義経、戴経、尚書、苑経、麟経と題している）二
　十二巻の刻本がある。

3　『五経旁訓弁体』

中国の国家図書館に清の徐立綱の撰とするものがある。

4　『五経摘注』

中国の上海図書館と天津市人民図書館には明の兪指南の集である『五経摘注』五巻（明の万暦十九年）がある。

5　『重刻徐筆峒先生遵注参訂詩経』

中国の中国社会科学院文学研究所には清の周境の集、盛百二の批校した康熙十九年の刻本がある。

6　『詩義翼朱』

中国の故宮博物院図書館には康熙三十五年の永思堂の刻本がある。

7　『詩経名物疏』

宝暦四年の『大意書』によると、これは明の馮嗣宗（1573-1622）の集、万暦三十三年に刊行されたものである。

8　『詩経直解』

宝暦四年の『大意書』によると、これは明の葉義昴の纂である。

9　『詩経衍義大全名解』

清の康熙二十八年の刻本である『載詠楼増訂詩経衍義正彙名解』四巻は宋の朱熹集伝で、清の沈李竜の増訂で、顧且菴の鑒定、清の李渭（？-1754）・李潜の鈔である。この本の版心には「載詠楼増訂詩経衍義正彙名解」、題箋には「新鐫増訂詩経衍義大全名解」と題している。

10　『墨刻六経図』

享保三年の『大意書』によると、これは享保二年に伝来したものであり、一部十二枚の石摺である。

　以上の分析から見れば、書名に疑問のあるものと、日本で見つからないものとを除いて、日本で見つけられる八十一点の書籍の中で新注系統には二十一点、古注系統には三十一点、古・新系統並存には四点、折衷系統には四点、自説系統には七点あり、名物や図類などは十四点がある。こうした結果から見れば、江戸時代に中国から輸入された『詩経』関係書籍は古注系統に属するものがやや多かったようである。特に十三経については、十五点にも達している。このことは注目に値する。一方、『江戸時代における唐船持渡書の研究』で朱子の『詩集伝』、或いは『詩経集伝』・『詩経集註』などの書名が見えないのは意外なことであった。朱子の『詩集伝』即ち『詩経集伝』八巻本は『五経読本』や『御案五経』・『五経集注』・『崇道堂五経』・『袖珍五経』・『監本五経』などの五経関係の書籍として日本に伝来されていることもあったが、その量は非常に少ない。言い換えれば、江戸時代の中期から後期まで朱子単行本としての『詩集伝』は、この時期の中日貿易商品としてあまり重視されなかったと言えよう。

　このように、江戸前期では朱子学の新注系統が中心であったが、中期に入ると、古学や古文辞学などが台頭したにつれて、その勢いはやや衰えた。しかし、後期になると「寛政異学の禁（寛政二年、1790年）」で、幕府は朱子学を「正学」とし、昌平坂学問所という幕府の学問所での講義や、登用試験も朱子学だけに依拠したのである。また、上に述べた諸藩でも朱子学を主とした藩校が圧倒的に多かった。

第五節　日本学者の『詩経』関係著作

　以上、朝鮮や中国からの『詩経』関係書籍の伝来の状況について
述べてきた。それらの書籍には日本に現存しているものもあるし、
既に何らかの原因で散佚してしまったものもある。現存するものに
ついては、朝鮮本や宋版・元版・明版などに分類されている。

　ところで、藩校での出版について述べるに当たって多少触れた
が、日本人の学者の中には原書に訓点・校定・補釈・注解などを施
して出版した者もいた。さらに、江戸期を通じて日本人の学者によ
る著作も少なくない。それについて、本節では明らかにしてみた
い。以下、現在見ることのできる諸書籍目録等によって探し得る
『詩経』関係書籍の出版記録に基づいて[91]、その学者の学派所属一

---

[91] 書籍目録では、主に岩波書店編『国書総目録』全 9 冊（岩波書店、補訂版、
1989 年-1991 年）、国文学研究資料館編『古典籍総合目録：国書総目録続編』全
3 巻（岩波書店、1990 年）、二松学舎大学 21 世紀 COE プログラム編『江戸漢学
書目』（二松学舎大学 21 世紀 COE プログラム、2006 年）、関儀一郎・関義直共
編『近世漢学者伝記著作大事典』（関義直、1971 年）、『近世漢学者著述目録大
成』（東洋図書刊行会、1941 年）、江口尚純著「江戸期における詩経解釈学史の
基礎的研究：詩経関係書目及び解題作成と解釈学史の考察」（江口尚純、文部科
学省科学研究費補助金研究成果報告書、2005 年）、「詩經研究文献目録（邦文
篇）2000（平成 12 年）」（『詩經研究』26、日本詩経学会、2001 年、1 頁-3 頁）、
「詩經関係文獻目録[邦文篇] 2001（平成 13 年）」（『詩經研究』27、日本詩経学
会、2002 年、18 頁-19 頁）、「江戸期における詩經関係書目（暫定版）」（『詩經研
究』27、日本詩経学会、2002 年、1 頁-17 頁）、「江戸期における詩經関係和刻本
目録（暫定版）」（『中国古典研究』48、中国古典学会、2003 年、1 頁-13 頁）、
「江戸期における詩經関係書目（第一次分類版）」（『静岡大学教育学部研究報
告：人文・社会科学篇』54、静岡大学教育学部編、2004 年、1 頁-13 頁）、「詩經
研究文献目録「邦文篇」2005（平成 17 年）」（『詩經研究』31、日本詩経学会、
2006 年、1 頁-3 頁）を参照した。

一朱子学派、陽明学派、敬義学派、古義学派、古文辞学派、古注学派、折衷学派、考証学派、其他の九派に分けて述べる[92]。なお、『詩経』関係著作については「表十一：『詩経』相関著作」にまとめたので合わせ参考されたい。

一　朱子学派（五十六名）

　朱子学は鎌倉時代に日本に導入されて以来、主として禅僧の講習によって伝承されてきた。室町時代末から江戸時代初期にかけて活躍した藤原惺窩もその禅僧の一人であった。しかし、彼は朱子学に接して後、仏教を棄てて朱子学に帰する。新注の四書を得て京都で講学して一学派を打ち立てる。この学派では勿論朱子の新注によって経書を解釈したが、『詩経』についての解釈も同様であった。以下、この学派に属する学者とその『詩経』関係著書を紹介していきたい。なお、挙げる学者の順序については生年順となっている。但し、生年が不詳の場合は最後に置いた[93]。（以下各派同）

　また、インターネットサイトでは、日本の京都大学「全国漢籍データベース」を利用した。なお、学派の分け方は関儀一郎・関義直共編『近世漢学者伝記著作大事典』（琳琅閣書店、4 版、1981 年）の付録「漢学者学統譜」や笠井助治著『近世藩校に於ける学統学派の研究』上・下（吉川弘文館、1982 年）などによるものである。別に付録「表九：『詩経』学統表」及び「表十：『詩経』相関著作学者」を参考。

92 関儀一郎・関義直共編『近世漢学者伝記著作大事典』では、古文辞学派を「復古学派」と称しているが、本書では古文辞学派の名を使っている。

93 著作者の資料については、主に関儀一郎・関義直共編『近世漢学者伝記著作大事典』（琳琅閣書店、4 版、1981 年）、竹内誠・深井雅海編集『日本近世人名辞典』（吉川弘文館、2005 年）、市古貞次著『国書人名辞典』（岩波書店、1993 年-1999 年）、武内博編『日本洋学人名事典』（柏書房、1994 年）、長澤孝三編『漢文学者総覧』（汲古書院、1979 年）、竹林貫一編『漢学者伝記集成』（名著刊行

藤原惺窩（1557-1619）

　名は粛、字は斂夫、号は惺窩。著書には訓点した『詩経』二巻（『五経』十一冊の一）などがある。この本は寛永五年（1628）と万治二年（1659）とに出版されている。

林羅山（1583-1657）

　名は忠・信勝、字は子信、通称は道春、号は羅山、博士。著書には『大広五経画引（編）』・『五経要語抄』・『六義考』九巻、『詩経鈔』三冊、『卮言抄（編）』・『詩経』二巻、『詩経集註』十五巻、『詩経大全』二十巻・首一巻などがある。その中、『詩経』・『詩経集註』・『申学士校正詩経大全』は次のように盛んに出版されている。

　　　詩経　二巻（『五経』の一）寛永五年（1628）、元禄十四年（1701）

　　　詩経　二巻（新版『五経』の一）寛文元年（1661）、明暦三年（1657）、元禄四年（1691）

　　　詩経　二巻（『新刻校正五経』の一）寛文十一年（1671）、享保十八年、宝暦十三年（1763）、寛政五年（1793）

　　　詩経　二巻（文化『改正五経』の一）安永二年（1773）、文化九年（1812）

　　　詩経　二巻（音註校正『五経』の一）天保十一年（1840）、天保十四年

　　　詩経集註　十五巻（『五経集註』の一）慶安二年（1649）・三年・四年、承応二年（1653）、寛文三年（1663）、享保九

　会、1978年）などを参考したものである。

年（1724）

申学士校正詩経大全　二十巻・首一巻（『五経大全』の一）慶
安五年（1652）、承応二年（1653）

松永尺五（1592-1657）

名は遐年、字は昌三・昌三郎、号は尺五・講習堂、金沢藩儒、藤
原惺窩の門人。著書には『詩経集伝』八巻、『五経私考』などがあ
る。

人見卜幽軒（1599-1670）

名は壹、字は道正、通称は卜幽軒、号は林塘庵・白賁園・把茅
亭、水戸藩儒、菅原玄同・林羅山の門人。著書には『五経童子問』
などがある。

林鵞峰（1618-1680）

名は恕・春勝、字は子和・之道、通称は春斎、号は鵞峯・向陽
子、林羅山の三子、幕府儒官。著書には『詩経私考』三十二巻、
『詩書序考』一巻、『詩訓異同』一巻、『詩経別考』二十巻、『詩経
竟宴』一巻、『五経竟宴詩』一冊、『毛詩序私考』などがある。『詩
経私考』は、『詩経』の逐条に注釈し、朱『伝』の註解を底本とし
て諸家の説の朱説と合うものを全て録して、合わないもの、疑うべ
きものなどを別考とし、その末に自見を付したものである[94]。『詩書
序考』は『詩』・『書』の旧序、子夏、孔安国の作をあげ、逐条に旧

---

94 佐村八郎・佐村敏郎著『国書解題』（六合館、1926年、876頁）。

解を加えたもの[95]、『詩訓異同』では『詩経』の本文を挙げ、その左
右に毛・鄭の訓詁と諸家の異同を加えて各説を述べている[96]。

松永寸雲（1619-1680）

名は昌易、号は寸雲、松永尺五の長子。著書には『詩経集註』八
巻などがある。この本は何度も重刻されたが、いま見える記録は次
の通り、寛文三年（1663）に京都で『五経集註』として出版され、
その中の『詩経集註』は十五巻本であった（東北大学蔵）。しか
し、その翌年に京都で『詩経集註』として出版された時には（慶応
まで全部）八巻本であり、この八巻本は享保九年（1724）に重印
（飯田市立中央図書館蔵）、寛政元年（1789）にも京都で重刊され
ている（新潟大学蔵）。寛政三年刊のものから始めて鈴木温の校定
を経ている。文政六年（1823）には始めて大阪で重印され、文政十
三年、慶応元年（1865）、慶応三年と頻繁に重刻された。なお、『近
世漢学者伝記著者大事典』・『漢学者伝記及著述集覧』・『近世漢学者
著述目録大成』では皆、この本を父松永尺五の首書として記録して
いるが、誤りである。

安東省庵（1622-1701）

名は守約、初名は守正、字は魯黙・子牧、通称は市之進、号は省
庵・恥斎、柳川藩儒、松永尺五・朱舜水の門人。著書には『詩書集
伝朱蔡異同考』六巻、『詩集伝続録』付別録・余録六巻などがあ
る。

---

95 佐村八郎・佐村敏郎著『国書解題』（六合館、1926 年、892 頁）。
96 同上、（879 頁）。

中村惕斎（1629-1702）

　名は之欽、字は敬甫、通称は七左衛門、号は惕斎、常師なし。著書には『五経筆記』・『詩経示蒙句解』十八巻、『詩経叶韻考』一巻などがある。『五経筆記』の中に『筆記詩集伝』十六巻があり、朱『伝』を漢文で註解し、諸家の説を詳細に取捨しており[97]、明和元年（1764）に京都で出版されている。『詩経示蒙句解』は朱『伝』を和文で分りやすく解釈したものであり[98]、享保五年（1720）と安永九年（1780）に京都で出版された。また、活字版は1932年に早稲田大学出版部により『漢籍国字解全書：先哲遺著』第五冊として出版された。『詩経叶韻考』は写本であり、現在、国会図書館に所蔵されている。

貝原益軒（1630-1714）

　名は篤信、字は子誠、通称は久兵衛、号は益軒・損軒、福岡藩儒、常師なし。著書には『新点五経白文』などがある。その中に『詩経』二巻が含まれており、元禄十四年（1701）に刊行、享保八年（1723）に再版し、享保十二年（1727）に修定版が刊行された。

宇都宮遯庵（1633-1709）

　名は的、字は由的、通称は三近、号は遯庵・頑拙、岩国藩儒、松永尺五の門人。著書には『五経白文（音註釈義)』などがある。

97　佐村八郎・佐村敏郎著『国書解題』（六合館、1926年、1681頁）。
98　同上、（877頁）。

松下見林（1637-1703）

　名は慶摂・秀明、字は諸生、通称は見林、号は西峰散人、高松藩医儒（京住）、林鵞峰・古林見宜の門人。著書には改正『詩経集註』十五巻、訓点『毛詩艸木鳥獣虫魚疏二巻』などがある。

林鳳岡（1644-1732）

　名は信篤・戇、字は直民、通称は常春、号は鳳岡、昌平校大学頭。著書には『詩書講義』などがある。

大高坂芝山（1647-1713）

　名は季明、字は清介（助）、号は芝山・黄軒・一峯・黄裳・喬松・止足軒、松山藩儒、谷一斎の門人。著書には『詩書疑問』四巻、『詩経疑問』などがある。

稲生若水（1655-1715）

　名は宣義、字は彰信、通称は正助・早若水、金沢藩儒医、木下順庵・伊藤仁斎の門人。著書には『詩経小識』（別称『詩経小識録』・『詩経小識初稿』）八巻などがある。

新井白石（1657-1725）

　名は君美、字は在中・済美、通称は與次右衛門・勘解由、号は白石、幕府儒官、木下順庵の門人。著書には『詩経名物図』一巻、『詩経図』五巻・総目一巻などがある。『詩経名物図』は白石が徳川家宣将軍のために『詩経』を講じた時に編集したものである。『詩経』中の名物について、日本にあるものは稲生若水に託して採

集させ、中国にあるものは中国商舶に命じて輸入させて狩野春湖に
描かせ、輸入できないものについては中国人に描画を依頼し、服飾
器具などは『博古図』・『周礼図』などを参考として完成させた。ま
た、『詩経図』は『詩経』の図表であり、寛政七年（1795）に新井
白石の子抱義が幕府に献上している[99]。

大串雪瀾 （1658-1696）

　名は元善、字は子平、通称は平五郎、号は雪瀾、水戸藩儒、人見
懋斎の門人。著書には『詩経講義』二巻などがある。

室鳩巣 （1658-1734）

　名は直清、字は師礼・汝玉、通称は新助、号は鳩巣・滄浪、金沢
藩儒、のち幕府儒官、木下順庵・羽黒養潜の門人。著書には『詩経
広義』・『詩綱領』一冊などがある。

荘田恬逸 （1660-1723）

　名は良資、字は賛卿・春竜、号は恬逸、幕府、林鳳岡の門人。著
書には『詩集伝翼』八巻などがある。

竹田春庵 （1661-1745）

　名は定直、字は子敬、通称は七之介・助太夫、号は春庵、福岡藩
儒、貝原益軒の門人。著書には『詩書疏林』などがある。

99　佐村八郎・佐村敏郎著『国書解題』（六合館、1926 年、877 頁）。

中村蘭林（1697-1761）

　名は明遠、字は子晦、通称は深蔵、号は蘭林、幕府儒官、室巣鳩の門人。著書には『読詩要領』一巻、『弁詩伝膏肓』（別称『弁朱子詩伝膏肓』）一巻などがある。『読詩要領』は『詩経』に関する詩原・采詩・詩刪・詩六義・漢四家詩・詩序・詩教・読詩・詩音・詩伝などのことをあげて、中国の本を引徴し、自説を述べたものである[100]。

五井蘭洲（1697-1762）

　名は純禎、字は小祥、幼名は藤九郎、号は蘭洲・洲庵、弘前（津軽）藩儒、五井持軒の子であり、門人である。著書には『詩経紀聞』二冊、『詩経集註紀聞』・『詩経集註筆記』・『詩経講義』一冊、『詩経講説』一冊などがある。

神林復所（1710-1795）

　名は弸、字は伯輔、通称は清介、号は復所、平藩、佐藤一斎の門人。著書には『弁九経談』一巻、『六義詳説』一巻、『詩伝要略』・『詩伝叶韻十八例』一巻、『叶韻醒言』などがある。

後藤芝山（1721-1782）

　名は世鈞、字は守中、通称は弥兵衛、号は芝山・竹風・玉来山人、高松藩儒、守屋義問・菊池黄山・林榴岡の門人。著書には訓点『五経』などがあり、『詩経』二巻を含んでいる。五経は、天明四

100　佐村八郎・佐村敏郎著『国書解題』（六合館、1926 年、1489 頁）。

年・七年に京都で刊行され、十四年には福岡の吉松総之助が翻刻、文化九年に江戸や鹿児島藩なども刻本を出し、十年（再刻）・文政十三年（三刻）・天保十年（四刻）・弘化三年（四刻修訂本）・安政二年（五刻）・文久三年（六刻）・慶応三年にもまた刊行された[101]。

田中鳴門（1722-1788）

名は章、字は子明、号は鳴門、片山北海の門人。著書には『毛詩覧』・『毛詩字詁』などがある。

近藤西涯（1723-1807）

名は篤、字は子業、通称は六之丞、号は西涯、岡山藩儒、河口静斎の門人。著書には『詩経音訓考』などがある。

中井竹山（1730-1804）

名は積善、字は子慶、通称は善太、号は竹山、大阪懐徳堂書院長、五井蘭洲の門人。著書には『詩断』（未定稿不分巻）などがある。

古屋愛日斎（1731-1798）

名は鼎、字は公餗、号は愛日斎、通称は鼎助、熊本藩儒、秋山玉山の門人。著書には『毛詩説』・『毛詩品物考』などがある。

山本秋水（1734-1808）

名は正誼、字は子和、通称は伝蔵、号は秋水・小酔、鹿児島藩

---

101 その上梓された詳しい様子については第三節、藩校の詩経学を参照。

儒、志賀登竜・山田月洲の門人。著書には『詩経豳風和解』などがある。

木村巽斎（1736-1802）

名は孔恭、字は世粛、通称は吉右衛門、号は巽斎・兼葭堂、片山北海の門人。著書には唐の成伯璵の撰した『毛詩指説』を校定したものなどがある。

渓百年（1754-1831）

名は世尊、字は子達、通称は代録、号は百年、鳥取藩儒、菊池菘渓の門人。著書には『詩経』八巻（『経典余師』の一）などがある。

神吉東郭（1756-1841）

名は主膳、号は東郭、赤穂藩儒。著書には『詩経名物考』一冊などがある。

中井蕉園（1767-1803）

名は曽広、字は伯毅、通称は淵蔵、号は蕉園。著書には首書『詩経集註』十五巻などがある。

林述斎（1768-1841）

名は衡、字は叔紞・徳詮・公鑑、通称は大学頭・大内記、号は述斎・蕉軒、幕府儒官・昌平校祭酒、大塩鼇渚・服部仲山・渋井太室の門人。著書には『斉魯韓詩説』などがある。

阿野蒼崖（1769-1822）

　名は信、字は子行、通称は茂平、号は蒼崖、福江（五島）藩儒、昌平黌門。著書には『六経異同考』などがある。

増島蘭園（1769-1839）

　名は固、字は孟鞏、号は蘭園、幕府儒員、古賀精里の門人。著書には『詩序質朱』一冊、『詩序弁』一巻、『詩集伝質朱』一巻などがある。

佐藤一斎（1772-1859）

　名は坦、字は大道、通称は捨蔵、号は一斎、昌平校儒官・岩村藩儒、中井竹山・林信敬の門人。著書には『校定音訓五経』十一巻、『詩経欄外書』六巻などがある。『校定音訓五経』（『詩経』二巻を含む）は文化十年（1813）に江戸で出版され、天保十二年（1841）に再刻された。

寺本直道（1774-1807）

　名は直道、通称は十三郎、大城壺梁の門人。著書には『毛詩補詮』などがある。

帆足万里（1778-1852）

　名は万里、字は鵬卿、号は愚亭・文簡、通称は里吉、日出藩儒、脇屋蘭室・中井竹山・亀井南冥・皆川淇園の門人。著書には『詩経標注』（『五経標註』の一）などがある。

黒田金城 （1779-1835）

　名は玄鶴、字は千年・浩翔、通称は痩松園、号は金城、昌平校、林述斎・佐藤一斎の門人。著書には『詩経本草』五巻などがある。

林蓀坡 （1781-1836）

　名は瑜、字は孚尹、通称は周輔、号は蓀坡、金沢藩儒、昌平校。著書には『詩小撮』などがある。

斎藤鑾江 （1785-1848）

　名は象、字は世教、通称は五郎、号は鑾江、昌平校。著書には『五経志疑』四十巻などがある。

日野醸泉 （1785-1856）

　名は和煦、字は公起、通称は暖太郎、号は醸斎・半隠、西条藩儒、近藤篤山の門人、昌平校修学。著書には『毛詩講義』一巻などがある。

落合双石 （1785-1868）

　名は賡、字は子戴、通称は鉄五郎・敬助、号は双石、飫肥藩儒、塚田大峯の門人。著書には『詩経統』などがある。

草場佩川 （1787-1867）

　名は韡、字は棣芳、号は佩川・玉女・山樵・宣斎・濯纓堂、通称は磋助、佐賀藩儒、古賀精里の門人。著書には『毛儒の囀里（二南毛儒の囀里)』二巻などがある。

古賀侗庵（1788-1847）

　名は煜、字は季曄、通称は小太郎、号は侗庵、幕府昌平校儒官・佐賀藩江戸藩邸明善堂講師、古賀精里の門人。著書には『詩徴古稿』一巻、『詩説備考』二巻、『読詩折衷』一冊、『毛詩或問』一冊、『毛詩劉伝橐』一冊、『朱子詩伝思問続編』（別称『詩朱伝質疑』）三冊などの写本がある。『朱子詩伝思問続編』は『詩経』の各章につき、朱『伝』に質疑問答を加えたものである[102]。

大島藍涯（1794-1853）

　名は桃年、字は景実、通称は清太、号は藍涯・柴垣・催詩楼、金沢藩儒、昌平校修学。著書には『欽定四経』百巻の校刻などがある。この本は弘化元年（1844）から嘉永四年（1851）まで、金沢藩明倫堂加賀国学蔵板として刊行された。中に『欽定詩経伝説彙纂』二十一巻、首二巻、詩序二巻がある。

近藤棠軒（1796-1828）

　名は元隆、字は公盛、通称は作蔵・大作、号は棠軒・敬斎、忍藩儒。著書には『四書五経筆記』などがある。

鷹羽雲淙（1796-1866）

　名は竜年、字は壮潮・半鱗、通称は主税、号は雲淙・天紳子・蓑唱庵、藩儒、林檉宇の門人。著書には『観詩々：国風部』などがある。

102　佐村八郎・佐村敏郎著『国書解題』（六合館、1926 年、890 頁）。

野本白巌（1797-1856）

　名は珵、字は伯美、号は真城山人・白巌・樵夫、通称は武三、中津藩儒、帆足万里・頼山陽の門人。著書には『詩書説』などがある。

小野損庵（1804-1862）

　名は正端、字は民表、通称は正五郎・軍九郎、号は損庵、桑名藩儒、昌平校修学。著書には『通叶韻考』一巻などがある。

河田迪斎（1806-1859）

　通称は八之助、佐藤一斎の養子であり、門人である。昌平校儒官。著書には『詩経挿解稿本小雅』一冊などがある。

脇田琢所（1815-1858）

　名は貞基、字は公固、号は琢所、松山藩、昌谷精渓・野田笛浦の門人。著書には『九経説園』などがある。

江村如亭（？-1732）

　名は如圭、字は希南、号は如亭・復所、尼崎藩儒、江村毅菴・松岡玄達の門人。著書には『詩経名物弁解』七巻などがある。この本は『詩経』の動植物を挙げ、諸家の説を解説し、朱『伝』の誤りを訂正したものである[103]。

103 佐村八郎・佐村敏郎著『国書解題』（六合館、1926 年、877 頁）。

石井択所 (？-1842)

　名は文衷、字は子哲、通称は良平、号は択所、前橋（川越）藩儒、尾藤二洲の門人。著書には『五経訓式定本』などがある。

関盈文 (寛政文化間人)

　名は盈文、号は羽山・四択館、林述斎の門人。著書には『毛詩註疏』八巻などがある。

斎藤笠山 (江戸後期)

　名は寛、字は子信、通称は万三郎、号は笠山、岡山藩、斉藤金壷の長男。著書には『五経音義訳』などがある。

二　陽明学派 (一名)

　陽明学は江戸時代の初めに伝来し、当初は朱子学者の批判の的となっているが、中江藤樹等の努力によって次第に多くの学者の間に広まっていく。その学問は『孝経』によって愛・敬を人に教え、経世と実践を重視する。しかし、陽明学派の学者たちには、『詩経』についての著作はあまりにも少ない。熊沢蕃山のみである。

熊沢蕃山 (1619-1691)

　名は伯継、字は了介、通称は次郎八・助右衛門、号は蕃山・息遊軒。岡山藩儒、中江藤樹の門人。著書には『詩経周南召南之解』二冊などがある。

三　敬義学派（二十六名）

　敬義学派は山崎闇斎の唱えた学派である。敬義とは、闇斎の字に因むもので、闇斎学派、崎門学派とも言われる。学問的には、朱子学を奉じ、実践を重視するものであった。幕末期に入ると、王政復古に尽力している。その『詩経』解釈は朱子の説によるものであったから新注に属している。

山崎闇斎（1618-1682）

　名は嘉、字は敬義、通称は嘉右衛門、号は闇斎・垂加、会津藩賓師、谷時中の門人。著書には訓点した『詩経』二巻（『五経』十一冊の一）などがある。この本は享保年間に嵩山房小林新兵衛により出版され、その後、明和七年（1770）、安永二年（1773）、文化二年（1805）と雲川弘毅（春庵）の改正によって京都でも出版され、嘉永七年（1854）には薩摩府学も改正補刻している。

渋井春海（1639-1715）

　名は都翁、字は順正・春海、通称は算哲、号は新蘆、山崎闇斎の門人。著書には『書詩礼暦考』一巻などがある。この本は『書』・『詩』・『礼記』の三経から年月日を取り出して、その大小干支などを考察したものである[104]。寛文十一年（1671）に刊行されている。

104　佐村八郎・佐村敏郎著『国書解題』（六合館、1926年、1035頁）。

佐藤直方（1650-1719）

　名は直方、通称は五郎左衛門、彦根藩、山崎闇斎の門人。著書には『詩経口義』・『詩経筆記』・『詩経集注講義』などがある。

浅見絅斎（1652-1771）

　名は安正、号は絅斎、山崎闇斎の門人。著書には『六経編考』一巻、『書正統監本詩書集伝後』一巻、『詩経筆記』三巻、『五経旨要』八巻などがある。『六経編考』は童蒙のために六経の編集の起源、名義、故実、注釈などについて諸書によって考察したものである。

三宅尚斎（1662-1741）

　名は重固、鳥取藩賓師、山崎闇斎の門人。著書には『五経筆記』（『詩経筆記』二冊）、『詩集伝資講』八冊、『詩経大意講義』一冊、『詩経物産』・『詩経発端尚斎先生講義』などがある。

若林強斎（1679-1732）

　名は進居、通称は新七、号は強斎・寛斎、浅見絅斎の門人。著書には『詩経師説』七冊、『詩集伝師説』十冊などがある。

矢野容斎（1697-1764）

　名は道坦、字は貞甫、矢野拙斎の門人。著書には『詩経集伝講義』がある。

西依成斎（1702-1797）

名は正固・周行、字は潭明、号は成斎、小浜藩儒、若林強斎の門人。著書には『詩経講義』（別称『詩集伝講義』）一冊などがある。

新井白蛾（1715-1792）

名は祐登、字は謙吉、通称は織部、号は白蛾・黄州・竜山・古易館、金沢藩儒、菅野兼山の門人。著書には『詩経解』・『詩書通考国字箋』などがある。

中村習斎（1719-1799）

名は蕃政、通称は猪八、号は厚斎、名古屋藩儒、蟹養斎の門人。著書には『詩集伝講義』（別称『詩集伝講誼』）八巻、『小学近思四子六経一軌図』一冊などがある。

山口剛斎（1724-1801）

名は景徳、字は正懋、号は剛斎、津和野藩儒、飯岡義斎の門人。著書には『読詩大旨』一巻などがあり、彼はこの本と浅見絅斎の『書正統監本詩書集伝後』、丸子黙斎の『考定詩集伝或問』とを合わせて『詩三説』として編集している[105]。

宇井黙斎（1725-1781）

名は弘篤、字は信卿、通称は小一郎、号は黙斎、新発田藩儒、久米訂斎の門人。著書には『考定詩伝或問』一巻などがある。

---

105 佐村八郎・佐村敏郎著『国書解題』（六合館、1926 年、886 頁）。

西依墨山 （1726-1800）

　名は景翼、通称は丹右衛門、号は墨山、小浜藩儒、西依成斎の門人。著書には『詩経集伝師説』（別称『詩経師説』・『詩伝師説』）一冊などがある。

箕浦江南 （1730-1816）

　名は直彝、字は迂叔、通称は右源次、号は進斎・江南・立斎・胆斎、高知藩儒、戸部愿山・西依成斎の門人。著書には『詩経講証』・『九経類聚』三冊などがある。

稲葉黙斎 （1732-1799）

　名は正信、通称は又三郎、号は黙斎、唐津・古河藩儒、稲葉迂斎の子・門人。著書には『詩経集伝講義』・『詩経関雎講義』一巻などがある。

千手廉斎 （1737-1819）

　名は興欽、字は一静・一誠、通称は八太郎、号は廉斎・広斎、高鍋藩儒、宇井黙斎・内藤有全の門人。著書には『詩書筆記』などがある。

落合東堤 （1749-1841）

　名は直養、字は季剛、通称は文六、号は東堤・守拙亭、中山菁莪の門人。著書には『詩経講義』（『五経講義』の一）などがある。

田辺楽斎（1754-1823）

　名は匡勅、字は子順、通称は三郎助、号は楽斎・中洲、仙台藩儒、田辺翠渓・田辺東里・久米訂斎・宇井黙斎・渋井太室・関松窓に従学。著書には『五経筆解』・『訂正五経』・『詩経名物図』二冊などがある。府学養賢堂蔵版『訂正五経』には『詩経』二巻があり、楽斎自ら訓点を施している。

川島栗斎（1755-1811）

　名は直正、通称は専蔵、号は栗斎、西依成斎の門人。石原氏に仕えた。著書には『詩経講義』二十巻などがある。

中村直斎（1757-1839）

　名は政方、通称は百吉、号は直斎、尾張藩士、中村厚斎の門人。編著には『詩経筆記』などがある。

大塚観瀾（1761-1825）

　名は静氏、字は子僉、通称は太一郎、号は観瀾・子孝・冬扇・梅楼・拙斎・槃窩、高鍋藩儒、宇井黙斎・御牧直斎・山口剛斎の門人。著書には『五経註』などがある。

桜田虎門（1774-1839）

　名は質、字は仲文、通称は周輔、号は虎門・欽斎・鼓岳子、仙台藩儒、服部栗斎の門人。著書には『詩識名』十二巻などがある。

村田箕山 （1787-1856）

　名は常武、字は経伯、通称は平蔵、号は箕山・恥斎、松山藩儒、服部栗斎・池内仲立の門人。著書には『詩経私講』三巻などがある。

金子霜山 （1789-1865）

　名は済民、字は伯成、通称は徳之助、号は霜山・勉盧、広島藩儒、金子華山の子であり、加藤定斎の門人である。著書には『詩集伝纂要』（別称『詩伝纂要』・『詩集纂要』）四巻などがある。

福井敬斎 （?-1801）

　名は軹、字は小車、通称は厳助、号は敬斎・衣笠山人、篠山藩学顧問、三宅尚斎・蟹養斎の門人。著書には『詩闡旨』十巻などがある。

田村克成

　名は克成、字は義仲、通称は雄右衛門、高鍋藩儒、田村正明の子。その著書『五経新注欄外書』は、宇井黙斎の訓点本を用いていた明倫堂の五経教科書を改点し、欄外に五経新注を折衷して付記するとともに、新たに訓点を付したものだが、未完成に終わった。

四　古義学派 （十七名）

　古義学派は伊藤仁斎の唱えた学派である。仁斎は寛文二年（1662）に京都の堀川で古義堂という塾を開いた。その学問は『論

語』・『孟子』の原文を後世の解釈に依らずに、孔・孟当時の原義、つまり古義を究明しようとするものであった。故に古義学と呼ばれる。孔・孟の教えを明らかにし、仁義を道徳の根本にし、日常の人倫を実践することを主張するのである。仁斎の跡を継いだのは子の東涯であり、京都を中心として活動を行なった。この学派は先秦の古義を求めていることから古注に属する。

伊藤仁斎（1627-1705）

名は維禎、通称は源吉・源佐・源七、号は仁斎。著書には『詩説』一巻などがある。

穂積能改斎（1649-1726）

名は以貫、通称は伊助、号は能改斎、伊藤東涯の門人。著書には『詩経国字解』三十五巻（『五経国字解』の一）などがある。

中島浮山（1658-1727）

名は義方、字は正佐、号は浮山、伊藤仁斎の門人。著書には『傍訓五経正文』などがある。

平元梅隣（1660-1743）

字は仲弼、通称は小助、号は梅隣、秋田藩町儒、仁斎の門人。著書には『読詩私説』などがある。

伊藤東涯（1670-1736）

名は長胤、字は原蔵、号は東涯・慥慥斎、伊藤仁斎の子。著書には『読詩要領』一巻、訓点本『詩経正文』二巻（『五経正文』の

一）などがある。『読詩要領』は父仁斎の「詩は人情の書である」
という説を主張し、『詩経』の起原・要旨・六義・詩の益・断章取
義などについて述べている。

篠崎東海（1687-1740）

　名は維章、号は東海、小幡藩儒、伊藤東涯の門人。著書には『詩
経考』十八巻などがある。

安東仕学斎（1689-1761）

　名は守経、字は士勤・斯文、通称は助之進、号は仕学斎、柳川藩
儒、伊藤東涯の門人であり、安東省庵の孫である。著書には『五経
一得解』五巻、『五経一得対類』二巻などがある。

伊藤蘭嵎（1694-1778）

　名は長堅、字は才喝、号は蘭嶋、和歌山藩儒、仁斎の第五子。著
書には『詩古言』十六巻序説一巻、『小雅槀本』一冊などがある。

奥田三角（1730-1783）

　名は士亨、字は喜甫、通称は宗四郎、号は三角・蘭汀・南山、津
藩儒、伊藤東涯の門人。著書には『毛詩解』・『詩経国風詁解』七冊
などがある。

伊藤東所（1730-1804）

　名は善韶、字は忠蔵、通称は忠蔵、号は東所・修成、挙母藩賓
師、伊藤東涯の門人。著書には『詩解』十八巻、『詩解名物』一
冊、『詩解釈例』一巻、『詩解韻章図』二冊などがある。

富永滄浪（1733-1765）

名は瀾、字子源、通称は左仲、号は滄浪。著書には『詩経彙註』などがある。

佐々木琴台（1744-1800）

名は世元、字長卿、通称は源三郎、号は琴台、松永淵斎・村士一斎・種村箕山の門人。著書には『詩大小序弁〔大小序弁妄〕』一巻、『詩説稿』十五巻などがある。

桜井東亭（1745-1803）

名は篤忠、字子績、通称は俊蔵、号は東亭、出石藩儒、伊藤東所の門人。著書には『毛詩合解』二巻などがある。

佐和莘斎（1749-1831）

名は淵、字伯恵、号は莘斎。著書には『詩経跋鼈』三十巻、『六経豹』十二巻などがある。

仁井田南陽（1770-1848）

名は好古、字伯信・紹明、通称は模一郎、号は南陽、和歌山藩儒。著書には『毛詩補伝』三十巻首一巻などがある。該書は篇ごとに『伝』をあげて、鄭『箋』と孔『疏』とを合わせ引き、諸家の説や自説などで補っている。

桜井石門（1799-1850）

名は茜、字伯蘭、通称は一太郎、号は石門、出石藩儒、桜井東門

の門人。著書には『毛詩学断』三巻などがある。

烏山崧岳（?-1776）

名は宗成、字は世章、通称は宇内、号は崧岳、伊藤東涯の門人。著書には訓点『韓詩外伝』十巻、『韓詩外伝引詩篇目』一冊などがある。

五　古文辞学派（四十一名）

古文辞学派は荻生徂徠が唱えた学派である。明の李于麟・王世貞などの説に賛成し、漢以前の古文辞の把握により、先王・孔子の道を究明することを主張して、朱子学派を攻撃し、仁斎の古義学派をも排斥している。その学問は、文学のほか、経世済民の目的を持ち、政治的な色彩を有する。朱子学の新注を攻め、漢以前の古文辞義を求めることから古文辞学派とも称されて、古注に属している。

荻生徂徠（1666-1728）

名は双松・伝次郎、字は茂卿、通称は総右衛門、号は徂徠、甲府柳沢藩儒官、常師なし。著書には『詩書旧序』（別称『詩書小序』）一冊がある。

荻生北渓（1673-1754）

名は観、字は叔達、通称は惣七郎、号は北渓、幕府儒員、荻生徂徠の弟。著書には山井崑崙の『七経孟子考文』（後述）を増訂補遺した『七経孟子考文補遺』百九十八巻などがあり、その中に『毛

詩』二十巻がある[106]。

太宰春台（1680-1747）

　名は純、幼名は千之助、字は徳夫、小字は弥右衛門、号は春台・紫芝園、岩村藩・古河藩の賓師。著書には『六経略説』一巻、『朱子詩伝膏肓』二巻、『韓詩外伝』十巻、『詩書古伝』三十四巻などがある。『六経略説』は美濃（岐阜県）の岩村藩の世子松平乗蘊（林述斎の父）のために『詩』・『書』・『礼』・『楽』・『易』・『春秋』の六経について片仮名交じり文で述べたもの[107]、『朱子詩伝膏肓』は朱『伝』の誤りを各条ごとに弁証したものである[108]。また、『詩書古伝』では『詩』・『書』の標目を挙げて、詳解釈し、巻一は統説、巻二から巻二十六は『詩経』、巻二十七から巻三十二は『書経』、巻三十三と巻三十四は諸書に散在する『詩』・『書』文を抄録して逸詩書として収録したものである[109]。

山県周南（1687-1752）

　名は孝孺、字は次公、通称は少助、号は周南、萩藩儒、荻生徂徠の門人。著書には『詩薮詩考』三冊などがある。

渡辺蒙庵（1687-1775）

　名は操、字は友節、号は蒙庵、浜松藩儒、中野撝謙・太宰春台の門人。著書には『詩経弁義』・『叶韻弁疑』・『詩伝悪石』（別称『詩

106　佐村八郎・佐村敏郎著『国書解題』（六合館、1926年、898頁）。
107　同上、（2001頁）。
108　同上、（981頁）。
109　同上、（891頁）。

伝悪名』・『詩経悪石』）一巻などがある。

山井崑崙 （1690-1728）

名は鼎、字は君彝、通称は善六、号は崑崙、和歌山藩書室、伊藤仁斎・荻生徂徠の門人。著書には七経と『孟子』の異文を考論した『七経孟子考文』百九十八巻などがある。この七経とは『易』・『書』・『詩』・『礼記』・『左伝』・『論』・『孝』であり、中に『毛詩』二十巻がある[110]。享保十六年、将軍吉宗の命によって荻生北渓らがこれを校訂し、『七経孟子考文補遺』三十二冊が刊行されている。中国清朝の四庫全書に収録され、阮元の校定を経た後、再び寛政十一年に一部二十四本（『商舶載来書目』）、享和元年にも九十四部四套（『齎来書目』）が日本に逆輸入されている。

菅沼東郭 （1690-1763）

名は大簡、字は子行、通称は文菴、号は東郭。著書には『王氏詩教』二巻などがある。

岡田白駒 （1692-1767）

名は白駒、字は千里、通称は太仲、号は竜洲、蓮池藩儒、常師なし。著書には『詩経毛伝補義』（別称『毛詩補義』）十二巻などがある。『詩経毛伝補義』は孔穎達の『疏』により、他書を考察しながら毛『伝』に補注を付したものである[111]。

---

110 佐村八郎・佐村敏郎著『国書解題』（六合館、1926 年、898 頁）。
111 同上、（878 頁）。

木村梅軒（1701-1752）

　名は晟、字は得臣、号は梅軒・玉函、荻生北渓の門人。著書には『校訂七経孟子考文補遺』などがある。

諏訪忠林（1703-1770）

　高島藩六代藩主、徂徠の門人。著書には『古今詩書』などがある。

加治（源）光輔（1707-1777）

　名は嘯翁、字は左極、通称は善右衛門、号は光輔・鳳山、豊後岡藩士、三浦竹渓の門人。著書には『詩経名物略識』一冊などがある。

赤松太庾（1709-1767）

　名は弘、字は毅甫、通称は弘、号は太庾、太宰春台の門人。著書には『詩経述』十一巻（『九経述』百三十巻の一）などがある。

五味国鼎（1718-1754）

　名は釜川、号は国鼎。太宰春台の門人。著書には『詩書古伝補考』などがある。

高階暘谷（1719-1766）

　名は彝、字は君秉、通称は忠蔵、号は暘谷、釈大潮の門人。著書には『五経音義補』二十巻などがある。

平賀中南 （1721-1792）

名は晋民、字は房父、通称は惣右衛門、号は中南、釈大潮の門人。著書には『毛詩微旨』十六巻、『詩経原志』六巻、『詩経原志晰義』二巻などがある。

森蘭沢 （1722-1777）

名は効、号は君則、広島藩、太宰春台の門人。著書には『毛詩通義』などがある。

戸崎淡園 （1724-1806）

名は允明、字は哲夫、通称は五郎太夫、号は淡園、守山藩儒、平野金華の門人。著書には『詩経考』（別称『毛詩考』・『古注詩経考』）十巻などがある。

細合斗南 （1727-1803）

名は離・方明、字は麗玉、通称は八郎右衛門、号は斗南、菅谷甘谷の門人。著書には『詩問』一巻、『詩説統』十八巻などがある。

小篠東海 （1728-1802）

名は敏、字は興竜・御野、通称は十助、号は東海、川越藩儒・浜田藩儒官。著書には『詩書旁注』五巻などがある。

和田子表 （1728-1814）

名は廉、字は子表、通称は伴兵衛、号は子豹、庄内藩士、松崎観海の門人。著書には『観海楼五経論語弁義』などがある。

斎宮静斎（1729-1778）

名は必簡、字は大礼、通称は五右衛門、号は静斎、松山藩講師、宇野明霞・服部南郭の門人。著書には『小雅小旻解』一冊、『周南召南次序』・『詩開巻義』一巻などがある。

藤沢雲斎（1731-1798）

名は周、字は子山、号は雲斎、入江南溟の門人。著書には『校韓詩外伝』などがある。

香川南浜（1734-1792）

名は蓋臣、字は爾公・忠夫、通称は修蔵、号は南浜・蕉雨堂、広島藩儒、常師なし。著書には『六経解義』・『毛詩十考』などがある。

宇野東山（1735-1813）

名は成之、字は子成、号は東山・耕斎、宮瀬竜門・清水江東の門人。著書には『毛詩弁』六巻・首一巻、『毛詩鄭箋標注』・『朱註詩経標解』五巻などがある。『毛詩弁』（別称『毛詩国字弁』・『詩経国字解』）は天明五年（1785）に江戸で刊行、『毛詩鄭箋標注』（別称『詩経古注標註』）は天明六年に明の金蟠の訂である毛『伝』鄭『箋』の『詩経』に訓点と標注を施し、江戸・京都・大阪で出版したものである。また、『朱註詩経標解』（別称『詩経標解』・『朱註詩経標註』）は享和元年（1801）に江戸で刊行された。

座光寺南屏 （1735-1818）

　名は為祥、字は履吉、通称は三蔵、号は南屏、五味釜川の門人。著書には『二南正名』二巻などがある。

市川鶴鳴 （1740-1795）

　名は匡、字は子人、号は鶴鳴、通称は多聞、鹿児島藩垂水文行館知行事・高崎藩儒、大内熊耳の門人。著書には『詩経弁解』（別称『毛詩弁解』）十六巻などがある。未見である。

斎藤芝山 （1743-1808）

　名は高寿、通称は権佐・権之助、号は芝山、熊本藩儒、定師なし。著書には『復古毛詩別録』八巻、『復古毛詩序録』一冊、『毛詩国字解』二十巻などがある。

松村九山 （1743-1822）

　名は良恭、通称は良猷・栖雲、号は九山、大野藩儒医。著書には『続九経談』などがある。

坂本天山 （1745-1803）

　名は俊豈、字は伯寿、通称は孫八、号は天山、高遠藩士、余熊耳・宇瀰水の門人。著書には『九経音釈』などがある。

岡野石城 （1745-1830）

　名は元韶、字は叔儀、通称は内蔵・内蔵太、号は石城・赤城、藩儒、菊池南陽の門人・徂徠に私淑。著書には『詩経纂説』十巻など

がある。

坂本宣業（1747-1825）

名は勇、字は公修、通称は宣業、号は弦山、摂津尼崎藩儒医、斎宮静斎・坂本幸庵の男。著書には『詩経集義』十五巻などがある。

馬淵嵐山（1753-1836）

名は会通、字は仲観、通称は舎人、号は嵐山、斎宮静斎の門人。著書には『誦詩要法』一冊、『詩経国字注』・『詩詁』十七巻などがある。

三野藻海（1760-1795）

名は無逸、字は仲寿、通称は貞之進、号は藻海、高松藩儒、斎宮静斎の門人。著書には『詩経解』などがある。

永井星渚（1761-1818）

名は襲吉、字は無咎、通称は一翁、号は星渚、名古屋藩、市川鶴鳴の門人。著書には『毛詩存疑』六巻などがある。

中山城山（1763-1837）

名は鷹、字は伯鷹、通称は塵、号は城山、高松藩町儒者、藤川東園の門人。著書には『毛詩考』二巻などがある。

市野迷庵（1765-1826）

名は光彦、字は俊卿、通称は弥三郎・三右衛門、号は迷庵、市野東谷の門人。著書には『詩集伝筆録』・『詩経集伝鼓吹』一冊などが

ある。

目々沢鉅鹿 （1768-1848）

名は広生、字は子坤、通称は新右衛門、号は鉅鹿、昌平校。著書には『毛詩集疏』十三巻などがある。

亀井昭陽 （1773-1836）

名は昱、字は元鳳、通称は昱太郎、号は昭陽・空石・天山、福岡藩儒、亀井南冥・役藍泉の門人。著書には『毛詩考』二十六巻、『詩経古序翼』六巻、『蓼莪九徳衍義考』（別称『蓼莪四章注』）一冊などがある。

中山鼇山 （1789-1815）

名は騮、字は士騮、号は鼇山、中山城山の子。著書には『詩管窺』などがある。

岡井赤城 （？-1803）

名は孝卿・鼎、字は伯和、通称は文次郎・郡太夫、号は赤城、高松藩儒、岡井嵰洲の子・門人。著書には『詩疑』二十二巻などがある。

川目直

名は直、字は子縄、蒲阪青荘の門人。著書には『校註韓詩外伝』十一巻などがある。

六　古注学派（二十九名）

　この学派は主として漢唐の注疏により経書を解釈している。所謂古注学派である。朱子新注導入以前、日本での経書解釈はすべて古注であったが、江戸時代になると、朱子学が主流となり、一時衰退したが、明和年間から再び盛んになった。

松平君山（1697-1783）

　名は秀雲、字士竜、通称は太郎左衛門、号は君山・竜吟子・富春山人・群芳洞、名古屋藩儒、定師なし。著書には『毛詩翼』六巻、『詩経国風衍義』十巻などがある。

芥川丹丘（1710-1785）

　名は煥、字は彦章、通称は養軒、号は丹丘、鯖江藩儒者、宇野明霞・伊藤東涯の門人。著書には『詩家本草』二巻がある。

竜草廬（1714-1792）

　名は公美、元亮、字は君玉・子明、通称は彦二郎・衛門、号は草廬・竹隠・松菊・呉竹翁・明々窓・緑蘿洞・鳳鳴、彦根藩儒、宇野明霞の門人。著書には『毛詩証』・『毛詩徴』一巻などがある。

細井平洲（1728-1801）

　名は徳民、字は世馨、通称は甚三郎、小字は外衛、号は平洲・如来山人、米沢藩師、尾張藩明倫館督学、中西淡淵の門人。著書には『毛鄭同異考』（別称『詩経毛鄭同異考』）三巻、『詩経大訓』・『詩

経小訓』・『詩経古伝』十巻、『詩経夷考』などがある。『毛鄭同異
考』は毛『伝』と鄭『注』との異同を比較し、是非を論じたもの[112]、
『詩経古伝』は明の豊坊が偽托した子貢『詩伝』と漢の申培『詩
説』とに注釈を加えたものである[113]。

片山兼山（1730-1782）

名は世璠、字は叔瑟、通称は東造、号は兼山、出雲藩儒、秋山玉
山の門人。著書には訓点『毛詩正文』三巻、『毛詩類考』八巻など
がある。

中井履軒（1732-1817）

名は積徳、字は処叔、通称は徳二、号は履軒、大阪懐徳堂書院
長、五井蘭洲の門人。著書には『六経逢原』・『七経逢原』・『七経雕
題』五十六巻（『詩経雕題』七巻并付巻を含む）、『七経雕題略』十
九巻（『詩経雕題略』三巻を含む）、『詩経聞書』・『詩経名物弁解
（詩経名物弁解難題）』一巻、『古都多飛』一巻、『諧韻瑚漣』一
冊、『毛詩品物図考雕題』一巻などがある。『七経逢原』には『古詩
古色』一巻、『古詩』七巻、『古詩得所編』一巻、『古詩逢原』不分
巻付一巻がある。『七経逢原』は『詩』・『書』・『易』・『左伝』・
『論』・『孟』・『庸』の七経を註解したもので、『七経雕題略』は
『詩』・『書』・『易』・『礼記』・『左伝』・『孟』・『庸』の七経を古注に
より集成し、自案を付したものである[114]。

---

112 佐村八郎・佐村敏郎著『国書解題』（六合館、1926 年、877 頁）。
113 同上、（876 頁）。
114 同上、（898 頁）。

古屋昔陽（1734-1806）

　名は鬲、字は公款、号は昔陽、通称は重次郎、熊本藩儒・会津藩
賓師、秋山玉山の門人。著書には『詩説』四巻、『詩教大意』一
巻、『詩世本古義』二十九巻などがある。

皆川淇園（1734-1807）

　名は愿、字は白恭、通称は文蔵、号は淇園・筇斎・有斐斎・呑海
子、平戸藩賓師、常師なし。著書には『詩経助字法』二巻、『詩経
（毛詩）繹解』十五巻（『七経繹解』の一）、『二南訓鬮』二巻、『詩
経国風図』一冊、『詩経小雅図』一冊などがある。『詩経助字法』は
『詩経』の助字を集めてそれぞれ用例を挙げて説明を加えたもの、
『詩経繹解』は『詩経』の本文につき、章句ごとに字義を註解し
て、その大意を述べたものである[115]。平戸藩により出版された所謂
平戸版であり、藩校維新館教科書としても広く用いられている。

石川金谷（1737-1778）

　名は貞、字は大乙、通称は頼母、号は金谷、膳所藩・延岡藩、南
宮大湫の門人。著書には『六経小言』・『詩経正文唐音』二巻などが
ある。

小田穀山（1742-1804）

　名は煥章、字は子文、通称は五兵衛・右衛門、号は穀山、片山兼
山の門人。著書には『標注訓点毛詩古伝』（別称『毛詩古伝考』）六

115 佐村八郎・佐村敏郎著『国書解題』（六合館、1926 年、878 頁）。

巻、校定『詩経蒙引』などがある。

恩田蕙楼 （1743-1813）

　名は維周、字は仲任、通称は新治郎、号は蕙楼・白山・扈園、名古屋藩儒、松平君山の門人。著書には『詩経訂疑』・『毛詩管窺』一巻などがある。

村瀬栲亭 （1746-1818）

　名は之熙、字は君績、通称は嘉右衛門、号は神州・栲亭、秋田藩儒、武田梅竜の門人。著書には『毛詩述義』十四巻などがある。

塚田大峯 （1747-1832）

　名は虎、字は叔貔、通称は多聞、号は大峯・雄風館、名古屋藩儒、定師なし。著書には『塚注毛詩』三十巻、『塚田氏国風草』二巻などがある。

川合春川 （1751-1824）

　名は衡、字は襄平・丈平、号は春川、和歌山藩儒、竜草廬の門人。著書には『詩学還丹』二巻、『詩経正名編』（別称『詩経正名篇』）四巻などがある。

萩原大麓 （1752-1811）

　名は万世、字は休卿、通称は英助、号は大麓、片山兼山の門人。著書には『五経解閉』二十巻などがある。

松本愚山（1755-1834）

　名は慎、字は幻憲、通称は才次郎、号は愚山、皆川淇園の門人。著書には『五経図彙』三巻などがある。

久保筑水（1759-1835）

　名は愛、字は君節、通称は荘左衛門、号は筑水、一橋藩、片山兼山の門人。著書には『毛詩正文』などがある。

猪飼敬所（1761-1845）

　名は彦博、字は希文、通称は安次郎、号は敬所、津藩儒、伏原宣条・巖垣竜渓の門人。著書には『九経談評』一冊、『詩経集説標記』三冊などがある。

大江荊山（1763-1811）

　名は維緝、字は仲熙、号は荊山。著書には『詩韻国字解』二巻などがある。

金子鶴村（1768-1840）

　名は有斐、号は鶴村、金沢藩儒、皆川淇園の門人。著書には『詩経訓解』五冊などがある。

松崎慊堂（1771-1844）

　名は復、初名は密、通称は退蔵、字は明復、号は慊堂、掛川藩儒、昌平校入学、林信敬・林述斎の門人。著書には、校刻した『五経文字』三巻、『九経字様』一巻、『毛詩校譌』一巻（以上は『縮刻

唐石経十二経』の一)、審定『石経十三経』などがある。

神野世猷 （1772-1853）

名は世猷、字は文徽、通称は左衛門、号は松篁軒、名古屋藩士、細井平洲の門人。著書には『校正五経正文』などがある。

中村中倧 （1778-1851）

名は元恒、字は大明、通称は中書、号は中倧・九一亭・蕗原、高遠藩儒、坂本天山・猪飼敬所の門人。著書には『毛詩通義』四巻などがある。

東条一堂 （1778-1857）

名は弘、字は子毅、通称は文蔵、号は一堂、皆川淇園の門人。著書には『詩経解』・『詩経標識』三巻などがある。

会沢正志斎 （1782-1863）

名は安、字は伯民、通称は恒蔵、号は正志斎・欣賞斎、水戸藩儒、藤田幽谷の門人。著書には『刪詩義』一冊などがある。

随朝若水 （1785-1848）

名は陳、字は欽若、号は若水、猪飼敬所の門人。著書には『毛詩周南召南解』などがある。

萩原楽亭 （1790-1829）

名は善詔、字は文華、通称は駒太郎、号は楽亭、萩原大麓の子。著書には『詩経集解』（別称『毛詩集解』・『嵩獄詩集解』）三巻など

がある。

藍沢南城（1792-1860）

　名は祇、字は子敬、通称は要助、号は南城、片山兼山の門人。著書には『三百篇原意』十八巻、『五経一得鈔説』五巻、『詩経講義』一冊などがある。

角田青渓（？-1788）

　名は明、字は公煕、通称は平之丞、号は青渓、松江藩儒、片山兼山の門人。著書には『毛詩鄭箋同異考』四巻などがある。

七　折衷学派（十八名）

　この学派は明和・安永ごろに興り[116]、先行の朱子学派や陽明学派、古学派などの争いから脱却して、新・古注の各学派を折衷し、自分の見解を提出しようとして成立したものである。この学派を確立したのは井上金峨であり、新注・古注のどちらにも属さないとされる。

渋谷松堂（1628-1797）

　名は潜、字は子亮、通称は潜蔵、号は松堂、金沢藩儒、定師なし。著書には『詩因』などがある。

116　衣笠安喜著『近世儒学思想史の研究』（法政大学出版局、1979 年、139 頁）。

良野華陰 （1699-1770）

　名は芸之、字は伯耕、通称は平助、号は華陰、昌平校、林鳳岡の門人。著書には『詩評集解』二巻などがある。

井上蘭台 （1705-1761）

　名は通煕、字は子叔、通称は嘉善、号は蘭台・図南、岡山藩儒、林鳳岡の門人。著書には明の金蟠の校である『毛詩鄭箋』を底本として、訓点を加えた『詩経古注』二十巻・『詩譜』一巻がある。

井上金峨 （1732-1784）

　名は立元、字は純卿、通称は文平、号は金峨・考槃翁・柳瑭閑人、中村藩賓師、宮川熊峯・井上蘭台の門人。著書には『毛詩選説』四巻などがある。

豊島豊洲 （1737-1814）

　名は幹、字は子卿、通称は終吉、号は豊洲、宇佐美灊水・沢田東江の門人。著書には『詩本旨』・『詩鑱』などがある。

八田華陽 （1746-1817）

　名は繇、字は靖民、通称は大二郎、号は華陽、井上金峨の門人。著書には『詩経古義解』十八巻などがある。

山本北山 （1752-1812）

　名は信有、字は天禧、通称は喜六、号は北山・孝経楼、秋田藩儒、井上金峨の門人。著書には『三百篇私解』一冊、『詩事考』な

どがある。

三谷笙洲 (1755-1823)

　名は樸、小野蘭山の門人。著書には『詩経草木多識会品目（多識会品目）』などがある。

雨森牛南 (1756-1815)

　名は宗真、字は牙卿、号は松蔭・牛南、大野藩儒医、山本北山の門人。著書には『詩訟蒲鞭』一巻などがある。『詩訟蒲鞭』は、佐久間能水が山本片山の『作詩志彀』の誤りを指摘して、『討作詩志彀』を著したのに対して反駁を加えるものである。

山中天水 (1758-1790)

　名は恕之、字も恕之、通称は猶平、号は天水、山本北山の門人。著書には『毛詩知原』二巻などがある。

亀田綾瀬 (1778-1853)

　名は長梓、字は木王、通称は三蔵、号は綾瀬・仏樹斎・学経堂、関宿藩儒、亀田鵬斎の子であり、門人である。著書には『読詩雑抄』三巻などがある。

朝川善庵 (1781-1849)

　名は鼎、字は五鼎、号は善庵・学古、平戸藩賓師、山本北山の門人。著書には『詩書困知説』六巻などがある。

近藤正斎 (1783-1841)

　名は守重、通称は重蔵、号は正斎、幕臣、井上金峨の門人。著書には『足利五経版式』二巻などがある。

宮本篁村 (1788-1838)

　名は鉉、字は士鉉、通称は鼎吉、号は篁村、山本北山の門人。著書には『詩経諸説折衷』などがある。

日尾荊山 (1789-1859)

　名は瑜、字は徳光、小字は多門、通称は宗右衛門、号は荊山、江戸町儒者・九州府内藩江戸邸講師、常師なし。著書には『毛詩諸説』一冊などがある。

岡田煌亭 (1792-1838)

　名は欽、字は秀三、通称は彦助、号は煌亭・南獄、朝川善庵の門人。著書には校定『毛詩稽古編』・『七経箚記』八巻などがある。この本は巻一は総論、二巻からは各巻ごとに『易』・『書』・『詩』・『左伝』・『孝経』・『論』・『孟』の七経について大意を論じたものである[117]。

高橋華陽 (文化中)

　名は関慎、字は正卿、通称は八丈屋与市、号は華陽・女護島、沢田東江の門人。著書には『詩経人物証』一巻、『詩経証』三巻、『詩

---

117 佐村八郎・佐村敏郎著『国書解題』（六合館、1926 年、898 頁）。

経五声音繹証』（別称『詩経五声音証』）一冊、『詩経辞例』（『九経
辞例』の一）などがある。

日尾省斎（？-嘉永中）

　名は約、字は省三、号は省斎。著書には『詩経新注』などがあ
る。

八　考証学派（三名）

　この学派は江戸後期になって、中国清朝の考証学の影響を受けて
安永・天明ごろに興った。実証的な方法で経書の義理を把握しよう
とする学派である。文化・文政ごろから盛んになった。もともと折
衷学派の中から芽生えたものであるが、本格的に成立させたのは大
田錦城である。この学派は清朝考証学の影響を受けている以上、朱
子学から脱却し、漢の経学に回帰する性格を有しているので、古注
に属すと見てよい。

大田錦城（1765-1825）

　名は元貞、字は公幹、通称は才佐、号は錦城、金沢藩儒、皆川淇
園・山本北山の門人。著書には『九経談』十巻、『三緯微管編』（別
称『三緯微管凡例』）、『大小序弁』一巻、『毛詩大序十謬』一巻、
『毛詩六義考』（別称『六義考』）、『毛詩六義考続考』二巻、『毛詩
微言』八巻、『毛詩微管（毛詩微管編）』・『毛詩詳説』三巻、『詩精
義』・『詩経弁説』一巻、『詩経聞記』一冊、『詩経纂疏（毛詩纂
疏）』・『稽古録（巻之四、詩大小序説・大序十謬・六義考)』などが
ある。『九経談』は『詩』・『書』・『易』・『春秋左伝』、四書、『孝

経』などの要点のみを漢文で詳細に論証したものであり[118]、文化元年（1804）に江戸で、文化十二年に京都で出版され、文政七年（1824）には補刻本が刊行された。『大小序弁』・『毛詩大序十謬』・『毛詩六義考』は『稽古録』巻之四に収録され、無窮会に所蔵されている。

海保漁村（1798-1866）

名は元備・字は純卿、通称は章之助、号は漁村・伝経盧、幕府儒官、大田錦城の門人。著書には『詩経口義』一冊、『毛詩輯聞』二十巻、『詩漢注考』・『詩経記聞』八巻、『四鴎説』（校）などがある。

中井乾斎（？-文政中）

名は豊民、字は子来、通称は準之助、号は乾斎、吉田藩。著書には『詩集義』二十巻、『五経説叢』三十巻などがある。

九　其他 （計七十五名）

（一）国学者（九名）

賀茂真淵（1697-1769）

名は真淵。著書には『詩経考注』などがある。

---

118 佐村八郎・佐村敏郎著『国書解題』（六合館、1926 年、419 頁）。

小沢盧庵（1723-1801）

　名は玄中、通称は七郎、号は盧庵、松山藩家臣。著書には『古今六義諸説』（別称『六義諸説並自註』・『六義之弁』）などがある。

加藤千蔭（1735-1808）

　賀茂真淵の門人。著書には『六経説略』一冊などがある。

渡辺荒陽（1752-1838）

　名は之望、字は万夫、通称は政之助、号は荒陽。著書には『六経大義』十四巻、『毛詩弁衡』十巻などがある。

久志木常夏（1755-1827）

　名は常夏、通称は織部、号は穆如斎。著書には『六義口訣』一冊などがある。

小林元有（1760-1795）

　名は隣卿、字も隣卿、通称は平七郎、号は元有・緑樹園。狂歌作者、著書には『詩経草名考』二巻などがある。

鈴木朖（1765-1837）

　名は朖、幼名は恒吉、字は叔清、通称は常介、号は離屋、名古屋藩儒、本居宣長の門人。著書には『六経諸子説』などがある。

村田了阿（1772-1843）

　名は直温、通称は小兵衛、号は台麓・一枝堂。著書には『鄭声語

原』などがある。

中臣連由伎麿（江戸後期）

　名は直茂。著書には『六義考』一冊などがある。

（二）本草学者（十六名）

松岡恕庵（1668-1746）

　名は玄達、字は成彰、通称は恕庵、山崎闇斎・伊藤仁斎・稲生若水の門人。著書には『詩経名物考』一冊などがある。

小野蘭山（1727-1810）

　名は職博、字は以文、通称は喜内、号は蘭山、幕府医官、松岡恕庵の門人。古義学派の本草学者である。著書には『詩経名物解』・『詩経名物弁解説』・『詩経名物弁解正誤』一冊、『詩経産物解』一冊、『詩経物産解』などがある。『詩経名物弁解説』は江村如亭の『詩経名物弁解』を訂正したものである[119]。

岡白洲（1737-1787）

　名は元鳳、字は公翼、通称は慈庵・尚達・元達、号は白洲・澹斎・魯庵・隔九所。著書には『毛詩品物図考』七巻などがある。『毛詩品物図考』は『毛詩』の品物を草・木・鳥・獣・虫・魚などの六編に分けて、日本名によって図を用いて解釈したものである。

坂元慎（1752-1821）

　号は元慎、金沢藩医、小野蘭山の門人。著書には『詩経名物正名』などがある。

小野蕙畝（1774-1852）

　名は職孝、字は子徳、号は蕙畝、小野蘭山の孫。著書には『詩経草木解』などがある。

春木（度会）煥光（1777-1843）

　名は煥光、字は子培、通称は隼人、号は椿堂、小野蘭山の門人。著書には『詩経名物訓解』二巻などがある。

井岡桜仙（1778-1837）

　名は洌、字は元泉、通称は道貞、号は桜仙、美作津山藩、小野蘭山の門人。著書には『毛詩名物質疑』などがある。

山本亡羊（1778-1859）

　名は世孺、字は仲直、通称は永吉、号は亡羊、小野蘭山の門人。著書には『詩経名物弁解釈義』（別称『詩経名物釈義』）一冊などがある。

馬場克昌（1785-1868）

　名は克昌、字は仲達、通称は大助、号は資生、幕臣、設楽貞丈の門人。著書には『詩経物産図譜』五巻などがある。

畔田翠山（1792-1859）

　名は伴存、号は翠山、和歌山藩士、小原桃洞の門人。著書には
『詩経名物弁解記聞』などがある。

小原良直（1797-1854）

　名は良直、通称は八三郎、号は蘭峡、和歌山藩、小原桃洞の孫、
小野蘭山の門人。著書には『詩経品物図解』一巻などがある。

藤沼尚景（江戸中期）

　名は尚景、字は行甫。著書には『詩経小識補』七巻・拾遺一巻な
どがある。この本は稲生若水著『詩経小識』を補訂したものであ
る[120]。

細井洵（順・徇）（？-1852）

　名は洵、字は叔達、号は東陽、越前福井藩臣、小野蘭山の門人。
著書には『詩経名物図解』十帳などがある。

山本簡斎（江戸後期）

　名は良臣、字は徴聖、通称は泰淵、号は簡斎・青浦、松江藩医、
山本亡羊の門人。著書には『詩経群類講義』一冊などがある。

藤知剛

　著書には『毛詩品物正誤』五冊などがある。

---

120 佐村八郎・佐村敏郎著『国書解題』（六合館、1926 年、877 頁）。

保谷玄悦

　著書には『詩経多識参考集』二巻などがある。

（三）その他（四名）

柳原資行（1620-1679）

　名は資行、公家。著書には『詩源』などがある。

佐藤敬庵（1683-1755）

　名は惟孝、字は士友、通称は新介、号は敬庵。著書には『詩説統』九巻、『毛詩解頤』一巻などがある。

佐原鞠塢（1763-1832）

　通称は平兵衛。植物園主であった佐原は、『詩経万葉集草木考目安』一冊などを著している。

茅原虚斎（1774-1840）

　名は定、字は叔同、通称は文助、号は虚斎。儒医、著書には『九経輯異』六巻、『詩経名物集成』（別称『詩経名物集成引書目』・『詩経名物集大成』）六巻などがある。『詩経名物集成』は『詩経』に出た名物を二百八十種程挙げ、草・木・鳥・獣・虫・魚の六類に分けて図で古・新注の両説やその別名などを論究したものである。

小島成斎（1796-1862）

　名は知足、号は成斎、福山藩儒、狩谷棭斎の門人、書道家。著書

には『五経文字疏証』・『毛詩名物倭名』一冊などがある。

（四）学派不明や無所属の学者（四十六名）

平貴徳（1732-1804）

　名は貴徳、号は九峯。著書には『詩経秘伝』二巻、『詩経六品考』一巻、『詩経物名集』三巻などがある。

岸勝明（1740-1815）

　上野藩士。著書には『国風大意』などがある。

乾長孝（1741-1798）

　因幡の人。因幡鳥取藩家老である。著書には『詩説』などがある。

江良仲文（1745-1789）

　名は元昌、字は仲文、通称は十郎。著書には『毛詩六義』などがある。

諸葛琴台（1748-1810）

　名は蠡、字は君測、通称は次郎太夫、号は琴台、姫路藩。著書には『諸葛詩伝』十巻などがある。

中村択斎（1776-1830）

　名は忠貞、字は子篤、通称は休五郎、号は択斎。著書には『詩経口義』四冊、『詩経択斎子講義』四巻などがある。

山本楽艾（1781-1840）

　名は維専、字は甫良、通称は次右衛門、号は楽艾。著書には『詩
経音註』十二冊などがある。

諸葛帰春（1783-1847）

　名は晃、字は君韜、通称は次郎太夫、号は帰春、姫路藩。著書に
は『詩序集説』三巻、『五経読法正誤』六巻などがある。『詩序集
説』は『詩経』の各章の序を諸家の注疏により漢文で集注したもの
である[121]。

赤沢一堂（1796-1847）

　名は一・万、字は太乙、号は一堂。著書には『詩経講義』八巻な
どがある。

山崎北峰（1796-1856）

　名は美成、字は久卿、通称は久作、号は北峰。著書には『五経字
引』一冊、『大広五経字引大成』などがある。

小沢精庵（1796-1864）

　名は斑美・屏守、字は自炤、通称は新兵衛、号は精庵、小田原藩
士。著書には『十三経考勘記補遺』などがある。

---

121 佐村八郎・佐村敏郎著『国書解題』（六合館、1926 年、892 頁）。

毛利泰斎（1814-1836）

　名は斉広、字は公胖、通称は保三郎、号は泰斎、萩藩十三代藩主。著書には『雎鳩草紙』などがある。

巨勢卓軒（？-1701）

　名は正徳、字は子映、通称は彦仙、号は卓軒、幕府儒官。著書には『周詩准擬和歌』などがある。

馬場信武（尾田玄古）（？-1715）

　名は信武。著書には『詩経図解』二巻（『五経図解』十二巻の一）などがある。

蒔田鳳斎（？-1850）

　名は忠貞、字は元茂、号は鳳斎・雁門、福井藩。著書には『詩毛伝目録』一冊、『毛詩通』などがある。

宮田五渓（？-1843）

　名は華竜、字は子雲、通称は清蔵、号は五渓、水口藩。著書には『毛詩鈎沈』十五巻などがある。

江幡木鶏（？-1862）

　通称は愛之助、号は木鶏。著書には『詩経私説』などがある。

淵景山（江戸中期）

　名は在寛、号は景山。著書には『毛詩陸氏草木鳥獣虫魚疏図解』

五巻などがある。この本は中国呉の陸璣の『毛詩草木鳥獣虫魚疏』
により、『毛詩』中の草木、鳥獣、虫、魚などを図と仮名文とで解
説したものである[122]。

高円陵（?-天明中）

　号は円陵。著書には『七経孟子通字考』八巻などがある。

西山元文（?-寛政中）

　名は元文、通称は寛兵衛、対馬藩士。著書には『詩経考』二十巻
などがある。

北条蠖堂（?-文化中）

　名は永、字は士伸、通称は永二郎、号は蠖堂。著書には『毛詩名
物図説』四巻（九巻本もある）などがある。

西湖学

　名は小角、号は湖学。著書には『詩経古義』などがある。

星野熊嶽

　名は璞、字は子常、号は熊嶽。著書には『四始考証』（別称『詩
経四始考証』）二巻などがある。

川合元

　名は元、通称は忠蔵、和歌山藩儒。著書には『詩精』一巻、『詩

---

122 佐村八郎・佐村敏郎著『国書解題』（六合館、1926 年、1925 頁）。

活様』四巻などがある。

小亀勤斎

　名は益英、字は叔華、号は勤斎。著書には『女五経』（別称『女五経大全』）五巻などがある。

草賀驪川

　名は親賢、字は玉衡、通称は與八、号は驪川。著書には『読詩随筆』六巻などがある。

管間鶯南

　名は元祥、字は休卿、通称は貞介、号は鶯南。著書には『六経略談』十巻などがある。

　また、以下のような著作も見出せるが、著者の経歴については全く不明である。

馬山樵夫	『絵本倭詩経』（別称『絵本大和詩経』）三巻
安藤竜	『詩経弁話略解（詩経弁話器解）』二十巻、『詩経』（注）、『詩経（周南・召南）』一冊
笠原章	『詩集伝蒙鈔』（別称『詩伝蒙鈔』・『詩経蒙鈔』・『詩伝筆記』・『詩集伝筆記』）八冊
岸本吉迢	『詩経韻』一冊
野村魯巌	『詩経訓義便覧』十巻
荒井履	『詩経』二巻（『五経音註』別称『重刻五経音註』・『校正音注五経』の一）

黒川彝　　　　『詩経一枝』一巻

矩堂　　　　　『詩述』三十巻

源宜　　　　　『旧本七経孟子大体解義』一冊

桜山恭　　　　『毛詩正文』三巻

佐田定穀　　　『詩書集説』

佐時貞（子幹）　　『詩音示蒙』二巻

宝田東陽（敬）　　『五経反切一覧』

谷士嶢　　　　『詩経物産』

中西忠蔵　　　校『詩経集註』八巻

西尾寿閑　　　訓点『詩経』二巻（『音訓図説五経』十一巻の一）

古川町佐助　　『改正五経一件上書』一冊

三谷景従　　　『十三経註疏篇目』

　以上、江戸時代における『詩経』関係著作のあった学者について紹介した。ここで著作者の生卒年や学派、身分、活動地点などと[123]、『詩経』関係著作の書名や著作者、出版年、出版地、分類、形態、所蔵などについて[124]統計的に整理し、江戸時代の『詩経』学流布の状況を見てみたい。

　まずは、『詩経』に関する著作のあった学者について、学派で言えば、朱子学派五十六人、陽明学派一人、敬義学派二十六人、古義学派十七人、古文辞学派四十一人、古注学派二十九人、折衷学派十

123　ここで言う「活動地点」とは本書参考の文献に記録された学者の活動場所をさすが、一度だけでも行ったことがあれば、それを数に入れている。また、同一学者は同じところに何回も行ったことがあっても 1 回として数える。付録「表十：『詩経』相関著作学者」を参考。

124　付録「表十一：『詩経』相関著作」を参考。

八人、考証学派三人、其他七十五人、計二百六十六人となる。朱子
学派の学者が圧倒的に多いことが分かる。学者の身分で見れば、藩
に関わる藩儒や藩士などの身分を有していた学者は百四十一人であ
り、全体の半数以上を占めている。その中、朱子学派が最も多く三
十七人であり、次は古文辞学派の二十五人、そして敬義学派の二十
二人である。続いて、各学派と藩との関係を見てみよう。九州各藩
の二十五人が最も多く、その中でも朱子学者が十一人を占めてい
る。近畿の二十人はその次であり、中国の十九人はそれに次ぐ数字
となっている。藩単位で見ると、金沢藩の十人が一番多く、その中
でも朱子学者が四人を占めている。これは前に述べた藩校の『詩
経』学との繋がりが関係している。いわば、日本全国に分布してい
た藩校が江戸時代の『詩経』学流布に重要な役割を果たしていたの
である。幕府に関する幕臣や幕儒であった学者は十二人である。そ
の中、朱子学者は六人であるから、ちょうど半分を占めている。活
動地点としては、関東地域が最多である。次は近畿地域、九州地域
などとなる。分布を見ると、朱子学派と敬義学派とは近畿・関東・
九州に、古義学派は近畿に、古文辞学派は関東・近畿に、古注学派
は近畿・関東・東海に、折衷学派と考証学派は関東に、陽明学派は
近畿に集中していることが分かる。現代の都市名で言えば、東京
（江戸）が一番多く、次は京都、大阪などである。これは前述した
江戸時代の書肆の多い都市と大体一致している。新・旧の首都であ
った江戸と京都、そして商業都市の大阪は当時の学者にとって魅力
あふれる都市であったのだろう。
　続いて、『詩経』関係著作について見てみよう。まずは総数量で

言えば全部で四百二十六種がある[125]。それを詳しく分析すれば、学派で言うと、朱子学派九十六種、陽明学派一種、敬義学派四十二種、古義学派二十七種、古文辞学派六十種、古注学派六十二種、折衷学派二十四種、考証学派二十一種、その他九十三種となる。朱子学派の九十六種が最も多い。個人で見ると、考証学派の大田錦城が一番多く、十四種がある。次は古注学派の中井履軒の九種、その次は朱子学派の林羅山の八種である。現存するものは二百三十六種があり、半分以上を占めている。その中、写本や稿本、抄本などは百六十九種、刊本や刻本、活字は八十一種、不詳は二百六種である[126]。写本の割合が多いことは当時『詩経』についての商品化がまだ進展していなかったことを示している。この点、現代に及んでも活字化が行なわれていないことからは、研究の不況状況が窺える。出版年で言えば[127]、前期は三十五点である。内訳は、朱子学派三十点、敬義学派一点、古注学派一点、その他一点、学派不詳二点である。中期の作品は百二十五点である。朱子学派四十三点、陽明学派一点、敬義学派二十一点、古義学派十六点、古文辞学派二十四点、古注学派八点、折衷学派二点、その他二点、学派不詳八点がある。後期は三百五十三点であり、朱子学派八十五点、敬義学派二十四点、古義学派十六点、古文辞学派四十一点、古注学派六十二点、折衷学派二十二点、考証学派二十六点、その他三十五点（その中、本草学者などのものは二十三点にも達している）、学派不詳四十二点、出版年不詳十九点、計五百三十二点である。したがって江戸全

---

125 この総数量は違う書名で計算している。たとえ同じ学者の同じ書名で何回も出版されても一点とする。

126 同じ本には複数の版本があるから、総種数より多いのである。

127 同じ本には違う出版年があれば、別の本としてそれぞれ一点とする。

期を通じて、朱子学派の著作は百五十八点となり、最も多い。古注
学派はそれに次ぎ七十一点である。以上を新・古注で分けて言え
ば、朱子学派と敬義学派と合わせた新注系統は二百四点、古義学派
と古文辞学派と古注学派とを合わせた古注系統は百六十八点とな
る。新注系統が圧倒的に多いことが分かる。次に出版地別に見てみ
る。『詩経』関係書籍の出版地では、最も多いのは京都であり、そ
の次は大阪、そして江戸の順となる。江戸時代の書肆の多い都市や
多くの学者が活動した都市と一致している。

　なお、『詩集伝』と『詩経』との比例について述べておくと、著
書名については直接、朱子の『詩集伝』を借りて付けたものは僅か
三十四種しかなく、全体の四百二十六種の十分の一にも満たない
[128]。時代別に言えば、前期三種、中期十五種、後期十六種であり、
出版地別に見ると、大阪と京都に集中している。また、学派別で
は、朱子学派が十七種、敬義学派が十一種、古文辞学派が四種、学
派不詳が二種である。これは言うまでもなく、朱子学派が多く、敬
義学派と合わせると、二十八種となり、そのほとんどが新注系統で
あったことに因る。著作名が朱子の『詩集伝』に依ったものでなく
ても、著作中で朱子の『詩経』観に関与しているものが多くある。
新注系統は『詩集伝』に賛成し、古注系統は『詩集伝』に反対して
いる。折衷系統は『詩集伝』と古注とを折衷しようとし、考証系統
は『詩経』に関する典章や制度、訓詁、名物などについて考証しな
がら、『詩集伝』を訂正したり、批判したりしている。このように
江戸時代のあらゆる学派の『詩経』関係著作は、多かれ少なかれ
『詩集伝』による影響を受けている。『詩集伝』はまさに江戸時代

---

128 付録「表十二：『詩集伝』相関著作」を参照。

の『詩経』学史において最も影響力のあった、指導的地位にあった
著作であったと言えよう。

　以上、江戸時代二百六十六人の学者の『詩経』に関する四百二十
六種の著作を紹介し、統計的に江戸時代の『詩経』学流布の状況を
九派に分けて見てきた。学者について、朱子学派の学者が一番多い
こと、そして半数以上の著者が幕府儒官や藩儒などの身分を有し、
その多くが九州の各藩に所属していたこと、しかし、総数としてみ
れば学者の多くが近畿や関東などの地域に集中していたことを指摘
した。続いて、著作については、朱子学派の著作が最も多いこと、
半数以上が現代まで保存されていること、未刊の写本がたくさんあ
ること、出版量が前・中・後期と経るに従って次第に増加している
こと、新注系統が圧倒的に多いこと、出版地が京都・大阪・江戸に
集中していたことを述べた。

第六節　小結

　本章で述べたことをまとめよう。まず江戸初期からの朝鮮との交
流によって、朝鮮からもたらされた『詩経』に関する二十二種の書
籍を分析した結果、朱子に関する新注の書籍が多かったという結果
が得られた。

　さらに活字印刷器具の導入をきっかけとして、皇室や幕府、諸
藩、民間など各階層日本の出版事業が発達してきた。こうした背景
下で特に全国の各藩藩校が書籍の出版を盛んに行なった。日本全国
に分布していた各藩での『詩経』関係の二十九種の書籍の出版や
『詩経』に関する教育指針などによると、朱子の新注系統の著作が
多く、各藩の学風も朱子学を主とするものであった。特に九州地方

のほうが多いようである。

　また、中国伝来の『詩経』関係書籍は、「江戸期における詩経関係和刻本目録」の九種と「全国漢籍データベース」の八種と、『江戸時代における唐船持渡書の研究』の百四十二種とを合わせて百五十九種である。江戸前期には朱子学の新注系統が多かったが、中期以降、朱子の『詩集伝』に関する書名が見えなくなり、古注系統のほうが多くなっている。しかし、後期には「異学の禁」によって、朱子学が正学の地位に置かれているから、幕府でも諸藩でも朱子学は主流であった。

　さらに、二百六十六人の江戸時代の学者の『詩経』関連の四百二十六種の著作を分析した。朱子学派の学者が最も多く、朱子学派の著作も最多であることを示した。つまり、新注系統が圧倒的に多かったことを明らかにしたのである。朱子の『詩集伝』はその説に賛同するにせよ、批判を加えるにせよ、江戸時代の『詩経』学史上の一つの標準であったと言っても決して過言ではない。

第四章
近現代の『詩経』学（1868-2010）

　本章では日本近現代における『詩経』学について明らかにする。明治時代より現在まで（1868-2010）日本で出版された日本語文献の目録から、近現代の『詩経』学研究の状況、成果、特色などを分析し、考察したいと思う[1]。

　日本における『詩経』学研究状況について検討したものとして、次のような論文があげられる。家井真の「詩経研究の近況と課題（一）──付工具書」[2]と西口智也の「詩経研究におけるコンピューター活用の実際」である[3]。

　家井真の論文は、冒頭に指摘するように「近年に於ける『詩経』研究の主な論文・専著・注釈書を概説」したものである[4]。まず1980年から1989年までの中国における約二十種類の著作、及び1967年から1989年までの台湾における約二十種類の著作をあげて、その内容と長短所を簡潔に紹介している。そして、両者の『詩経』学研究の

1　ここでは時間的には 1868 年から 2010 年までの期間を、空間的には日本本土のみを指している。つまり、占領時代の本土以外の中国や台湾、朝鮮などの地で出版された論文は含まれていない。また、日本語で書かれた論文のみを統計対象とする。

2　家井真「詩経研究の近況と課題（一）──付工具書」（『二松学舎大学人文論叢』44、1990 年）。

3　西口智也「詩経研究におけるコンピューター活用の実際」（『詩経研究』26、2001 年、4 頁-16 頁）。

4　家井真「詩経研究の近況と課題（一）──付工具書」（159 頁）。

状況は「未だに伝統的経学的解釈からさほど抜け出ておらず、旧態依然としている」と指摘する。更に研究者に対して「『詩経』研究には宗教学等の補助学が必要である」と助言を行ない、甲骨・金文を用いた「研究者が皆無と言っても過言でない」[5]と遺憾の意を表している。続いて、1912年から1986年までの日本における七人の著作を詳しく紹介する。その中で、著者は各書の誤解を指摘し、批評を加えている。その割合から見れば、著者が日本の『詩経』学研究状況に重点を置いていることが分かるが、日本の『詩経』学研究を知るには大いに参考になるものである。

　西口智也の論文は、日本、台湾、中国などの『詩経』研究におけるインターネットの活用状況を詳しく紹介し、各データベース上の「詩経」ということばによる検査結果を掲載している。たとえば、単行本についての検索は、日本の国立情報学研究所の「NACSIS Webcat 総合目録データベースWWW検索サービス」が四百六件、中国の中国国家図書館の「聯機公共目録館藏査詢」が二百十五件、台湾の「聯合目録資料庫」が三千五百十四件を収録しており、論文については、日本では国立国家図書館の「雑誌記事索引ファイル」が百三十件、京都大学の「東洋学文献類目」が五百六件、台湾では漢学研究中心の「経学研究論著目録資料庫」が八千七百九十八件、国家図書館の「中華民国期刊論文索引影像系統」が二百十件、中国では「中国期刊題録數據庫」が六百四十六件見ることができると述べている。著者はそれらの数字が各地域の『詩経』学研究の業績であると見てよいと指摘している。最後に、「近い将来、世界各地域の

5　家井真「詩経研究の近況と課題（一）――付工具書」（『二松学舎大学人文論叢』44、1990年、160頁）。

『詩経』を研究対象としている研究者達が、お互いに情報を交換していけるようなサイトがインターネット上に誕生することを望んで止まない」との願望を述べている[6]。

第一節　整理方法

　本章では以下、統計的手法によって、日本近現代における『詩経』学研究の状況、成果、特色を論じていきたい。本章が統計資料とした文献目録は、主に林慶彰主編『日本研究経学論著目録：1900-1992』所収「詩経」の部[7]、及び村山吉廣・江口尚純共編『詩経研究文献目録』所収「邦文篇」の部[8]、西口智也編「詩経関係文献目録[邦文篇]1991（平成3年）-1999（平成11年）」[9]、江口尚純編「詩経研究文献目録（邦文篇）2000（平成12年）」、「詩経関係文献目録[邦文篇]2001（平成13年）」、「詩経研究文献目録邦文単行本編（第3次稿）明治元年（1868）-平成16年（2004）」、「詩経研究文献目録「邦文篇」2005（平成17年）」から「詩経研究文献目録「邦文篇」2007（平成19年）」まで[10]、江口尚純・小原廣行共編「『詩経研究文

6　西口智也「詩経研究におけるコンピューター活用の実際」（『詩経研究』26、2001 年、12 頁）。

7　林慶彰『日本研究経学論著目録：1900 年-1992 年』（中研院文哲所、1993 年、171 頁-273 頁）。

8　村山吉廣、江口尚純共編『詩経研究文献目録』（汲古書院、1992 年、11 頁-52 頁）。この本の [邦文篇] は 1868 年から 1990 年までの単行本と雑誌論文を収録している。

9　西口智也「詩経関係文獻目録 [邦文篇] 1991（平成 3 年）-1999（平成 11 年）」（『詩経研究』28、2003 年、1 頁-10 頁）。

10　江口尚純著、「詩経研究文献目録（邦文篇）2000（平成 12 年）」（『詩経研究』26、2001 年、1 頁-3 頁）及び、「詩経関係文献目録[邦文篇]2005（平成 17 年）」（『詩経研究』31、2006 年、1 頁-3 頁）-「詩経関係文献目録[邦文篇]2007（平成

献目録』補遺1」、「補遺2」[11]所収の邦文（日本語、以下同）篇を対象としたものである。そのほか、国会図書館や、九州大学のなどの、データベースも含まれている[12]。

　以上の目録書籍や雑誌、データベースなどから得られた情報を整理して、重複するものを除き、統計を取った。その結果、作品の総数は千四百四十八点であった[13]。単行本は総点数が二百九点[14]、雑誌総数は四百六十二種であり、雑誌論文総点数は千二百三十九点であった[15]。著訳者の総数は五百七十九名である[16]。中には、著訳者不明の八点があり、総出版機関[17]は三百九十五であった。以上の資料を

19 年)」（『詩経研究』33、2008 年、1 頁-3 頁）。「詩経研究文献目録邦文単行本編（第 3 次稿）明治元年（1868）-平成 16 年（2004）」（『詩経研究』30、日本詩経学会、2005 年、1 頁-11 頁）。

11 江口尚純、小原廣行「『詩経研究文献目録』補遺 1」（『詩経研究』17、1992 年、1 頁-2 頁）及び、「『詩経研究文献目録』補遺 2」（『詩経研究』18、1993 年、1 頁-3 頁）。

12 本論で用いたデータベースには次のようなものがある。
　九州大学蔵書検索
　http://www.lib.kyushu-u.ac.jp/opac/index-一.html
　http://www.lib.kyushu-u.ac.jp/gakunai/nichigai.html
　東洋文献類目検索
　http://www.kanji.zinbun.kyoto-u.ac.jp/
　国立国会図書館蔵書検索
　http://opac.ndl.go.jp/
　国立情報学研究所（NII）
　http://ci.nii.ac.jp/

13 付録「表十三：近現代における『詩経』関係著作」を参照。

14 ここで言う単行本の点数は、1 種類ごとに（冊数と関係なく）1 点とする。同じ著者、書名、出版機関であれば、初版のみ数えることとする。

15 ここで言う論文の点数は、各巻・号に 1 回出たものを 1 点とする。

16 雑誌論文も単行本も両方があった人を 1 人と見なしている。

17 出版機関とは、刊名、出版社、学会、学校などを指しているが、個人的出版は除く。名が異なれば 1 点として数える。但し、同一学校の各学部は 1 点とする。

著訳者、『詩経』学研究の内容、出版機関、出版年に分けて分類すると、それぞれ次のようなデータを得ることができる。

第二節　著訳者について

　雑誌論文の著訳者総数は四百五十一人、その中で十本以上発表したのは二十六名である[18]。最も多かったのは村山吉廣（79点）であり、以下、松本雅明（57点）、江口尚純（49点）、牧野謙次郎（34点）、田中和夫（32点）、白川静・鈴木修次・境武男（各24点）、加納喜光（19点）、家井真（17点）、種村和史・赤塚忠（各16点）、目加田誠・水上静夫・西口智也（各15点）、金田純一郎（14点）、吉田照子（13点）、栗原圭介・坂田新・福本郁子（各12点）、岡村繁・増野弘幸（11点）、加藤実・頼惟勤・谷口義介・薮敏裕（各10点）と続く。

　単行本著訳者総数は百七十五人であった。一番多かったのは目加田誠（12点）である。白川静（9点）がそれに次ぎ、以下、松本雅明（5点）、石川忠久（4点）、吉川幸次郎・橋本循・加納喜光・中田昭栄・江口尚純・村山吉廣の各三点となっている。田中和夫・宇野直人・江尻徹誠・岡田正三・岡村繁・服部宇之吉・林英吉・近藤春雄・近藤英雄・金子兜太・青木正児・倉石武四郎・徐迸迎・海音寺潮五郎・野沢一・鈴木修次・諸橋轍次・広瀬範治は二点である。

　次に雑誌論文と単行本とを合わせて二十点以上の著作を有する著訳者が注目した分野について分析してみたい。

18　ここで言う著訳者とは著者が日本語で発表した学者や機関を指す。なお、翻訳された外国語論文の著者は含まれていない。訳者とは外国語論文を訳した学者や機関を指す。

　総数が八十二点で最多であったのは村山吉廣である。日本の清原
宣賢・一茶・狩野春湖・太宰春台・渡辺蒙庵・岡白駒・東条一堂・
赤塚忠、中国の王韜・王質・戴君恩・方玉潤・姚際恒・崔述・鍾
惺、欧米のレッグについて研究を行なっている。また、1974年から
『詩経研究』で、『詩経』関係書目解題や采詩ノート、宮内庁書陵
郡所蔵詩経図の図版と解題、新刊紹介などを執筆している。日本の
『詩経』学研究にとって最も貢献があったのは、1992年に江口尚純
との共編著として発表された『詩経研究文献目録』（汲古書院）で
ある。岡村繁はこの目録に対して「『詩経』の近代的研究に掛替え
のない貴重な工具」と高い評価を与えている[19]。また、2005年に
『詩経の鑑賞』（二玄社）を出版している。

　松本雅明は、1949年から『東方古代研究』・『東方宗教』・『東洋学
報』・『いずみ』・『法文論叢』などの雑誌に、六十二点を発表した。
『詩経・国風篇』や『詩経』訳註、詩篇の成立、古代祭礼、中国人
の自然観、『詩経』における古・新の層の弁別などについて成果を
あげている。特に1958年に出版した『詩経諸篇の成立に関する研
究』は民俗学などの方法を用いて、新たな『詩経』研究を切り開い
た。家井真が「此書無くしては今日の『詩経』研究の水準は有り得
なかったであろう」とその貢献を称賛している[20]。

　続いて挙げるのは江口尚純である。江口氏は、1985年から『中国
古典研究』・『日本中国学会報』・『詩経研究』・『静岡大学教育学部研
究報告』などの雑誌に五十二点を発表している。その研究範囲は中
国の欧陽修・王質（2点）・蘇轍・段昌武・程大昌・鄭樵（4点）・劉

19　岡村繁「書評：詩経研究文献目録」（『詩経研究』17、1992 年、47 頁）。

20　家井真「詩経研究の近況と課題（一）──付工具書」（『二松学舎大学人文論
　　叢』44、1990 年、165 頁）。

敞・呂祖謙・晁説、日本の大田錦城（6点）・伊藤東所（2点）・林鷲峯・岡井赤城・皆川淇園・熊沢蕃山・増島蘭園など広範に及んでいる。他に唐・宋代『詩経』学史の研究も三点ある。また、『詩経』学研究に関する文献目録作成に尽力している。特に江戸期における『詩経』関係書目は、村山氏との共編である『詩経研究文献目録』と並んで、日本『詩経』学研究のもう一つの大きな功績であると言えよう。

　明治期から昭和初期に活躍した牧野謙次郎は、1924年から1937年まで専ら『東洋文化』に三十四点の解経を発表している。その内訳は国風四点、小・大雅各十三点、周頌四点となっている。

　牧野氏と並んで三十四点を発表しているのは田中和夫である。田中氏は1974年から宮城学院女子大学や早稲田大学の刊行物や『詩経研究』などに『毛詩正義』の訳注やその研究を中心としたものを発表している。2003年に『毛詩正義研究』（白帝社）を出版した。また、漢唐『詩経』学、顔師古の『詩経』学、興・豳風・鄭衛の音、『毛詩注疏』・『列女伝』引詩考、中国詩論と『古今集』序の六義などについて各編で論じている。他に、1993年から『詩経研究』の学会報告を執筆している点も付記しておきたい。

　文字学で多くの業績を残した白川静も1949年から『説林』や『立命館文学』、中央公論社・平凡社などで三十三点の『詩経』関係論著を発表した。その内容は、主として『詩経』学の成立や興的発想の起源とその展開・農事詩・二南・商頌・『万葉集』との比較研究である。

　目加田誠は、1937年から『詩経研究』・『文学研究』（九州大学）や平凡社・明徳出版・社竜渓書舎などから二十七点を発表した。『詩経』への疑義や詩教・『春秋』の断章賦詩・詩の自然界・豳詩

考・束薪考・雅、日本の赤塚忠・亀井昭陽、中国の朱子についての研究がある。

　鈴木修次の二十六点の研究は、1950年から『漢文教室』や『日本文学教室』などに発表されている。古代文学への理解や『詩経』の雅と頌などの中国文学の分析を中心とした研究である。更に『詩経』の女性像や毛伝と『爾雅』・『毛詩・序』などにも論及している。

　境武男も鈴木氏と同じく1951年から『秋田大学学芸学部研究紀要』と『詩経学』に二十六点を発表した。前者では「周詩の擬声語」のみが発表されているが、1958年に『詩経学』を創刊してからは自身の『詩経』学についての研究論文を手書き印刷によって次々と公刊している。内容から見ると、『論語』・『国語』・『墨子』・『春秋』・『孟子』・『荀子』の詩説や『詩序』考、詩篇への釈義、『詩経』の擬声語や動物などについての研究が主なものとして挙げられる。また、1984年に『詩経全釈』を出版している。

　最後に挙げるのは加納喜光である。1978年から茨城大学人文学部や東京女子大学日本文学研究会、『中国語』・『日本中国学会報』・『漢文教室』などに、二十二点を発表している。『詩経』の類型表現やモチーフと動物・植物などの博物学を中心として研究した。

第三節　『詩経』学研究の内容について

　『詩経』学研究の内容についての統計研究からは、日本近現代の『詩経』学研究の状況や研究者の関心対象を明白に知ることができる。以下、内容分類の項目は、林慶彰主編『日本研究経学論著目

録：1900-1992』「詩経」の部によった[21]。総論は二百三十七点、基本問題は百三十九点、注釈・翻訳は百八十四点、国風は二百四十二点、大小雅は七十九点、三頌は二十九点、言語学的研究は百三十九点、文化史的研究は三百二十点、自然関係研究は十三点、『詩経』学比較研究は六十九点、『詩経』学研究史は三百五十三点、日本『詩経』学についての研究は九十三点、韓国『詩経』学についての研究は五点、欧米『詩経』学についての研究は十五点であるという数字を得ることができる。本節ではその内容について更に詳しく論じてみよう。

一　総論

　総論をさらに細かく分析してみると、概述が最も多く百八十六点あることが分かる。目録・索引などは五十一点である。目録は1938年に鈴木隆一が発表した「毛詩注疏引用佚書書目」に始まり、以後、1974年に詩経学会が結成されてから2003年まで詩経学会編『詩経研究』によって作成されたものがそのほとんどを占めている。とりわけ江口尚純は日本語による研究をまとめ、1868年（明治元年）から2007年（平成十九年）までの「論文篇」目録と1868年（明治元年）から2004年（平成十九年）まで の「単行本篇」目録を編集し

21　内容についての分類の項目は原則として、この本に従ったが、変えたところもある。例えば、史地は歴史の部を「詩経研究史」の総説に入れて、地理の部は「自然関係研究」とした。それから、「詩篇分類研究」の部をそれぞれ別の類に移したことなどである。最後にその他の項目も作った。また、分類に際したは、必ずしも 1 点を 1 項目に入れたわけではない。複数の項目に入れた場合も少なくない。例えば、鈴木修次の「詩経の雅と頌について」を雅と頌との 2 項目にそれぞれ入れたことである。

ている。

二　基本問題

　「基本問題」は百三十九点ある。その内訳は、詩と楽・歌・舞などが五十一点、歌謡関係が二十九点、民謡関係七点、音楽関係五点となっている。著者別に見ると、川上忠雄の「舞」についての研究が六点、赤塚忠の歌謡の発生と展開、音楽の世界、歌舞の形態、歌舞の詩の系譜などについての論考が四点ある。白川静の『万葉集』との比較研究三点、そして松本雅明と鈴木修次の研究三点もここに含まれる。黒岩嘉納には民謡的性格で、志村良治には古歌謡考と起源で各二点、杉本行夫・乾一夫も二点ある。辰巳正明は中国の古代歌謡の淫風的性格について、赤井益久は松本雅明の『詩経』研究である歌謡と祭礼の復原への試みについて著した。

　六義は四十八点ある。その中、総合的に六義を述べたものは十二点ある。賦比興説を述べたものは四点、比興説を論じたものは四点、興説だけを述べたものが最も多く、二十八点である。動・植物についての「興」が一番多く十二点ある。石川三佐男・松本雅明・家井真が各四点ある。石川三佐男は劇や舞に、家井真は動・植物に、松本雅明は思惟の展開、恋愛詩、存在についての「興」を研究している。他に福本郁子四点、白川静三点、田中和夫・平光慎思郎各二点が認められる。

　『毛詩・序』については二十八点あり、江口尚純は1990年から2004年までで六点発表している。藪敏裕も『毛序』研究を行ない、四点の業績がある。また、詩教については四点あり、言志は八点ある。

三　注釈・翻訳

　注釈では、八十九点ある。詩全体についての注釈は十三点ある。詩篇についての注釈は三十一点ある。ほとんどが国風についてである。その中でも関雎篇が一番多く四点ある。大雅は二点ある。他に『詩経』の字辞についての注釈は八点ある。学者の解釈観についての注釈は八点ある。その中、朱子と鄭玄は各二点である。書籍についての研究は十五点ある。その中で一番多かったのは、吉田照子の『韓詩外伝』の注釈で八点ある。翻訳では九十五点ある。その内、詩全体についての翻訳は十八点であり、単行本が十三点を占めている。六義についての翻訳は十一点あり、国風が八点を占めている。詩篇についての翻訳は十点あり、周南六点、大雅三点である。『詩経』に関する主題についての翻訳は二十三点ある。その中、松本雅明の『詩経』訳註が二十一点を占めている。

四　国風

　国風では、総説が七十二点ある。松本雅明は1959年から『詩経』国風についての論考九点を著し、1987年にそれらをまとめて、『詩経国風篇の研究』として結実させた。
　二南総説は十五点ある。周南についての専論は三十七点ある。その中で最も多かったのは関雎篇であり、十九点ある。村山吉廣の詩旨から松本雅明・市川裕の恋愛詩まで各視点から関雎篇を研究している。桃夭は三点、葛覃・巻耳・螽斯・芣苢は各二点であるが、漢広・麟之趾は一篇もなかった。それに対して、召南は僅か五点だけ

である。十四篇の中、行露・摽有梅・小星・何彼襛矣（2点）など
の四篇に集中している。

　邶風は十七点である。その中、匏有苦葉は四点ある。頼惟勤がそ
の二章について考、解、疏などを著した。また、燕燕・谷風・二子
乗舟は各二点である。凱風・式微・新台・静女・日月・北門は各一
点である。それ以外の九篇には一点もなかった。

　鄘風には十篇あるが、二点のみ研究されている。それは、福本郁
子の「蝃蝀篇の虹に就いて」と松本雅明の「詩篇の成立と天文学
──詩経定之方中篇について」である。

　衛風は十二点ある。荒木日呂子は宗教や祭祀歌などの面から碩人
を解釈して三点あり、他に氓でも一点ある。

　王風には十篇あるが、研究は四点のみである。それは采葛に関す
る二点と揚之水・中谷有蓷各一点である。

　鄭風は二十三点ある。詩篇についての研究は溱洧に四点があり、
植物関係が四分の三を占めている。子衿と大叔于田は各一点であ
る。鄭風は二十一篇あるので、三篇にだけ言及が集中しているのは
偏りがあると言わねばならない。鄭風についての研究は、やはり鄭
声・鄭音に関心が持たれていて、九点ある。それは孔子の「鄭声を
放つ」という言葉と関わりがないわけではないだろう。

　斉風は五点ある。東方未明・還・甫田・鶏鳴に各一点ある。

　魏風も五点ある。吉田恵の伐檀についての研究が二点ある。加賀
栄治・鈴木修次・月洞譲は陟岵の岵と屺について、各一点ずつ論考
を発表している。

　唐風は三点である。唐風には十二篇あるが、綢繆一篇のみ注目さ
れている。それは金田純一郎の二点であった。もう一点は1922年の
京都帝国大学文学部編著『毛詩唐風残巻、毛詩秦風正義残巻』であ

る。

　秦風は八点ある。その中、七点が黄鳥について述べてある。悲惨な殉死を生々しく訴えている黄鳥は、秦風の他の九篇に比して容易に学者の心を奪ったのだろう。

　陳風と曹風は各二点しか研究がなく、檜風は一点もなかった。

　最後の豳風は七篇のみあるが、三十点もの論文があった。七月に関する研究は最も多く、二十点ある。鴟鴞は三点、狼跋は二点ある。今泉浦治郎は1936年から1942年まで七年間、七月の研究に専念して四点を著した。谷口義介は七月の時令・社会・生活などの角度から研究して三点の論文を出している。田中和夫も二点ある。それから、井上源吾は鴟鴞について、目加田誠は豳詩考と七月「殆及公子同帰」について、各二点ずつある。

五　大小雅

　大小雅について、総説は十五点である。鈴木修次の『詩経』の雅と頌についての研究が六点あり、赤塚忠は正・変雅に関心を抱き二点を著している。

　小雅は三十五点ある。その内訳は、鹿鳴之什九点、南有嘉魚之什二点、鴻雁之什五点、節南山之什十点、谷風之什四点、甫田之什五点、魚藻之什はなかった。牧野謙次郎は小雅について幅広く講じて十三点を著した。田中和夫はもっぱら鹿鳴を訳注して四点である。境武男は鹿鳴・節南山・甫田などを釈義を行なって三点を著した。

　大雅は二十九点である。その中、文王之什は八点、生民之什は七点、蕩之什は十三点ある。大雅についても牧野謙次郎が最も多く、小雅と同じ十三点を著している。渡辺末吾はそれに次いで三点あ

る。生民之什の七点の中、五点が、周の始祖と周一族の伝承を歌
い、神話・伝説的色彩に富む生民篇に集中している。また、村山吉
廣は大雅「崧高」画賛を紹介した。

六　三頌

　三頌では、総説は十六点ある。前に述べた鈴木修次の六点の外
に、家井真に三点あり、いずれも頌の発生と成立について研究した
ものである。赤塚忠は神儀詩や文学的伝統について二点を著した。
　周頌は十一点ある。牧野謙次郎は酌・清廟・烈文について講じて
四点ある。家井真は臣工之什と清廟之什の構成について、赤塚忠は
鳥の「興」と西周歌舞の形態について論じ、各二点ある。
　魯頌と商頌は各一点である。それは、赤塚忠の「魯頌の構成」と
白川静の「商頌五篇について」である。

七　言語学的研究

　言語学的研究では、総説は十一点、金文や石鼓文の銘文などとの
比較研究は七点ある。篠田幸夫はこの分野で三点を著しており、最
も多かった。
　言語についての専論は五十四点ある。うち四点は境武男の擬声語
についての研究である。月洞讓・加賀栄治・鈴木修次は各一点あ
り、月洞讓は「魏風・陟岵篇」の岵と屺に、張麟声は「者」と
「也」について研究を行なっている。大嶋隆・藤田忠は豳風七月・
小雅甫田・大田の「田畯」について、皆川愿・古川喜哉は『詩経』
の助字・助辞、柴田知津子は植物採取の動詞に関する研究を二点著

した。訓点・訓詁は十六点ある。岡村繁は「周南関雎詁訓伝正義訳注」、藪敏裕は詩篇や詩句などから見た「毛伝の訓詁態度」、稲垣瑞穂は『毛詩鄭箋』の訓点と、各三点ずつ著している。また、劉渇氷は『詩経』から見た色彩語に、近藤則之は「情」の語義について論考を出している。

　音韻は三十四点ある。平山久雄は「敦煌毛詩音残巻反切」の研究で七点、頼惟勤には清朝以前の協韻説と顧炎武の『詩本音』についての論考が五点ある。橘純信は方音関係の研究で、富平美波は古音・上古音で各二点ある。また、井上亘編『諧声符引き古音検字表：詩経をとむたあに』（大東文化大学人文科学研究所、2006年）もある。

　修辞は四十点ある。貝塚茂樹は中国古代の抒情詩時代についての論考が六点ある。川島清堂は『詩経』に現れた女性美、加納喜光は『詩経』における類型表現の機能や国風の表現形式・基本詩形など、松本雅明は諺的表現、採薪の表現、賦比興の分類、増野弘幸は漢魏六朝詩における『詩経』の表現の受容や「風」の表現、「鳥が木にとまる」の表現について、各三点の業績を残している。他に、橋本循は先秦文学に於ける叙景で二点、久富木成大・水上早苗・杉本行夫は『詩経』の修辞について研究を行なっている。

八　文化史的研究

　文化史的研究では、総説は十六点ある。桐本東太・白川静・福田襄之介らは『詩経』を文化面から論じた。家井真・松本雅明は『詩経』の渡河について述べている。松本雅明・金田純一郎は国風にある五篇の東門に考察を加え、徐迷迎は『東アジア文化圏と詩経』

（明治書院、2006年）と女性文化に関する論文二点を著わした。また、葉駿と韓興勇による共著「中国詩経と魚文化」もある。

　思想（感情を含むもの）は計百二点ある。これを更に詳しく分けると、思想に関するものは三十二点である。栗原圭介は宗教や哲学と科学思想について論じて三点ある。豊島睦は『韓詩外伝』の思想、鈴木虎雄は周漢諸家の詩に対する思想、田村和親は鄭声の概念と春秋思想の関連で、それぞれ二点ある。近藤則之の語義の思想史的研究や平中苓次の王土思想、蜂屋邦夫の水の思想といった論点は珍しい論文で各一点ある。各種観点からの論考は十五点である。釈清潭と種村和史の道徳観をはじめ、松本雅明・杉本行夫の自然観、池田不二男の『植物観について』（1954年）などである。続いて倫理についてのものは十一点を数えることができる。近藤英雄は1967年から1972年まで、九篇の『詩経』の倫理についての論考を続々と世に送り出し、1972年には『詩経倫理の歴史学的研究』として結実させ、この分野で大いに貢献している。『詩経』中の天の概念について論じたものには十点ある。米田登は『詩』『書』における天と天命、高田真治は『詩経』に見える対天思想と其の思想史的意義について各二点の考察を行なっている。また、佐藤匡玄は『東洋文化の問題：詩経に於ける天の思想』（1949年）を出版している。意識については七点ある。藤山和子・小池一郎の詩の時間意識、赤塚忠の自己意識の展開、吉岡孝の注釈家の詩題意識、船津富彦の昭明太子の文学意識、吉田篤志の周人の人間的自覺などがそれである。各種理念についての考察は五点である。栗原圭介には三点の理念志向について述べたものがあり、杉森暢男と林田剛の精神、竹内照夫の仁についての研究は各二点ある。感情について論じたものは十六点ある。その中、恋愛詩が最も多く、十二点数えることができる。松

本雅明は恋愛の詩・採薪の表現・「周南・関雎篇」の興などで三点、諸田竜美は白居易と『詩経』の情や恋愛詩関係について論じて二点がある。

　天文は十二点である。松本雅明と野本清一は天文学と暦法から詩篇の成立について探求した。野尻抱影は『詩経』に現われた星、佐藤広治は詩の三星と婚時、境武男は小星篇「三五在東」、田村専之助は霊星、能田忠亮は『詩経』の日蝕についてそれぞれ研究を行なっている。

　農業に関する研究は七十六点、植物についての研究は二十七点である。水上静夫は1950年から桃伝説の起源について著し、その後も植物信仰を研究し続けて、1977年までに八点の著作を出し、同年に『中国古代の植物学の研究』を出版している。松本雅明は木の実投げ、りんごの樹、花の詩を訳註した三点がある。他に松村任三は『詩経』中の植物について論じて三点、柴田知津子も植物と語学の関係についての二点の論考がある。動物についての研究は二十六点ある。鳥をテーマとして研究したものが十五点あり、その中では黄鳥に関するものが七点を占めている。また、山崎洋平は鳲鳩の育児や伝説などについて二点を、金秀雄は「雅」にある鳥の形象を著わした。魚や虫をテーマとして研究したものは各五点ある。加納喜光はこの分野で五点を、境武男は四点を、増野弘幸と村山吉廣は各二点を著した。動・植物を合わせて研究したものには十点ある。加納喜光の五点が最も多い。農事詩についての研究は、藤田忠・田中和夫・越智重明・白川静らによって行なわれて、計五点ある。農業生活についての論著は二点あり、松本雅明は『詩経』の梁の詩について二点を著している。

　政治と経済に関するものは十一点ある。藪敏裕・松本雅明・長沢

文男は征役に注目し、白川静は二南とその背景から西周期における東南地域の政治と文学を論じ、高崎譲治は『詩経』などの諸規定の中の刑法と民法と婚姻法から三代の法政史を研究、家井真は『詩経』の十二篇の中にある「夙夜」という言葉から『詩経』詩篇の古・新について著し、鈴木修次は西周の没落を『詩経』から捉えている。また、小島祐馬は『詩』を通じて周代の経済状態を述べた。

　社会は百三点ある。中でも宗教関係が圧倒的に多く、五十点あった。1915年に鈴木虎雄が周詩に見える農祭について論じたのを皮切りとして、この分野の研究は盛んに行なわれた。そうした風潮を代表するのが、1938年に内田智雄による初訳以来、2003年まで三度も版を重ねたマーセル・グラネー『支那古代の祭禮と歌謡』である。家井真は「此書無くしては、今日の『詩経』学は存在しないと言っても過言ではない」と高い評価を与えている[22]。が、松本雅明は1949年からそれについて七点の批判を著した。1958年には『詩経諸篇の成立に関する研究』を出版している。他に、福本郁子は宗廟考、水の呪力、境界神祭祀、祖靈祭祀詩採、草の興詞についての研究を行なっている。荒木日呂子は碩人を中心として、石川三佐男は羊祭・馬祭・燕燕篇の「興」について、各三点の論考がある。家井真は祖霊祭祀、藤田忠は農事詩や方社の祭祀について各二点、松本雅明は農祭詩の成立、小寺敦は『詩』の成立と伝播と共同祭祀の場との関係、徐送迎は祖先祭祀、薮敏裕は祖霊祭祀について、それぞれ一点ずつを著わした。婚姻関係は十六点である。金田純一郎は唱和の婚俗について四点著している。松本雅明は競争と結婚同盟など

---

22 家井真「詩経研究の近況と課題（一）──付工具書」（『二松学舎大学人文論叢』44、1990年、163頁）。

で三点、石川三佐男は夫婦の破局や捕兎の興詞と婚宴の座興演舞についての二点を著した。生活に関する論文は九点である。松本雅明は生活苦の歌・年の暮れと新春の詩村落と生活儀礼などで四点、安田栄作と安藤円秀は農民生活に注目している。風土関係について論じたものは四点ある。別技篤彦は『詩経』と『楚辞』とに現われた風土的性格についての論文を二点発表している。竜川清は北中国の風土、服部宇之吉は周代風俗考についてそれぞれ研究を行なった。社会面については六点あり、谷口義介は豳風の社会などについての論文を三点発表している。神話関係の論文は四点、最も多いのは白川静で『神話から楚辞へ』（1977年）や神話と経典などについて論じたものが三点ある。その他、増子和男と池田不二男は赤色好尚、金田純一郎と松本雅明は祝頌、高橋庸一郎と谷口義介、山近久実子は建築関係について研究を発表している。

九　自然関係研究

　自然関係研究は十三点ある。松本雅明は中国人の自然観、自然感情、山川の歌謡、泉の詩について論じて四点ある。小池一郎は自然について、田中克己は「詩経に見える草木」について、田部井文雄は自然詩についてで各二点ある。他に目加田誠の「詩経に詠はれた自然界」、高成田忠風の「詩経の自然美」がある。また、松田稔の「詩経における山岳観小考」は珍しい観点からの研究だといえよう。さらに阿部正和は「詩経における自然の音について」の研究を行なっている。

十 『詩経』学比較研究

　『詩経』と『楚辞』との比較研究は二十点あり、その中に単行本が九点も含まれている。それは白川静（2点）・目加田誠（2点）・松本雅明・吉川幸次郎・別枝篤彦・牧角悦子・福島吉彦・近藤春雄らの著訳である。石上幸作の古代中国の夢、別技篤彦の風土的性格、松本雅明の『詩経』と『楚辞』なども、皆『楚辞』との比較研究論文である。

　日本詩歌との比較研究は三十二点ある。その内、『万葉集』との関係についての研究は最多で二十三点である。1954年に平凡社が比較文学研究の立場で『万葉集大成Ⅶ』を出版してから、『詩経』と『万葉集』との比較研究が続々と発表された。徐送迎は女性文学などにおける比較研究を行ない、五点の論文を著して、『万葉集恋歌と詩経情詩の比較研究』（2002）を出版した。久松潜一は『万葉集』と『詩経』・『文選』との比較研究二点を発表、島村良江は万葉歌に見られる『毛詩・伐木篇』の影響について著作を著している。また、『古今集』との比較研究は九点ある。いずれも『古今集』の序を取り上げて論じたもので、小沢正夫と田中和夫に二点あり、石井裕啓は『古今集』仮名序の六義について著わしている。他に『懐風藻』・日本歌謡との比較研究は各二点ある。

　その他の十七点は、水上静夫の『詩経』と現代中国の教育現況（2点）、米山徹の『詩経』と数学、見尾勝馬の『詩経』と『論語』、宮沢正順の道教における『詩経』、清水浩子の『詩経』と音楽などであり、各方面から『詩経』との比較研究がなされたことが分かる。

十一　　『詩経』学研究史

　『詩経』学研究史では、先秦は三十九点ある。四書二十点のうち、『論語』（8点）については、近藤則之の「論語における情」、蔡江華の『論語』の「詩言志」考、藤野恒男の「論語を読む──孔子の詩経観」、海老田輝巳の「論語における詩経の位置」、近藤英雄の「詩経の倫理──『論語』」、境武男の「論語詩説」、米山寅太郎の「論語関雎之乱章考」、見尾勝馬の「詩経と論語」などである。『孟子』（10点）については、近藤則之の「孟子における情」、山辺進の「孟子詩亡然後春秋作の解釈に就いて」と「孟子に於ける引詩に就いて」、倉田信靖の「孟子の詩に就いて」、弥和順の「孟子所引の詩句」、鎮西晃夫と近藤英雄の「詩経の倫理──孟子」、峯吉正則の「孟子の詩観」、境武男の「孟子詩説」、沢田多喜男の「孟子所見詩・書考」などである。また、近藤英雄は『大学』（1点）・『中庸』（2点）と『詩経』との関係について研究し、荻野友範は「墨子引詩考」を著わしている。『春秋』関係（9点）では小林茂・大月邦彦・中島千秋・藤原高男・白川静・境武男（2点）・目加田誠・高橋均らが『左伝』の詩説や引詩の方面から研究を行なっている。『荀子』関係（4点）には境武男・杖下隆之・豊島睦・余崇生らが『荀子』の詩説や引詩の観点から研究したものがある。その他、儒家関係（5点）として、久富木成大・峯吉正則らの儒家の詩観や詩説などからの論考が挙げられる。田向竹雄は鄒衍学と斉詩の関連、高橋均は先秦漢の文学論について著し、藤田高夫は『墓葬出土書籍より見た戦国・秦漢の出版文化』（2001年）を出版している。

　漢代は百二十八点あるが最も多いのは、四家詩関係の八十五点で

ある。吉田元定は四家詩の源流を考察し、魯詩では湯浅幸孫・島田
鈞一・橘純信・赤塚忠に各一点、斉詩では加藤実（3点）、永井弥人
・田向竹雄（各1点）、『韓詩外伝』では三十四点の成果がある。特
に吉田照子は1983年から2007年まで、『韓詩外伝』を対象として注
釈や研究を行ない、計十三点を著した。また、伊東倫厚は校詮や読
解・索引などで五点、豊島睦は思想面から小考や源流などの研究を
行ない、また索引をも出版して、四点ある。斎木哲郎の教育論、大
塚伴鹿の書誌学的考察、板野長八の楽記篇との関係、更に余崇生・
嶋崎一郎・相原俊二・西村富美子・山岸徳平・佐々木邦彦・橘純信
らも各一点ある。他に、鳥宗成の校訓点した『韓詩外伝』が青木嵩
山堂（1885年）により出版されており、李真は「鄭風・湊洧篇」の
韓詩説と上巳習俗の関係について研究している。三家詩を総合的に
論じたものには渡辺末吾（4点）・杖下隆之・加藤実・大川節尚・藪
敏裕がある。続いて、『毛詩』には四十二点がある。安井小太郎（2
点）は『毛詩詁訓伝』とその撰者について研究し、西崎亨（2点）
は蓬左文庫本『毛詩』と静嘉堂文庫本『毛詩』との比較や、「大念
仏寺蔵毛詩二南残巻の訓点について」の論考を著した。内野熊一郎
（2点）も大念仏寺本妙写『毛詩伝』私考と九条家蔵唐橋本『毛
詩』写本に就いての考察を行なっている。

　漢代の書籍との関係は十七点ある。『史記』に関するもの（3点）
には、小林健一、内野熊一郎の『史記』の詩説と田中和夫の『史
記』評価がある。『列女伝』に関するもの（5点）には、山崎純一
（3点）の「毛詩と古列女伝（女訓詩）の基礎的検討」、引詩考と田
中和夫の引詩考がある。他に、『淮南子』に関するものとしては戸
川芳郎の『淮南子』の引詩、『急就篇』に関するものには渡俊治の
「急就篇中の詩経」がある。それから、安居香山・久野昇一・中村

璋八・楠山春樹・堀池信夫らは『詩緯』に関する研究を行なっている。また、坂内千里は「説文解字繋伝引詩考」を著した。

　漢代の人物との関係では二十六点ある。最も多いのは鄭玄に関するもので、計二十一点ある。稲垣瑞穂（3点）・米山寅太郎（2点）・田中和夫・築島裕・倉沢昭寿・辺土名朝邦らは『毛詩鄭箋』（9点）に注目し、北村良和・間嶋潤一・藤田忠・辺土名朝邦らは鄭玄の『詩経』解釈について論じた。鄭玄の『六芸論』について論考を出しているのは金子恒雄・間嶋潤一である。堀池信夫の鄭玄『詩譜』や藤山和子の鄭玄の時間意識に関する研究も重要な著作である。他に大川節尚は、三家詩より見たる鄭玄の『詩経』学を著した。弥和順は趙岐の『詩経』学（2点）を、山崎純一と加藤実は劉向の『詩経』学、加藤実は王符の『詩経』学についての論考を著している。

　魏晋南北朝は二十三点ある。敦煌本『毛詩音』については平山久雄の反切の研究が七点あり、遠藤光暁の考弁が一点ある。束晳（?-300）の『補亡詩』には坂田新と佐藤利行の考察があり、曹植（192-232）の詩賦と『詩経』との関係については、中野将と張健の研究がある。孫毓（?）については、坂田新の「孫毓毛詩異同評の探求」と毛塚栄五郎の「孫毓の毛詩解釈に於ける批評」がある。また、坂田新には「王粛（195-256）の詩経学」、「鄭小同（193?-258?）と鄭志」、「鍾嶸（468-518）の詩品における詩経」などの魏晋南北朝『詩経』学史関係の論考を四点著している。また、山崎巧は謝霊運（385-433）の詩、沼口勝は阮籍（210-263）の詩、関清孝は郭璞（276-324）『爾雅注』の方法について論究、二宮美那子は林宗正の「詩経から漢魏六朝の叙事詩における頂真格」を訳している。他に宇野直人と江原正士の共著『詩経、屈原から陶淵明（365-427）へ』が平凡社（2010年）から出版されている。

　隋唐は五十点ある。孔穎達（574-648）の『毛詩正義』について論考を著したのは田中和夫（11点）・岡村繁（6点）・福島吉彦（4点）・小原広行・小尾郊一・楠山春樹・鈴木虎雄・鈴木隆一・野間文史・井沢耕一であり、陸徳明（？-630）の『経典釈文』については内野熊一郎（2点）・坂井健一のものがある。韓愈（768-824）の「詩之序議」については坂田新・村山吉廣・加藤実の研究があり、成伯璵（？）の『毛詩指説』については水田紀久・塩出雅・江口尚純・塩出雅がそれぞれ論じている。田中和夫は顔師古（581-645）の『詩経』学についての論文四点を出している。他に田口暢穂は孟浩然（689-740）、芳原一男は杜甫（712-770）における詩と『詩経』の関係、長田夏樹は王勃（648？-675？）の『詩』序、塩出雅は施士匄、戸崎哲彦は柳宗元（773-819）、秋谷幸治は白居易（772-846）を対象として研究を行なった。唐代『詩経』学について総合的に論じたものとして、江口尚純（2点）と田中和夫の著作がある。

　宋代は五十二点である。宋代『詩経』学についての総論は種村和史と内山精也に各一点ある。欧陽修（1007-1072）に関する研究は、種村和史に三点あり、江口尚純・安田栄作・坂田新・増子和男・辺土名朝邦らにも各一点ある。朱子（1130-1200）に関しては、目加田誠（3点）・西口智也（2点）・友枝龍太郎・西沢道寛・吹野安・石本道明・杖下隆之・近藤正則・後藤俊瑞・原田種成・揖斐高・橋本高勝・斎藤護一・佐藤進・重野宏一の研究が挙げられる。王安石（1021-1086）については井沢耕一（2点）の外、江口尚純と種村和史に各一点あり、魏了翁（1178-1237）の『毛詩要義』については吉川幸次郎と尾崎雄二郎に各一点ある。村山吉廣・江口尚純・富平美波は王質（1001-1045）について一点ずつ発表しており、種村和史（3点）・石本道明・江口尚純は蘇轍（1039-1112）に関する成

果がある。江口尚純は上に挙げたもの以外でも呂祖謙（1137-
1181）・劉敞（1019-1068）・段昌武（？）・程大昌（1123-1195）・鄭
樵（1103-1162）らの宋代『詩経』学史について多く論じ、この分野
で十四点もの論著を出している。

　元代は一点しかない。しかも、それは松山堂書店が出版した許謙
（1270-1337）の『詩集伝名物鈔』であり、日本人の著作ではな
い。

　続く明代は十二点ある。郝敬（1558-1639）については村山吉
廣・富平美波・西口智也（各1点）、鍾惺（1574-1624）については
村山吉廣（2点）・加藤実（1点）がある。それから、富平美波は陳
第（1541-1617）の『毛詩古音考』（2点）、村山吉廣は徐光啓（1562-
1633）と戴君恩（1570-1636）の『詩経』学、西口智也は黄佐
（1490-1566）の『詩経通解』、坂田新は豊坊（1492-1563？）の『子
貢詩伝』始末についてそれぞれ論考を著している。

　清代は計三十五点である。江尻徹誠は2005年から陳啓源（1825-
1905）の『毛詩稽古編』について六点の研究を世に送り出した。崔
述（1740-1816）に関する研究は村山吉廣（3点）と藤井良雄のもの
がある。顧炎武（1613-1682）については頼惟勤に四点があり、戴
震（1724-1777）については種村和史（2点）と藤山和子のものがあ
る。村山吉廣はまた方玉潤（1811-1883）についての論考二点を、浜
口富士雄・尾崎雄二郎と種村和史は段玉裁（1735-1815）について
の論文を各一点発表している。龔自珍（1792-1841）に関する研究
には中村嘉弘に二点あり、王船山（1619-1692）に関しては黒坂満
輝・本間次彦・小川晴久に各一点ある。その外、種村和史は清朝
『詩経』学の変容、浜口富士雄は王引之（1766-1834）、村山吉廣は
姚際恒（1647-1715？）、高橋明郎は馬瑞辰（1782-1853）、高橋良政

は魏源（1794-1856）の『詩古微』について各一点を著した。種村和史は銭志熙の「永嘉学派の詩経学の思想について」を訳して、陳奐（1786−1863）の『詩毛氏伝疏』についての訓詁も一点ある。

民国時期の『詩経』学について研究したものは十三点ある。聞一多（1899-1946）に関しては、牧角悦子と鈴木義照に各二点、中島みどり・柴田知津子には各一点ある。王国維（1877-1927）については野村和弘・永井弥人が一点ずつ、他に西口智也訳（林慶彰著）の顧頡剛（1893-1980）に関する研究が一点ある。横打理奈は胡適（1891-1962）に関する研究を行ない、水上静夫は『詩経』と現代中国の教育状況について二点を著し、萩野友範は「民国期以来の詩言志論」を発表している。

十二　日本『詩経』学についての研究

日本『詩経』学についての研究は九十三点ある。時代について論じたのは家井真の「詩経研究の近況と課題」、田中則雄の『近世中期漢学者』（2001年）である。清原宣賢の『毛詩抄』（一名『詩経抄』）については、三尻浩（2点）・小川環樹（2点）・村山吉廣・土井洋一・小林千草・山内洋一郎・柳田征司・中田祝夫・倉石武四郎・寿嶽章子、江口榛一らの十六点がある。若水俊・村山吉廣・高橋博巳・浅山佳郎・張文朝らの十点は徂徠とその門人（太宰春台や服部南郭）について研究しており、江口尚純は大田錦城の「六義考」や「毛詩大序十謬」に関する研究が六点ある。亀井昭陽に関する研究としては岡村繁（2点）・目加田誠・児島献吉郎らに四点あり、一茶に関する研究は杉下元明（2点）と村山吉廣・丸山一彦の各一点がある。熊沢蕃山については江口尚純・浅沼アサ子らの三点

が論じ、伊藤仁斎の『詩経』観については、土田健次郎・清水徹・張文朝らの三点ある。藤原惺窩の『詩経』については佐藤進の二点、安井息軒の『毛詩輯疏』についても、崇文院（1932年）と桜井宏行の各一点が挙げられる。藍沢南城については内山知也と増野弘幸が、赤塚忠の『詩経』学については目加田誠と村山吉廣が、竹添進一郎の『毛詩会箋』については松雲堂書店（1970年）と浅野哲夫がそれぞれ一点ずつ論考を発表している。また、仁井田南陽の『毛詩補伝』については松雲堂書店（1930年）と斯文に各一点、渡辺蒙庵の『詩伝悪石』についても村山吉廣と白石真子に各一点ある。伊藤東所の『詩経』学については、江口尚純が二点にわたって論じ、林鵞峯の『詩経』関係著述についても江口尚純と村上雅孝の二点がある。皆川淇園については、吉川幸次郎の編した『詩経助字法』（1980年）と江口尚純の『詩経繹解』との二点がある。

十三　韓国『詩経』学についての研究

韓国『詩経』学についての研究は五点あるが、申綽の『詩次故』と『詩経異文』の研究に注目が集まっている。前者は内野熊一郎が二点を著し、後者は小川環樹と矢野義男に各一点ある。李瀷の『詩経』学に関する研究は権泰日が一点を訳している。

十四　欧米『詩経』学についての研究

欧米『詩経』学についての研究は十五点ある。グラネー『中国古代の祭礼と歌謡』に関する研究には内田智雄の訳（3点）と松本雅明の研究（3点）があり、また上原淳道や芦益平などの松本雅明の

研究についての批判、鈴木修次のフランス人の『詩経』解釈などが九点ある。レッグに関する研究は村山吉廣に二点ある。また、パウンドに関しては御興員三とワトソン・Bが各一点を著した。他に森英樹はシェニエの、加納喜光はマザーグースの『詩経』との関係を論じた。

第四節　出版機関について

　本節では『詩経』関係論著の出版機関について述べる。日本における『詩経』関係論著出版機関は計三百九十五機関である。以下、出版量、出版者、出版地について分析してみたい。

一　出版量について

　出版量について最も多かったのは『詩経研究』（197点）であった。他に、十点以上を刊行した出版機関は次のような順番となる。『東洋文化』（39点）、汲古書院（28点）、『詩経学』（23点）、『いずみ』（20点）、『二松学舎大学人文論叢』（二松学舎大学人文学会）・『日本中国学会報』（日本中国学会）・『漢文教室』（各19点）、『二松学舎大学論集』（二松学舎大学）・『斯文』（斯文会）（各18点）、『中国古典研究』（中国古典研究会）（17点）、『国学院雑誌』　（国学院大学出版部）（16点）、『立命館文学』（立命館大学人文学会）・『漢文学会会報』（国学院大学）（13点）、明治書院（12点）、『大東文化大学漢学会誌』・『史学雑誌』・筑摩書房（各11点）、平凡社（10点）である。

　次に二十点以上を出版している出版機関が、どのようなものを出

版しているか、具体的に分析していきたい。

（一）『詩経研究』

　『詩経研究』という雑誌は1974年に創刊されてから毎年一冊が出版されている。出版者名は初期の「詩経学研究センター」から、1978年以後の「詩経学会」を経て、1999年に「日本詩経学会」に変更された。毎年国内外の『詩経』学研究についての論文六点ほどを掲載している。2008年の第三十三号まで著訳者には四十人が名を列ねている。村山吉廣は七十点あり、『詩経』学研究総点数の三分の一近くを占めている。それから、江口尚純は三十二点、以下田中和夫（9点）、西口智也（8点）、加藤実・清水悦男・坂田新（7点）、目加田誠（5点）、小原廣行（4点）、水上静夫・岡村繁・嶋崎一郎（3点）、石川三佐男・金子恒雄・増野弘幸・桜井宏行・大野圭介・山崎洋平・井沢耕一・江尻徹誠（2点）と続く。

　内容は、基本問題としては孔子刪定説・比興説存疑・『詩経』序・『詩経』と音楽などである。『詩経』相関人物については、日本の伊藤仁斎・伊藤東所・岡井赤城・一茶・増島蘭園・太宰春台・渡辺蒙庵・藍沢南城・荻生徂徠・大田錦城・林鵞峯などが主な対象となっており、その他に顔師古・高吹萬・徐光啓・鍾惺・劉敞・郝敬・レッグ・欧陽修・王安石・王国維・王質・王韜・韓愈・束晳・程大昌・鄭玄・鄭小同・鄭樵・馬瑞辰・孟浩然・李瀷・李先芳・呂祖謙・崔述・趙岐・陳啓源・朱鶴齢・周作人・聞一多などについても論じられている。『詩経』関係書では、『韓詩外伝』・『詩之序議』・『続列女伝』・『毛詩原解』・『詩品』・『毛詩正義』・『毛詩稽古編』・『詩義』などについて論及したものがある。その他に、関雎詩旨・巻耳篇・七月・『詩経』情詩再検討・『詩経』疑義・『詩経』の

鋪陳・『詩経』説話・宋代『詩経』学史・前漢斉詩説・前漢三家詩の正変説・宣王像のゆれと変雅の成立・コンピューター活用の実際・夫婦破局の歌・道教における『詩経』・『詩経』と現代中国の教育現況・『詩経』における天と鳥などを問題としている。

　『詩経』関係の周辺資料については、図版、学会報告、采詩ノート、新刊紹介、四庫提要詩類選訳、書評、『詩経』研究文献提要、『詩経』関係（研究）文献目録[邦文篇]、『詩経』関係文献目録、江戸期における『詩経』関係書目、『詩経』関係書目の解題などがある。

（二）『東洋文化』

　『東洋文化』は1924年から1945年まで二百三十四号が発行された。『詩経』関係はほとんどが牧野謙次郎の著作であった。もう一人は松本洪であるが、ただ「小雅・鶴鳴篇」の「鶴鳴于九皐、声聞于天」についての解経の一点だけであった。1961年の復刊以降は、栗原圭介の「詩経に見る哲学と科学思想」「詩経十五國風に見る科学思想」「国風の起源と二南の成立──周南の形成」の三点しかない。

（三）汲古書院

　汲古書院は専ら書籍を、しかも、大学教授の記念論集を多く出版している。森三樹三郎博士頌寿・境武男教授頌寿・岡村繁教授退官記・伊藤漱平教授退官・栗原圭介博士頌寿・中村璋八博士古稀・村山吉廣教授古稀・内野熊一郎博士白壽などの記念論集がこれである。『詩経』関連書籍としては1973年に孔穎達疏、足利学校遺蹟図書館後援会『毛詩註疏』を、1980年に皆川愿撰・吉川幸次郎編『詩経助字法』を、1982年に鈴木修次著・石川忠久編『中国文学の女性

像』を、1992年に鄭玄箋『毛詩鄭箋』及び村山吉廣、江口尚純共編
『詩経研究文献目録』、1993年に米山寅太郎・築島裕『毛詩鄭箋』、
2002年に徐送迎『万葉集恋歌と詩経情詩の比較研究』、2006年に加
納喜光『詩経：一、恋愛詩と動植物のシンボリズム』・『詩経：二、
古代歌謡における愛の表現技法』、2007年に渡辺義浩編『両漢にお
ける詩と三伝』を出版した。

（四）『詩経学』

　『詩経学』という雑誌は境武男の個人雑誌である。1958年に発刊
してから、1962年までの五年間、計二十三号が刊行された。著作者
はただ境武男一人である。内容は前の「著訳者について」の項を参
考されたい。

（五）『いずみ』

　『いずみ』に掲載されたものは全て松本雅明の『詩経』訳註であ
った。松本雅明は1956年から1960年まで、この雑誌に二十点の『詩
経』訳註を発表した。内容は古代の舞踏歌・懐古の悲しみ・年の暮
れと新春の詩・花の詩・黄鳥・渡河の詩・梁の詩・吟遊詩人・生活
苦の歌・婚礼の詩・泉の詩・征役の詩・東の門・りんごの樹・木の
実投げ・恋愛の詩・祝頌の詩・歎きの詩・衛の歌（3点）・「二子乗
舟」などである。

二　出版者について

　『詩経』関係書籍や論文などに関する出版者ついては、学校は百
三十校、とりわけ大学が百二十四校を占めている。それから、学会

は六十九個あるが、その中でも、大学に属するものが三十一個ある。その他、研究会（20個）、協会（8個）などもある。日本の近現代における『詩経』学研究において最も重要な場所は大学だと言っても過言ではない。また、相当数を占めている出版社（131）も看過することができない。こうした出版社の『詩経』学研究の成果を押し広める貢献については評価しなければならない。

三　出版地について

　さて、日本における『詩経』関係論著出版機関の所在地について分析してみよう。そうした分析からは日本『詩経』学の重心がどこにあるか明白にすることができるだろう。また、その分布も具体的に目の前に現すことができる。ここでは地方別に日本の近現代における『詩経』に関する出版機関所在地の分布状況を描いてみたい。出版地が不明である五個を除いて、三百九十個は次のように分布している。

（一）沖縄地方（1）

　沖縄県（1）

（二）九州地方（25）

　福岡県（15）、佐賀県（1）、長崎県（2）、熊本県（6）、大分県（0）、宮崎県（0）、鹿児島県（1）

（三）四国地方（5）

　徳島県（1）、香川県（3）、愛媛県（1）、高知県（0）

（四）中国地方（17）

鳥取県（0）、島根県（1）、岡山県（2）、広島県（10）、山口県（4）

（五）近畿地方（63）

三重県（1）、滋賀県（1）、京都府（27）、大阪府（20）、兵庫県（7）、奈良県（6）、和歌山県（1）

（六）中部地方（27）

新潟県（1）、富山県（0）、石川県（5）、福井県（4）、山梨県（2）、長野県（1）、岐阜県（2）、静岡県（3）、愛知県（9）

（七）関東地方（234）

茨城県（3）、栃木県（1）、群馬県（2）、埼玉県（1）、千葉県（7）、東京都（215）、神奈川県（5）

（八）東北地方（12）

青森県（1）、岩手県（1）、宮城県（5）、秋田県（2）、山形県（1）、福島県（2）

（九）北海道地方（6）

北海道（6）

以上の分析からは、地方別で言えば、関東地方が最も多いことが分かる。それに次ぐのは近畿地方、中部地方、九州地方、中国地方で

ある。県別に見れば、東京都が全体の半分以上を占めている。京都、大阪がそれに続く。こうした結果を江戸時代の書肆の所在地と比較してみると、変化があることに気づかされる。つまり、東京が江戸時代の京都に代わって出版の中心となっているのである。

第五節　出版年について

　出版年について、日本の近現代を年号で区分すると、次のようになる。即ち、一、明治時代（1868-1911）：雑誌論文は七点、単行本は二十九点であり、全三十六点である。二、大正時代（1912-1925）、雑誌論文は二十七点、単行本は九点あり、全三十六点ある。三、昭和時代（1926-1989）、雑誌論文は七百六十七点、単行本は百十六点あり、全八百八十三点ある。四、平成時代（1990-2010）、雑誌論文は四百三十八点、単行本は五十五点あり、全四百九十三点ある。

　もっと詳しく分析すると、次のようになる。明治時代の1868年から1911年までの四十三年間を二つに分けてみると、明治時代前半の1890年までの二十二年間、単行本は十七点あったが、雑誌論文は一点もなかった。後半の1911年までの二十一年間も単行本が十二点あるのに対して、雑誌論文は僅か七点だけと非常に少ない。大正時代の1912年から1925年までの十四年間を一つとして見ると、雑誌論文は二十七点、単行本は九点である。昭和時代の1926年から1989年までの六十三年間を三つに分けてみると、前半の1947年までの二十一年間、雑誌論文は百二十五点、単行本は三十八点となる。中間の1968年までの二十年間では雑誌論文は二百九十五点、単行本は二十七点となり、後半の1989年までの二十年間、雑誌論文は三百四十七

点、単行本は五十一点にも上る。平成時代の1990年から2010年まで
の二十年間では、雑誌論文は四百三十八点、単行本は五十五点とな
る。単純に各時代を約二十年毎（1868-1884、1885-1905、1906-
1926、1927-1947、1948-1968、1969-1989、1990-2010）に分けて見
れば、雑誌論文は、零点、六点、三十一点、百二十二点、二百九十
五点、三百七十三点、四百十二点の成長で増えてきたことが分か
る。単行本の方もそれぞれ十五点、八点、十五点、三十八点、二十
七点、五十三点、五十三点とゆるやかな増加傾向にあることが窺え
る。数の上では特に平成時代の成績は良好であるといえる。

　次は、各段階の時代に学者たちが何に注目していたか。また、日
本『詩経』学研究における時代的特色を分析しよう。

　一、明治時代の前半には雑誌論文はなかったが、単行本は朱熹の
『集伝』に改点や訓点を施したものが多い。明治時代後半になる
と、雑誌論文は総論や植物や天について述べたものが多く、単行本
は『詩経』の講義として出版されものが多かった。

　二、大正時代には多くに学者が詩の思想・詩教・道徳観・経済・
叙景・自然美・女性美・音声の解釈・感生伝説に著目している。
1915年の鈴木虎雄の「周詩に見えたる農祭」と1918年の服部宇之吉
の「周代風俗考」は、昭和時代の中間に民俗学を『詩経』学研究方
法に導入しようとした論著の先行研究であると言えよう。

　三、昭和時代の前半には、牧野謙次郎の詩句に関する著作が集中
しており、最も多かった。『詩経』学関係書籍に対する研究も最も
盛んであった。中でも『詩集伝』・『毛詩正義』が多い。他に、『詩
経』学の著作、詩篇、天地自然、『詩経』との関係研究、『詩経』相
関人物が主として論題となっている。それから、『詩経』の作成年
代、豳風、天文と暦法、大雅、三家詩、国風、詩教なども注目の的

となった。特に、中島光風の「古今序六義説」は古今集と『詩経』との比較研究を始めて開拓したものである。

　昭和中期には、『詩経』学の著作が最も盛んに出版されている。その次は詩篇の研究であった。それから、国風、宗教祭祀、名物、詩篇成立に対する研究も少なくない。最も注目しなければならないのは、この時期の『詩経』を文学的観点から研究したものが、日本近現代の『詩経』学研究の半数を占めていることである。1949年からグラネーの『詩経』研究を批判して中国古代祭礼を復原しようとした松本雅明は、祭礼に関する作品を続々と発表した。水上静夫は、1959年から勺薬・楊柳・茉苡・桑樹などの植物に関する信仰を研究し、1954年に竹内照夫が「詩経の仁について」を発表してから、『詩経』における概念の解釈が始まった。松本雅明の「詩経恋愛詩における採薪の表現」や安田栄作の「詩経に現れたる古代漢民族の農業生活」は、以後の恋愛詩や『詩経』に関する農業研究の先行作品である。

　昭和時代の後半には『詩経』相関人物の研究が多くなる。鄭玄が五点で、最も注目を集めている。欧陽修と顔師古が各四点ある。日本の人物では徂徠学関係が四点あった。その他では、『詩経』相関書、『詩経』の著作、詩篇、国風、『詩経』との関係研究である。また、この時期の『詩経』の音・声・韻などの研究点数は日本近現代の半分を占める数である。中でも、1979年から「敦煌毛詩音残巻反切の研究」で活躍した平山久雄がいる。もう一つ注目されるのは、1974年から詩経学会が編集した『詩経』関係書目である。この時期の書目は、それについての解題を中心としたものであった。『詩経』学研究についての書目は、平成に入ってからも盛んに行なわれている。

　四、平成時代には前の時期と同じく、『詩経』相関人物の研究が
最も多い。中でも聞一多関係が五点、日本の人物では大田錦城が四
点ある。他には『詩経』関連書籍、詩篇、目録、『詩経』の著作に
ついてである。この時期の目録は、日本語による研究成果や江戸期
における『詩経』関係書目を中心としたものであった。そして、国
風への関心が急激に低くなり、『詩経』における言葉に目が向けら
れるようになった。また各時代の『詩経』学研究状況についての研
究は、1990年に江口尚純が発表した「唐代詩経学史考略（一）」か
ら始まっている。既に漢魏六朝・宋・明については発表されている
が、清などにはまだ及んでいない。

第六節　小結

　本章では日本の近現代における『詩経』学研究の状況及び成果を
統計的に表わした。そして、学者の関心と日本における『詩経』学
研究の時代的特色とを分析した。
　今回の調査で日本近現代における『詩経』学研究には、江戸時代
の『詩経』学を研究対象とした資料が極めて少ないことが分かっ
た。『詩経研究文献目録』は、日本で最も完備された『詩経』学研
究文献の目録であり、日本の研究業績を表わす成果であるとも言え
るが、いわゆる「邦文篇」の部の資料はあまりにも少ない。そのた
め、日本『詩経』学に関心を持つ研究者はこの点に注目している。
岡村繁はまさしくその一人である。氏はこの目録のために次のよう
に書評を書いている。

　　　私が本目録を通覧して、まず最も印象に残ったことは、邦文

の単行本や論文が非常に少なく、これに比べて、中文の単行
本や論文が圧倒的に多い事実である。[23]

　その「事実」について厳密に言えば、九十五点の邦文単行本が取
り上げられているが、その中から書評二十六点を除けば、六十九点
となる[24]。また、邦文論文が六百六十九点取り上げられているが、
邦文単行本の二十六点の書評を加えて、計六百九十五点となる。そ
こから、重複したものを除くと、六百九十二点となるのである。つ
まり、邦文単行本と邦文論文を合わせた数、七百六十一点[25]、これ
を中文の単行本や論文が四千四百七十三点あるのと比べれば、確か
に少ないと言わねばならない。

　その邦文の七百六十一点の中で、日本における『詩経』学につい
ての研究は八十九点だけである。さらにそれを江戸時代の『詩経』
学研究に限ってみれば、僅かに二十四点にしかならない。なぜ江戸
時代の『詩経』学研究の成果がこれ程までに少ないのか。それは各
図書館や蔵書機関などの江戸時代資料が貴重図書とされていて、あ
まり複製できない現状によるところが大きいのではあるまいか。

　以上の調査結果によると、今後日本における『詩経』学の中、特
に江戸時代の『詩経』学を研究する必要があることを示している。

23　岡村繁「書評：詩経研究文献目録」(『詩経研究』17、1992 年、44 頁-47 頁)。
　　なお、この目録についての書評がもう 1 つ挙げられる。それは林慶彰の「評
　　『詩経研究文献目録』」である。(『中國文哲研究通訊』第 3 巻第 2 期、1993 年、
　　77 頁-81 頁) を参照。

24　書評は単篇論文として見てよいというのがこの節の見方である。

25　番号 000105 と邦文単行本の 000034、番号 000243 と 000542、番号 000376 と
　　000739 との 3 点が重複している。本論が、該目録の凡例に言う「収録数は邦文
　　篇が 764 点」と異なるのは、この重複した 3 点があったためである。

結論

　中国における『詩経』学史について言えば、漢代以前は詩が政治上によく利用され、話者の志を表したり、著書に引用されて著者の言を引き立てたりと、所謂実用的な『詩経』学であった。しかし、秦火の後、漢代から『詩経』を正しく理解しようとするため、所謂注釈的な『詩経』学が始まる。それ以来、膨大な量の『詩経』の注釈書が残されている。それを大きく分ければ、漢の『毛詩鄭箋』や唐の『毛詩正義』によった注釈方法で形成された古注系統のものと、宋の朱子『詩集伝』によった注釈方法で形成された新注系統のものの二大柱となっている[1]。宋以前はいうまでもなく古注の天下であったが、宋以降、古・新注が分立並存する状況となった。ただ各時代で各々消長があっただけである。たとえ清代に入って考証学が主流となったとしても、その点に変わりはなく、今でも相違はない。

　しかし、古代から中国の文化を深く受容してきた日本では、『毛詩』の伝来以後、異文化として大学や国学で『詩経』が学ばれ、天皇の勅語や学者の著書にもしばしば引用された。そうした引用内容を分析した結果、大和・奈良時代では、「雅」が圧倒的に多いことが明らかになった。それは「雅」が政治的な性質を持っている詩歌であったことと関係している。しかし、そうした『詩経』詩句の引

1　重野宏一氏は所著「朱熹の詩経学研究——朱熹の詩経観」で「こうして、毛『伝』鄭『箋』と、朱子の『詩集伝』が、新旧詩経学の 2 つの大きな柱となった」と言っている。（『国士館大学漢学紀要』第 9 号、2006 年、56 頁）。

用現象は、内野熊一郎の指摘した通り、一種の原型原義の伝承に過ぎなかったと言える。平安時代でも、「雅」からの引用は依然として多かったが、「国風」が次第に重視されてくることが判明した。それは、漢詩文に関する著作がだんだん多くなって、文学の視野が開かれたことによる。この時期の『詩経』学研究には既に、研究者の独自の見解が見えるようになっている。特に『毛詩・序』を利用して、日本の和歌の本質や効果を説明しようとするものが出てきたのである。その内容からは、『毛詩正義』の六義の説明によったものが多いことが明らかになった。なお、藤原佐世の『日本国見在書目録』に見える『毛詩周南邵南篇決』・『毛詩不忘記』・『毛詩私記』は当時の日本人の編纂抄録したものではないかと考えられる。よって、この時期には既に『詩経』について、日本独自の研究書が出てきたと言えるのである。このように『詩経』は日本伝来以後、日本の政治・歴史・文学・宗教・個人各方面に深い影響を与えて行なわれていたことが明白になったのである。

　中世になると、中国伝来の『詩経』注釈書が多くなる。日本人学者にも独自の解釈や考え方が次第に出てくるようになった。鎌倉時代の『詩経』学史について述べたが、それによれば、この時期には天皇、公卿、武家、博士家、禅僧など、様々な階層の人物が『詩経』を利用している。円爾の『普門院経論章疏語録儒書等目録』に『詩集伝』は見えなかったが、『呂氏家塾読詩記』が見えた。それは朱子早期の尊序『詩経』観が伝わっていたことを示しており、それがしばしば議論の俎上に上った可能性が高いと考えられる。室町時代では、禅僧岐陽方秀は『詩集伝』などを初めて講学し、明経博士清原宣賢は自著『毛詩抄』に古注を主としながらも、新注を取り込んで折衷した。このように、朱子の新注が多く取り上げて討論さ

れていることは、その時代において『詩集伝』がますます重視され
て、研究の要請があったことを示すものである。さらに『太平記』
のような軍記物語にも『詩経』は多く引用され、一般民衆にも浸透
していくのである。

　江戸時代を概観すれば、近世前期には、渡来本の唐本でも韓本で
も、日本の学者の施した訓点本でも和刻本でも、朱子学の新注系統
が多い。しかし、中期以降、中国から輸入した『詩経』関係書籍は
古注系統がやや多いことを明らかとなった。朱子の『詩集伝』・『詩
経集伝』・『詩経集註』などの単行本が少ないのは、『五経読本』や
『御案五経』・『五経集注』・『崇道堂五経』・『袖珍五経』・『監本五
経』などの五経に関する系統を経由して日本に伝来したからに他な
らない。後期に「寛政異学の禁」によって朱子学関係書籍が増加す
るのである。また、江戸期を通じて、『詩経』に関する著作のあっ
た学者の人数は二百六十六人である。朱子学派の学者は朱子学派五
十六人で、最も多い。朱子学の台頭に伴って、『詩集伝』が各学派
の学者に研究されていったのである。朱子学派の学者は勿論、『詩
集伝』の詩説に賛成し、朱子の『詩経』観に従って『詩経』を訓点
したり、解釈したりしていた。しかし、一方の古学派は古典に基づ
き、古注学派は漢唐の古注を根拠として、『詩集伝』に反対する姿
勢を取って、それぞれ『詩集伝』を研究しながらも自身の著作でそ
の疑問や批判などに質疑反論している。さらに古・新注学を融合し
ようとした折衷派や考証学派なども、古・新注に基づいて『詩集
伝』を研究しながらそれぞれの長所と短所を見極めて折衷しようと
していた。陽明学派の中江藤樹もまた、古注の『毛詩』を底本とし
ながら、朱子の新注を引いて自作の詩句を解釈している。このよう
に江戸時代においては、いかなる学派の『詩経』関係著作であって

　も、多かれ少なかれ『詩集伝』の影響を受けている。したがって、朱子の『詩集伝』は江戸時代の『詩経』学史上のメルクマール的存在であったと言っても決して過言ではない。つまり、『詩集伝』は江戸時代の『詩経』学史で最も影響力のあった著作なのだと言うことができる。このように江戸時代の学者の古・新注への態度は、一見中国の宋以降と同じく、古注・新注が分立並存している状況にも見えるが、日中両地域で実は顕著な違いがある。例えば、江戸の朱子学派でも藤原惺窩点本のように経文の両側に古・新両注を並立させた例がある。つまり、江戸時代の各学派ないし学者自身は、すでに古・新両注の学養を持っていたのである。それこそ江戸時代における『詩経』学の特色であると言えよう。

　近現代の平成22年（2010）までの『詩経』研究は、統計で見ると、次のようなデータを得ることができた。作品総数は千四百四十八点、著訳者の総数は五百七十九点、雑誌論文と単行本とを合わせて、村山吉廣が最も多く八十二点を出版している。『詩経』学研究の内容については、『詩経』学研究史や文化史的研究などが多かった。韓国『詩経』学研究（5点）は欧米『詩経』学研究（15点）よりも少ない。『詩経』相関人物の研究がこの分野では最も多かった。その中、中国の漢の鄭玄（20点）、唐の欧陽脩（7点）や宋の朱熹（15点）、清の陳啓源（8点）、民国の聞一多（6点）、そして、日本の江戸時代の荻生徂徠（6点）や大田錦城（6点）、現代の白川静（6点）や目加田誠（6点）がよく研究されている人物である。欧米では、グラネー（7点）がよく日本の学者に取り上げられて研究されている。一方、『詩経』相関書籍では、中国の『毛詩』（40点）・『韓詩外伝』（32点）・『毛詩正義』（21点）や日本の『毛詩抄』（12点）・『毛詩考』（4点）などについての研究が多かった。詩篇の研究

では「豳風・七月篇」（21点）や「周南・関雎篇」（17点）などについての研究が多い。『詩経』との比較研究では『万葉集』（21点）との比較研究が多かった。出版機関については三百九十五機関ある。刊行した『詩経』学研究に関する数量が最も多かったのは『詩経研究』（197点）であった。出版年については、明治時代は三十六点、大正時代も三十六点、昭和時代は八百八十三点、平成時代は四百九十三点である。日本近現代の『詩経』学の全時期を概観してみれば、経学の古・新注の対立が希薄となっていることに気付く。代わりに民俗学や比較文学といった視野からの研究法の導入によって、『詩経』の宗教性や文学性などが経学性を越えて見えてくるのである。

　最後に、日本の各大学の博士論文や修士論文、卒論文などのいわゆる学位論文の目録は、『詩経研究文献目録』に見えない。『日本研究経学論著目録：1900-1992』にも、わずか十二点しか載っていない。それは日本における『詩経』学研究にとってはもちろん、日本の学術研究全体にとっても不備であると言わねばならない。もし、各大学が当年度の学位論文の題目や全文データなどを文部省など一ケ所の機関に提供して、その機関がそれを目録書やインターネットで公開すれば、利用者が容易に手に入れることができるようになる。それは日本の学界だけではなく、日本学術研究へ関心を持つ人々の幸せだと言っても過言ではない。

参考文献

一　台湾、中国

1　漢・班固著『漢書芸文志』。

2　唐・長孫無忌等撰『隋書経籍志』。

3　後晋・劉昫撰『唐書経籍芸文合志』。

4　北宋・劉敞著『詩経小伝』。

5　南宋・朱熹著『論語集註』。

6　南宋・朱熹著『詩集伝』、朱傑人校点『朱子全書』第1冊（上海
　　古籍出版社、2002年）に収録。

7　元・脱脱著『宋史芸文志』。

8　清・朱彝尊著『経義考』。

9　清・姚振宗編『漢書芸文志拾補録目』。

10　清・阮元校勘『十三経注疏』2・詩経（芸文印書館、1989年）。

11　清・紀昀著『欽定四庫全書総目』（台湾商務印書館、1983年）。

12　中国詩経学会編集『詩経要籍集成』全42冊（学苑出版社、2002
　　年）。

13　李学勤主編『毛詩正義』（北京大学出版社、『十三経注疏』4、
　　1999年）。

14　林慶彰著「評『詩経研究文献目録』」（『中國文哲研究通訊』第3
　　巻第2期、1993年、77頁-81頁）。

15　林慶彰編『日本研究経学論著目録：1900年-1992年』（中研院文
　　哲所、1993年）。

16　劉毓慶著『歴代詩経著述考（先秦-元代）』（北京、中華書局、2002年）。

17　厳紹璗著『漢籍在日本的流布研究』（江蘇古籍出版社、1992年）。

18　厳紹璗編著『日蔵漢籍善本書録』全3冊（北京、中華書局、2007年）。

二　日本

1　阿部吉雄著『日本朱子学と朝鮮』（東京大学出版会、1971年）。

2　衣笠安喜著『近世儒学思想史の研究』（法政大学出版局、1979年）。

3　井上和雄編『慶長以來書賈集覧』（彙文堂、1916年）。

4　岡村繁著「書評：詩経研究文献目録」（『詩経研究』17、1992年）。

5　家井真著「詩経研究の近況と課題（一）──付工具書」（『二松学舎大学人文論叢』44、1990年）。

6　河田羆編『静嘉堂秘籍志』（大正6年、刻本）、賈貴栄輯『日本蔵漢籍善本書志書目集成』第4冊（北京図書館出版、 2003年）に収録。

7　笠井助治著『近世藩校に於ける学統学派の研究』上・下（吉川弘文館、1982年）。

8　笠井助治著『近世藩校に於ける出版書の研究』（吉川弘文館、1962年）。

9　笠井助治著『近世藩校の総合的研究』（吉川弘文館、1982年）。

10　関儀一郎・関義直共編『近世漢学者著述目録大成』（東洋図書刊行会、1941年）。

11 関儀一郎・関義直共編『近世漢学者伝記著作大事典』4版（琳琅閣書店、1981年）。

12 岩波書店編『国書総目録』補訂版、全9冊（岩波書店、1989年-1991年）。

13 久須本文雄著『日本中世禅林の儒学』（山喜房佛書林、1992年）。

14 後藤丹治・岡見正雄校注『太平記』1-3、岩波書店編『日本古典文学大系』34-36（岩波書店、1960年-1962年）に収録。

15 江口尚純・小原廣行共著「『詩経研究文献目録』補遺1」（『詩経研究』17、1992年、1頁-2頁）。

16 江口尚純・小原廣行共著「『詩経研究文献目録』補遺2」（『詩経研究』18、1993年、1頁-3頁）。

17 江口尚純著「江戸期における詩經関係書目（暫定版）」（『詩経研究』27、日本詩経学会、2002年、1頁-17頁）。

18 江口尚純著「江戸期における詩經関係和刻本目録（暫定版）」（『中国古典研究』48、中国古典学会、2003年、1頁-13頁）。

19 江口尚純著「江戸期における詩経関係書目（第一次分類版）」（『静岡大学教育学部研究報告：人文・社会科学篇』54、静岡大学教育学部編、2004年、1頁-13頁）。

20 江口尚純著「詩経研究文献目録邦文単行本編（第3次稿）明治元年（1868）-平成16年（2004）」（『詩経研究』30、日本詩経学会、2005年、1頁-11頁）。

21 江口尚純著「江戸期における詩経解釈学史の基礎的研究：詩経関係書目及び解題作成と解釈学史の考察」（江口尚純、文部科学省科学研究費補助金研究成果報告書、2005年）。

22 江口尚純著「詩經研究文獻目録[邦文篇] 2000（平成12年）」

（『詩経研究』26、日本詩経学会、2001年、1頁-3頁）。

23　江口尚純著「詩經関係文獻目録[邦文篇] 2001（平成13年）」
　　（『詩経研究』27、日本詩経学会、2002年、18頁-19頁）。

24　江口尚純著「詩經研究文献目録[邦文篇]2005（平成17年）」
　　（『詩経研究』31、日本詩経学会、2006年、1頁-3頁）。

25　江口尚純著「詩経関係文献目録[邦文篇]2007（平成19年）」
　　（『詩経研究』33、2008年、1頁-3頁）。

26　国文学研究資料館編『古典籍総合目録：国書総目録続編』全3
　　巻（岩波書店、1990年）。

27　佐村八郎・佐村敏郎著『国書解題』（六合館、1926年）。

28　市古貞次等編『国書人名辞典』全5巻（岩波書店、1993年-1998
　　年）。

29　市古貞次編『国書人名辞典』(岩波書店、1993年-1999年)　。

30　市川本太郎著『日本儒教史（一）上古篇』（東亜学術研究会、
　　1989年）。

31　市川本太郎著『日本儒教史（二）中古篇』（東亜学術研究会、
　　1991年）。

32　市川本太郎著『日本儒教史（三）中世篇』（東亜学術研究会、
　　1992年）。

33　斯文会著『日本漢学年表』（大修館書店、1977年）。

34　重野宏一著「朱熹の詩経学研究——朱熹の詩経観」（『国士館大
　　学漢学紀要』第9号、2006年、56頁）。

35　小沢正夫校注訳『古今和歌集』第4版（小学館、『日本古典文学
　　全集』7、1971年）。

36　西口智也著「詩経関係文獻目録[邦文篇]1991（平成3年）-1999
　　（平成11年）」（『詩経研究』28、2003年、1頁-10頁）。

37　西口智也著「詩経研究におけるコンピューター活用の実際」
　　（『詩経研究』26、2001年、4頁-16頁）。

38　静嘉堂文庫編纂『静嘉堂文庫漢籍分類目録』（静嘉堂文庫、
　　1930年）。

39　静嘉堂文庫編纂『静嘉堂文庫漢籍分類目録』（静嘉堂文庫、
　　1930年）。

40　川瀬一馬著『古活字版之研究』（安田文庫、1937年）。

41　川瀬一馬著『五山版の研究』（上・下）（日本古書籍商協會、
　　1970年）。

42　足利衍述著『鎌倉室町時代の儒教』復刻版（有朋書房、1970
　　年）。

43　村山吉廣・江口尚純共編『詩経研究文献目録』（汲古書院、
　　1992年）。

44　大石学編『近世藩制・藩校大事典』（吉川弘文館、2006年）。

45　大庭脩著『漢籍輸入の文化史』（研文出版、1997年）。

46　大庭脩著『江戸時代における唐船持渡書の研究』（関西大学東
　　西学術研究所、1967年）。

47　竹田市立図書館編『岡藩由学館典籍等目録』（竹田市立図書
　　館、1992年）。

48　竹内誠・深井雅海編集『日本近世人名辞典』（吉川弘文館、
　　2005年）。

49　竹林貫一編『漢学者伝記集成』（名著刊行会、1978年）。

50　長沢規矩也編『訂補足利学校遺蹟図書館古書分類目録』（汲古
　　書院、1988年）。

51　長澤孝三編『漢文学者総覧』（汲古書院、1979年）。

52　辻善之助編纂『鹿苑日録』（太洋社、1934年）。

53　田中志瑞子著「伝三条西実隆筆『毛詩国風篇聞書』について」、『訓点語と訓点資料』第118輯（2007年、43頁-119頁）。

54　渡辺浩著『近世日本社会と宋学』（東京大学出版社、1987年）。

55　藤原佐世編修『日本国見在書目録』、『叢書集成・新編』第1冊（新文豊、1985年）に収録。

56　藤本幸夫著「朝鮮の印刷文化」（『静脩』Vol.49 No.2、2002年、7頁）。

57　藤本幸夫著『日本現存朝鮮本研究. 集部』（京都大学学術出版会、2006年）。

58　内野熊一郎著『日本漢文研究』（名著普及会、1991年）。

59　南浦文之著『南浦文集』（中野道伴刊行、1608年）。

60　二松学舎大学21世紀COEプログラム編『江戸漢学書目』（二松学舎大学21世紀COEプログラム、2006年）。

61　普門院経論章疏語録儒書等目録』、影印新修大正蔵経委員会出版『大正新修法宝総目録』（影印新修大正蔵経委員会出版、1988年）に収録。

62　武内博編『日本洋学人名事典』（柏書房、1994年）。

63　芳賀幸四郎著『中世禅林の学問及び文学に関する研究』（思文閣出版、1981年）。

64　矢島玄亮著『日本国見在書目録——集證と研究』（汲古書院、1987年）。

65　鈴木博雄著『近世藩校に関する研究』（振学出版社、1995年）。

66　和島芳男著『中世の儒学』（吉川弘文館、1965年）。

67　和島芳男著『日本宋学史の研究』（吉川弘文館、1988年）。

68　『寛文書籍目録』、禿氏祐祥編『書目集覧』（東林書房、1928年）に収録。

三　インターネット

1　台湾国家図書館「台湾地区善本古籍連合目録」

2　台湾国家図書館「中文古籍書目資料庫」

3　中国の中国国家図書館「中国古籍善本書目連合導航系統」

4　日本の京都大学「全国漢籍データベース」

5　九州大学蔵書検索

　　http://www.lib.kyushu-u.ac.jp/opac/index-一.html

　　http://www.lib.kyushu-u.ac.jp/gakunai/nichigai.html

6　東洋文献類目検索

　　http://www.kanji.zinbun.kyoto-u.ac.jp/

7　国立国会図書館蔵書検索

　　http://opac.ndl.go.jp/

8　国立情報学研究所（NII）

　　http://ci.nii.ac.jp/

9　長崎県立歴史民俗資料館

　　http://www.pref.nagasaki.jp/t_reki

付 録

付録

表一　古代『詩経』引用例：大和・奈良時代

　本資料は市川本太郎著『日本儒教史（一）上古篇』（東亜学術研究会、1989年）によって、まとめたものである。

大和時代：1、『日本書紀』

天皇・詔勅	詩句・言葉	出典篇名
崇神	天位	大雅大明
崇神	徳不能綏	周南樛木
仁徳	百姓之苦	斉詩盧令の序
仁徳	鰥寡	小雅鴻雁
仁徳	（構造宮室。百姓掲力争作、未経幾時、而宮室悉成。）	大雅霊台
仁徳	夙興夜寐	大雅抑
雄略	普天之下	小雅北山
雄略	安養百姓	小雅天保
顕宗	咎	小雅北山
顕宗	無言不讎、無徳不報	大雅抑
継体	兢々業々	大雅雲漢
安閑	嶷岐	大雅生民
安閑	桓々	魯頌泮水
皇極	百姓之苦	斉詩盧令の序
孝徳	聴諫	毛詩大序
孝徳	霊台之囿	大雅霊台

大和時代：2、「十七条憲法」

出所	詩句・言葉	出典篇名
釈名	憲	小雅桑扈
第一条	違平隣里	小雅正月
第四条	上不礼而下非斉、下無礼必有罪	韓詩外伝
第八条	群卿百寮、早朝宴退	小雅庭燎
第八条	公事靡鹽	小雅北山
第十一条	賞不在功、罰不在罪	小雅瞻彼洛矣の序
第十二条	率土兆民、以王為主、所任官司、皆之王臣	小雅北山
第十四条	群臣百寮、無有嫉妬	周南関雎

大和時代：3、『続日本紀』

天皇	詩句・言葉	出典篇名
文武	鰥寡	小雅鴻雁
元明	兢々	大雅雲漢
元明	翼々	大雅烝民

奈良時代：1、『続日本紀』

天皇	詩句・言葉	出典篇名
元正	蓼莪	小雅蓼莪
聖武	戦々兢々	小雅小旻
桓武	鰥寡	小雅鴻雁

奈良時代：2、『懐風藻』

詩人	詩句・言葉	出典篇名
淡海朝大友皇子	万国表臣義	大雅文王
美努連淨麻呂	瑤池躍潛鱗	大雅霊台
背奈王行文	嘉賓韻小雅	小雅鹿鳴
藤原宇合	義存伐木	小雅伐木

奈良時代：3、『万葉集』

詩人	詩句・言葉	出典篇名
大伴宿禰池主	紅桃灼々	周南桃夭
大伴宿禰池主	古人言不酬	大雅抑

表二　古代『詩経』引用例：平安時代

　本資料は市川本太郎著『日本儒教史（二）中古篇』（東亜学術研究会、1991年）によって、まとめたものである。

平安時代：1、『日本後紀』

天皇	詩句・言葉	出典篇名
平城	履氷	小雅小宛
平城	履薄	小雅小宛
平城	民亦労止、汔可小康	大雅民労
嵯峨	聿脩	大雅文王

平安時代：2、『続日本後紀』

天皇	詩句・言葉	出典篇名
仁明	為民父母	小雅南山有台

平安時代：3、『三教指帰』

出所	詩句・言葉	出典篇名
序文	周詩	
序文	動乎中、書于紙	毛詩大序
亀毛先生論上巻	玉縁琢磨、人待切磋	衛風淇奥
亀毛先生論上巻	清慎、則孟母孝威之流	韓詩外伝
亀毛先生論上巻	七梅之歎	召南摽有梅
亀毛先生論上巻	聞詩、聞礼	
仮名乞児論下巻	参登九仞	韓詩外伝
仮名乞児論下巻	父母覆育	小雅蓼莪
仮名乞児論下巻	提挈懃懃	小雅蓼莪
仮名乞児論下巻	欲報罔極	小雅蓼莪

仮名乞児論下巻	詠南垓而懷恥	小雅南垓
仮名乞児論下巻	謂蓼莪以含愁。	小雅蓼莪
仮名乞児論下巻	雅頌美風、但聞周国	

平安時代：4、『発揮性霊集』

書名	詩句・言葉	出典篇名
『発揮性霊集』	蟋蟀	唐風蟋蟀
『発揮性霊集』	紅桃	周南桃夭

平安時代：5、『群書類従』

書名	詩句・言葉	出典篇名
『群書類従』	於穆	周頌清廟
『群書類従』	哲人	大雅抑
『群書類従』	王事靡盬	小雅四牡

平安時代：6、『凌雲集』

書名	詩句・言葉	出典篇名
『凌雲集』	灼々桃花	周南桃夭

平安時代：7、『文華秀麗集』

書名	詩句・言葉	出典篇名
『文華秀麗集』	木李	衛風木瓜
『文華秀麗集』	萋々	周南葛覃
『文華秀麗集』	濛々	豳風東山
『文華秀麗集』	悠々	小雅車攻
『文華秀麗集』	灼々容華桃李姿	周南桃夭
『文華秀麗集』	七分	召南摽有梅

平安時代：8、『経国集』

書名	詩句・言葉	出典篇名
『経国集』	採詩之官	
『経国集』	魚喎水而相戯	大雅旱麓
『経国集』	鳥択木而争遷	小雅鶴鳴

平安時代：9、『都氏文集』

書名	詩句・言葉	出典篇名
『都氏文集』	遅日	豳風七月
『都氏文集』	岐嶷	大雅生民
『都氏文集』	老成	大雅蕩
『都氏文集』	岐嶷	大雅生民
『都氏文集』	老成	大雅蕩
『都氏文集』	烝民	大雅烝民

平安時代：10、『田氏家集』

書名	詩句・言葉	出典篇名
『田氏家集』	嘉賓	小雅鹿鳴

平安時代：11、『菅家文草』

書名	詩句・言葉	出典篇名
『菅家文草』	一葦	衛風河広
『菅家文草』	凄其	邶風緑衣
『菅家文草』	発言為詩	毛詩大序
『菅家文草』	形言見国風	毛詩大序
『菅家文草』	嘉魚	小雅南有嘉魚
『菅家文草』	諫尺文章下	毛詩大序

『菅家文草』	情攄諷詠中	毛詩大序
『菅家文草』	頌声猶不寝	毛詩大序
『菅家文草』	経営	大雅霊台
『菅家文草』	不知我者	王風黍離
『菅家文草』	悠々	王風黍離、小雅車攻
『菅家文草』	更愧或人独自嗤	大雅抑
『菅家文草』	孔懐	小雅常棣
『菅家文草』	忝所生	小雅小宛
『菅家文草』	孔懐	小雅常棣
『菅家文草』	無褐	豳風七月
『菅家文草』	詩蓋志之所之	毛詩大序
『菅家文草』	謀于蒭蕘	大雅板
『菅家文草』	千里	商頌玄鳥
『菅家文草』	徂邁	小雅四月
『菅家文草』	蒼々蒹葭	秦風蒹葭
『菅家文草』	墐戸	豳風七月
『菅家文草』	聖寿無疆	小雅楚茨
『菅家文草』	元老	小雅采芑
『菅家文草』	良人	秦風小戎
『菅家文草』	莫慫	大雅仮楽
『菅家文草』	空谷	小雅白駒
『菅家文草』	履氷	小雅小旻
『菅家文草』	芸其草	小雅裳々者華
『菅家文草』	南垓	小雅南垓
『菅家文草』	聿脩之徳	大雅文王
『菅家文草』	烝民	大雅烝民

平安時代：12、紀長谷雄

人名	詩句・言葉	出典篇名
紀長谷雄	不知不識	大雅皇矣
紀長谷雄	南垓	小雅南垓
紀長谷雄	夭々	周南桃夭
紀長谷雄	不愆	大雅仮楽
紀長谷雄	率由	大雅仮楽

平安時代：13、「意見封事十二箇条」

書名	詩句・言葉	出典篇名
「意見封事十二箇条」	具瞻	小雅節南山
「意見封事十二箇条」	庶民子来	大雅霊台
「意見封事十二箇条」	芻蕘	大雅板
「意見封事十二箇条」	王化	毛詩大序
「意見封事十二箇条」	挑兮	鄭風子衿
「意見封事十二箇条」	皇矣	大雅皇矣
「意見封事十二箇条」	周行	周南巻耳
「意見封事十二箇条」	鳲鳩	曹風鳲鳩
「意見封事十二箇条」	爪牙	小雅祈父
「意見封事十二箇条」	帰寧	周南葛覃

平安時代：14、『雑言奉和』

書名	詩句・言葉	出典篇名
『雑言奉和』	桃花	周南桃夭
『雑言奉和』	楊柳	小雅采薇
『雑言奉和』	鶴齢	小雅鶴鳴

平安時代：15、『本朝文粋』

人名	詩句・言葉	出典篇名
紀貫之	感生於志、詠形於言	毛詩大序
紀貫之	動天地、感鬼神、化人倫、和夫婦、莫宜於和歌	毛詩大序
紀貫之	和歌有六義	毛詩大序
源順	権輿	秦風権輿
源順	遅々	豳風七月
源順	心動於中形於言	毛詩大序
源順	言不足故嗟歎之	毛詩大序
源順	帰寧	周南葛覃
源順	粛々	小雅車攻
兼明親王	採其蕨	召南草虫
兼明親王	唐風	
兼明親王	子来	大雅霊台
兼明親王	審官	周南巻耳序
兼明親王	殄瘁	大雅瞻卬
藤原雅材	毛詩	
藤原雅材	鶴鳴九皋	小雅鶴鳴
慶滋保胤	寤寐	周南関雎
慶滋保胤	有截	商頌長発
慶滋保胤	愁	小雅十月
大江朝綱	世徳	大雅下武
大江朝綱	我心匪石	邶風柏舟
大江朝綱	無思不服	大雅文王
大江朝綱	珪璋	大雅巻阿

大江朝綱	周行	周南巻耳
大江以言	上天	小雅信南山
大江以言	九有	商頌玄鳥

平安時代：16、『江吏部集』

人名	詩句・言葉	出典篇名
大江匡衡	子来	大雅霊台
大江匡衡	毛詩	
大江匡衡	周文王	大雅文王
大江匡衡	成王	大雅仮楽
大江匡衡	夙夜	大雅烝民
大江匡衡	毛詩	
大江匡衡	子来	大雅霊台
大江匡衡	比興	毛詩大序
大江匡衡	風化	毛詩大序
大江匡衡	徳音	邶風谷風

平安時代：17、菅原雅規

人名	詩句・言葉	出典篇名
菅原雅規	存心為志発為詩	毛詩大序
菅原雅規	志所之	毛詩大序
菅原雅規	頌徳	毛詩大序
菅原雅規	悠々	王風黍離

平安時代：18、菅原文時

人名	詩句・言葉	出典篇名
菅原文時	風教	毛詩大序

菅原文時	懐柔	大雅時邁
菅原文時	観風俗、厚人倫、感鬼神、成教化	毛詩大序
菅原文時	静女	邶風静女
菅原文時	就盈	小雅天保
菅原文時	桃李	召南何彼襛矣
菅原文時	涇渭	邶風谷風
菅原文時	毛詩	
菅原文時	詩者志之所之	毛詩大序
菅原文時	先王	毛詩大序
菅原文時	風雅	毛詩大序
菅原文時	洋々	陳風衡門
菅原文時	済々	斉風載駆
菅原文時	詩之為言志也、蔵於心	毛詩大序
菅原文時	四海	商頌玄鳥
菅原文時	菀柳	小雅菀柳
菅原文時	隰桑	小雅隰桑
菅原文時	汝墳	周南汝墳
菅原文時	漢広	周南漢広
菅原文時	皆志之所之	毛詩大序
菅原文時	蓼莪	小雅蓼莪

平安時代：19、藤原師輔

人名	詩句・言葉	出典篇名
藤原師輔	詩云戦々	小雅小旻
藤原師輔	如臨深淵、如履薄冰	小雅小旻

平安時代：20、『本朝麗藻』

人名	詩句・言葉	出典篇名
大江以言	済々	大雅文王
大江以言	煌々	陳風東門之楊
大江匡房	徳音	大雅南山有台

平安時代：21、『本朝無題詩』

人名	詩句・言葉	出典篇名
藤原敦宗	子来	大雅霊台
大江匡房	悠々	王風黍離
源経信	遅々	邶風谷風
源経信	心中	邶風谷風
源経信	崔嵬	周南巻耳

平安時代：22、『本朝続文粋』

人名	詩句・言葉	出典篇名
大江匡房	汎々	邶風二子乗舟
大江匡房	惟新	大雅文王
大江匡房	左右	周南関雎
大江匡房	桃李	召南何彼襛矣
大江匡房	涇渭	邶風谷風
大江匡房	黍稷	小雅甫田
大江匡房	鬼神	毛詩大序
大江匡房	夙興夜寐	衛風氓
藤原敦光	寤思寐思	周南関雎
藤原敦光	元老	小雅采芑
藤原敦光	子来	大雅霊台

藤原敦光	崔嵬	周南巻耳
藤原敦光	玄黄	周南巻耳
藤原敦光	風雨	小雅斯干

表三　藩校の『詩経』教学と学風（地域順）

地域別	藩別（県別）	学風
九州地域	日出藩（大分県）	古義学、徂徠学→朱子学
九州地域	福江藩（長崎県）	朱子学
九州地域	府中藩（対馬藩、長崎県）	朱子学、古注学
近畿地域	膳所藩（滋賀県）	古注学
近畿地域	宮津藩（京都府）	折衷学→朱子学
近畿地域	安志藩（兵庫県）	朱子学
近畿地域	三日月藩（兵庫県）	古注学
近畿地域	櫛羅藩（奈良県）	？
東海地域	高須藩（岐阜県）	折衷学
東海地域	高富藩（岐阜県）	？
北陸地域	鯖江藩（福井県）	朱子学
関東地域	烏山藩（栃木県）	朱子学
関東地域	喜連川藩（栃木県）	古注学
関東地域	伊勢崎藩（群馬県）	朱子学（闇斎学）
関東地域	沼田藩（群馬県）	？
関東地域	谷村藩（山梨県）	朱子学
関東地域	多古藩（千葉県）	朱子学、古注学
関東地域	鶴牧藩（千葉県）	朱子学（昌平派）
関東地域	小田原藩（神奈川県）	朱子学
東北地域	上山藩（山形県）	古注学→朱子学
東北地域	新庄藩（山形県）	朱子学
東北地域	天童藩（山形県）	朱子学
東北地域	秋田藩（秋田県）	古注学

表四　藩校の創立期と学風（創立年順）

　本表は笠井助治著『近世藩校に於ける学統学派の研究（上・下）』（吉川弘文館、1982 年）、同著『近世藩校に於ける出版書の研究』（吉川弘文館、1962年）及び同著『近世藩校の総合的研究』（吉川弘文館、1982 年）、鈴木博雄著『近世藩校に関する研究』（東京都、振学出版社、1995 年）、大石学編『近世藩制・藩校大事典』（吉川弘文館、2006 年）によって作成したものである。

創立年	藩名	藩校名	県別	学風
寛永十八年	岡山藩	花畠教場	岡山県	陽明学
延宝	西尾藩	文礼館	愛知県	朱子学
延宝二年	会津藩	郭内講所	福島県	朱子学
貞享二年	対馬藩	小学校	長崎県	朱子学
元禄	西尾藩	文礼館	愛知県	朱子学
元禄四年	前橋藩	好古堂	群馬県	朱子学
元禄七年	三田藩	国光館	兵庫県	朱子学
元禄十五年	岩村藩	文武所	岐阜県	朱子学
元禄十五年	高松藩	講堂	香川県	朱子学
元禄末年	篠山藩	（不明）	兵庫県	仁斎学
宝永五年	佐賀藩	鬼丸聖堂	佐賀県	朱子学
正徳三年	壬生藩	（不明）	栃木県	仁斎学
享保三年	安志藩	学問所	兵庫県	朱子学
享保四年	萩藩	明倫館	山口県	朱子学
享保七年	長島藩	省耕楼	三重県	闇斎学
享保十年	広島藩	講学所	広島県	朱子学
享保十一年	岡藩	輔仁堂	大分県	朱子学
享保初年	和歌山藩	講堂	和歌山県	仁斎学
享保年間	神戸藩	三教館	三重県	徂徠学
享保年間	群山藩	総稽古所	奈良県	徂徠学

元文元年	仙台藩	学問所	宮城県	闇斎学
延享三年	松山藩	（学問所）	岡山県	朱子学
延享四年	大洲藩	止善書院明倫堂	愛媛県	陽明学
延享年間	蓮池藩	蓮池学寮	佐賀県	古注学
寛延二年	姫路藩	好古堂	兵庫県	朱子学
寛延元年	宇和島藩	内徳館	愛媛県	仁斎学
宝暦二年	吉田藩	時習館	愛知県	徂徠学
宝暦四年	熊本藩	時習館	熊本県	徂徠学
宝暦六年	岩城平藩	施政館	福島県	徂徠学
宝暦七年	鳥取藩	尚徳館	鳥取県	朱子学
宝暦八年	松江藩	文明館	島根県	朱子学
宝暦八年	小倉藩	思永斎	福岡県	朱子学
宝暦九年	高知藩	教授館	高知県	闇斎学
宝暦十一年	守山藩	養老館	福島県	徂徠学
宝暦十三年	宇土藩	温知館	熊本県	朱子学
宝暦年間	松本藩	新町学問所	長野県	朱子学
宝暦年間	高崎藩	遊芸館	群馬県	闇斎学
明和元年	勝山藩	学問所	岡山県	朱子学
明和三年	篠山藩	振徳堂	兵庫県	仁斎学
明和五年	延岡藩	学寮	宮崎県	徂徠学
明和八年	府内藩	学問所	大分県	朱子学
明和年間	母里藩	漢学所	島根県	朱子学
安永元年	新発田藩	講堂	新潟県	闇斎学
安永二年	鹿児島藩	聖堂	鹿児島県	朱子学
安永二年	富山藩	広徳館	富山県	徂徠学
安永三年	小浜藩	順造館	福井県	闇斎学
安永四年	出石藩	学問所	兵庫県	仁斎学

安永四年	伊勢崎藩	学習館	群馬県	闇斎学
安永五年	岡藩	由学館	大分県	徂徠学
安永五年	米沢藩	興譲館	山形県	折衷学
安永六年	赤穂藩	博文館	兵庫県	古注学
安永七年	高鍋藩	明倫堂	宮崎県	闇斎学
安永八年	平戸藩	維新館	長崎県	徂徠学
安永九年	高松藩	講道館	香川県	朱子学
天明元年	佐賀藩	弘道館	佐賀県	朱子学
天明元年	三春藩	明徳堂	福島県	朱子学
天明二年	広島藩	学問所	広島県	朱子学
天明二年	広島藩	学問所	広島県	徂徠学
天明三年	一関藩	一関学館	岩手県	朱子学
天明三年	平戸藩	維新館	長崎県	徂徠学
天明三年	刈谷藩	文礼館	愛知県	朱子学
天明四年	小城藩	学寮	佐賀県	朱子学
天明四年	蓮池藩	成章館	佐賀県	朱子学
天明四年	松江藩	明教館	島根県	朱子学
天明四年	福岡藩	修猷館	福岡県	朱子学
天明四年	福岡藩	甘棠館	福岡県	徂徠学
天明五年	亀山藩	明倫舎	三重県	闇斎学
天明五年	長島藩	文礼館	三重県	仁斎学
天明五年	杵築藩	学習館	大分県	朱子学
天明五年	徳山藩	鳴鳳館	山口県	徂徠学
天明五年	大溝藩	修身堂	滋賀県	仁斎学
天明六年	福山藩	弘道館	広島県	徂徠学
天明六年	福山藩	弘道館	広島県	仁斎学
天明六年	亀田藩	長善館	秋田県	折衷学

天明六年	津和野藩	養老館	島根県	闇斎学
天明六年	人吉藩	習教館	熊本県	折衷学
天明七年	清末藩	育英館	山口県	徂徠学
天明七年	挙母藩	崇化館	愛知県	仁斎学
天明八年	対馬藩	講学所	長崎県	徂徠学
天明八年	小倉藩	思永館	福岡県	折衷学
天明八年	会津藩	東講所	福島県	朱子学
天明年間	新庄藩	講堂	山形県	朱子学
天明年間	群上藩	講堂	岐阜県	朱子学
天明年間	田辺藩	明倫斎	京都府	闇斎学
天明年間	五島藩福江藩	至善堂	長崎県	徂徠学
寛政二年	和歌山藩	学習館	和歌山県	折衷学
寛政二年	大村藩	五教館	長崎県	古注学
寛政二年	浜田藩	長善館	島根県	朱子学
寛政二年	浜田藩	長善館	島根県	国学
寛政三年	小幡藩	小幡学校	群馬県	折衷学
寛政三年	徳島藩	寺島学問所	徳島県	朱子学
寛政四年	長府藩	敬業館	山口県	徂徠学
寛政四年	広島藩	修業館	広島県	徂徠学
寛政四年	金沢藩	明倫堂	石川県	折衷学
寛政四年	足守藩	追琢舎	岡山県	古学
寛政四年	古河藩	盈科堂	茨城県	仁斎学
寛政五年	佐倉藩	佐倉学問所	千葉県	朱子学
寛政五年	島原藩	稽古館	長崎県	朱子学
寛政六年	林田藩	敬業館	兵庫県	朱子学
寛政六年	新見藩	思誠館	岡山県	朱子学
寛政六年	谷田部藩	弘道館	茨城県	朱子学

寛政六年	宇和島藩	敷教館	愛媛県	闇斎学
寛政六年	吉田藩	時観堂	愛媛県	朱子学
寛政七年	岡田藩	敬学館	岡山県	朱子学
寛政七年	飯田藩	読書場	長野県	徂徠学
寛政七年	館林藩	道学堂	群馬県	闇斎学
寛政八年	中津藩	進脩館	大分県	仁斎学
寛政八年	弘前藩	稽古館	青森県	徂徠学
寛政八年	西大路藩	日新館	滋賀県	朱子学
寛政八年	久留米藩	明善堂	福岡県	折衷学
寛政八年	中津藩	進脩館	大分県	朱子学
寛政九年	三日月藩	広業館	兵庫県	古注学
寛政九年	新発田藩	道学堂	新潟県	闇斎学
寛政十一年	土浦藩	郁文館	茨城県	闇斎学
寛政十一年	彦根藩	稽古館	滋賀県	徂徠学
寛政十二年	大洲藩	止善書院明倫堂	愛媛県	闇斎学
寛政年間	神戸藩	学校	三重県	徂徠学
寛政年間	高槻藩	菁莪堂	大阪府	仁斎学
寛政年間	鹿島藩	徳譲館	佐賀県	朱子学
寛政年間	村上藩	学館	新潟県	徂徠学
享和元年	唐津藩	経誼館	佐賀県	朱子学
享和元年	広瀬藩	漢学所	島根県	朱子学
享和二年	小諸藩	明倫堂	長野県	折衷学
享和二年	挙母藩	温文館	愛知県	朱子学
享和二年	小松藩	培達校	愛媛県	朱子学
享和二年	掛川藩	北門書院	静岡県	朱子学
享和三年	高島藩	長善館	長野県	徂徠学
享和三年	会津藩	日新館	福島県	徂徠学

文化元年	日出藩	稽古堂	大分県	朱子学
文化元年	丸岡藩	平章館	福井県	徂徠学
文化二年	鶴岡藩	学問所	山形県	徂徠学
文化二年	西条藩	択善堂	愛媛県	朱子学
文化二年	松山藩	興徳館	愛媛県	朱子学
文化三年	松代藩	学問所	長野県	朱子学
文化三年	吉田藩	時習館	愛知県	折衷学
文化五年	佐倉藩	温故堂	千葉県	朱子学
文化五年	長岡藩	崇徳館	新潟県	徂徠学
文化五年	長岡藩	崇徳館	新潟県	仁斎学
文化六年	上山藩	天輔館	山形県	古注学
文化六年	秋月藩	稽古館	福岡県	朱子学
文化七年	弘前藩	稽古館	青森県	朱子学
文化七年	仙台藩	養賢堂	宮城県	朱子学
文化七年	田原藩	成章館	愛知県	折衷学
文化八年	秋田藩	明徳館	秋田県	古注学
文化九年	神戸藩	教倫堂	三重県	朱子学
文化十年	桑名藩	進修館	三重県	朱子学
文化十年	上田藩	明倫堂	長野県	朱子学
文化十年	鳥取藩	読書堂	鳥取県	朱子学
文化十一年	鯖江藩	御稽古所	福井県	朱子学
文化十三年	菰野藩	麗澤館	三重県	朱子学
文化十三年	鶴岡藩	致道館	山形県	徂徠学
文化十四年	杵築藩	学習館	大分県	朱子学
文化十四年	笠間藩	欽古塾	茨城県	徂徠学
文化十四年	今治藩	克明館	愛媛県	闇斎学
文化十四年	二本松藩	敬学館	福島県	朱子学

文化年間	須坂藩	立成館	長野県	折衷学
文化年間	膳所藩	遵義堂	滋賀県	古注学
文化年間	沼津藩	矜式館	静岡県	古学
文政元年	三田藩	造示館	兵庫県	朱子学
文政元年	宮津藩	礼譲館	京都府	折衷学
文政二年	宇和島藩	明倫館	愛媛県	闇斎学
文政二年	福井藩	正義館	福井県	闇斎学
文政三年	津藩	有造館	三重県	折衷学
文政四年	五島藩福江藩	育英館	長崎県	朱子学
文政五年	松前藩	徴典館	北海道	朱子学
文政五年	小田原藩	集成館	神奈川県	朱子学
文政六年	桑名藩	立教館	三重県	朱子学
文政七年	鳥羽藩	尚志館	三重県	折衷学
文政七年	鳥羽藩	尚志館	三重県	朱子学
文政七年	関宿藩	教倫館	千葉県	折衷学
文政七年	亀山藩	（学校）	京都府	闇斎学
文政七年	柳川藩	伝習館	福岡県	朱子学
文政八年	佐土原藩	学習館	宮崎県	闇斎学
文政八年	白河藩	修道館	福島県	朱子学
文政十年	川越藩	川越講学所	埼玉県	朱子学
文政十一年	天童藩	学問所	山形県	徂徠学
文政十一年	松山藩	明教館	愛媛県	朱子学
文政十二年	八戸藩	文武講習所	青森県	古学
文政年間	大多喜藩	望庵	千葉県	朱子学
文政年間	唐津藩	志道館	佐賀県	朱子学
文政年間	加納藩	憲章館	岐阜県	陽明学
文政年間	足守藩	読書場	岡山県	古学

文政年間	成羽藩	勧学所	岡山県	朱子学
文政年間	丸亀藩	正明館	香川県	朱子学
文政年間	富山藩	広徳館	富山県	朱子学
天保以前	小野藩	博習館	兵庫県	朱子学
天保元年	徳山藩	鳴鳳館	山口県	朱子学
天保二年	飫肥藩	振徳館	宮崎県	朱子学
天保三年	岡藩	由学館	大分県	朱子学
天保三年	長府藩	敬業館	山口県	朱子学
天保三年	村岡藩	明倫館	兵庫県	折衷学
天保三年	黒石藩	経学教授所	青森県	朱子学
天保三年	延岡藩	学寮	宮崎県	朱子学
天保三年	三日市藩	遊芸館	新潟県	朱子学
天保四年	豊岡藩	稽古堂	兵庫県	朱子学
天保四年	新谷藩	求道軒	愛媛県	朱子学
天保四年	長岡藩	崇徳館	新潟県	朱子学
天保四年	長岡藩	崇徳館	新潟県	仁斎学
天保五年	佐賀藩	弘道館	佐賀県	朱子学
天保五年	竜野藩	文武稽古所	兵庫県	朱子学
天保五年	島原藩	稽古館	長崎県	朱子学
天保六年	群山藩	総稽古所	奈良県	陽明学
天保七年	菰野藩	修文館	三重県	朱子学
天保七年	佐倉藩	成徳書院	千葉県	朱子学
天保七年	忍藩	進修館	埼玉県	朱子学
天保八年	小野藩	帰正館	兵庫県	国学
天保八年	浜田藩	道学館	島根県	闇斎学
天保八年	田中藩	日知館	静岡県	朱子学
天保九年	壬生藩	学習館	栃木県	朱子学

天保九年	村上藩	学館	新潟県	折衷学
天保十年	金沢藩	明倫堂	石川県	朱子学
天保十年	土浦藩	郁文館	茨城県	朱子学
天保十一年	上山藩	明新館	山形県	朱子学
天保十一年	大垣藩	学問所	岐阜県	折衷学
天保十一年	盛岡藩	明義堂	岩手県	折衷学
天保十一年	犬山藩	敬道館	愛知県	折衷学
天保十二年	長島藩	文礼館	三重県	仁斎学
天保十二年	日出藩	学問所	大分県	朱子学
天保十二年	水戸藩	弘道館	茨城県	水戸学
天保十二年	西尾藩	学問所	愛知県	徂徠学
天保十三年	久留里藩	三近塾	千葉県	朱子学
天保十三年	鶴牧藩	修成館	千葉県	朱子学
天保十三年	臼杵藩	学古館	大分県	折衷学
天保十三年	赤穂藩	博文館	兵庫県	朱子学
天保十三年	七日市藩	成器館	群馬県	折衷学
天保十三年	浜松藩	経誼館	静岡県	朱子学
天保十四年	佐伯藩	四教堂	大分県	朱子学
天保十四年	津山藩	文武稽古所	岡山県	朱子学
天保十四年	大野藩	大野学問所	福井県	朱子学
天保年間	麻田藩	直方堂	大阪府	朱子学
天保年間	高槻藩	菁莪堂	大阪府	折衷学
天保年間	高須藩	日新堂	岐阜県	折衷学
天保年間	綾部藩	進徳館	京都府	朱子学
天保年間	松山藩	有終館	岡山県	朱子学
天保年間	松山藩	有終館	岡山県	古注学
天保年間	人吉藩	習教館	熊本県	朱子学

天保年間	秋月藩	稽古館	福岡県	朱子学
弘化元年	安志藩	明倫堂	兵庫県	朱子学
弘化元年	吉田藩	時習館	愛知県	折衷学
弘化元年	大野藩	明倫館	福井県	朱子学
弘化元年	掛川藩	徳造書院	静岡県	折衷学
弘化二年	山形藩	立誠堂	山形県	朱子学
弘化三年	浜松藩	克明館	静岡県	朱子学
弘化四年	岩国藩	養老館	山口県	朱子学
弘化四年	館林藩	求道館	群馬県	朱子学
弘化年間	姫路藩	好古堂	兵庫県	朱子学
嘉永以前	三日市藩	文武所	新潟県	朱子学
嘉永元年	篠山藩	振徳堂	兵庫県	朱子学
嘉永元年	府内藩	采芹堂	大分県	朱子学
嘉永二年	萩藩	明倫館	山口県	朱子学
嘉永二年	村岡藩	講習所	兵庫県	朱子学
嘉永二年	津和野藩	養老館	島根県	朱子学
嘉永三年	柏原藩	又新館	兵庫県	朱子学
嘉永三年	大田原藩	時習館	栃木県	朱子学
嘉永三年	延岡藩	広業館	宮崎県	朱子学
嘉永四年	松山藩	有終館	岡山県	陽明学
嘉永五年	岸和田藩	講習館	大阪府	朱子学
嘉永五年	泉藩	汲深館	福島県	朱子学
嘉永六年	森藩	修身舎	大分県	朱子学
嘉永六年	清末藩	育英館	山口県	朱子学
嘉永六年	佐土原藩	学習館	宮崎県	闇斎学
嘉永六年	高鍋藩	明倫堂	宮崎県	朱子学
嘉永六年	西尾藩	修道館	愛知県	朱子学

嘉永年間	大垣藩	敬教堂	岐阜県	朱子学
安政	中津藩	進脩館	大分県	朱子学
安政元年	大聖寺藩	時習館	石川県	折衷学
安政二年	福山藩	誠之館	広島県	朱子学
安政二年	松代藩	文武学校	長野県	朱子学
安政二年	水口藩	翼輪堂	滋賀県	朱子学
安政二年	福井藩	明道館	福井県	朱子学
安政三年	柏原藩	崇広館	兵庫県	朱子学
安政三年	竜野藩	敬楽館	兵庫県	朱子学
安政三年	宇和島藩	明倫館	愛媛県	朱子学
安政三年	府中藩	立教館	福井県	折衷学
安政四年	府内藩	遊焉館	大分県	朱子学
安政四年	飯山藩	長道館	長野県	朱子学
安政四年	館林藩	造士書院	群馬県	朱子学
安政四年	三池藩	修道館	福岡県	朱子学
安政四年	下手渡藩	修道館	福島県	朱子学
安政五年	新庄藩	明倫堂	山形県	朱子学
安政五年	津山藩	文武稽古所	岡山県	朱子学
安政五年	大溝藩	修身堂	滋賀県	朱子学
安政六年	鹿島藩	弘文館	佐賀県	朱子学
安政六年	笠間藩	時習館	茨城県	水戸学
安政六年	鳥取藩	学校	鳥取県	朱子学
安政年間	一宮藩	学問所	千葉県	朱子学
安政年間	田辺藩	修道館	和歌山県	朱子学
安政年間	宇都宮藩	修道館	栃木県	朱子学
安政年間	矢島藩	日新堂	秋田県	折衷学
安政年間	黒川藩	弘道館	新潟県	徂徠学

安政年間	村上藩	克従館	新潟県	仁斎学
安政年間	安中藩	造士館	群馬県	朱子学
万延元年	福知山藩	惇明館	京都府	朱子学
万延元年	淀藩	明新館	京都府	朱子学
万延元年	与板藩	正徳館	新潟県	朱子学
万延元年	掛川藩	教養館	静岡県	折衷学
文久元年	小野藩	帰正館	兵庫県	朱子学
文久元年	田辺藩	明倫館	京都府	闇斎学
文久元年	五島藩福江藩	育英館	長崎県	朱子学
文久元年	田中藩	日知館	静岡県	折衷学
文久二年	高知藩	文武館	高知県	朱子学
文久二年	高知藩	文武館	高知県	闇斎学
文久二年	府中藩	進脩書院	福井県	朱子学
文久三年	萩藩	山口明倫館	山口県	朱子学
文久三年	天童藩	養正館	山形県	朱子学
文久三年	林田藩	敬業館	兵庫県	朱子学
文久三年	松江藩	文武館	島根県	朱子学
文久年間	加納藩	文武館	岐阜県	朱子学
文久年間	西条藩	択善堂	愛媛県	折衷学
文久年間	沼津藩	明親館	静岡県	朱子学
元治元年	足守藩	追琢舎	岡山県	朱子学
元治元年	大村藩	五教館	長崎県	朱子学
元治元年	佐野藩	観光館択善堂	栃木県	朱子学
慶応元年	府内藩	遊焉館	大分県	朱子学
慶応元年	群上藩	文武館	岐阜県	朱子学
慶応元年	盛岡藩	作人館	岩手県	朱子学
慶応元年	高松藩	講道館	香川県	朱子学

慶応元年	宇土藩	樹徳斎	熊本県	朱子学
慶応元年	久留米藩	学館	福岡県	朱子学
慶応二年	広島藩	修道館	広島県	朱子学
慶応二年	蓮池藩	育英館	佐賀県	朱子学
慶応二年	亀山藩	（学校）	京都府	朱子学
慶応二年	宮津藩	礼譲館	京都府	朱子学
慶応二年	膳所藩	遵義堂	滋賀県	古注学
慶応二年	高田藩	修道館	新潟県	朱子学
慶応三年	岸和田藩	講習館	大阪府	朱子学
慶応三年	三草藩	修道館	兵庫県	朱子学
慶応三年	福知山藩	惇明館	京都府	朱子学
慶応三年	富山藩	広徳館	富山県	朱子学
慶応三年	名古屋藩	明倫堂	愛知県	朱子学
慶応三年	長岡藩	崇徳館	新潟県	朱子学
慶応三年	高崎藩	和漢学校	群馬県	折衷学
慶応四年	岡藩	修道館	大分県	朱子学

以上の資料を学派別に統計で示すと、次のようになる。

江戸時代	前期 （1596-1688）	中期 （1688-1781）	後期 （1781-1868）	計
朱子学	3	22	175	200
徂徠学	0	10	25	35
折衷学	0	1	33	34
闇斎学	0	8	17	25
仁斎学	0	6	11	17
古（注）学	0	2	11	13
陽明学	1	1	3	5

国学	0	0	2	2
水戸学	0	0	2	2
計	4	50	279	333

表五　藩校所在地と学風との関係

	九州	四国	中国	近畿	東海	北陸	信越	関東	東北	北海道	計
朱子学	46	13	30	32	21	8	11	21	17	1	200
徂徠学	8	0	6	2	4	2	5	1	7	0	35
折衷学	4	1	0	4	11	3	3	4	4	0	34
闇斎学	3	6	2	3	2	2	2	4	1	0	25
仁斎学	1	1	1	6	3	0	3	2	0	0	17
古（注）学	2	0	3	4	1	0	0	0	3	0	13
陽明学	0	1	2	1	1	0	0	0	0	0	5
国学	0	0	1	1	0	0	0	0	0	0	2
水戸学	0	0	0	0	0	0	0	2	0	0	2
計	64	22	45	53	43	15	24	34	32	1	333

表六　『四庫提要』分析（137点、時代順、書名順）

毛詩名物解 20 巻	（宋）蔡卞撰	名物
毛詩集解 25 巻	（宋）段昌武撰	古注系統
毛詩講義 12 巻	（宋）林岊撰	古注系統
呂氏家塾読詩記 32 巻	（宋）呂祖謙撰	古注系統
絜斎毛詩経筵講義 4 巻	（宋）袁燮撰	新注系統
慈湖詩伝 20 巻	（宋）楊簡撰	新注系統
詩地埋考 6 巻	（宋）王応麟撰	名物
詩考 1 巻	（宋）王応麟撰	新注系統
詩伝遺説 6 巻	（宋）朱鑑編	新注系統
詩童子問 10 巻	（宋）輔広撰	新注系統
詩集伝 8 巻	（宋）朱熹撰	新注系統
詩疑 2 巻	（宋）王柏撰	新注系統
詩緝 36 巻	（宋）厳粲撰	古注系統
詩論 1 巻	（宋）程大昌撰	新注系統
詩総聞 20 巻	（宋）王質撰	新注系統
詩説 1 巻	（宋）張耒撰	自説系統
続呂氏家塾読詩記 3 巻	（宋）戴渓	古注系統
詩伝旁通 15 巻	（元）梁益撰	新注系統
詩伝通釈 20 巻	（元）劉瑾撰	新注系統
詩集伝名物鈔 8 巻	（元）許謙撰	新注系統
詩義断法 5 巻	（元）不著撰人	新注系統
詩演義 15 巻	（元）梁寅撰	新注系統
詩疑問 7 巻坿付詩弁説 1 巻	（元）朱倬撰	自説系統
詩纘緒 18 巻	（元）劉玉汝撰	新注系統
詩経疏義 20 巻	（元）朱公遷撰	新注系統

六家詩名物疏 54 巻	（明）馮応京撰	自説
毛詩正変指南図 6 巻	（明）陳重光所刻	古注系統
毛詩多識編 7 巻	（明）林兆珂撰	古注系統
毛詩或問 1 巻	（明）袁仁撰	古注系統
毛詩原解 36 巻	（明）郝敬撰	古注系統
毛詩鳥獣草木考 20 巻	（明）呉雨撰	名物
毛詩微言 20 巻	（明）張以誠撰	古注系統
毛詩解無巻数	（明）鍾惺撰	古注系統
毛詩発微 30 巻	（明）宋景雲撰	新注系統
毛詩説 4 巻	（明）陳以蘊撰	新注系統
毛詩説序 6 巻	（明）呂柟撰	古注系統
言詩翼 6 巻	（明）凌濛初撰	古注系統
待軒詩記 8 巻	（明）張次仲撰	古注系統
桂林詩正 8 巻	（明）顧懋樊撰	雑採諸説、自説系統
張氏説詩 1 巻	（明）張廷臣撰	古注系統
聖門伝詩嫡冢 16 巻付録 1 巻	（明）凌濛初撰	新注系統
詩伝 1 巻	（明）豊坊所作	托古偽作
詩伝纂義無巻数	（明）倪復撰	雑採諸説
詩伝闡 23 巻闡余 2 巻	（明）鄒忠允撰	新注系統
詩序解頤 1 巻	（明）邵弁撰	折衷系統
詩志 26 巻	（明）范王孫撰	雑採諸説、自説系統
詩故 10 巻	（明）朱謀㙔撰	古注系統
詩逆 4 巻	（明）凌濛初撰	自説系統
詩問略 1 巻	（明）陳子竜撰	自説系統
詩通 4 巻	（明）陸化熙撰	古注系統

詩意無巻数	（明）劉敬純撰	新注系統
詩解頤 4 巻	（明）朱善撰	新注系統
詩触 4 巻	（明）賀貽孫撰	折衷系統
詩膈 15 巻	（明）銭天錫撰	折衷系統
詩経大全 20 巻	（明）胡広等奉勅撰	新注系統
詩経六帖重訂 14 巻	（明）徐光啓撰、（清）范方重訂	折衷系統
詩経世本古義 28 巻	（明）何楷撰	宗孟子
詩経正義 27 巻	（明）許天贈撰	自説系統
詩経存固 8 巻	（明）葉朝栄撰	新注系統
詩経考 18 巻	（明）黄文煥撰	名物
詩経脈 8 巻	（明）魏浣初撰	古注系統
詩経偶箋 13 巻	（明）万時華撰	宗孟子
詩経副墨 8 巻	（明）陳組綬纂	折衷系統
詩経備考 24 巻	（明）韋調鼎撰	古注系統
詩経注疏大全合纂 34 巻	（明）張溥撰	折衷系統
詩経微言合参 8 巻	（明）唐汝諤撰	折衷系統
詩経疑問 12 巻	（明）姚舜牧撰	自説系統
詩経精意無巻数	（明）詹雲程撰	新注系統
詩経類考 30 巻	（明）沈万鈳撰	名物
詩経図史合考 20 巻	（明）鍾惺撰	雑採諸説、自説系統
詩経説通 13 巻	（明）沈守正撰	古注系統
詩説 1 巻	（明）豊坊偽作	托古偽作
詩説解頤 40 巻	（明）季本撰	自説系統
魯詩世学 32 巻	（明）豊坊撰	托古偽作
鑑湖詩説 4 巻	（明）陳元亮撰	古注系統

国風尊経 1 巻	（明） 陶宗儀撰	字説
読風臆評無巻数	（明） 戴君恩撰	新注系統
読詩私記 2 巻	（明） 李先芳撰	自説系統
読詩略記 6 巻	（明） 朱朝瑛撰	古注系統
三家詩拾遺 10 巻	（清） 范家相撰	折衷系統
毛朱詩説 1 巻	（清） 閻若璩撰	折衷系統
毛詩日箋 6 巻	（清） 秦松齢撰	折衷系統
毛詩訂韻 5 巻	（清） 謝起竜撰	古注系統
毛詩通義 14 巻	（清） 方葇如撰	引四書
毛詩稽古編 30 巻	（清） 陳啓源撰	古注系統
毛詩類釈 21 巻続編 3 巻	（清） 顧棟高撰	古注系統
毛詩写官記 4 巻	（清） 毛奇齢撰	古注系統
毛詩広義無巻数	（清） 紀昭撰	古注系統
毛詩説 2 巻	（清） 諸錦撰	古注系統
田間詩学 12 巻	（清） 銭澄之撰	古注系統
白鷺洲主客説詩 1 巻	（清） 毛奇齢撰	古注系統
風雅遺音 4 巻	（清） 史栄撰	折衷系統
陸堂詩学 12 巻	（清） 陸奎勲撰	折衷系統
復菴詩説 6 巻	（清） 王承烈撰	新注系統
欽定詩義折中 20 巻	（清） 乾隆二十年皇上御纂	折衷系統
欽定詩経伝説彙纂 20 巻序 2 巻	（清） 康熙末聖祖仁皇帝御定	折衷系統
虞東学詩 12 巻	（清） 顧鎮撰	折衷系統
詩札 2 巻	（清） 毛奇齢撰	古注系統
詩伝名物輯覧 12 巻	（清） 陳大章撰	新注系統
詩伝詩説駁義 5 巻	（清） 毛奇齢撰	古注系統
詩序補義 24 巻	（清） 姜炳璋撰	折衷系統

詩所 8 巻	（清）李光地撰	折衷系統
詩問 1 巻	（清）呉粛公撰	古注系統
詩深 26 巻	（清）許伯政撰	古注系統
詩統説 32 巻	（清）黄叔琳撰	雑採諸説、自説系統
詩貫 18 巻	（清）張叙撰	古注系統
詩義記講 4 巻	（清）夏宗瀾撰	自説系統
詩疑弁証 6 巻	（清）黄中松撰	折衷系統、名物
詩瀋 20 巻	（清）范家相撰	折衷系統
詩識名解 15 巻	（清）姚炳撰	名物
詩蘊 4 巻	（清）姜兆錫撰	新注系統
詩経旁参 2 巻	（清）応麟撰	新注系統
詩経比興全義 1 巻	（清）王鍾毅撰	新注系統
詩経正解 30 巻	（清）姜文燦撰	名物
詩経朱伝翼 30 巻	（清）孫承沢撰	折衷系統
詩経伝説取裁 12 巻	（清）張能鱗撰	新注系統
詩経序伝合参無巻数	（清）顧昺撰	折衷系統
詩経拾遺 13 巻	（清）葉酉撰	新注系統
詩経惜陰録 20 巻	（清）徐世沐撰	自説系統
詩経疏略 8 巻	（清）張沐撰	古注系統
詩経通義 12 巻	（清）朱鶴齢撰	古注系統
詩経提要録 31 巻	（清）徐鐸撰	折衷系統
詩経測義 4 巻	（清）李鍾僑撰	自説系統
詩経集成 30 巻	（清）趙燦英撰	新注系統
詩経彙詁 24 巻	（清）范芳撰	新注系統
詩経詳説無巻数	（清）冉覲祖撰	折衷系統

詩経稗疏 4 巻	（清）王夫之撰	古注系統
詩経劄記 1 巻	（清）楊名時撰	折衷系統
詩経広大全 20 巻	（清）黄夢白、陳曽撰	新注系統
詩説 3 巻	（清）恵周惕撰	自説系統
詩説簡正録 10 巻	（清）提橋撰	新注系統
豊川詩説 20 巻	（清）王心敬撰	古注系統
国風省篇 1 巻	（清）毛奇齢撰	古注系統
学詩闕疑 2 巻	（清）劉青芝撰	古注系統
続詩伝鳥名 3 巻	（清）毛奇齢撰	古注系統
読詩質疑 31 巻付録 15 巻	（清）厳虞惇撰	古注系統
詩補伝 30 巻	逸斎撰不著名氏	古注系統

　　以下は包麗虹撰『朱熹詩集伝文献学研究』（浙江大学博士論文、2004 年）により追加したものである。「主朱」は新注系統であり、「反朱」は古注系統である。（12 点、時代順、書名順）

詩伝注疏	（宋）謝枋得撰	主朱
詩集伝付録纂疏	（元）胡一桂撰	主朱
詩集伝名物鈔音釈纂輯	（元）羅復撰	主朱
毛詩古音考	（明）陳第撰	反朱
詩経備考	（明）韋調鼎撰	反朱
朱子詩義補正	（清）方苞撰	主朱
詩経伝説彙纂	（清）王鴻緒撰	主朱
詩経原始	（清）方玉潤撰	折衷
詩経通論	（清）姚際恒撰	折衷
詩経彙詁	（清）范芳撰	主朱
詩経補注	（清）戴震撰	主朱
参校詩経説存	（清）倪紹経撰	主朱

表七　日蔵『詩経』漢籍（計202点、時代順）

　本資料は厳紹璗編著『日蔵漢籍善本書録』全 3 冊（北京、中華書局、2007年）によってまとめたものである。○は唐船持渡書で紹介されたものを示す。（計 29 点）

	毛詩鄭箋（残本）1巻	（漢）鄭玄箋	唐写本、日本国宝巻子本 1 巻	東洋文庫蔵本、原京都洛西鳴滝常楽院等旧蔵
○	毛詩（鄭箋）20巻	（漢）鄭玄箋	明刊本共 4 冊	竜谷大学大宮図書館蔵本、原写字台文庫等旧蔵
○	（刻）毛詩草木鳥獣虫魚疏 2 巻	（晋）陸機撰、（明）姚士麟等校	明刊本共 2 冊	神戸大学付属図書館文学部分館蔵本
	毛詩草木鳥獣虫魚疏広要 2 巻	（晋）陸機撰、（明）毛晋参	明崇禎年間（1628-1644 年）古虞毛氏汲古閣刊本	内閣文庫、尊経閣文庫、東京大学文学部漢籍中心、神戸大学付属図書館文学部分館蔵本
	毛詩草木鳥獣虫魚疏広要 4 巻	（晋）陸機撰、（明）毛晋参	明崇禎年間（1628-1644 年）毛氏汲古閣刊本	東京大学東洋文化研究所蔵本
	毛詩正義（残本）1巻	（唐）孔穎達等奉勅撰	唐写本、日本重要文化財共 4 紙	京都市蔵本
	毛詩正義（残本）1巻	（唐）孔穎達等奉勅撰	唐写本、日本重要文化財巻子本 1 巻	東京国立博物館蔵本
	毛詩正義（残本）33巻	（唐）孔穎達等奉勅撰	宋紹興九年（1139 年）単疏刊本、日本国宝共 17 冊	武田科学振興財団杏雨書屋蔵本、原金沢文庫、竹添光鴻、内藤湖南等旧蔵
	毛詩注疏 20	（漢）鄭玄箋	明嘉靖年間	内閣文庫、京都大学

	巻	（唐）陸徳明音義、孔穎達等疏	（1522-1566 年）李元陽刊本	人文科学研究所東洋学文献中心蔵本
	毛詩注疏 20 巻	（漢）毛亨伝、鄭玄箋、（唐）陸徳明音義、孔穎達等疏	明崇禎年間（1628-1644 年）古虞毛氏汲古閣刊本	東京大学総合図書館、国学院大学梧蔭文庫、米沢市立図書館、関西大学総合図書館内藤文庫、早稲田大学図書館、竜谷大学大宮図書館蔵本
	毛詩注疏 18 巻	（漢）鄭玄箋、（唐）孔穎達等疏	明末刊本共 17 冊	東北大学付属図書館蔵本
	毛詩注疏 10 巻	（漢）鄭玄箋、（唐）孔穎達等疏	明末汲古閣刊本共 12 冊	東京都立日比谷図書館蔵本、原諸橋轍次等旧蔵
	付釈音毛詩注疏 20 巻	（漢）鄭玄箋、（唐）孔穎達等疏	宋建安劉叔剛一経堂刊本、日本重要文化財共 30 冊	足利学校遺蹟図書館蔵本、原上杉憲実旧蔵
	付釈音毛詩注疏 20 巻	（漢）毛亨伝、鄭玄箋、（唐）孔穎達等疏、陸徳明釈音	元覆宋劉叔（宿）剛一経堂刊本（明正徳年間遞修本）共 30 冊	静嘉堂文庫蔵本、原馮玉堂・陸心源等旧蔵
	毛詩本義 16 巻	（宋）欧陽修撰	明刊本共 8 冊	静嘉堂文庫蔵本、原陸心源十万巻楼旧蔵
	穎浜先生詩集伝 19 巻	（宋）蘇轍撰	明刊本共 8 冊	宮内庁書陵部蔵本
	穎浜先生詩集伝 19 巻	（宋）蘇轍撰	明刊本共 4 冊	内閣文庫蔵本、原林氏大学頭家等旧蔵
○	呂氏家塾読詩記 32 巻	（宋）呂祖謙撰	宋尤袤刊本共 9 冊	宮内庁書陵部蔵本、原桂宮文庫等旧蔵

	呂氏家塾読詩記 32 巻	（宋）呂祖謙撰	宋刊本共 6 冊	宮内庁書陵部蔵本、原昌平坂学問所等旧蔵
	呂氏家塾読詩記 32 巻	（宋）呂祖謙撰	明嘉靖年間（1522-1566 年）仿宋刊本共 8 冊	静嘉堂文庫蔵本、原陸心源十万巻楼等旧蔵
○	呂氏家塾読詩記 32 巻	（宋）呂祖謙撰	明万暦年間（1573-1620 年）陳竜光刊本	宮内庁書陵部、内閣文庫、東洋文庫、尊経閣文庫、静嘉堂文庫蔵本
	詩集伝 20 巻	（宋）朱熹集伝	宋嘉定紹定年間（1208-1233 年）刊本共 6 冊	静嘉堂文庫蔵本、原袁廷檮、陳仲魚、陸心源皕宋楼等旧蔵
	詩集伝音釈 20 巻首 1 巻	（元）羅復撰	明初刊本共 6 冊	静嘉堂文庫蔵本、陸心源十万巻楼等旧蔵
	詩集伝音釈 20 巻首 1 巻	（宋）朱熹集伝、（元）羅復音釈	明官刊本共 6 冊	御茶之水図書館蔵本、原徳富蘇峰等旧蔵
	詩集伝 20 巻詩図 1 巻詩序弁説 1 巻	（宋）朱熹集伝	明正統年間（1436-1449 年）司礼監刊本	内閣文庫、静嘉堂文庫、御茶之水図書館蔵本
	詩経集注 8 巻	（宋）朱熹集注	明万暦年間（1573-1620 年）建邑集義堂刊本共 4 冊	蓬左文庫蔵本、原徳川幕府家旧蔵
	詩経（集伝）8 巻	（宋）朱熹集伝	明江右潯陽万氏蓮峯書屋朱墨套印刊本共 4 冊	京都大学人文科学研究所村本文庫蔵本
	詩経 8 巻	（宋）朱熹集伝	明吉澄校刊本共 3 冊	関西大学総合図書館内藤文庫蔵本、原内藤湖南等旧蔵

詩経（集伝）8巻	（宋）朱熹集伝	明崇禎十四年（1641年）毛氏汲古閣刊本共6冊	京都大学人文科学研究所東洋学文献中心蔵本
詩集伝（音釈）（残）1巻	（宋）朱熹撰、（元）許謙音釈	元至正十二年（1352年）宗文精舎刊本共1冊	足利学校遺蹟図書館蔵本
詩集伝音釈10巻	（宋）朱子集伝、（元）許謙音釈	元至正年間（1341-1368年）刊本共4冊	宮内庁書陵部蔵本、原昌平坂学問所旧蔵
詩集伝付録纂疏20巻付韓魯斉三家詩考6巻	（宋）朱熹集伝、（元）胡一桂付録纂疏、『付録』（宋）王応麟撰	元泰定四年（1327年）翠岩精舎刊本共8冊	静嘉堂文庫蔵本、原計光炘、陸心源皕宋楼等旧蔵
韓魯斉三家詩考6巻	（宋）王応麟撰	元泰定年間（1324-1327年）刊本共1冊	静嘉堂文庫蔵本、原陸心源皕宋楼等旧蔵
三家詩考6巻、詩地理考6巻	（宋）王応麟撰	明刊本共1冊	東北大学付属図書館狩野文庫蔵本、原狩野亨吉等旧蔵
詩地理考6巻	（宋）王応麟撰、（明）毛晋校	明虞山毛氏汲古閣刊本	東京大学東洋文化研究所蔵本
詩（集）伝通釈20巻付詩伝綱領1巻	（宋）朱子集伝、（元）劉瑾通釈	元至正壬辰（1352年）日新堂刊本共12冊	尊経閣文庫蔵本、原江戸時代加賀藩主前田綱紀等旧蔵
詩（集）伝通釈20巻付詩伝綱領1巻	（宋）朱子集伝、（元）劉瑾通釈	元至正壬辰（1352年）日新堂刊本共8冊	静嘉堂文庫蔵本、原周星詒瑞瓜堂、陸心源皕宋楼等旧蔵

（李適仲黄実夫）毛詩集解 42 巻首 1 巻	（宋）李樗、黄櫄講義、呂祖謙釈音	明刊本共 21 冊	蓬左文庫蔵本
慈湖詩伝 20 巻	（宋）楊簡撰	文瀾閣伝抄本共 4 冊	静嘉堂文庫蔵本、原陸心源十万巻楼旧蔵
魯詩世学 32 巻	（宋）豊稷正音、（明）豊熙正説、豊道生考補	明人写本共 10 冊	尊経閣文庫蔵本、原江戸時代加賀藩主前田綱紀等旧蔵
詩童子問 20 巻首 2 巻	（宋）輔広撰	元至正甲申（1344 年）崇化余氏勤有堂刊本	宮内庁書陵部蔵本、原林氏大学頭家等旧蔵
詩童子問 20 巻首 2 巻	（宋）輔広撰	元至正甲申（1344 年）崇化余氏勤有堂刊本共 10 冊	尊経閣文庫蔵本、原江戸時代加賀藩主前田綱紀等旧蔵
詩童子問 10 巻	（宋）輔広撰	明毛氏汲古閣刊本共 4 冊	静嘉堂文庫蔵本
詩緝（残本）33 巻	（宋）厳粲撰	元余氏刊本共 15 冊	宮内庁書陵部蔵本、原佐伯藩主毛利高標等旧蔵
詩緝 36 巻	（宋）厳粲撰	明味経堂刊本共 12 冊	静嘉堂文庫、大倉文化財団蔵本
詩緝 36 巻	（宋）厳粲撰	明刊本共 30 冊	尊経閣文庫蔵本、原江戸時代加賀藩主前田綱紀等旧蔵
毛詩要義 20 巻	（宋）魏了翁撰	宋淳祐十二年（1252 年）魏克愚徽州郡斎刊本、銭天樹、莫友芝手識本、日本重要文	天理市図書館蔵本、原曹棟亭等旧蔵

		化財共 32 冊	
（新刊直音旁訓纂集）東萊毛詩句解 20 巻	（宋）李公凱撰	宋坊刊本、朱彝尊手識本共 6 冊	静嘉堂文庫蔵本、原朱彝尊等旧蔵
詩経疏義（詩伝義詳釈発明、詩伝会通）20 巻	（元）朱公遷疏義、王原夫輯録、何積中増釈	明正統年間（1436-1449 年）刊本共 8 冊	静嘉堂文庫蔵本、原馬笏斎、陸心源皕宋楼等旧蔵
詩演義 15 巻	（元）梁寅撰	文瀾閣伝抄本共 8 冊	静嘉堂文庫蔵本、原陸心源十万巻楼旧蔵
詩纘緒 18 巻	（元）劉玉汝撰	文瀾閣伝抄本共 6 冊	静嘉堂文庫蔵本、原陸心源十万巻楼旧蔵
詩義集説 4 巻	（明）孫鼎撰	明人写本共 6 冊	静嘉堂文庫蔵本、原抱経堂等旧蔵
○ 詩伝大全 20 巻首不分巻	（明）胡広等奉勅撰	明呉郡顧氏詩瘦閣刊本	東京大学東洋文化研究所蔵本
詩伝大全 20 巻図 1 巻	（明）胡広等奉勅撰	明刊本共 16 冊	東京大学東洋文化研究所、静嘉堂文庫蔵本
詩経大全 20 巻首 1 巻	（明）胡広等奉勅撰	明嘉靖元年（1522 年）福建劉輝刊本共 10 冊	竜谷大学大宮図書館蔵本、原写字台文庫旧蔵
（葉太史参補古今大方）詩経大全 15 巻首 1 巻	（明）胡広等奉勅撰、葉向高輯、張以誠校	明万暦三十三年（1605 年）建安書林余氏刊本	東京大学総合図書館、東北大学付属図書館、広島大学文学部、早稲田大学図書館蔵本、大垣市立図書館蔵本

	（葉太史参補 古今大方）詩経大全 15 巻首 1 巻	（明）胡広等奉勅撰、葉向高参補	明清白堂刊本	東京大学東洋文化研究所大木文庫蔵本
	（葉太史参補 古今大方）詩経大全（残本）14 巻首 1 巻	（明）胡広等奉勅撰、葉向高輯、張以誠校	明刊本共 12 冊	早稲田大学図書館蔵本、原中村進午家中村進午文庫等旧蔵
	詩経大全（残本）首 1 巻	（明）胡広等奉勅撰	明万暦年間（1573-1620 年）刊本共 1 冊	小浜市立図書館、御茶之水図書館蔵本
○	詩説解頤正釈 30 巻総論 2 巻弁字 8 巻	（明）季本輯抄、馬械校正	明嘉靖庚申年（1560 年）胡宗憲刊本	内閣文庫、静嘉堂文庫蔵本
	毛詩鄭箋纂疏 20 巻首 1 巻	（明）屠本畯撰	明万暦二十二年（1594 年）玄鑒室刊本共 7 冊	内閣文庫蔵本、原昌平坂学問所等旧蔵
○	六家詩名物疏 55 巻提要 3 巻	（明）馮応京撰	明万暦三十三年（1605 年）刊本	内閣文庫、国会図書館、尊経閣文庫、愛知大学簡斎文庫、東京大学総合図書館、竜谷大学大宮図書館蔵本
	六家詩名物疏 54 巻提要 3 巻	（明）馮応京撰	明刊本共 8 冊	静嘉堂文庫蔵本、原陸心源十万巻楼旧蔵
	（新刻顧鄰初太史硃	（明）顧起元撰、潘暁輯	明版築居十行刊本共 4 冊	内閣文庫蔵本

	批）詩経金丹 8 巻首 1 巻			
○	詩経類考 30 巻	（明）沈万鈄撰、沈万銘等校	明崇禎年間（1628-1644 年）華亭陳氏刊本	内閣文庫、尊経閣文庫、蓬左文庫、東京大学東洋文化研究所、関西大学泊園文庫蔵本
○	毛詩微言 20 巻首 1 巻	（明）唐汝諤撰	明末刊本共 10 冊	内閣文庫蔵本、原林氏大学頭家等旧蔵
	（新鐫）詩経微言合参 8 巻	（明）唐汝諤撰、張以誠参定	明無界十行刊本共 4 冊	蓬在文庫蔵本
	詩経鍾評 4 巻	（明）鍾惺評	明泰昌元年（1620 年）刊本共 3 冊	内閣文庫蔵本、原昌平坂学問所等旧蔵
○	鍾伯敬先生評点詩経（不分巻）	（明）鍾惺評	明刊本共 2 冊	内閣文庫蔵本、原紅葉山文庫等旧蔵
	古名儒毛詩解十六種 19 巻	（明）鍾惺編	明刊本共 10 冊	内閣文庫蔵本、原紅葉山文庫等旧蔵
	詩経備考 24 巻首 1 巻	（明）鍾惺、韋調鼎撰	明崇禎十四年（1641 年）刊本	内閣文庫、蓬左文庫、尊経閣文庫蔵本
	詩経纂注（詩経約注）8 巻	（明）鍾惺撰	明刊本共 3 冊	内閣文庫蔵本
	（新刻）読詩録 1 巻付（新刻）逸詩 1 巻	（明）薛瑄撰、『付』（明）鍾惺撰	明刊本共 1 冊	内閣文庫蔵本、原木村蒹葭堂等旧蔵

詩通 4 巻	（明）陸化熙撰	明万暦年間（1573-1620 年）童憶泉刊本共 2 冊	内閣文庫蔵本
詩伝闡 23 巻	（明）鄒忠胤撰	明崇禎八年（1635 年）刊本共 10 冊	内閣文庫蔵本、原豊後佐伯藩主毛利高標等旧蔵
（鼎鐫鄒臣虎増補魏仲雪先生）詩経脉講意 8 巻首 1 巻	（明）魏浣初撰、鄒之麟、余応虬補	明刊本共 5 冊	内閣文庫蔵本
（鼎鐫仲初魏先生）詩経脉 8 巻首 1 巻	（明）魏浣初撰	明万暦四十五年（1617 年）刊本共 5 冊	内閣文庫蔵本、原豊後佐伯藩主毛利高標等旧蔵
毛詩鳥獣草木考 20 巻	（明）呉雨撰、徐㷆編	明万暦三十四年（1606 年）刊本	宮内庁書陵部、内閣文庫、尊経閣文庫蔵本
（新鍥）詩経心鉢 8 巻	（明）方応竜撰	明万暦年間（1573-1620 年）刊本	内閣文庫、尊経閣文庫蔵本
（鍥）詩経弁俗晤言 8 巻	（明）徐奮鵬撰、張以誠校	明建邑書林余彰徳刊本共 6 冊	蓬左文庫、東京大学東洋文化研究所蔵本
詩経世本古義 28 巻首 1 巻末 1 巻	（明）何楷撰、何燾注	明崇禎十四年（1641 年）刊本	宮内庁書陵部、内閣文庫、蓬左文庫、尊経閣文庫、東京都立図書館諸橋文庫、米沢市立図書館、広島市立浅野図書館、酒田市立光丘文庫蔵本

	詩経考 18 巻	（明）黄文煥撰、黄景昉等校	明崇禎年間（1628-1644 年）刊本	内閣文庫、尊経閣文庫、東京大学総合図書館蔵本
○	（新鑴黄維章先生）詩経娜嬛集注 8 巻	（明）黄文煥撰	明刊本共 4 冊	内閣文庫蔵本
	詩経胡伝 12 巻	（明）胡紹曽撰	明崇禎年間（1628-1644 年）刊本共 8 冊	尊経閣文庫蔵本、原係江戸時代加賀藩主前田綱紀等旧蔵
	聖門伝詩嫡冢 16 巻付申公詩説 1 巻	（明）凌濛初撰、『詩説』（漢）申培撰	明崇禎年間（1628-1644 年）金閶安少雲刊本	内閣文庫、蓬左文庫、尊経閣文庫蔵本
	聖門両弟子言詩翼（不分巻）	（明）凌濛初撰	明万暦年間（1573-1620 年）刊本共 4 冊	尊経閣文庫蔵本、原係江戸時代加賀藩主前田綱紀等旧蔵
	（新刊呉航心法）詩経経論 10 巻	（明）闕名撰	明安正堂刊本共 5 冊	大阪府立図書館蔵本
	（新刻）詩経聴月 12 巻	（明）楊廷麟撰	明刊本共 8 冊	尊経閣文庫蔵本、原係江戸時代加賀藩主前田綱紀等旧蔵
	（砆訂）詩経揆一宗旨 8 巻首 1 巻	（明）楊廷麟撰、朱長祚補	明末朱墨套印刊本共 4 冊	内閣文庫蔵本
	詩経副墨 8 巻	（明）陳組綬撰	明刊本共 10 冊	尊経閣文庫蔵本、原係江戸時代加賀藩主前田綱紀等旧蔵
	多識編 7 巻	（明）林兆珂撰	明刊本	内閣文庫、蓬左文庫、尊経閣文庫蔵本

詩志 26 巻	（明）范王孫撰	明末刊本共 12 冊	内閣文庫、尊経閣文庫蔵本
（新刻陳先生心伝弁疑訓解）詩経文林妙達 20 巻	（明）陳紳撰、蔡慎徽編	明万暦五年（1577 年）建邑書林克勤斎余彰徳刊本共 8 冊	蓬左文庫蔵本、原係江戸時代尾張藩主家等旧蔵
○ 毛詩古音考 4 巻読詩拙言 1 巻	（明）陳第撰	明万暦三十四年（1606 年）刊本共 2 冊	京都大学人文科学研究所東洋学文献中心、神戸大学付属図書館教養学部分館蔵本
○ 詩楽図譜 18 巻図 1 巻	（明）衛良相等撰	明嘉靖十五年（1536 年）国子監刊本共 6 冊	内閣文庫蔵本、原紅葉山文庫等旧蔵
（新刻翰林六進士参定劉先生）詩経博約説鈔 12 巻	（明）劉前撰、敖崇化評校	明万暦二十二年（1594 年）書林鄭豪刊本共 4 冊	蓬左文庫蔵本、原江戸時代尾張藩主家等旧蔵
詩経伝説取裁（残本）11 巻	（明）張能鱗撰	明末刊本共 11 冊	内閣文庫蔵本、原昌平坂学問所等旧蔵
○ （新鍥縉雲江先生）詩経闡蒙衍義集注 8 巻	（明）江環撰	明万暦二十三年（1595 年）詹氏静観室刊本共 6 冊	内閣文庫蔵本、原林氏大学頭家等旧蔵
（重訂縉雲江先生）詩経闡蒙衍義集注 8 巻	（明）江環撰	明刊本共 5 冊	内閣文庫蔵本

（重鍥江緒雲江先生）詩経衍義集注 8 巻	（明）江環撰	明刊本共 4 冊	尊経閣文庫蔵本、原江戸時代加賀藩主前田綱紀等旧蔵
（新刻）詩経鐸振 8 巻	（明）江環撰	明万暦四十四年（1616 年）詹氏静観室刊本共 3 冊	内閣文庫蔵本
（新鐫唐葉二翰林彙編詳訓精講新意備題標図）詩経会達天機妙発 20 巻	（明）唐文献、葉向高撰	明万暦年間（1573-1620 年）刊本共 20 冊	尊経閣文庫蔵本、原江戸時代加賀藩主前田綱紀等旧蔵
（新刻十元魁述訂国朝五百名家）詩経文林正達 20 巻	（明）唐文献等撰	明万暦年間（1573-1620 年）刊本共 10 冊	尊経閣文庫蔵本、原江戸時代加賀藩主前田綱紀等旧蔵
（新刻翰林貢伝挙業全旨日講意）詩経発微集注 8 巻	（明）王応選撰、張利忠編	明刊本共 6 冊	内閣文庫蔵本
（明朝張柱国発刻駱会魁家伝葩経講意）金石節奏 4 巻	（明）駱廷煒、駱日升撰	明万暦二十五年（1597 年）劉氏安正堂刊本共 3 冊	内閣文庫蔵本、原林羅山等旧蔵
（鼎鐫台晋駱先生輯	（明）駱日升撰	明刊本共 6 冊	尊経閣文庫蔵本、原江戸時代加賀藩主前

著）詩経正覚 11 巻			田綱紀等旧蔵
詩経古注 10 巻	（明）李鼎、王思任編撰	明刊本共 10 冊	内閣文庫蔵本、原昌平坂学問所等旧蔵
毛詩蒙引 20 巻首 1 巻	（明）陳子竜撰	明刊本共 10 冊	尊経閣文庫蔵本、原江戸時代加賀藩主前田綱紀等旧蔵
（新刻）詩経八進士釈疑講意 8 巻	（明）張本編、唐順之講意	明万暦年間（1573-1620 年）刊本共 4 冊	内閣文庫蔵本、原林氏大学頭家等旧蔵
○ 詩経翼注 8 巻	（明）鄒之麟撰	明崇禎五年（1632 年）刊本共 5 冊	尊経閣文庫蔵本、原江戸時代加賀藩主前田綱紀等旧蔵
詩経慧灯、国風字画弁疑 1 巻、詩経物考 1 巻、詩経翼注 8 巻	（明）鄒之麟撰	明崇禎五年（1632 年）刊本共 5 冊	蓬左文庫蔵本、原江戸時代尾張藩主家等旧蔵
（新鐫鄒臣虎先生）詩経翼注講意 4 巻	（明）鄒之麟撰	明末刊本共 4 冊	内閣文庫蔵本
（新刻黄石斎先生）詩経琅玕 10 巻首 1 巻	（明）黄道周撰	明刊本共 4 冊	内閣文庫蔵本
（新刻金陵原板）詩経開心正解 7 巻首 1 巻	（明）邵芝南撰	明熊氏種徳堂刊本共 2 冊	内閣文庫蔵本

○	詩経説約 28 巻	（明）顧夢麟撰、楊彝校	明崇禎十五年（1642 年）太倉顧氏織簾居刊本	内閣文庫、尊経閣文庫蔵本
	（纂序）詩経説約集注 8 巻詩経 8 巻	（明）顧夢麟撰、劉日珩校、『詩経』（宋）朱熹集伝	明刊本共 4 冊	早稲田大学図書館蔵本、原服部南郭家服部文庫等旧蔵
	（新刻大小馮先生手授）詩経（詩経狐白）8 巻	（明）馮元颺、馮元飈撰	明余氏躍剣山房刊本共 5 冊	内閣文庫蔵本、原林氏大学頭家等旧蔵
	朱氏訓蒙詩門 36 巻	（明）朱日濬講撰	明刊本共 32 冊	内閣文庫蔵本、原昌平坂学問所等旧蔵
	鑑湖詩説 4 巻	（明）陳元亮撰	明刊本	内閣文庫、尊経閣文庫蔵本
	詩経世業（残本）10 巻	（明）瞿汝説撰	明詹聖謨刊本共 5 冊	内閣文庫蔵本
	（新刻七進士）詩経折衷講意 4 巻	（明）鄒泉輯	明刊本共 4 冊	尊経閣文庫蔵本、原係江戸時代加賀藩主前田綱紀等旧蔵
	（陸先生）詩筌 4 巻	（明）陸燧撰	明刊本共 3 冊	尊経閣文庫蔵本、原係江戸時代加賀藩主前田綱紀等旧蔵
○	（重訂）詩経疑問 12 巻	（明）姚舜牧撰	明刊本共 6 冊	宮内庁書陵部、静嘉堂文庫蔵本
	詩経質疑 12 巻	（明）曹学佺撰	明刊本共 12 冊	宮内庁書陵部蔵本
	（新刻礼部	（明）方従哲等	明万暦年間	尊経閣文庫蔵本、原

	訂正）詩経正式講意合注篇 11 巻	撰	（1573-1620 年）刊本共 6 冊	係江戸時代加賀藩主前田綱紀等旧蔵
	詩経全備講意 30 巻	（明）郝孔昭撰	明隆慶五年（1571 年）刊本共 20 冊	宮内庁書陵部蔵本
	詩経伝注 38 巻	（明）李資乾撰	明崇禎年間（1628-1644 年）刊本共 38 冊	尊経閣文庫蔵本、原係江戸時代加賀藩主前田綱紀等旧蔵
○	（新刻李愚公先生家伝）詩経演弁真 13 巻	（明）李若愚輯	明刊本共 8 冊	尊経閣文庫蔵本、原江戸時代加賀藩主前田綱紀等旧蔵
○	詩経通解 25 巻	（明）黄佐撰、張如鏡等校	明嘉靖四十年（1561 年）刊本共 8 冊	内閣文庫蔵本、原豊後佐伯藩主毛利高標等旧蔵
	詩経宗義 8 巻	（明）張瑞撰	明隆慶三年（1569 年）刊本共 5 冊	内閣文庫蔵本、原豊後佐伯藩主毛利高標等旧蔵
	詩経集注刪補 4 巻	（明）楊寿隆編	明末刊本共 4 冊	内閣文庫蔵本、原林氏大学頭家等旧蔵
○	韓詩外伝 10 巻	（漢）韓嬰撰	明嘉靖年間（1522-1566 年）歴下薛氏芙蓉泉書屋刊本	内閣文庫、静嘉堂文庫、京都大学人文科学研究所東洋文献中心蔵本
	韓詩外伝 10 巻	（漢）韓嬰撰	明万暦年間（1573-1620 年）刊本共 3 冊	尊経閣文庫蔵本
	三経批評	（明）閔斉伋編	明万暦四十四年（1616 年）朱墨套印刊本共 4 冊	内閣文庫蔵本、原紅葉山文庫等旧蔵

	三経鄉嬮	撰人未詳	明刊本共 20 冊	尊経閣文庫蔵本、原江戸時代加賀藩主前田綱紀等旧蔵
	五経白文	無撰人	明万暦二十四年（1596 年）刊本共 10 冊	国立国会図書館蔵本
	（校刻）五経四書正文	無撰人	明万暦年間（1573-1620 年）上元李杜刊本共 17 冊	蓬左文庫蔵本
	五経全文訓解 32 巻	（宋）熊禾撰、（明）陳子竜校	明崇禎年間（1628-1644 年）刊本	内閣文庫、尊経閣文庫、静嘉堂文庫、陽明文庫蔵本
○	五経集注 106 巻	（宋）朱熹等撰	明刊本 80 冊	宮内庁書陵部蔵本
	（玉堂袖珍）五経集注（残本）	（宋）朱熹等撰	明万暦年間（1573-1620 年）刊本共 16 冊	足利学校遺蹟図書館蔵本
	五経集注 106 巻	（宋）朱熹等撰、（明）毛晋訂正	明崇禎十四年（1641 年）汲古閣刊本共 24 冊	竜谷大学大宮図書館蔵本、原写字台文庫等旧蔵
	五経（集注）	（宋）朱熹等撰	明張閭岳刊本	香川県豊浜町立図書館藤村文庫蔵本
	（鐫疊山先生家伝）五経類纂珍抄 4 巻	（宋）謝枋得類集、（明）茅坤纂注	明刊本共 2 冊	尊経閣文庫蔵本、原江戸時代加賀藩主前田綱紀等旧蔵
○	五経旁訓 19 巻	（元）李恕撰、（明）鄭汝璧校	明万暦年間（1573-1620 年）山東布政司刊本	内閣文庫、静嘉堂文庫、広島市立浅野図書館蔵本

五経旁訓 19巻	（元）李恕撰、（明）鄭汝璧校	明万暦年間（1573-1620 年）呉門舒濂渓刊本	尊経閣文庫、愛知大学霞山文庫蔵本
五経旁訓 19巻	（元）李恕撰、（明）鄭如璧校	明末刊本共 12 冊	内閣文庫蔵本、原高野山釈迦文院旧蔵
五経旁訓 19巻	（元）李恕撰、（明）鄭汝璧校	明刊本	東京大学東洋文化研究所大木文庫蔵本
五経旁訓 19巻	（□）佚名撰、（明）田疇等校	明刊本共 8 冊	内閣文庫蔵本
五経旁訓定本 19巻	（元）李恕撰、（明）陳仁錫定本	明崇禎三年（1630年）虎丘礼宗書院刊本共 12 冊	京都大学付属図書館蔵本
○ 五経大全 113巻	（明）胡広等奉勅撰	明永楽年間（1404-1424 年）官刊本共 70 冊	宮内庁書陵部蔵本
五経大全 124巻	（明）胡広等奉勅編	明成化七年（1471年）刊本、『春秋』明隆慶三年（1569 年）刊本共 56 冊	内閣文庫蔵本、原林羅山等旧蔵
五経大全 116巻	（明）胡広等奉勅編	明万暦三十三年（1605 年）福建書林余氏刊本	宮内庁書陵部、内閣文庫、尊経閣文庫、東京大学総合図書館、京都大学文学部中国語学文学哲学研究室鈴木文庫、八戸市立図書館、出雲大社日隅宮御文庫、古義堂文庫、慶応義塾大学付属図書館、広島市立浅野図書館、

			御茶之水図書館蔵本
大方五経大全	（明）胡広等奉勅編	明万暦年間（1573-1620 年）刊本共 55 冊	足利学校遺蹟図書館蔵本
五経大全	（明）胡広等奉勅編	明万暦年間（1573-1620 年）長洲文氏清白堂刊本	東京大学東洋文化研究所蔵本
五経大全	（明）胡広等奉勅編	明刊本共 54 冊	愛知大学簡斎文庫蔵本、原小倉正恒等旧蔵
五経大全	（明）胡広等奉勅編	明末樹駿堂刊本共 44 冊	大阪天満宮御文庫蔵本
五経纂注 20巻	（明）李廷機等編撰	明刊本	内閣文庫蔵本
五経纂注	（明）夏璋編撰	明崇禎二年（1629 年）刊本共 12 冊	尊経閣文庫蔵本、原江戸時代加賀藩主前田綱紀等旧蔵
五経注疏大全合纂	（明）張溥纂	明崇禎年間（1628-1644 年）呉門宝翰楼刊本共 60 冊	愛知大学簡斎文庫蔵本、原小倉正恒等旧蔵
○（明監本）宋元人注五経	封面題署明英宗編撰	明正統年間（1436-1449 年）刊本共 30 冊	尊経閣文庫蔵本、原江戸時代加賀藩主前田綱紀等旧蔵
五経図 6 巻	（明）章達、盧謙等編撰	明万暦四十二年（1614 年）刊本	内閣文庫、蓬左文庫、神習文庫、大阪府立図書館蔵本
五経疏義統宗 19 巻	（明）陳仁錫編撰、劉肇慶校	明刊本	内閣文庫蔵本

○	五経繹 16 巻	（明）鄧元錫撰、左宗郢編	明万暦年間（1573-1620 年）刊本	内閣文庫、宮内庁書陵部、尊経閣文庫蔵本
	五経蠡測 6 巻	（明）蒋悌生撰	明刊本共 1 冊	古義堂文庫蔵本、原江戸時代儒学古義学派魁首伊藤仁斎・伊藤東涯家族旧蔵
	（涇野先生）五経説 21 巻	（明）呂枏撰	明嘉靖年間（1522-1566 年）刊本共 10 冊	静嘉堂文庫蔵本
○	五経読（不分巻）	（明）陳際泰撰	明崇禎年間（1628-1644 年）刊本	東京大学東洋文化研究所蔵本
	五経心義	（明）王崇慶撰	明万暦年間（1573-1620 年）刊本共 5 冊	尊経閣文庫蔵本、原江戸時代加賀藩主前田綱紀等旧蔵
	（項仲昭先生纂注）五経奇英 5 巻	（明）項煜撰	明刊本共 5 冊	内閣文庫蔵本
	（蒬斐堂）五経彙纂	（明）馮廷章編撰	明刊本共 8 冊	内閣文庫蔵本、原紅葉山文庫等旧蔵
	五経人物考（不分巻）	（明）闕名撰	明末紅格写本共 38 冊	大倉文化財団蔵本
	五経制典 97 巻	（明）江応魁撰	明崇禎年間（1628-1644 年）刊本共 32 冊	宮内庁書陵部蔵本
	五経困学 92 巻	（明）曹学佺編	明崇禎年間（1628-1644 年）刊本	内閣文庫、尊経閣文庫、古義堂文庫蔵本
	五経総類 40	（明）張雲鸞編	明崇禎年間	内閣文庫蔵本

巻	撰	（1628-1644 年）刊本	
（嘯閣増訂）五経類語 8 巻	（明）施宗誼撰	明刊本共 4 冊	尊経閣文庫蔵本、原江戸時代加賀藩主前田綱紀等旧蔵
四書五経講宗 9 巻	（明）顔茂猷撰	明刊本共 2 冊	宮内庁書陵部蔵本
（合刻摘訂）四書五経疑義 20 巻	（明）姚舜牧撰	明天啟年間（1621-1627 年）刊本共 8 冊	尊経閣文庫蔵本、原江戸時代加賀藩主前田綱紀等旧蔵
四書五経明音 8 巻	（明）王覚撰	明嘉靖年間（1522-1566 年）刊本共 7 冊	内閣文庫蔵本、原紅葉山文庫等旧蔵
六経篆文	（明）陳鳳梧輯	明刊本共 10 冊	尊経閣文庫蔵本、原江戸時代加賀藩主前田綱紀等旧蔵
六経雅言図弁 8 巻	題（宋）鄭厚、鄭樵家蔵	明人影写宋刊本共 8 冊	静嘉堂文庫蔵本、原呉騫拝経楼、陸心源十万巻楼等旧蔵
六経図 6 巻	（宋）楊甲撰、毛邦翰補	明万暦年間（1573-1620 年）新都呉氏覆宋乾道年間（1165-1173 年）撫州陳森刊共 6 冊	静嘉堂文庫、東京大学総合図書館、早稲田大学図書館、陽明文庫蔵本
六経図説（六経図）6 巻	（明）呉翟飛編、呉継仕考校	明熙春楼刊本	広島市立浅野図書館蔵本
六経三注粋抄 6 巻	（明）許順義編撰	明万暦二十九年（1601 年）粋慶堂刊本共 6 冊	内閣文庫蔵本、原紅葉山文庫等旧蔵

（新鐫）挙子六経纂要（不分巻）	（明）顔茂猷撰	明潭陽魏斌臣刊本	蓬左文庫、尊経閣文庫蔵本
（新鐫）六経句解四書正印 10 巻	（明）黄道周、黄東厓編	明刊本共 5 冊	内閣文庫、尊経閣文庫蔵本
（刻陳眉公先生）六経選注 12 巻	（明）陳継儒撰、張鼐校	明万暦四十七年（1619 年）余象斗刊本	内閣文庫、広島市立浅野図書館蔵本
六経始末源流	（明）呉継仕撰	明崇禎元年（1628年）刊本共 1 冊	内閣文庫蔵本、原紅葉山文庫等旧蔵
片璧六経集注	（明）闕名輯	明刊本共 32 冊	尊経閣文庫蔵本、原江戸時代加賀藩主前田綱紀等旧蔵
七経図 7 巻	（明）呉継仕編	明万暦年間（1573-1620 年）刊本	宮内庁書陵部、内閣文庫、尊経閣文庫、京都府立総合資料館、陽明文庫蔵本
七経思問 3 巻	（明）詹萊撰	明刊本共 6 冊	尊経閣文庫蔵本、原江戸時代加賀藩主前田綱紀等旧蔵
七経疑問 72 巻	（明）姚舜牧撰	明万暦年間（1573-1620 年）刊本共 36 冊	静嘉堂文庫蔵本、原陸心源守先閣旧蔵
宋婺州本九経 493 葉	不著撰人	宋婺州刊本共 14 冊	静嘉堂文庫蔵本、原清怡賢親王楽善堂、潘文勤等旧蔵
○ 九部経解 168 巻	（明）郝敬編撰	明万暦年間（1573-1620 年）郝千秋千石刊本	国立国会図書館、内閣文庫、京都大学付属図書館、筑波大学付属図書館、愛知大

				学付属図書館簡斎文庫、大谷大学中央図書館、京都府立総合資料館蔵本
	九経考異	（明）周応賓撰	明万暦年間（1573-1620 年）刊本共 4 冊	内閣文庫蔵本、原木村兼葭堂等旧蔵
	（明本排字）九経直音 2 巻付直音補音	不著撰人	元至元二十四年（1287 年）梅隠書堂刊本共 2 冊	静嘉堂文庫蔵本、原陸心源晶宋楼旧蔵
	（明本排字）九経直音 2 巻	不著撰人	元至正十七年（1357 年）建安日新堂刊本共 2 冊	内閣文庫蔵本、原市橋長昭、昌平坂学問所等旧蔵
○	（宋刊）十三経注疏 366 巻	不著撰人	宋刊本共 200 冊（30 匣）	静嘉堂文庫蔵本、原陸心源晶宋楼等旧蔵
	（嘉靖刊）十三経注疏 336 巻	不著撰人	明嘉靖年間（1522-1566 年）李元陽、江以達校刊本	宮内庁書陵部、内閣文庫、蓬左文庫、尊経閣文庫、東京大学、無窮会天淵文庫、大倉文化財団、大垣市立図書館、八戸市立図書館、大阪府立図書館、静嘉堂文庫蔵本
	（明監本）十三経注疏 335 巻	不著撰人	明万暦年間（1573-1620 年）国子監刊本	内閣文庫、東京大学、京都大学人文科学研究所東洋学文献中心、東北大学付属図書館、無窮会天淵

				文庫、大阪府立図書館、陽明文庫蔵本
	（汲古閣刊）十三経注疏335巻	不著撰人	明崇禎年間（1628-1644年）古虞毛氏汲古閣刊本	宮内庁書陵部、内閣文庫、尊経閣文庫、蓬左文庫、米沢市立図書館、足利学校遺蹟図書館、東京大学、京都大学、東北大学付属図書館、東北大学付属図書館教養学部分館、長崎大学付属図書館経済学部分館、宮城教育大学付属図書館、新潟県立図書館、亀岡市立図書館、無窮会天淵文庫、出雲大社日隅宮御文庫、静嘉堂文庫、広島市立浅野図書館、福井市立図書館蔵本
○	十三経古注290巻	（明）金蟠、葛鼐校	明崇禎十二年（1639年）永懐堂刊本共48冊	東京大学東洋文化研究所、京都大学文学部中国語学哲学文学研究室蔵本
	十三経解詁56巻	（明）陳深編撰	明万暦年間（1573-1620年）刊本	内閣文庫、尊経閣文庫、東京大学総合図書館蔵本
	十三経繹9巻	（明）梁斗輝撰	明天啓年間（1621-1627年）刊本共4冊	静嘉堂文庫蔵本

表八　唐船持渡書年代別（計299種、同書名を除けば、計142種がある。）

　　本表は大庭脩著『江戸時代における唐船持渡書の研究』（関西大学東西学術研究所、1967）によったものである。

元禄六年	四書五経字考	（1部3本）『商舶載来書目』
元禄六年	欽定篆文六経	（1部4套）『商舶載来書目』
元禄七年	詩経擬題論旨	（1部2本）『商舶載来書目』
元禄七年	六経叢錦	（1部2本）『商舶載来書目』
元禄七年	詩経擬題論旨	（1部2本共4巻）『大意書』
元禄七年	五経繹	（1部8本）『商舶載来書目』
元禄七年	詩経解正	（1部18本）『商舶載来書目』
元禄七年	詩経広大全	（1部16本）『商舶載来書目』
元禄七年	詩経広大全	（1部16本共20巻）『大意書』
元禄七年	詩経続補便蒙解註	（1部3本）『商舶載来書目』
元禄七年	五経研硃集	（1部5本）『商舶載来書目』
元禄七年	二経合刻疏意	（1部5本）『商舶載来書目』
元禄七年	五経読	（1部4本）『商舶載来書目』
元禄七年	詩経古音考	（1部4本）『商舶載来書目』
元禄七年	詩経説通	（1部4本）『商舶載来書目』
元禄七年	詩経通解	（1部4本）『商舶載来書目』
元禄七年	詩経通解	（1部4本共5巻）『大意書』
元禄七年	五経纂要	（1部4本共5巻）『商舶載来書目』
元禄八年	詩経衍義大全名解	（1部1套）『商舶載来書目』
元禄八年	詩経直解指南彙編	（1部8本）『商舶載来書目』
元禄八年	五経講説	（1部18本）『商舶載来書目』

元禄八年	五経摘註	(1部3本)『商舶載来書目』
元禄八年	詩経演弁真	(1部3本)『商舶載来書目』
元禄八年	五経典要	(1部4本)『商舶載来書目』
元禄八年	詩経青銭解	(1部4本)『商舶載来書目』
元禄十年	郝京山九経解	(1部20套)『商舶載来書目』
元禄十一年	詩志	(1部10本)『商舶載来書目』
元禄十二年	読詩序考	(1部10本)『商舶載来書目』
元禄十二年	諸儒詩伝	(1部4本)『商舶載来書目』
元禄十三年	五経手抄	(1部5本)『商舶載来書目』
元禄十四年	詩義翼朱	(1部4本)『商舶載来書目』
元禄十五年	詩義纂要	(1部4本)『商舶載来書目』
宝永二年	五経弁訛	(1部4本)『商舶載来書目』
宝永四年	鍾伯敬批点詩経	(1部2本)『商舶載来書目』
宝永六年	五経大全	(1部80本)『商舶載来書目』
宝永七年	詩経名物疏	(1部8本)『商舶載来書目』
宝永七年	三経別解	(1部6本)『商舶載来書目』
正徳元年	五経旁訓	(1部12本)『商舶載来書目』
正徳元年	詩経説約	(1部16本)『商舶載来書目』
正徳元年	詩経疑問	(1部6本)『商舶載来書目』
正徳三年	詩経体註	(1部4本)『商舶載来書目』
正徳四年	五経説約	(1部2套16本)『齎来書目』
享保二年	六経図定本	(1部1套)『商舶載来書目』
享保三年	墨刻六経図	(1部12枚)『大意書』
享保三年	六経図	(1部12枚)『商舶載来書目』
享保四年	五経大全	(1部)『齎来書目』
享保四年	十三経	(1部)『齎来書目』
享保四年	五経集註	(6套)『齎来書目』

享保六年	十三経註疏	（1部10套）『商舶載来書目』
享保八年	五経文鐸	（1部6本）『商舶載来書目』
享保十年	七経図	（1部1本）『商舶載来書目』
享保十年	重刻徐筆峒先生遵註参訂詩経	（3部）『商舶載来書目』
享保十一年	五経類編	（1部1套）『商舶載来書目』
享保十一年	五経集註	（1部26本）『商舶載来書目』
享保十一年	詩経類考	（1部2套）『商舶載来書目』
享保十二年	満漢字詩経	（1部1套）『商舶載来書目』
享保十二年	詩識名解	（1部6本）『商舶載来書目』
享保十二年	五経集疏	（1部4套）『商舶載来書目』
享保十三年	崇禎板十三経註疏	（1部16套）『商舶載来書目』
享保十七年	毛詩註疏	（1部）『商舶載来書目』
享保二十年	詩経解説	（1部）『齎来書目』
享保二十年	詩経説通	（1部）『齎来書目』
享保二十年	詩経通解	（1部）『齎来書目』
享保二十年	五経旁訓	（1部2套）『齎来書目』
享保二十年	監板詩経	（10部）『齎来書目』
享保二十年	詩経衍義	（10部）『齎来書目』
享保二十年	詩経翼註	（5部）『齎来書目』
寛延三年	十三経	（4部内1部18套160本、1部20套160本）『大意書』
宝暦四年	詩経直解	（1部1套）『商舶載来書目』
宝暦四年	毛詩鄭箋	（1部1套）『商舶載来書目』
宝暦四年	六家詩名物疏	（1部1套）『商舶載来書目』
宝暦四年	詩経直解	（1部1套10本）『大意書』
宝暦四年	毛詩鄭箋	（1部1套6本）『大意書』

宝暦四年	詩経嬭嬛	（1部1套4本）『商舶載来書目』
宝暦四年	欽定詩経伝説彙纂	（1部2套20本）『大意書』
宝暦四年	五経旁訓（孝経、忠経付）	（1部2套12本）『大意書』
宝暦四年	詩経名物疏	（1部2套12本）『大意書』
宝暦四年	呂氏読詩記	（1部2套16本）『大意書』
宝暦四年	十三経註疏	（3部各20套200本）『大意書』
宝暦五年	呂氏読詩記	（1部2套）『商舶載来書目』
宝暦六年	欽定詩経伝説彙纂	（1部2套）『商舶載来書目』
宝暦九年	十三経	（2部32套）『齎来書目』
宝暦九年	十三経	（13部208套）『齎来書目』
宝暦九年	御定四経	（10部120套）『齎来書目』
宝暦九年	十三経	（5部80套）『齎来書目』
宝暦九年	五経旁註	（5部10套）『齎来書目』
宝暦九年	十三経	（4部64套）『齎来書目』
宝暦十年	六経図	（1部1套6本）『大意書』
宝暦十年	欽定四経	（1部12套）『商舶載来書目』
宝暦十年	十三経註疏	（1部16套160本）『大意書』
宝暦十二年	姜上均九経補注	（1部6套）『商舶載来書目』
宝暦十三年	五経文字	（1部1套）『商舶載来書目』
宝暦十三年	詩説解頤	（1部1套）『商舶載来書目』
明和二年	毛詩微言	（1部1套）『商舶載来書目』
明和四年	詩伝大全	（1部2套）『商舶載来書目』
安永元年	詩貫	（1部1套）『商舶載来書目』
安永八年	詩触	（1部1套）『商舶載来書目』
安永八年	六経図考	（1部1套）『商舶載来書目』
天明二年	詩外伝	（1部1套5本）『大意書』
天明二年	三経付義（易詩書伝）	（1部1套4本）『大意書』

天明三年	韓詩外伝	（1部1套）『商舶載来書目』
天明三年	三経付義（易詩書伝）	（1部1套）『商舶載来書目』
天明三年	五経増訂旁訓	（1部2套）『商舶載来書目』
天明三年	北版十三経	（1部16套）『商舶載来書目』
天明八年	映雪詩経	（1部1套）『商舶載来書目』
天明八年	古講詩経	（1部1套）『商舶載来書目』
寛政五年	詩楽図譜	（1部2套）『商舶載来書目』
寛政六年	詩楽全図	（1部1套）『齎来書目』
寛政六年	乾隆板十三経	（1部16套）『齎来書目』
寛政六年	十三経	（2部32套）『齎来書目』
寛政八年	五経掲要	（1部2套）『商舶載来書目』
寛政十一年	七経孟子考文補遺	（1部24本）『商舶載来書目』
寛政十二年	四書五経	（1部6套）『齎来書目』
寛政十二年	嘉慶板十三経注疏	（26部16套）『齎来書目』
寛政十二年	五経掲要	（24部2套）『齎来書目』
寛政十二年	十三経註疏	（20部各16套）『齎来書目』
寛政十二年	十三経註疏	（11部16套）『齎来書目』
寛政十二年	嘉慶板十三経注疏	（39部16套）『齎来書目』
寛政十二年	十三経註疏	（5部16套）『齎来書目』
寛政十二年	十三経註疏	（5部16套）『齎来書目』
享和元年	毛詩草木疏	（1部1套）『商舶載来書目』
享和元年	嘉慶板十三経注疏	（7部20套）『齎来書目』
享和元年	七経孟子考文補遺	（94部4套）『齎来書目』
享和元年	倭紙嘉慶板十三経註疏	（5部20套）『齎来書目』
享和三年	宋板五経	（1部6套）『商舶載来書目』
文化二年	監本詩経	（70部各1套）『齎来書目』
文化二年	七経題鑑	（2冊）『齎来書目』

文化二年	詩経	（10部）『齎来書目』
文化二年	監本詩経	（130部各1套）『齎来書目』
文化七年	十三経註疏	（1部16套）『大意書』
文化七年	監本五経	（1部5套）『大意書』
文化九年	監本詩経	（48部各1套）『大意書』
文政十二年	重刊宋本十三経注疏	（3部）『直組帳』
文政十二年	詩触	（51部）『直組帳』
天保十二年	韓詩外伝	（1部1套）『書籍元帳』
天保十二年	詩経導窾	（1部1套）『書籍元帳』
天保十二年	六経図考	（1部1套）『書籍元帳』
天保十二年	十三経校勘記付	（1部26套）『書籍元帳』
天保十二年	郝氏九経解	（1部20套）『大意書』
天保十二年	五経旁訓弁体	（1部2套）『書籍元帳』
天保十二年	袖珍六経	（1部10套）『書籍元帳』
天保十二年	袖珍六経	（1部6套）『書籍元帳』
天保十二年	陸堂詩学	（1部6套）『書籍元帳』下総守様1部
天保十二年	御纂三経	（1部4套）『書籍元帳』
天保十二年	十三経石刻	（92枚）『書籍元帳』戸川様御調
天保十三年	五経旁訓弁体	（1部2套）『書籍元帳』
天保十四年	十三経註疏	（1部）『見帳』
天保十四年	五経類編	（1部）『見帳』
天保十四年	五経類編	（1部2包12冊）『落札帳』
天保十四年	十三経註疏	（1部10套120冊）『落札帳』
天保十四年	欽定四経	（7部）『見帳』
天保十四年	欽定四経	（7部各8套）『落札帳』

天保十五年	石刻十三経	（1部236枚）『見帳』
天保十五年	石刻十三経	（1部236枚）『落札帳』
天保十五年	御纂三経	（1部2套）『落札帳』
天保十五年	十三経註疏	（1部16堂各8冊）『落札帳』
天保十五年	欽定詩経	（1部3套）『落札帳』
天保十五年	御纂三経	（1部5套）『落札帳』
天保十五年	袖珍六経	（1部42冊）『落札帳』
天保十五年	毛詩鄭箋	（7部各1套）『落札帳』
天保十五年	欽定四経	（2部）『落札帳』
天保十五年	十三経石刻	（2部）『落札帳』
天保十五年	六経体注	（2部6堂各4冊）『落札帳』
天保十五年	欽定四経	（2部各9套8本入）『落札帳』
天保十五年	厳氏詩輯	（2部各2套）『落札帳』
天保十五年	厳氏詩輯	（3部）『落札帳』
天保十五年	五経類編	（5部各2包10本）『落札帳』
天保十五年	五経類編	（5部各2套）『見帳』
天保十五年	五経類編	（5部各2套）『落札帳』
天保十五年	欽定四経	（6部3部各9套、3部各8套）『落札帳』
天保十五年	厳氏詩輯	（4部各2套）『落札帳』
天保十五年	五経同異	（4部各2套）『落札帳』
弘化二年	五経類編	（1部）『落札帳』
弘化二年	欽定七経	（1部）『落札帳』
弘化二年	御纂二経	（1部）『落札帳』
弘化二年	十三経注疏校勘記付	（1部）『落札帳』
弘化二年	毛詩大全	（1部）『落札帳』
弘化二年	六経図	（1部）『落札帳』

弘化二年	袖珍六経	（1部）『落札帳』
弘化二年	六経図	（1部1套）『書籍元帳』
弘化二年	十三経注疏校勘記付	（1部22套）『書籍元帳』
弘化二年	欽定七経	（1部20套）『書籍元帳』
弘化二年	毛詩大全	（1部2套）『大意書』
弘化二年	御纂二経	（1部2套）『書籍元帳』
弘化二年	袖珍六経	（1部8套）『書籍元帳』
弘化二年	御纂三経	（2部）『書籍元帳』
弘化二年	欽定四経	（2部）『落札帳』
弘化二年	九経字様	（2部）『落札帳』
弘化二年	九経字様	（2部各1本）『書籍元帳』
弘化二年	欽定四経	（2部各8套）『書籍元帳』
弘化二年	御纂三経	（2部汐入本）『落札帳』
弘化二年	御纂三経	（3部）『書籍元帳』
弘化二年	十三経石刻	（3部）『書籍元帳』
弘化二年	十三経石刻	（3部）『落札帳』
弘化二年	御纂三経	（3部）『落札帳』
弘化二年	五経弁体合訂五経旁訓	（5部各2套14本）『書籍元帳』 備前守様1部
弘化二年	五経類編	（4部）『落札帳』
弘化二年	五経類編	（4部各1套）『書籍元帳』
弘化三年	四経論義	（1部1套）『書籍元帳』
弘化三年	六経図考	（1部1套）『書籍元帳』
弘化三年	詩書精義	（1部2套）『書籍元帳』
弘化三年	御按五経	（1部3套）『書籍元帳』
弘化三年	御纂三経	（1部4套）『書籍元帳』
弘化三年	十三経石刻五経文字付	（249枚）『書籍元帳』

弘化三年	厳氏詩輯	(2部各2套)『書籍元帳』
弘化三年	欽定四経	(10部各10套)『書籍元帳』
弘化三年	五経弁体	(4部各1套14本)『書籍元帳』
弘化四年	五経類編	(1部1包)『書籍元帳』
弘化四年	五経旁訓	(1部1套)『書籍元帳』
弘化四年	詩経体註	(1部1套)『書籍元帳』
弘化四年	毛詩説	(1部1套)『書籍元帳』
弘化四年	韓詩	(1部1套)『書籍元帳』
弘化四年	五経類編	(1部1套)『書籍元帳』
弘化四年	五経類編	(1部1套)『書籍元帳』
弘化四年	陸堂詩学	(1部2本)『書籍元帳』
弘化四年	欽定四経	(1部8套)『書籍元帳』
弘化四年	十三経註疏	(1部16套)『書籍元帳』
弘化四年	六経集説	(1部6套)『書籍元帳』
弘化四年	姜上均九経補注	(1部6套)『書籍元帳』
弘化四年	陸堂詩学	(1部6套)『書籍元帳』
弘化四年	十三経注疏校勘記付	(2部各20包)『書籍元帳』
弘化四年	五経類編	(2部各2套)『書籍元帳』
弘化四年	石刻十三経	(2部各13包)『書籍元帳』
弘化四年	五経同異	(10部各10本)『書籍元帳』
弘化四年	五経同異	(3部各1套)『書籍元帳』
弘化四年	欽定四経	(5部各8套)『書籍元帳』
弘化五年	欽定四経	(1部60本)『書籍元帳』
弘化五年	欽定四経	(2部各12包)『書籍元帳』
嘉永元年	欽定四経	(2部各12包)『書籍元帳』
嘉永二年	毛詩伝箋	(1部1包)『書籍元帳』
嘉永二年	六経補疏	(1部1包)『書籍元帳』

嘉永二年	五経類編	（1部1包10本）『書籍元帳』
嘉永二年	六経補注	（1部1套）『落札帳』
嘉永二年	欽定四経	（1部7套）『書籍元帳』
嘉永二年	袖珍五経	（1部24本）『書籍元帳』
嘉永二年	五経類編	（1部2包）『書籍元帳』
嘉永二年	欽定詩経	（1部2套）『書籍元帳』
嘉永二年	五経同異	（1部2套）『書籍元帳』
嘉永二年	御纂三経	（1部2套汐入本）『書籍元帳』
嘉永二年	欽定四経	（1部8套）『書籍元帳』
嘉永二年	欽定四経	（1部8套）『書籍元帳』
嘉永二年	欽定四経	（1部12套）『書籍元帳』
嘉永二年	欽定詩経	（1部16本）『書籍元帳』
嘉永二年	十三経註疏	（1部16套）『書籍元帳』
嘉永二年	欽定四経	（1部52本）『書籍元帳』
嘉永二年	欽定四経	（1部65本）『書籍元帳』
嘉永二年	欽定四経	（1部64本）『書籍元帳』
嘉永二年	十三経古注	（1部6套）『書籍元帳』
嘉永二年	欽定四経	（2部）『書籍元帳』
嘉永二年	韓詩	（2部各1套）『書籍元帳』
嘉永二年	五経弁体	（2部各2包）『書籍元帳』
嘉永二年	欽定四経	（2部内1部4包64本、1部76本）『書籍元帳』
嘉永二年	五経類編	（5部各2套）『書籍元帳』
嘉永三年	詩経精花	（1部1包）『書籍元帳』
嘉永三年	詩経精花	（1部1包）『書籍元帳』
嘉永三年	五経弁体	（1部2包）『書籍元帳』
嘉永三年	五経読本	（1部5本）『書籍元帳』

嘉永三年	袖珍六経	（7套）『書籍元帳』
嘉永三年	五経類編	（2部各2包）『書籍元帳』
嘉永三年	欽定四経	（2部内1部60本、1部64本）『書籍元帳』
嘉永三年	欽定四経	（12套）『書籍元帳』
嘉永三年	欽定四経	（15部各12套）『書籍元帳』
嘉永三年	欽定四経	（3部各8包）『書籍元帳』
嘉永三年	欽定四経	（5部）『書籍元帳』
嘉永三年	欽定四経	（5部）『書籍元帳』
嘉永四年	欽定四経	（1部70本）『書籍元帳』
嘉永四年	欽定詩経	（1部20本）『書籍元帳』
嘉永四年	欽定四経	（1部8套）『書籍元帳』
嘉永四年	欽定四経	（1部8套）『書籍元帳』
嘉永四年	五経補注	（1部5套）『書籍元帳』
嘉永四年	欽定四経	（9部各6包）『書籍元帳』
嘉永四年	欽定四経	（2部各6包）『書籍元帳』
嘉永五年	崇道堂五経	（1部26本）『書籍元帳』
嘉永五年	崇道堂五経	（1部26本）『書籍元帳』
嘉永五年	欽定四経	（1部8套）『書籍元帳』
嘉永五年	十三経註疏	（1部120本）『書籍元帳』
嘉永六年	十三経校勘記	（1部8套）『書籍元帳』
嘉永六年	姜氏九経	（1部4套）『書籍元帳』
嘉永六年	五経同異	（2部各1套）『書籍元帳』
嘉永六年	欽定四経	（2部各8套）『書籍元帳』
嘉永七年	欽定詩経	（1部16冊）『書籍元帳』
安政二年	詩総聞	（1部1套）『書籍元帳』
安政二年	五経大全	（1部8套）『書籍元帳』

安政二年	嘉慶板十三経注疏	（1部16套）『書籍元帳』
安政二年	十三経註疏	（1部16套）『書籍元帳』
安政二年	十三経註疏	（9部各16套）『書籍元帳』
安政二年	嘉慶板十三経注疏	（22部各16套）『書籍元帳』
安政二年	倭紙嘉慶板十三経註疏	（2部各20套）『書籍元帳』
安政六年	袖珍六経	（1部）『落札帳』
安政六年	欽定四経	（1部）『落札帳』
安政六年	毛詩名物柳	（2部）『落札帳』
安政六年	阮刻十三経校勘記付	（2部）『落札帳』
安政六年	厳氏詩輯	（2部各2套）『落札帳』
安政六年	五経備旨	（2部各5套）『落札帳』
安政七年	欽定詩経	（1部）『落札帳』
安政七年	五経類編	（1部）『落札帳』
安政七年	欽定四経	（1部）『落札帳』
安政七年	十三経	（1部）『落札帳』
安政七年	御纂三経	（1部）『落札帳』

表九　『詩経』学統表

　本表は主に関儀一郎編『近世漢学者伝記著作大事典』（琳琅閣書店、1981年、4版）の付録「漢学者学統譜」によるものである。

壱、朱子学派（56名）
一、藤原惺窩→
　　⑴、（那波活所）→
　　　　㊀、（那波草庵）→（那波魯堂）→（菅茶山）→落合双石
　　　　㊁、（江村剛斎）→（江村訥斎）→（江村毅菴）→江村如亭
　　⑵、松永尺五→
　　　　㊀、松永寸雲
　　　　㊁、安東省菴
　　　　㊂、（木下順庵）→
　　　　　　１、稲生若水
　　　　　　２、新井白石
　　　　　　３、室鳩巣→
　　　　　　　　①、中村蘭林
　　　　　　　　②、（河口静斎）→
　　　　　　　　　　❶、近藤西涯
　　　　　　　　　　❷、（山田月洲）→山本秋水
　　　　㊃、宇都宮遯庵
　　⑶、林羅山→
　　　　㊀、林鵞峰→
　　　　　　１、（人見懋斎）→大串雪瀾
　　　　　　２、林鳳岡→
　　　　　　　　①、荘田恬逸
　　　　　　　　②、（秋山玉山）→
　　　　　　　　　　❶、古屋愛日斎
　　　　　　　　　　❷、（大城壺梁）→寺本直道
　　　　　　　　③、（林榴岡）→
　　　　　　　　　　❶、（渋井太室）→林述斎→
　　　　　　　　　　　　ア、（林檉宇）→鷹羽雲淙
　　　　　　　　　　　　イ、（昌谷精渓）→脇田琢所

　　　　　　　ウ、関盈文
　　　　　❷、後藤芝山
　　　　3、松下見林
　　　　㈢、人見卜幽軒
二、（古賀精里）→
　　⑴、草場佩川
　　⑵、増島蘭園
　　⑶、古賀侗庵
三、佐藤一斎→
　　⑴、黒田金城
　　⑵、河田迪斎
　　⑶、神林復所
四、（片山北海）→
　　⑴、田中鳴門
　　⑵、木村巽斎
　　⑶、（尾藤二洲）→
　　　　㈠、石井択所
　　　　㈢、（近藤篤山）→日野醸泉
五、大高坂芝山
六、貝原益軒→竹田春菴
七、中村惕斎→
　　⑴、（五井持軒）→五井蘭洲→中井竹山→
　　　　（脇愚山）→帆足万里→野本白巌
　　⑵、（宮村経弼）→（菊池菘渓）→渓百年
八、其他
　　小野損庵（昌平校）
　　林蓀坡（昌平校）
　　斎藤鑾江（昌平校）
　　阿野蒼崖（昌平校）
　　大島藍涯（昌平校）
　　斎藤笠山
　　中井蕉園
　　近藤棠軒
　　神吉東郭

弐、陽明学派（2名）
一、（中江藤樹）→熊沢蕃山

参、敬義学派（26名）
一、山崎闇斎→
  ⑴、　佐藤直方→
    ㊀、（菅野兼山）→新井白蛾
    ㊁、（稲葉迂斎）→
      1、稲葉黙斎
      2、（村士玉林）→（服部栗斎）→
        ①、村田箕山
        ②、桜田虎門
    ㊂、（野田剛斎）→（高木毅斎）→
      （田村巒斎）→（田村正明）→田村克成
  ⑵、浅見絅斎→
    ㊀、（鈴木貞斎）→（飯岡義斎）→山口剛斎→大塚観瀾
    ㊁、若林強斎→
      1、（小野鶴山）→（中山菁莪）→落合東隄
      2、西依成斎→
        ①、箕浦江南
        ②、西依墨山
        ③、川島栗斎
  ⑶、渋井春海
  ⑷、三宅尚斎→
    ㊀、福井敬斎
    ㊁、（久米訂斎）→
      1、田辺楽斎
      2、宇井黙斎→千手廉斎
    ㊂、（蟹養斎）→
      1、中村習斎
      2、（中村厚斎）→中村直斎
  ⑸、（矢野拙斎）→矢野容斎
  ⑹、（植田玄節）→（加藤豈苟）→（加藤定斎）→金子霜山

肆、古義学派（17名）
一、伊藤仁斎→
　　⑴、伊藤東涯→
　　　　　㊀、伊藤東所→桜井東亭→（桜井東門）→桜井石門
　　　　　㊁、伊藤蘭嵎
　　　　　㊂、鳥山崧岳
　　　　　㊃、穂積能改斎
　　　　　㊄、奥田三角
　　　　　㊅、篠崎東海
　　　　　㊆、（沢村琴所）→（種村箕山）→佐々木琴台
　　　　　㊇、安東仕学斎
　　　⑵、中島浮山
　　　⑶、平元梅隣
二、仁井田南陽
三、富永滄浪
四、佐和莘斎

伍、古文辞学派（41名）
一、荻生徂徠→
　　⑴、太宰春台→
　　　　　㊀、森蘭沢
　　　　　㊁、赤松太庾
　　　　　㊂、渡辺蒙庵
　　　　　㊃、五味国鼎→座光寺南屏
　　　　　㊄、（松崎観海）→
　　　　　　　１、（蒲阪青荘）→川目直
　　　　　　　２、和田子表
　　　　　㊅、（市野東谷）→市野迷庵
　　　⑵、山井崑崙
　　　⑶、山県周南→（亀井南冥）→亀井昭陽
　　　⑷、（服部南郭）→
　　　　　㊀、（宮瀬竜門）→宇野東山
　　　　　㊁、斎宮静斎→

　　　　　１、馬淵嵐山
　　　　　２、三野藻海
　　　　　３、坂本宣業
　　⑸、（菅谷甘谷）→
　　　　　㊀、（藤川東園）→中山城山→中山鼇山
　　　　　㊁、細合斗南
　　⑹、（大内熊耳）→
　　　　　㊀、坂本天山
　　　　　㊁、市川鶴鳴→永井星渚
　　⑺、（岡井嵰洲）→岡井赤城
　　⑻、（釈大潮）→
　　　　　㊀、平賀中南
　　　　　㊁、高階暘谷
　　⑼、（入江南溟）→藤沢雲斎
　　⑽、（別所毅城）→（畑中荷沢）→目々沢鉅鹿
　　⑾、（平野金華）→戸崎淡園
　　⑿、荻生北渓→木村梅軒
　　⒀、諏訪忠林
　　⒁、（三浦竹渓）→加治光輔
二、其他
　　岡野石城
　　菅沼東郭
　　斎藤芝山
　　岡（田）白駒
　　香川南浜
　　小篠東海
　　松村九山

陸、古注学派（29名）
一、（伏原宣条）→猪飼敬所→
　　⑴、中村中倧
　　⑵、随朝若水
二、（藤田幽谷）→会沢正志斎

三、（宇野明霞）→
　⑴、芥川丹丘
　⑵、（武田梅竜）→村瀬栲亭
　⑶、竜草廬→
　　　　㊀、川合春川
　　　　㊁、（大江玄圃）→大江荊山
四、（秋山玉山）→
　⑴、古屋昔陽
　⑵、片山兼山→
　　　　㊀、小田穀山
　　　　㊁、角田青渓
　　　　㊂、藍沢南城
　　　　㊃、萩原大麓→萩原楽亭
　　　　㊄、久保筑水
五、松崎慊堂
六、（中西淡淵）→
　⑴、細井平洲→神野世猷
　⑵、（南宮大湫）→石川金谷
七、松平君山→恩田蕙楼
八、皆川淇園→
　⑴、金子鶴村
　⑵、東条一堂
　⑶、松本愚山
九、塚田大峯
十、中井履軒

柒、折衷学派（18名）
一、（林鳳岡）→
　⑴、良野華陰
　⑵、（沢田東江）→
　　　　㊀、豊島豊洲
　　　　㊁、高橋華陽
　⑶、井上蘭台→井上金峨→

㉑、八田華陽
㉒、山本北山→
　　1、雨森牛南
　　2、山中天水
　　3、宮本篁村
　　4、朝川善庵→岡田煌亭
㉓、（亀田鵬斎）→亀田綾瀬
㉔、近藤正斎
二、其他
　　渋谷松堂
　　三谷筌洲
　　日尾荊山→日尾省斎

捌、考証学派（3名）
一、大田錦城→
　　⑴、中井乾斎
　　⑵、海保漁村→

玖、その他の学派
一、本草学者：（16名）
　　（一）松岡恕庵→小野蘭山→
　　⑴、山本亡羊→山本簡斎
　　⑵、坂元慎
　　⑶、小野蕙畝
　　⑷、春木煥光
　　⑸、井岡桜仙
　　⑹、小原良直
　　⑺、細井洵
　　（二）馬場克昌
　　（三）畔田翠山
　　（四）藤沼尚景
　　（五）滕知剛
　　（六）保谷玄悦

（七）岡白洲
二、国学者
　　鈴木朖
　　賀茂真淵→加藤千蔭
　　小沢廬庵
　　久志木常夏
　　村田了阿
　　中臣連由伎麿
三、書道家
　　小島成斎
四、儒医
　　茅原虚斎
五、狂歌作者
　　小林元有
六、公家
　　柳原資行
七、不詳者：
　　平貴徳
　　岸勝明
　　江良仲文
　　諸葛琴台
　　佐原鞠塢
　　中村択斎
　　山本楽艾
　　諸葛帰春
　　赤沢一堂
　　山崎北峰
　　小沢精庵
　　毛利泰斎
　　乾長孝
　　渡辺荒陽
　　江幡木鶏
　　巨勢卓軒

馬場信武（尾田玄古）

佐藤敬庵

蒔田鳳斎

小亀勤斎

菅間鷲南

星野熊嶽

西湖学

草賀驪川

川合元

西山元文

宮田五渓

高円陵

北条蠖堂

淵景山

馬山樵夫

安藤竜

笠原章

岸本吉迢

野村魯巌

荒井履

黒川彝

矩堂

源宜

桜山恭

佐田定毅

佐時貞（子幹）

宝田東陽（敬）

谷士嶢

中西忠蔵

西尾寿閑

古川町佐助

三谷景従

表十　『詩経』相関著作学者（計266名、生年順）

註：

○：笠井助治著『近世藩校に於ける学統学派の研究』（吉川弘文館、1982年）

◎：関儀一郎・関義直共編『近世漢学者伝記著作大事典』（琳琅閣書店、1981年）

※：竹内誠・深井雅海編集『日本近世人名辞典』（吉川弘文館、2005年）

＃：市古貞次編『国書人名辞典』（岩波書店、1993年–1999年）

＊：武内博編『日本洋学人名事典』（柏書房、1994年）

	学者名	生卒年	学派	身分	活動地点
◎	藤原惺窩	(1557-1619)	朱子		播磨（兵庫県）、京都
◎	林羅山	(1583-1657)	朱子	博士	京都
○	松永尺五	(1592-1657)	朱子	金沢藩儒	京都、金沢（石川県）
○	人見卜幽軒	(1599-1670)	朱子	水戸藩儒	京都、水戸（茨城県）
◎	林鵞峰	(1618-1680)	朱子	幕府儒官	京都
○	山崎闇斎	(1618-1682)	敬義	会津藩賓師	京都、土佐（高知県）
◎	松永寸雲	(1619-1680)	朱子		山城（京都府）
○	熊沢蕃山	(1619-1691)	陽明	岡山藩儒	京都、近江（滋賀県）、江戸（東京）、吉野・大和郡山（奈良県）、山城国（京都府）、播州明石（兵庫県）、下総古河（茨城県）、岡山
＃	柳原資行	(1620-1679)	公家	公家	京都
○	安東省庵	(1622-1701)	朱子	柳川藩儒	筑後柳川（福岡県）、京都、長崎
◎	伊藤仁斎	(1627-1705)	古義		京都
○	渋谷松堂	(1628-1797)	折衷	金沢藩儒	越中（富山県）
○	中村惕斎	(1629-1702)	朱子		京都、岡山

○	貝原益軒	(1630-1714)	朱子	福岡藩儒	福岡、京都
○	宇都宮遯庵	(1633-1709)	朱子	岩国藩儒	周防岩国（山口県）、京都
○	松下見林	(1637-1703)	朱子	高松藩医儒（京住）	浪華（大阪）、京都、高松（香川県）
#	渋井（保井・安井）春海	(1639-1715)	敬義		京都、江戸（東京）
◎	林鳳岡	(1644-1732)	朱子	昌平校大学頭	江戸（東京）
○	大高坂芝山	(1647-1713)	朱子	松山藩儒	土佐（高知県）、京都、江戸（東京）、奥州（青森県と岩手県）
◎	穂積能改斎	(1649-1726)	古義		播磨姫路（兵庫県）、伏見（京都）、大阪
◎	佐藤直方	(1650-1719)	敬義	彦根藩	結城藩（茨城県）、厩（前）橋藩（群馬県）、彦根藩（滋賀県）、備後福山（広島県）、江戸（東京）
	浅見絅斎	(1652-1711)	敬義		近江高島（滋賀県）
○	稲生若水	(1655-1715)	朱子・本草	金沢藩儒医	江戸（東京）、丹後宮津藩（京都府）、大阪、京都
◎	新井白石	(1657-1725)	朱子	幕府儒官	江戸（東京）
○	大串雪瀾	(1658-1696)	朱子	水戸藩儒	京都、水戸（茨城県）
◎	中島浮山	(1658-1727)	古義		京都
○	室鳩巣	(1658-1734)	朱子	金沢藩儒、のち幕府儒官	江戸（東京）、金沢（石川県）

◎	荘田恬逸	（1660-1723）	朱子	幕臣	安芸（広島県）
○	平元梅隣	（1660-1743）	古義	秋田藩町儒	秋田、京都
○	竹田春庵	（1661-1745）	朱子	福岡藩儒	京都、福岡
○	三宅尚斎	（1662-1741）	敬義	鳥取藩賓師	播磨明石（兵庫県）、武蔵忍（埼玉県）、京都、鳥取
○	荻生徂徠	（1666-1728）	古文辞	甲府柳沢藩儒官	上野（群馬県）国、上総国（千葉県）、江戸（東京）
※	松岡恕庵	（1668-1746）	本草		京都、江戸（東京）
◎	伊藤東涯	（1670-1736）	古義		京都
◎	荻生北渓	（1673-1754）	古文辞	幕府儒員	江戸（東京）
◎	若林強斎	（1679-1732）	敬義		京都
○	太宰春台	（1680-1747）	古文辞	江戸藩邸講師	信濃（長野県）、江戸（東京）
○	篠崎東海	（1687-1740）	古義	小幡藩儒	江戸（東京）
○	山県周南	（1687-1752）	古文辞	萩藩儒	周防（山口県）、江戸（東京）
◎	渡辺蒙庵	（1687-1775）	古文辞	浜松藩儒	遠江浜松（静岡県）
◎	山井崑崙	（1690-1728）	古文辞	和歌山藩書室	和歌山、江戸（東京）
◎	菅沼東郭	（1690-1763）	古文辞		江戸（東京）、大阪
○	岡田白駒	（1692-1767）	古文辞	蓮池藩儒	播磨（兵庫県）、京都
○	伊藤蘭嵎	（1694-1778）	古義	和歌山藩儒	京都、和歌山
	中村蘭林	（1697-1761）	朱子	幕府儒官	江戸（東京）
○	五井蘭洲	（1697-1762）	朱子	弘前（津軽）藩儒	大阪、江戸（東京）、津軽藩（青森県）
○	矢野容斎	（1697-1764）	敬義	高崎藩	江戸（東京）

※	賀茂真淵	(1697-1769)	国学		遠江浜松（静岡県）、江戸（東京）
○	松平君山	(1697-1783)	古注	名古屋藩儒	名古屋
◎	良野華陰	(1699-1770)	折衷		讃岐（香川県）、江戸（東京）、京都
◎	木村梅軒	(1701-1752)	古文辞		江戸（東京）
○	西依成斎	(1702-1797)	敬義	小浜藩儒	肥後（熊本県）、京都、小浜藩（福井県）
○	井上蘭台	(1705-1761)	折衷	岡山藩儒	甲府（山梨県）、江戸（東京）、
#	加治（源）光輔	(1707-1777)	古文辞	豊後岡藩士	豊後（大分県）、江戸（東京）
◎	赤松太庾	(1709-1767)	古文辞		江戸（東京）
○	芥川丹丘	(1710-1785)	古注	鯖江藩儒者	京都、鯖江藩（福井県）
◎	神林復所	(1710-1795)	朱子	平藩	磐城（福島県）、江戸（東京）
○	竜草廬	(1714-1792)	古注	彦根藩儒	山城（京都府）、伏見（京都）、彦根（滋賀県）
○	新井白蛾	(1715-1792)	敬義	金沢藩儒	江戸（東京）、金沢（石川県）
	五味国鼎	(1718-1754)	古文辞		甲斐国（山梨県）
	高階暘谷	(1719-1766)	古文辞		長崎
○	中村習斎	(1719-1799)	敬義	名古屋藩儒	名古屋、江戸（東京）
○	後藤芝山	(1721-1782)	朱子	高松藩儒	高松（香川県）、江戸（東京）
◎	平賀中南	(1721-1792)	古文辞		安芸（広島県）、京都、大阪
○	森蘭沢	(1722-1777)	古文辞	広島藩	江戸（東京）、広島

◎	田中鳴門	(1722-1788)	朱子		近江（滋賀県）、大阪
※	小沢蘆庵	(1723-1801)	国学	松山藩家臣	大阪、京都、尾張（愛知県）
○	近藤西涯	(1723-1807)	朱子	岡山藩儒	姫路（兵庫県）、京都、岡山
○	山口剛斎	(1724-1801)	敬義	津和野藩儒	大阪、石見津和野藩（島根県）
○	戸崎淡園	(1724-1806)	古文辞	守山藩儒	常陸（茨城県）
○	宇井黙斎	(1725-1781)	敬義	新発田藩儒	唐津（佐賀県）、古河（茨城県）、肥前（佐賀県）、（新潟県）
○	西依墨山	(1726-1800)	敬義	小浜藩儒	肥後（熊本県）、小浜（福井県）
◎	細合斗南	(1727-1803)	古文辞		伊勢（三重県）、大阪
※	小野蘭山	(1727-1810)	本草（古義）	幕府医官	京都、江戸（東京）
○	細井平洲	(1728-1801)	古注	米沢藩師、名古屋藩明倫館督学	尾張（愛知県）、京都、長崎、江戸（東京）、米沢（山形県）、名古屋
♯	和田子表	(1728-1814)	古文辞	庄内藩士	庄内（山形県）、江戸（東京）
○	斎宮静斎	(1729-1778)	古文辞	松山藩講師	安芸沼（広島県）、京都、江戸（東京）、松山（愛媛県）
◎	片山兼山	(1730-1782)	古注	出雲藩儒	上野（群馬県）、熊本、松江（島根県）、江戸（東京）
○	奥田三角	(1730-1783)	古義	津藩儒	伊勢（三重県）、京都
○	伊藤東所	(1730-1804)	古義	挙母藩賓師	京都、挙母（愛知県）

○	中井竹山	(1730-1804)	朱子	大阪懐徳堂書院長	大阪
○	箕浦江南	(1730-1816)	敬義	高知藩儒	高知、京都、江戸（東京）
○	古屋愛日斎	(1731-1798)	朱子	熊本藩儒	熊本
◎	藤沢雲斎	(1731-1798)	古文辞		
○	井上金峨	(1732-1784)	折衷	中村藩賓師	常陸国（茨城県）、駒込（東京）
○	稲葉黙斎	(1732-1799)	敬義	唐津・古河藩儒	唐津（佐賀県）、古河（茨城県）
#	平貴徳	(1732-1804)			江戸（東京）、美濃（岐阜県）
○	中井履軒	(1732-1817)	古注	大阪懐徳堂書院長	大阪
◎	富永滄浪	(1733-1765)	古義		近江（滋賀県）
○	香川南浜	(1734-1792)	古文辞	広島藩儒	安芸広島（広島県）、江戸（東京）
○	古屋昔陽	(1734-1806)	古注	熊本藩儒・会津藩賓師	熊本、江戸（東京）、会津藩（京都）
○	皆川淇園	(1734-1807)	古注	平戸藩賓師	京都、平戸（長崎県）
○	山本秋水	(1734-1808)	朱子	鹿児島藩儒	鹿児島、江戸（東京）
◎	宇野東山	(1735-1813)	古文辞		江戸（東京）
◎	座光寺南屏	(1735-1818)	古文辞		甲斐（山梨県）
◎	木村巽斎	(1736-1802)	朱子		浪華（大阪）
◎	石川金谷	(1737-1778)	古注	膳所藩・延岡藩	伊勢（三重県）、京都、延岡藩（宮崎市）
	岡白洲	(1737-1787)	本草		大阪
◎	豊島豊洲	(1737-1814)	折衷		江戸（東京）

○	千手廉斎	（1737-1819）	敬義	高鍋藩儒	高鍋藩（宮崎県）、江戸（東京）
○	市川鶴鳴	（1740-1795）	古文辞	鹿児島藩垂水文行館知行事・高崎藩儒	信州（長野県）、尾州（愛知県）、薩州（鹿児島県）、京都、大阪、江戸（東京）
◎	岸勝明	（1740-1815）		上野藩士	伊賀（三重県）、上野（群馬県）
◎	小田穀山	（1742-1804）	古注		越後（新潟県）（新潟）、江戸（東京）
○	斎藤芝山	（1743-1808）	古文辞	熊本藩儒	熊本
○	恩田蕙楼	（1743-1813）	古注	名古屋藩儒	名古屋藩
○	松村九山	（1743-1822）	古文辞	大野藩儒医	勝山大野藩（福井県）
◎	佐々木琴台	（1744-1800）	古義		近江（滋賀県）、京都、江戸（東京）
◎	江良仲文	（1745-1789）			肥後（熊本県）
○	坂本天山	（1745-1803）	古文辞	高遠藩士	信濃高遠藩（長野県）、大阪、京都、長崎
○	桜井東亭	（1745-1803）	古義	出石藩儒	但馬（兵庫県）、京都、
○	岡野石城	（1745-1830）	古文辞	松代藩儒	松代藩（長野県）
◎	八田華陽	（1746-1817）	折衷		三河（愛知県）、江戸（東京）
○	村瀬栲亭	（1746-1818）	古注	秋田藩儒	京都、秋田
#	坂本宣業	（1747-1825）	古文辞	摂津尼崎藩儒医	摂津（大阪府）
○	塚田大峯	（1747-1832）	古注（独自）	名古屋藩儒	美濃（岐阜県）、江戸（東京）、尾張（愛知県）
◎	諸葛琴台	（1748-1810）		姫路藩	下野（栃木県）、姫路

					（兵庫県）
◎	佐和莘斎	（1749-1831）	古義		石見（島根県）
○	落合東堤	（1749-1841）	敬義	秋田藩	平鹿郡（秋田県）
○	川合春川	（1751-1824）	古注	和歌山藩儒	美濃国（岐阜県）、京都、和歌山
◎	萩原大麓	（1752-1811）	古注		上野（群馬県）、江戸（東京）
○	山本北山	（1752-1812）	折衷	秋田藩儒	江戸（東京）
＃	坂元慎	（1752-1821）	本草	金沢藩医	加賀（石川県）金沢（石川県）
◎	馬淵嵐山	（1753-1836）	古文辞		京都
○	田辺楽斎	（1754-1823）	敬義	仙台藩儒	仙台、京都、江戸（東京）
＃	川島栗斎	（1755-1811）	敬義	石原氏に仕えた	近江（滋賀県）
＃	久志木常夏	（1755-1827）	国学		江戸（東京）
◎	松本愚山	（1755-1834）	古注		京都、大阪
○	雨森牛南	（1756-1815）	折衷	大野藩儒医	大野（福井県）、江戸（東京）
＃	中村直斎	（1757-1839）	敬義	名古屋藩士	尾張（愛知県）
◎	山中天水	（1758-1790）	折衷		伊勢（三重県）、江戸（東京）
◎	久保筑水	（1759-1835）	古注		安芸（広島県）
○	三野藻海	（1760-1795）	古文辞	高松藩儒	讃岐（香川県）、京都、高松（香川県）
◎	永井星渚	（1761-1818）	古文辞	名古屋藩	尾張（愛知県）
○	大塚観瀾	（1761-1825）	敬義	高鍋藩儒	高鍋藩（宮崎県）、京都、大阪、石州（見）（島根県）、江戸（東

					京）
○	猪飼敬所	(1761–1845)	古注	津藩儒	京都
＃	大江荊山	(1763–1811)	古注		京都
※	佐原鞠塢	(1763–1832)		植物園主	仙台、江戸（東京）
○	中山城山	(1763–1837)	古文辞	高松藩町儒者	讃岐（香川県）、高松（香川県）
○	大田錦城	(1765–1825)	考証	金沢藩儒	加賀（石川県）、京都、江戸（東京）、三河国豊橋藩（愛知県）
◎	市野迷庵	(1765–1826)	古文辞		江戸（東京）
○	鈴木朖	(1765–1837)	国学	名古屋藩儒	尾張（愛知県）
◎	中井蕉園	(1767–1803)	朱子		大阪
○	金子鶴村	(1768–1840)	古注	金沢藩儒	加賀（石川県）
○	林述斎	(1768–1841)	朱子	幕府儒官・昌平校祭酒	岩村藩（岐阜県）、江戸（東京）
◎	目々沢鉅鹿	(1768–1848)	古文辞		陸前（宮城県）、仙台
○	阿野蒼崖	(1769–1822)	朱子	福江（五島）藩儒	下野国（栃木県）、江戸（東京）、福江（五島）藩（長崎県）
◎	増島蘭園	(1769–1839)	朱子	幕府儒員	江戸（東京）
○	仁井田南陽	(1770–1848)	古義	和歌山藩儒	和歌山、江戸（東京）
○	松崎慊堂	(1771–1844)	古注	掛川藩儒	肥後国（熊本県）、江戸（東京）、掛川藩（静岡県）
※	村田了阿	(1772–1843)	国学		江戸（東京）
＃	神野世猷	(1772–1853)	古注	名古屋藩士	名古屋
○	佐藤一斎	(1772–1859)	朱子	昌平校儒官・岩村藩儒	岩村藩（岐阜県）、田原（愛知県）、大阪、江戸（東京）

○	亀井昭陽	(1773-1836)	古文辞	福岡藩儒	福岡、周防（山口県）
◎	寺本直道	(1774-1807)	朱子		肥後（熊本県）
○	桜田虎門	(1774-1839)	敬義	仙台藩儒	仙台、江戸（東京）
◎	茅原虚斎	(1774-1840)	儒医		
※	小野蕙畝	(1774-1852)	本草		京都
#	中村択斎	(1776-1830)			越後新発田（新潟県）
#	春木（度会）煥光	(1777-1843)	本草		伊勢（三重県）
#	井岡桜仙	(1778-1837)	本草	美作（岡山県）津山藩	江戸（東京）
○	中村中倧	(1778-1851)	古注	高遠藩儒	信濃高遠（長野県）、伊勢（三重県）、
○	帆足万里	(1778-1852)	朱子	日出藩儒	日出・速見郡（大分県）、大阪、福岡、京都
○	亀田綾瀬	(1778-1853)	折衷	関宿藩儒	江戸（東京）、関宿（千葉県）、箱崎（東京都）、駿河台（東京都）、深川（東京都）
	東条一堂	(1778-1857)	古注		上総（千葉県）、京都、江戸（東京）
#	山本亡羊	(1778-1859)	本草		京都
◎	黒田金城	(1779-1835)	朱子		越後（新潟県）
◎	林蓀坡	(1781-1836)	朱子	金沢藩儒	加賀（石川県）、金沢（石川県）
◎	山本楽艾	(1781-1840)			越前（福井県）
○	朝川善庵	(1781-1849)	折衷	平戸藩賓師	江戸（東京）、長崎、薩摩（鹿児島県）
○	会沢正志斎	(1782-1863)	古注	水戸藩儒	常陸（茨城県）
◎	近藤正斎	(1783-1841)	折衷	幕臣	江戸（東京）

◎	諸葛帰春	（1783-1847）		姫路藩	下野（栃木県）、姫路（兵庫県）
◎	斎藤鑾江	（1785-1848）	朱子		阿波（徳島県）、江戸（東京）、大阪
◎	随朝若水	（1785-1848）	古注		京都、常陸金江津（茨城県）
○	日野醸泉	（1785-1856）	朱子	西条藩儒	小松藩（愛媛県）、江戸（東京）、四国西条藩（愛媛県）
○	落合双石	（1785-1868）	朱子	飫肥藩儒	飫肥（宮崎県）、長崎、京都、芸備（広島県）、大阪
＃	馬場克昌	（1785-1868）	本草	幕臣	江戸（東京）
○	村田箕山	（1787-1856）	敬義	松山藩儒	松山（愛媛県）
○	草場佩川	（1787-1867）	朱子	佐賀藩儒	肥前多久（佐賀県）、佐賀藩（佐賀県）、長崎、江戸（東京）、対馬（長崎県）
◎	宮本篁村	（1788-1838）	折衷		常陸（茨城県）、水戸（茨城県）
○	古賀侗庵	（1788-1847）	朱子	幕府昌平校儒官・佐賀藩江戸藩邸明善堂講師	佐賀、江戸（東京）
	中山鼇山	（1789-1815）	古文辞		讃岐（香川県）、京都
○	日尾荊山	（1789-1859）	折衷	江戸町儒者・九州府内藩江戸邸講師	武蔵国（東京都と埼玉県と神奈川県との境内）、江戸（東京）
○	金子霜山	（1789-1865）	敬義	広島藩儒	広島、江戸（東京）

◎	萩原楽亭	(1790-1829)	古注		江戸（東京）
◎	岡田煌亭	(1792-1838)	折衷		上総（千葉県）
＊	畔田翠山	(1792-1859)	本草	和歌山藩士	和歌山
◎	藍沢南城	(1792-1860)	古注		越後（新潟県）
○	大島藍涯	(1794-1853)	朱子	金沢藩儒	越中（富山県）、江戸（東京）、金沢（石川県）
○	近藤棠軒	(1796-1828)	朱子	忍藩儒	江戸（東京）、忍城（埼玉県）
◎	赤沢一堂	(1796-1847)			讃岐（香川県）
◎	山崎北峰	(1796-1856)			江戸（東京）
◎	小島成斎	(1796-1862)	書道	福山藩儒	福山（広島県）
◎	小沢精庵	(1796-1864)		小田原藩士	相模（神奈川県）、越後（新潟県）
○	鷹羽雲淙	(1796-1866)	朱子	鳥羽藩儒	伊勢（三重県）、江戸（東京）、鳥羽（三重県）
＊	小原良直	(1797-1854)	本草	和歌山藩	和歌山
○	野本白巌	(1797-1856)	朱子	中津藩儒	中津（大分県）、豊後（大分県）、京都、江戸（東京）
◎	海保漁村	(1798-1866)	考証	幕府儒官	上総（千葉県）、江戸（東京）
○	桜井石門	(1799-1850)	古義	出石藩儒	備前（岡山県）、播磨（兵庫県）、京都
○	小野損庵	(1804-1862)	朱子	桑名藩儒	桑名（三重県）、江戸（東京）
	河田廸斎	(1806-1859)	朱子	昌平校儒官	讃岐（香川県）、高松（香川県）、江戸（東京）

◎	毛利泰斎	(1814-1836)		萩藩十三代藩主	萩藩（山口県）
◎	脇田琢所	(1815-1858)	朱子	松山藩	備中（岡山県）
◎	巨勢卓軒	（?-1701）		幕府儒官	京都
◎	馬場信武（尾田玄古）	（?-1715）			京都
◎	江村如亭	（?-1734?）	朱子	尼崎藩儒	京都、尼崎藩（兵庫県）
◎	佐藤敬庵	（?-1755）			江戸（東京）
◎	鳥山崧岳	（?-1776）	古義		越前（福井県）、大阪
◎	角田青渓	（?-1788）	古注	松江藩儒	江戸（東京）
○	福井敬斎	（?-1800）	敬義	篠山藩学顧問	京都、江戸（東京）、篠山（兵庫県）
○	岡井赤城	（?-1803）	古文辞	高松藩儒	江戸（東京）、高松（香川県）
#	三谷笙洲	（?-1823）	折衷		近江（滋賀県）、京都
○	渓百年	（?-1831）	朱子	鳥取藩儒	讃岐（香川県）、江戸（東京）、京都、大阪、鳥取
○	石井択所	（?-1842）	朱子	前橋（川越）藩儒	前橋藩（群馬県）
◎	蒔田鳳斎	（?-1850）		福井藩	越前（福井県）、大阪
#	細井洵（順・徇）	（?-1852）	本草	越前福井藩臣	越前（福井県）、京都、大阪
#	小林元有	（?-1861）	狂歌		常陸（茨城県）
○	安東仕学斎	（?-?）	古義	柳川藩儒	柳川（福岡県）、京都
	加藤千蔭	（?-?）	国学		京都
	矩堂	（?-?）			
	源宜	（?-?）			

	古川町佐助	（?-?）			
	佐時貞	（?-?）			
	佐田定穀	（?-?）			
	桜山恭	（?-?）			
	三谷景従	（?-?）			
◎	小亀勤斎	（?-?）			京都
○	諏訪忠林	（?-?）	古文辞	高島藩六代藩主	高島藩（長野県）
◎	菅間鷲南	（?-?）			加賀（石川県）
◎	星野熊嶽	（?-?）			伊勢（三重県）
◎	西湖学	（?-?）			
	西尾寿閑	（?-?）			
◎	川合元	（?-?）		和歌山藩儒	和歌山
◎	川目直	（?-?）	古文辞		江戸（東京）
◎	草賀驪川	（?-?）			備前（岡山県）、堺（大阪府）
	谷士嶢	（?-?）			
	中西忠蔵	（?-?）			
○	田村克成	（?-?）	敬義	高鍋藩儒	高鍋藩（宮崎県）
	保谷玄悦	（?-?）	本草		
	宝田東陽	（?-?）			
	滕知剛	（?-?）	本草		
	馬山樵夫	（明和前後）			
＃	藤沼尚景	（江戸中期）	本草		江戸（東京）
＃	淵景山	（江戸中期）			江戸（東京）
◎	高円陵	（?-天明中）			
◎	渡辺荒陽	（?-寛政中）			江戸（東京）

◎	西山元文	（？−寛政中）		対馬藩士	対馬（長崎県）
◎	乾長孝	（？−寛政中）			因幡（鳥取県）
＃	関盈文	（寛政文化間）	朱子		上総（千葉県）、長崎
○	小篠東海	（？−文化？）	古文辞	川越藩儒・浜田藩儒官。	石見（島根県）、浜田（島根県）
◎	北条蠖堂	（？−文化中）			江戸（東京）
◎	高橋華陽	（文化中）	折衷		八丈島（東京都）、江戸（東京）
	岸本吉迢	（文化前後）			
◎	中井乾斎	（？−文政中）	考証	吉田藩	三河（愛知県）、江戸（東京）
	笠原章	（文政前後）			
◎	江帾木鶏	（？−天保中）			羽後（秋田県と山形県）
◎	宮田五渓	（？−天保中）		水口藩	江戸（東京）、近江（滋賀）、水戸（茨城県）
○	神吉東郭	（？−天保中）	朱子	赤穂藩儒	赤穂藩（兵庫県）
	荒井履	（天保前後）			
	黒川彝	（天保前後）			
	野村魯巌	（天保前後）			
	安藤竜	（弘化嘉永前後）			
◎	日尾省斎	（？−嘉永中）	折衷		江戸（東京）
＃	斎藤笠山	（江戸後期）	朱子	岡山藩	岡山
＃	山本簡斎	（江戸後期）		松江藩医	福井、松江藩（島根県）
＃	中臣連由伎麿	（江戸後期）	国学		

表十の一　各学派学者の人数

学派	江戸前期	江戸中期	江戸後期	不詳	計
朱子	6	16	34	0	56
陽明	1	0	0	0	1
敬義	1	6	18	1	26
古義	0	9	7	1	17
古文辞	0	15	24	2	41
古注	0	1	28	0	29
折衷	0	2	16	0	18
考証	0	0	3	0	3
その他	1	8	46	20	75
計	9	57	176	24	266

表十の二　各学派学者の身分

学派	諸藩関係	幕府関係	その他	計
朱子	37	6	13	56
陽明	1	0	0	1
敬義	22	0	4	26
古義	9	0	8	17
古文辞	25	1	15	41
古注	19	0	10	29
折衷	8	1	9	18
考証	2	1	0	3
その他	18	3	54	75
計	141	12	113	266

表十の三　各学派と藩との関係

	九州	四国	中国	近畿	東海	北陸	信越	関東	東北	計
朱子	11	4	5	2	4	5	0	4	2	37
陽明	0	0	1	0	0	0	0	0	0	1
敬義	3	2	3	2	2	3	1	2	4	22
古義	1	0		4	2	0	0	1	1	9
古文辞	5	4	3	3	2	1	3	2	2	25
古注	2	0	2	3	6	2	1	1	2	19
折衷	2	0	1	0	0	2	0	1	2	8
考証	0	1		0	0	1	0	0	0	2
その他	1	0	4	6	1	3	0	2	1	18
計	25	11	19	20	17	17	5	13	14	141

表十の四　流布地域（その1）：各学派学者の活動地点

	九州	四国	中国	近畿	東海	北陸	信越	関東	東北	計
朱子	20	9	8	38	6	6	1	29	6	123
陽明	0	0	1	5	0	0	0	2	0	8
敬義	8	3	5	16	2	3	1	17	3	58
古義	1	0	2	21	2	1	0	3	1	31
古文辞	6	7	8	16	4	1	5	23	3	73
古注	6	0	3	18	11	2	3	15	2	60
折衷	2	1	0	3	2	2	0	25	0	35
考証	0	0	0	1	2	1	0	3	0	7
その他	2	1	5	22	7	7	2	22	3	71
計	45	21	32	140	36	23	12	139	18	466

表十の五　流布地域（その2）：各学派学者の活動地点（現代県名で示す）

学派	朱子	陽明	敬義	古義	古文辞	古注	折衷	考証	その他
前期	茨城県 京都 (5) 石川県 兵庫県	兵庫県 京都 (2) 奈良県 岡山 東京 茨城県 滋賀県	京都 高知県						京都
中期	大阪 (3) 山口県 石川県 兵庫県 京都 (11) 岡山 岩手県 東京 (7) 長崎 青森県 (2) 香川県 茨城県 高知県		兵庫県 京都 (3) 東京 (3) 茨城県 鳥取 埼玉県 滋賀県 (2) 群馬県 広島	大阪 (2) 兵庫県 京都 (6) 和歌山 東京 秋田 滋賀県 福井県	千葉県 大分県 大阪 山口県 山梨県 兵庫県 京都 (2) 和歌山 東京 (11) 長崎 長野県 愛媛県 群馬県 広島県 (2)	三重県 京都 宮崎市	山梨県 東京 (2) 京都 香川県		東京 (5) 京都 (3) 静岡県

	福岡県(3)広島県		県		静岡県				
後期	三重県(3)千葉県大分県(3)大阪(9)石川県(3)佐賀県(3)兵庫県(2)岐阜県(2)京都(5)岡山(3)東京(18)長崎(5)香川県(4)宮崎県鳥取鹿児島埼玉県		大阪(2)宮城県(2)石川県愛知県佐賀県(3)兵庫県京都(5)東京(9)秋田県宮崎県(2)島根県(2)茨城県(2)	三重県兵庫県(2)京都(5)和歌山岡山県東京(2)島根県滋賀県愛知県	三重県大阪(5)山口県山形県山梨県宮城県京都(6)東京(6)長崎長野県(3)香川県(6)宮城県島根県(2)茨城県鹿児島県愛知県(2)熊本福井県福岡広島県(2)	千葉県大阪(2)山形県石川県愛知県(4)岐阜県(2)京都(13)和歌山東京(10)長崎県(2)長野県秋田島根県茨城県(2)滋賀県愛知県(2)新潟県(2)群馬県(2)	三重県千葉県(2)京都東京(17)長崎茨城県(3)鹿児島県富山県滋賀県愛知県福井県	愛知県(2)千葉県石川県東京(3)京都	三重県(2)大阪(4)山口県山形県宮城県石川県(2)兵庫県(2)岐阜県京都(5)和歌山(2)東京(11)長崎県秋田県(1)香川県島根県神奈川県茨城県(2)鳥取県滋賀県

	富山県 滋賀県 愛知県 愛媛県（2）新潟県 群馬県 熊本県（2）福岡 福島県 広島県 徳島県 栃木県	高知 滋賀県 愛知県 愛媛県 新潟県 熊本県（2）福井県（2）広島			熊本県（3）福井県 広島県 静岡県			愛知県（2）新潟県（2）群馬県 熊本県 福井県（4）広島県 栃木県（2）
不詳		宮崎県	福岡県 京都	東京 長野県			石川県 三重県 京都（2）和歌山 岡山県 大阪

表十の六　流布地域（その3）：各学派学者の活動地点順

東京都	107
京都府	80
大阪府	29
愛知県	17
香川県	13
兵庫県	13
長崎県	12
茨城県	12
三重県	11
石川県	11
広島県	10
滋賀県	10
福井県	10
熊本県	9
岡山県	7
島根県	7
和歌山県	7
長野県	6
佐賀県	6
福岡県	6
新潟県	6
千葉県	6
群馬県	6
宮崎県	5
岐阜県	5
宮城県	5

秋田県	4
大分県	4
愛媛県	4
山口県	4
鹿児島県	3
高知県	3
鳥取県	3
静岡県	3
山梨県	3
栃木県	3
山形県	3
富山県	2
埼玉県	2
青森県	2
茨城県	2
徳島県	1
奈良県	1
神奈川県	1
岩手県	1
福島県	1

表十一　　『詩経』相関著作（計426点、書名順）

書名	著作名	出版年	出版地	分類	形態	所蔵※
王氏詩教2巻	菅沼東郭			総論		（備考）大成
改正五経一件上書1冊	古川町佐助			政治	写本	金沢市
改正詩経集註15巻	松下見林	元禄6年	京都		刊本	松本市中央図書館
絵本倭詩経（別称絵本大和詩経）3巻	馬山樵夫	明和8年		擬経	刊本	東大、東北大、国会
叶韻醒言	神林復所			言語	自筆本	静嘉
叶韻弁疑	渡辺蒙庵			言語		（備考）大成
観海楼五経論語弁義	和田子表				写本	鶴岡
観詩々：国風部	鷹羽雲淙			三類		（備考）大成
韓詩外伝引詩篇目1冊	鳥山崧岳	明和元年		三家		（備考）大阪出版書籍目録
韓詩外伝10巻	太宰春台	宝暦9年（1759）	江戸京都		後印	日本文華学園、島根県立図書館
旧本七経孟子大体解義1冊	源宜				写本	国会
九経音釈	坂本天山					（備考）大成
九経字様1巻	松崎慊堂	天保15年跋	江戸			東京都立中央、高遠町図書館
九経輯異6巻	茅原虚斎				写本	国会
九経説園	脇田琢所					（備考）大成

九経談 10 巻	大田錦城	文化 12 年、文化 2 年、文化元年、文政 6 年、文政 7 年（補刻）、安政 6 年	江戸 京都		刊本	九大、三重県立図書館、山梨県立図書館、日本文華学園、立命館大学、佐野市立郷土博物館須永文庫、東北大学付属図書館、松本市中央図書館、津市図書館、無窮会、内閣
九経談評 1 冊	猪飼敬所				写本	静嘉
九経類聚 3 冊	箕浦江南	文政 10 年			写本	日比谷
訓点韓詩外伝 10 巻	鳥山崧岳	宝暦 9 年以降	大阪 京都		重印本	高遠町図書館、松本市中央図書館
訓点五経	後藤芝山	天明 14 年（翻刻）、天明 4 年、天明 7 年（1787）、天保 10 年刊（四刻）、文久 3 年（1863）（六刻）、文	大阪 江戸 京都 鹿児島藩 福岡			二松学舎大学付属図書館、八戸市立図書館、三康、山梨県立図書館、中央大末松文庫、立命館大学、伊達市開拓記念館、東大総、東京都立中央、金沢市立玉川図書館、津市図書館、宮城県図、島根県図、酒田市立光丘文

		化10年（再刻）、文化9年、文政13年（1831）（三刻）、弘化3年修（四刻）、安政2年（1855）（五刻）、慶応3年、寛政2年序、				庫、飯田市立中央図書館、愛知大簡斎文庫、館林市立秋元文庫、内閣、国士舘楠本文庫、国会
訓点詩経2巻（音訓図説五経11巻のうち）	西尾寿閑	安政7年	江戸		刊本、（後印	立命館大学、二松学舎大学付属図書館、茨城大
訓点詩経2巻（五経11冊のうち）	山崎闇斎	安永2年（1773）印、享保頃、明和7年（1770）印、文化2年（1805）	大阪江戸京都薩摩		刊本	大洲市立図書館、伊達市開拓記念館、東北大、酒田市立光丘文庫、国会、

		刊嘉永7年（1854）				
訓点本詩経正文2巻（五経正文のうち）	伊藤東涯	寛保元年刊文化14年、享保20年（1735）	京都大阪		再版	東北大
訓点毛詩正文3巻	片山兼山	天明4年（1784）（刊本）、文化4年（重刻）、文政2年（1819）（重刻）、嘉永3年（1850）重刻、文政4年（1821）（再刊）、安永6年（1777）（刻本）	大阪京都江戸		重刻	一橋大、九大、千葉県立中央、京産大小川文庫、東大総、松本市中央図書館、津市図書館、宮城県図、飯田市立中央、愛媛大、館林市立秋元文庫、内閣
訓点毛詩艸木鳥獣虫魚疏2	松下見林	元禄11年	大阪		刊本	国会、東北大

巻						
稽古録（巻之四、詩大小序説・大序十謬・六義考）	大田錦城			総論	写本	無窮真軒
古今詩書	諏訪忠林					
古今六義諸説（別称六義諸説並自註、六義之弁）	小沢廬庵	寛政6年		総論	自筆・写本	国会
古都多飛1巻	中井履軒			擬経	手稿本	懐徳堂文庫（阪大）
五経一得解 5巻	安東仕学斎					（備考）大成
五経一得対類 2巻	安東仕学斎					（備考）大成
五経一得鈔説 5巻	藍沢南城	天保11年完稿		注釈	写本	新潟県立図書館
五経音義補 20巻	高階暘谷			語言		（備考）大成
五経音義訳	斎藤笠山					
五経解閉 20巻	萩原大麓					（備考）大成
五経訓式定本	石井択所					（備考）大成
五経志疑 40巻	斎藤鑾江					（備考）大成
五経旨要8巻	浅見絅斎			総論		（備考）漢学者伝記及著述集覧
五経私考	松永尺五					（備考）大成

五経字引 1 冊	山崎北峰			語言		津市図橋本
五経新注欄外書（未完成）	田村克成					（備考）大成
五経図彙 3 巻	松本愚山	寛政3年、天明5年	大阪		写本	九大、早大、京大、東大、東北大、金沢大、宮書、筑波大、尊経、無窮会、慶大
五経説叢 30 巻	中井乾斎					（備考）大成
五経註	大塚観瀾					（備考）大成
五経童子問	人見卜幽軒					（備考）大成
五経読法正誤 6 巻	諸葛帰春					（備考）大成
五経白文（音註釈義）	宇都宮遯庵	寛文11年（1671）跋刊	京都			
五経反切一覧	宝田東陽	元治元年		言語	刊本	筑波大、慶大、日比谷、富山
五経筆解	田辺楽斎					（備考）大成
五経筆記（詩経筆記 2 冊）	三宅尚斎			総論		蓬左（『道学資講』二〇二）
五経文字疏証	小島成斎			言語		（備考）大成
五経要語抄	林羅山					（備考）大成
五経竟宴詩 1 冊	林鵞峰	寛文3年序				慶大
校韓詩外伝	藤沢雲斎			三家		（備考）大事典
校刻欽定四経	大島藍涯	弘化元年	金沢藩		刊本	東大総、内閣、

100 巻		-嘉永 4 年				東北大、無窮会
校刻五経文字 3 巻	松崎慊堂	天保 15 年			刊本	日本文華学園
校正五経正文	神野世猷	文化 9 年 (1812) 刊				
校註韓詩外伝 11 巻	川目直			三家	自筆稿本	慶大斯道
校定詩輯伝 8 巻	中西忠蔵	嘉永 5 年			刊本	内閣、無窮会
校定毛詩稽古編	岡田煌亭	天保 7 年 (1836)	江戸			
校訂七経孟子考文補遺	木村梅軒					（備考）大成
考定詩伝或問 1 巻	宇井黙斎			注釈	写本	内閣（『詩三説合録』の内）
国風大意	岸勝明			三類		（備考）大成
三緯微管編（別称三緯微管凡例）	大田錦城			総論	写本	刈谷、教大、尊経、無窮会
三百篇原意 18 巻	藍沢南城	天保 11 年完稿		注釈	写本	新潟県立図書舘
三百篇私解 1 冊	山本北山			注釈	自筆本	天理（山本北山雑稿集 15）
四始考証（別称詩経四始考証）2 巻	星野熊嶽			総論	写本	東北大、教大、無窮会、国会
四書五経筆記	近藤棠軒			注釈		（備考）大成
四鴎説	海保漁村					

詩鑱	豊島豊洲					（備考）大成
詩因	渋谷松堂			総論		（備考）大成
詩韻国字解 2巻	大江荊山	文化4年刊		言語	刊本	刈谷、長野、天理、東洋大、内閣、日比谷、無窮会
詩音示蒙2巻	佐時貞	享和2年刊		言語	刊本	無窮会
詩家本草2巻	芥川丹丘			素材		（備考）大事典、大成
詩解韻章図 2冊	伊藤東所	寛保元年、寛政11年		言語	刊本	天理古義堂
詩解釈例1巻	伊藤東所			注釈		（備考）大事典
詩解18巻	伊藤東所			注釈	自筆本・写本	天理古義堂、無窮会、慶大、国会
詩解名物1冊	伊藤東所	文化元年、寛政12年		素材	自筆・写本	天理古義堂、京大
詩開巻義1巻	斎宮静斎			総論	写本	国会（『斎子学叢書（1）』）
詩学還丹2巻	川合春川	安永6年序、天保8年				国会、宮書
詩活様4巻	川合元			其他		（備考）大事典、明和書籍目録
詩漢注考	海保漁村					集覧
詩管窺	中山鼇山			総論		（備考）日本経

						解総目録
詩疑 22 巻	岡井赤城			注釈	写本	無窮神習
詩教大意 1 巻	古屋昔陽			総論		（備考）大成等
詩訓異同 1 巻	林鵞峰	寛文		注釈	写（稿本）	内閣
詩経	安藤竜			注釈	自筆	静嘉
詩経豳風和解	山本秋水			三類		鹿児島
詩経（周南・召南）1 冊	安藤竜			注釈	自筆・写本	静嘉
詩経（毛詩）繹解 15 巻（七経繹解のうち）	皆川淇園	安永 9 年序刊		注釈	写本	大谷、大阪府、刈谷、京大、東北大、金沢大、酒田市立光丘文庫、教大、国会、国学院
詩経夷考	細井平洲			総論		（備考）大成
詩経一枝 1 巻	黒川彝	天保 15 年		注釈	刊本	内閣、東大
詩経韻 1 冊	岸本吉迢	文化 9 年刊		言語	刊本	京大
詩経音訓考	近藤西涯			言語		（備考）大成
詩経音註 12 冊	山本楽艾			言語		（備考）大成
詩経解	三野藻海			注釈		（備考）大成
詩経解	新井白蛾			注釈		（備考）大成
詩経解	東条一堂			注釈		（備考）大成
詩経叶韻考 1	中村惕斎			言語	写本	国会

巻						
詩経関雎講義 1巻	稲葉黙斎			三類		（備考）大事典
詩経紀聞2冊	五井蘭洲			総論	写本	大阪府
詩経記聞8巻	海保漁村			総論	自筆・写本	東大
詩経疑問	大高坂芝山			総論		（備考）日本経解総目録
詩経訓解5冊	金子鶴村			注釈		（備考）大成
詩経訓義便覧 10巻	野村魯巌	天保15年序		注釈	写本	無窮織田
詩経群類講義 1冊	山本簡斎			素材	写本	杏雨
詩経原志6巻	平賀中南			注釈	刊本	大阪府
詩経原志晰義 2巻	平賀中南			注釈	写本・刊本	大阪府
詩経古義	西湖学			注釈		（備考）大成
詩経古義解 18巻	八田華陽	寛政12年序		注釈	刊本	筑波大
詩経古序翼6巻	亀井昭陽			注釈		（備考）日本経解総目録
詩経古註 20巻・詩譜1巻	井上蘭台	延享4年（1747）	江戸大阪		刊本	二松学舎、東大総、東北大、東京都立中央、松本市中央図書館、宮城県図、島根県立図書館、酒田市立光

						丘文庫、鹿大松本文庫、飯田市立中央図書館、広島大
詩経古伝 10巻	細井平洲	宝暦7年序、宝暦9年跋	江戸	注釈	刊本	活字本『平洲全集』収載。酒田市立光丘文庫、教大、無窮会、慶大、嚶鳴館、内閣、学習院
詩経五声音繹証（別称詩経五声音証）1冊	高橋華陽	享和3年序		言語	刊本	東大、教大、無窮会
詩経口義	佐藤直方			注釈		（備考）大事典
詩経口義 1冊	海保漁村			総論	自筆・写本	東大
詩経口義 4冊	中村択斎			注釈	写本	国会
詩経広義	室鳩巣			注釈		（備考）群書備考
詩経考（別称毛詩考、古注詩経考）10巻	戸崎淡園			注釈	写本	静嘉
詩経考 18巻	篠崎東海			注釈	刊本	（備考）日本経解総目録
詩経考注	賀茂真淵			注釈	写本・活字本	活字本『校本賀茂真淵全集思想篇下』、宮書（自筆）

詩経考 20 巻	西山元文			注釈	自筆・写本	国会
詩経講義（五経講義のうち）	落合東堤			注釈	写本	秋田
詩経講義（別称詩集伝講義）1 冊	西依成斎	明和元年		注釈	写本	京大
詩経講義 1 冊	五井蘭洲			注釈	写本	大阪府
詩経講義 1 冊	藍沢南城			注釈	写本	尊経
詩経講義 2 巻	大串雪瀾			注釈	写本	旧彰考
詩経講義 20 巻	川島栗斎			注釈	写本	無窮平沼
詩経講義 8 巻	赤沢一堂			注釈		（備考）大成
詩経講証	箕浦江南			注釈		（備考）大成
詩経講説 1 冊	五井蘭洲			注釈	写本	大阪府
詩経国字解 35 巻（五経国字解のうち）	穂積能改斎			注釈	写本	無窮神習
詩経国字注	馬淵嵐山			注釈		（備考）日本経解総目録
詩経国風図 1 冊	皆川淇園			三類	自筆稿本	京大
詩経国風衍義 10 巻	松平君山			三類		（備考）大成
詩経国風詁解 7 冊	奥田三角	明和		三類	写本	神宮

詩経産物解 1冊	小野蘭山			素材	写本	国会白井
詩経纂説 10巻	岡野石城			注釈		国会
詩経纂疏（毛詩纂疏）	大田錦城			注釈	写本	静嘉無窮会
詩経師説 7冊	若林強斎	享保 4 年		注釈	写本	無窮平沼
詩経私考 32巻	林鵞峰	寛文 10年自序		注釈	稿本	内閣
詩経私講 3 巻	村田箕山			注釈		（備考）大成
詩経私説	江幡木鶏			注釈		（備考）大成
詩経示蒙句解 18巻	中村惕斎	安永 9 年刊、享保 3 年序、享保 5 年印、元治元年、天保 5 年、天明 8 年	京都大阪		刊本	『先哲遺著漢籍国字解全書（五）』収載。九大、立命館大学橋本文庫、伊達市開拓記念館、早大、京大、東大、東北大、東京都立中央、東洋大、金沢大、宮城県図、酒田市立光丘文庫、無窮会、内閣、国士舘楠本文庫、静嘉
詩経辞例（九経辞例のうち）	高橋華陽			注釈		（備考）大成
詩経周南召南	熊沢蕃山			三類	写本	活字本『蕃山全

之解 2 冊						集』収載。静嘉
詩経集解（別称毛詩集解、嵩嶽詩集解）3 巻	萩原楽亭			注釈	自筆本	京大
詩経集義 15 巻	坂本宣業	天明 4 年刊		注釈	刊本	（備考）日本経解総目録
詩経集説標記 3 冊	猪飼敬所			注釈	写本	静嘉
詩経集注講義	佐藤直方			注釈	写本	（備考）日本経解総目録
詩経集註紀聞	五井蘭洲			注釈	写本	大阪府
詩経集註 15 巻	林羅山	享保 9 年（1724）、承応 2 年（1653）、慶安 2 年（1649）、慶安 3 年、慶安 4 年、寛文 3 年（1663）印	京都			山梨県立図書館
詩経集註筆記	五井蘭洲			注釈	写本	大阪府
詩経集伝講義	稲葉黙斎			注釈		『清谷全話』150 冊の内
詩経集伝講義	矢野容斎			注釈	写本	東大

詩経集伝師説（別称詩経師説、詩伝師説）1冊	西依墨山	安永7年		注釈	写本	京大、京都府、無窮平沼
詩経述 11 巻（九経述 130 巻のうち）	赤松太庚			注釈	写本	早大
詩経諸説折衷	宮本篁村			注釈		（備考）大成
詩経助字法 2 巻	皆川淇園	安永7年刊、天明3年	京都	言語	刊本	京大、鹿大、秋田、松本市中央図書館、新潟大、神宮、筑波大、東北大
詩経小雅図 1 冊	皆川淇園			三類	自筆稿本	京大
詩経小訓	細井平洲			注釈		（備考）大成
詩経小識（別称詩経小識録、詩経小識初稿）8巻	稲生若水	宝永6年跋、文化6年、延享元年、文政3年、文政6年、寛政4年、寛政6年、延享4年		素材	写本	大阪府、日比谷、京都大、東大、東北大、教大、無窮会、内閣、国会
詩経小識補 7巻・拾遺1巻	藤沼尚景	安永10年自筆		素材	自筆本	内閣
詩経証 3 巻	高橋華陽			注釈		（備考）大成
詩経新注	日尾省斎			注釈	写本	（備考）日本経

						解総目録
詩経人物証 1巻	高橋華陽	文政 10年序		素材	刊本	教大、慶大、早大、無窮会
詩経図解2巻（五経図解12巻のうち）	馬場信武（尾田玄古）	享保2年			刊本	九大、教大、慶大
詩経図5巻・総目1巻	新井白石			素材	自筆本	宮書、早大
詩経正解 33巻	菅野侗					
詩経正文唐音2巻	石川金谷			言語		（備考）日本経解総目録
詩経正名編（別称詩経正名篇）4巻	川合春川			総論		（備考）大成
詩経挿解稿本小雅1冊	河田廸斎			三類	写本	日比谷河田
詩経草名考 2巻	小林元有			素材		（備考）日本経解総目録
詩経草木解	小野蕙畝	天保13年、文化6年刊、文政10年、嘉永4年		素材	写本・手稿本、刊	杏雨
詩経草木多識会品目（多識会品目）	三谷笙洲	寛政11年		素材	刊本	村野
詩経多識参考	保谷玄悦			素材	写本	教大、杏雨

集 2 巻						
詩経大意講義1冊	三宅尚斎			総論		蓬左(『道学資講』二〇二)
詩経大訓	細井平洲			注釈		(備考) 大成
詩経択斎子講義 4 巻	中村択斎	文政		注釈	写本	(備考) 日本経解総目録
詩経訂疑	恩田蕙楼			注釈		(備考) 日本経解総目録
詩経統	落合双石			注釈		(備考) 大成
詩経 2 巻	林羅山	寛永 5 年、寛政 5 年 (1793) 重刊、寛文 11 年、寛文元年 (1661) 、享保 18 年 (1733) 、元禄 14 (1701) 、元禄 4 (1691) 、天保 11 年 (1840) (再刻)、天	大阪京都		刊本	八戸市立図書館、白石市図書館、東大総、宮城県図、国会

		保14年、文化9年、宝暦13年（1763）再版、明暦3年（1657）跋				
詩経2巻（五経音註別称重刻五経音註、校正音注五経のうち）	荒井履	天保14年	京都		刊本	立命館大学、島根県図
詩経2巻（五経11冊のうち）	藤原惺窩	寛永5年、万治2（1659）	京都		刊本	東洋文庫、茨城大、内閣
詩経2巻（校定音訓五経11巻のうち）	佐藤一斎	文化10年（1813）、天保12年（1841）、天保11年（1840）	大阪江戸		刊本	二松学舎大学付属図書館、津市図書館、館林市立秋元文庫、内閣
詩経8巻（経典余師のうち）	渓百年	嘉永2年、寛政5年	大阪	注釈	刊本	二松学舎、三康、立命館大学、酒田市立、無窮会、内閣
詩経発端尚斎	三宅尚斎					

先生講義						
詩経秘伝 2 巻	平貴徳			総論		杏雨
詩経筆記	佐藤直方			注釈		『韞蔵録続拾遺』6 冊の内
詩経筆記	中村直斎			注釈	自筆本	蓬左
詩経筆記 3 巻	浅見絅斎			注釈	写本	尊経
詩経標識 3 巻	東条一堂	嘉永 4 年		注釈	写本	活字本『詩経標識』がある。東大
詩経標注（五経標註のうち）	帆足万里			注釈		（備考）日本経解総目録
詩経品物図解 1 巻	小原良直			素材	写本	（備考）日本経解総目録
詩経物産	谷士嶢					
詩経物産	三宅尚斎			素材	写本	無窮神習
詩経物産解	小野蘭山			素材	写本	国会
詩経物産図譜 5 巻	馬場克昌			素材	写本	岐阜天猷寺
詩経物名集 3 巻	平貴徳			素材		杏雨
詩経聞記 1 冊	大田錦城			総論	写本	無窮織田
詩経聞書	中井履軒			注釈	写本	国会
詩経別考 20 巻	林鵞峰			注釈	稿本、自筆	内閣
詩経弁解（別称毛詩弁解）	市川鶴鳴			注釈		（備考）大成、大事典

16 巻						
詩経弁義	渡辺蒙庵			注釈		（備考）大成
詩経弁説 1 巻	大田錦城			総論	写本	（備考）日本経解総目録
詩経弁話略解（詩経弁話器解）20 巻	安藤竜	嘉永 4 年		注釈	自筆本	静嘉
詩経本草 5 巻	黒田金城			素材		（備考）大成、本朝医家著述目録
詩経万葉集草木考目安 1 冊	佐原鞠塢	文化 11 年頃		素材	刊本	村野
詩経名物解	小野蘭山			素材	写本	杏雨
詩経名物訓解 2 巻	春木（度会）煥光			素材	写本	（備考）日本経解総目録
詩経名物考 1 冊	松岡恕庵			素材	写本	国会白井
詩経名物考 1 冊	神吉東郭			素材	写本	日比谷、村野
詩経名物集成（別称詩経名物集成引書目、詩経名物集大成）6 巻	茅原虚斎	文化 5 年刊		素材	刊本	刈谷、杏雨、京大、東大、東北大、無窮会、内閣、国会
詩経名物図 1 巻	新井白石			素材		（備考）大事典
詩経名物図解十帳	細井洵（順・徇）	嘉永 3 年		素材	手稿本	国会白井
詩経名物図 2 冊	田辺楽斎	文化 8 年、寛政		素材	写本	仙台市民図書館

		6年（自筆本）				
詩経名物正名	坂元慎			素材	写本	村野
詩経名物弁解（別称詩経名物弁解難題）1巻	中井履軒			素材		（備考）漢学者伝記及著述総覧、大事典
詩経名物弁解記聞	畔田翠山			素材	手稿本写本	杏雨神宮
詩経名物弁解7巻	江村如亭	天明7年、享保16年、嘉永3年（1850）（刻本）、寛延2年（鈔本）	京都	素材	刊本	愛知大簡斎文庫、愛媛県立図書館、宮城教育大学、京大、教大、金沢市立玉川図書館、九大、慶大、国会、三康、酒田市立光丘文庫、秋田、神宮、静嘉、早大、大阪府、大谷、津市図書館、東京都立中央、東大、東北大、東洋、東洋大、内閣、二松学舎大学附属図書館、日比谷、飯田市立中央、蓬左、無窮会、立命館大学
詩経名物弁解	山本亡羊			素材	写本	杏雨

釈義（別称詩経名物釈義）1冊					稿本	村野
詩経名物弁解正誤1冊	小野蘭山			素材	写本	活字本『日本芸林叢書（三）』収載。国会、大阪府、杏雨、村野
詩経名物弁解説	小野蘭山			素材		杏雨
詩経名物略識1冊	加治（源）光輔	寛政9年		素材	写本	京大
詩経毛伝補義（別称毛詩補義）12巻	岡田白駒	延享3	京都	注釈	刊本	愛知大簡斎文庫、宮城県図、教大、金沢大、国会、三康、酒田市立光丘文庫、東京都立中央、東大、東洋大、二松学舎大学附属図書館、無窮会
詩経蒙引	小田穀山	文政6年、寛文12年			重訂	松本市中央図書館
詩経欄外書6巻	佐藤一斎			注釈		（備考）日本経解総目録、大事典
詩経六品考1巻	平貴徳			素材		杏雨
詩経彙註	富永滄浪			注釈		（備考）大成

詩経跋鼈 30巻	佐和莘斎			注釈		（備考）大成
詩経鈔 3 冊	林羅山			注釈	写本	旧彰考
詩経竟宴 1 巻	林鵞峰			注釈	稿本、自筆	内閣
詩源	柳原資行			総論	写本	宮書
詩古言 16 巻 序説 1 巻	伊藤蘭嵎	安永 3 年、享保 20 年、寛延 3 年		注釈	写本・自筆稿本	天理古義堂
詩綱領 1 冊	室鳩巣	享和 2 年		総論	刊本・写本	慶大、京大
詩事考	山本北山			其他		（備考）大成
詩識名 12 巻	桜田虎門			素材	自筆本・写本	東北大
詩集義 20 巻	中井乾斎			注釈		（備考）大成
詩集伝講義（別称詩集伝講誼）8 巻	中村習斎	（弘化 2 年、、弘化 3 年浦氏香写）		注釈	写本	大倉山、蓬左（『道学資講』203-206）
詩集伝纂要（別称詩伝纂要、詩集纂要）4 巻	金子霜山	安政 3 年自序		注釈	写本	静嘉
詩集伝師説 10 冊	若林強斎			注釈	写本	無窮会
詩集伝資講 8	三宅尚斎			注釈	写本	九大

冊						
詩集伝質朱 1 巻	増島蘭園			注釈		（備考）大事典
詩集伝続録付別録・余録 6 巻	安東省庵			注釈		（備考）大成
詩集伝筆録（別称詩経集伝鼓吹）1 冊	市野迷庵			注釈	自筆草稿本	慶大斯道
詩集伝蒙鈔（別称詩伝蒙鈔、詩経蒙鈔、詩伝筆記、詩集伝筆記）8 冊	笠原章	文政 8 年-10 年		注釈		筑波大
詩集伝翼 8 巻	荘田恬逸			注釈		（備考）日本経解総目録　大事典
詩述 30 巻	矩堂			注釈	写本	静嘉
詩書疑問 4 巻	大高坂芝山			注釈		（備考）大成
詩書旧序（別称詩書小序）1 冊	荻生徂徠	元文 6 刊		総論	刊本	京大
詩書古伝 34 巻	太宰春台	宝暦 8 年	江戸	注釈	刻本	京大、教大、慶大、国会、神宮、静嘉、尊経、大阪府、東大、内閣、日比谷、八戸市立図書館、飯田市立中央図書館、無

						窮会
詩書古伝補考	五味国鼎			注釈		（備考）大成
詩書講義	林鳳岡			注釈		（備考）大事典
詩書困知説 6巻	朝川善庵			注釈		（備考）大成
詩書集説（存1巻、巻1）	佐田定穀			注釈	写本	内閣
詩書集伝朱蔡異同考6巻	安東省庵			注釈		（備考）大成
詩書序考1巻	林鵞峰			総論	写本	内閣
詩書説	野本白巌			総論		（備考）大成
詩書疏林	竹田春庵			総論		（備考）大成
詩書通考国字箋	新井白蛾			注釈		（備考）漢学者伝記及著述集覧
詩書筆記	千手廉斎			注釈		（備考）大成
詩書旁注5巻	小篠東海			注釈		（備考）大成等
詩序質朱1冊	増島蘭園			総論	自筆本	日比谷加賀
詩序集説3巻	諸葛帰春			総論	写本	内閣
詩序弁1巻	増島蘭園			総論		（備考）大事典
詩小撮	林蓀坡			総論		（備考）日本経解総目録 大事典
詩訟蒲鞭1巻	雨森牛南	天明5年		総論	活字本	『日本芸林叢書（1）』、『日本詩話叢書（八）』収載。東北大
詩世本古義29巻	古屋昔陽			総論		（備考）大成

詩精1巻	川合元			総論		（備考）大事典、明和書籍目録
詩精義	大田錦城			注釈		（備考）大成
詩説	乾長孝			注釈		（備考）大成
詩説1巻	伊藤仁斎					
詩説稿15巻	佐々木琴台			注釈		（備考）日本経解総目録
詩説4巻	古屋昔陽	文化年間		注釈		旧彰考
詩説統9巻	佐藤敬庵			注釈		（備考）大成
詩説統18巻	細合斗南			注釈		（備考）大成
詩説備考2巻	古賀侗庵			注釈	自筆本	宮書
詩大小序弁（大小序弁妄）1巻	佐々木琴台			総論		（備考）大成
詩断（未定稿不分巻）	中井竹山			注釈		（備考）日本経解総目録大事典
詩徴古稿1巻	古賀侗庵			総論	写本	宮書
詩伝悪名（別称詩伝悪石、詩経悪石）1巻	渡辺蒙庵			注釈		浜松市立図書館老松庵文庫
詩伝叶韻十八例1巻	神林復所			言語		（備考）大成
詩伝要略	神林復所			注釈		（備考）大成
詩評集解2巻	良野華陰	宝暦12年		注釈	写本、	天満宮慶大

					刊本	
詩本旨	豊島豊洲			総論		（備考）日本経解総目録、大事典
詩毛伝目録 1冊	蒔田鳳斎			注釈	手稿本	国会鶡軒
詩問 1巻	細合斗南			総論		（備考）大事典
詩薮詩考 3冊	山県周南			注釈	自筆	静嘉
詩詁 17巻	馬淵嵐山	寛政12年		注釈	写本	無窮平沼、国会
詩闈旨 10巻	福井敬斎			注釈		（備考）日本経解総目録、大成
七経逢原	中井履軒			注釈	写本	国会、大阪府
七経孟子考文 198巻	山井崑崙	享保11年		言語	写本	宮書、内閣、京大
七経孟子考文補遺 32巻	荻生北渓	享保16年、寛政3年、慶応2年		言語	刊本	一橋大、九大、大阪府、公文書館、立命館大学、京大、東大、東北大、東京都立中央、東洋文庫、宮城、宮内庁書陵部、神外大、尊経、慶大、内閣、国士舘、国会、広島大、関大
七経孟子通字考 8巻	高円陵			言語	写本	国会
七経箚記 8巻	岡田煌亭	天保7年	大阪	総論	活字	『続々日本儒林

					本、刊本	叢書（1）』収載、山梨県立図書館、早大、京大、宮書、教大、無窮会、慶大、国会、静嘉
七経雕題 56巻（うち詩経雕題 7巻并付巻）	中井履軒			注釈	刊本	『詩経雕題』懐徳堂文庫（阪大）（自筆本）
七経雕題略 19巻（うち詩経雕題略 3巻）	中井履軒		大阪	注釈	写本鈔本手稿本	九大、二松学舎大学付属図書館、大阪府、京大、東大、東北大学付属図書館、金沢大、無窮会、内閣
朱子詩伝膏肓 2巻	太宰春台	享保15年自跋、延享3年（1746）	江戸	注釈	活字本、写本・刊本、刻本	『続々日本儒林叢書（九）』収載。九大、京大、東大、東北大、宮城、高遠町図書館、教大、無窮会、飯田市立中央図書館、内閣、静嘉
朱子詩伝思問続編（別称詩朱伝質疑、読朱伝質疑：思問続編）3冊	古賀侗庵	文久3年		注釈	写本	内閣
朱註詩経標解	宇野東山	享和元年		注釈	刊本	無窮会、東京都

（別称詩経標解）5巻						立中央、京大、慶大
首書詩経集註15巻	中井蕉園	享保間	大阪	注釈	刊本	懐徳堂文庫（阪大）（手稿本）
首書詩経集註8巻	松永寸雲	文政6年（1823）重印、享保9年印刊本、慶応3年印、慶応元年（1865）（再刻）、寛文3年、寛文4年（1664）（覆刊）、寛政3年（1791）（再刻本）、寛政元年（重刊）	大阪京都	注釈		九大、一橋大、二松学舎、千葉県立中央、大阪府立中之島、山梨県立図書館、中央大、立命館大学、佐野市立郷土博物館須永文庫、東大総、東北大、東京都立中央、津市図書館、宮城県図、島根県立図書館、酒田市立光丘文庫、高遠町図書館、鹿大、無窮会、飯田市立中央図書館、新潟大、館林市立秋元文庫、内閣、国士舘
首書詩経集伝8巻	松永尺五	慶応元年（1865）	大阪			
周詩准擬和歌	巨勢卓軒			擬経	写本	
周南召南次序	斎宮静斎			三類	写本	国会（『斎子学叢書（1）』）

十三経考勘記補遺	小沢精庵					（備考）大成
十三経註疏篇目	三谷景従	明和7年、文政3年			刊本	京大
書詩礼暦考 1巻	渋井（保井・安井）春海	寛文11年刊		素材	刊本写本	宮書、国会、内閣、蓬左
書正統監本詩書集伝後 1巻	浅見絅斎	元録10年		総論	写本	内閣
諸葛詩伝 10巻	諸葛琴台			注釈	写本	国会
女五経（別称女五経大全）5巻	小亀勤斎	延宝3年、延宝9年、元文6年			刊本	宮書、京大、慶大、国会、秋田、早大、東大、日比谷
小雅小旻解 1冊	斎宮静斎			三類	写本	国会（『斎子学叢書二』）
小雅槀本 1冊	伊藤蘭嵎			三類	自筆本	天理古義堂
小学近思四子六経一軌図 1冊	中村習斎	天明4年		総論	写本	大倉山
審定石経十三経	松崎慊堂	天保			刊本	内閣
新点五経白文	貝原益軒	享保12年（1727）修、、享保8年	京都			内閣

		刊、元禄12年、元禄14（1701）刊、天保12年修、				
申学士校正詩経大全 20 巻・首 1 巻	林羅山	承応 2 年、慶安 5 年			刊本	八戸市立図書館、国会、山梨県立図書館
斉魯韓詩説	林述斎			三家		（備考）大成
足利五経版式 2 巻	近藤正斎			書誌		（備考）大成
続九経談 1 巻	松村九山					
大広五経画引	林羅山					
大広五経字引大成	山崎北峰					東北大狩野
大小序弁 1 巻	大田錦城			総論	写本	東大
通叶韻考 1 巻	小野損庵			言語		（備考）大成
塚注毛詩 30 巻	塚田大峯	享和元年序		注釈	刊本	無窮会、筑波大
塚田氏国風草 2 巻	塚田大峯			三類		（備考）大成
訂正五経	田辺楽斎	文化 5 年	仙台		刊本	仙台市民図書館、東大総、宮城県図
鄭声語原	村田了阿				写本	
読詩雑抄 3 巻	亀田綾瀬			総論		（備考）大成
読詩私説	平元梅隣			総論		（備考）大成

読詩随筆 6 巻	草賀驪川			総論		（備考）大成
読詩折衷 1 冊	古賀侗庵			総論	写本	宮書
読詩大旨 1 巻	山口剛斎			総論	写本	内閣、尊経
読詩要領 1 巻	中村蘭林	延享 2 年自序、延享 4 年		総論	刊本	活字本『日本儒林叢書（五）』収載。教大、慶大、国会、神宮、早大、内閣、無窮会
読詩要領 1 巻	伊藤東涯	享和 2 年		総論	活字本、写本	活字本『日本儒林叢書（五）』収載、国会、京大、天理古義堂
二南訓闡 2 巻	皆川淇園	寛政 4 年序		三類	刊本	日比谷、早大、京大、東大、東京都立中央、茶図、教大、無窮会、慶大、国会、広島大
二南正名 2 巻	座光寺南屏			三類		（備考）日本経解総目録、大成
筆記詩集伝（五経筆記のうち）	中村惕斎	明和元年、享和 3 年	京都徳島大阪	注釈	刊本写本	九大、二松学舎大学附属図書館、三春町歴史民俗資料館、山梨県立図書館、白石市図書館、松本市中央図書館、無窮会、愛

						媛県立図書館、国会
標注訓点毛詩古伝（別称毛詩古伝考）6巻	小田穀山			注釈		（備考）大事典、日本経解総目録、大成
復古毛詩序録1冊	斎藤芝山			総論	写本	国会
復古毛詩別録8巻	斎藤芝山			注釈		（備考）大成
弁九経談1巻	神林復所					（備考）大成
弁詩伝膏肓（別称弁朱子詩伝膏肓）1巻	中村蘭林			注釈		（備考）大成
傍訓五経正文	中島浮山					
毛詩或問1冊	古賀侗庵			総論	自筆本	宮書
毛詩解	奥田三角			注釈		（備考）大成
毛詩解頤1巻	佐藤敬庵			総論		（備考）大成
毛詩鈎沈 15巻	宮田五渓			注釈		（備考）大成
毛詩学断3巻	桜井石門			総論		（備考）大成
毛詩管窺1巻	恩田蕙楼			総論		（備考）大成
毛詩校譌1巻	松崎慊堂	天保			刊本	内閣
毛詩考2巻	中山城山			総論		（備考）大成
毛詩考26巻	亀井昭陽	天保4年、天保5年		注釈		九大、国会、京都大、教大、慶大、早大、大

						分、日比谷、尊経、無窮会
毛詩講義 1 巻	日野醸泉			注釈		（備考）日本経解総目録
毛詩合解 2 巻	桜井東亭			総論		（備考）大成
毛詩国字解 20 巻	斎藤芝山			注釈		（備考）大成
毛詩指説	木村巽斎	明和 5 年 (1768)	大阪			
毛詩字詁	田中鳴門			言語		（備考）大成
毛詩周南召南解	随朝若水			三類		（備考）大成
毛詩輯聞 20 巻	海保漁村			注釈	写本	尊経
毛詩集疏 13 巻	目々沢鉅鹿	文政 13 年		注釈	写本	関大
毛詩十考	香川南浜			総論		（備考）大成
毛詩述義 14 巻	村瀬栲亭			注釈		（備考）大成
毛詩諸説 1 冊	日尾荊山			総論	写本	静嘉
毛詩序私考	林鷲峰			総論	写本	内閣
毛詩証	竜草廬			総論		（備考）大成
毛詩詳説 3 巻	大田錦城			総論		（備考）大成
毛詩正文	久保筑水	文政 4 年	江戸 淡海 京都			
毛詩正文 3 巻	桜山恭	文政 4 年		注釈	再刻	無窮平沼
毛詩説	古屋愛日斎			総論		（備考）大成
毛詩選説 4 巻	井上金峨			総論		（備考）大成

毛詩存疑6巻	永井星渚			総論	活字本	『日本芸林叢書』収載。
毛詩大序十謬1巻	大田錦城			総論	写本	無窮会、国会、学習院、京都大、日比谷
毛詩知原2巻	山中天水			総論		（備考）大成
毛詩註疏8巻	関盈文	文化元年			刊本	滋賀大
毛詩徴1巻	竜草廬			総論		（備考）大成
毛詩通	蒋田鳳斎			総論		（備考）大阪名家著述目録、大成
毛詩通義	森蘭沢			注釈		（備考）大成
毛詩通義4巻	中村中倧			注釈		（備考）大成
毛詩鄭箋同異考4巻	角田青渓			注釈		（備考）大成
毛詩鄭箋標注	宇野東山	天明6（1786）	京都江戸大阪	注釈	刊本	三重県立図書館、中央大、立命館大学高木文庫、立命館大学橋本文庫、東大総、東北大、津市図書館、宮城県図、酒田市立光丘文庫、高遠町図書館、鹿大松本文庫、滋賀大、無窮会、愛知大簡斎文庫、椙山女八木文庫
毛詩微管（別	大田錦城			注釈		（備考）大成

称 毛 詩 微 管 編)						
毛詩微言 8 巻	大田錦城			注釈		（備考）大成
毛詩微旨 16 巻	平賀中南			注釈		（備考）大成
毛詩品物考	古屋愛日斎			素材		（備考）大成
毛詩品物図考 7 巻	岡白洲	天明 5 刊	京都 大阪 江戸	素材	刻本 刊本 ・写 本	一橋大、九大、三康、大阪府、刈谷、天理古義堂、日大、北大、立命館大学、杏雨、村野、京都大、京都府、岡山大、東大、東北大、東京都立中央、東洋、香川大学図書館、宮城教育大学、宮書、神宮、教大、尊経、無窮会、飯田、愛知大簡斎文庫、愛知学芸、愛媛県立図書館、慶大、蓬左、国会、広島大、徳島、椙山女八木文庫、静嘉
毛詩品物図考 雕題 1 巻	中井履軒			素材		（備考）大成

毛詩品物正誤 5冊	滕知剛			素材	写本	杏雨
毛詩弁（毛詩国字解、毛詩国字弁）6巻・首1巻	宇野東山	安永9年序、天明5年、安永7年	名古屋江戸	注釈	刊本	大阪府、早大、京都大、岩手大学付属図書館、東大、東京都立中央、金沢市、酒田市立光丘文庫、高遠町図書館、教大、無窮会、愛知学芸、慶大
毛詩弁衡 10巻	渡辺荒陽			注釈		（備考）大成
毛詩補詮	寺本直道			注釈		（備考）大成
毛詩補伝 30巻首1巻	仁井田南陽	文政6年序、天保5年	大阪和歌山江戸	注釈	刊本	一橋大、九大、二松学舎、三重県立図書館、大谷、大阪府、日比谷、名大、京都大、京都府、東大、東北大、東京都立中央、宮書、神宮、鹿大岩元文庫、無窮会、愛知学芸、慶大、蓬左、国士舘、国会、国学院、学習院、広島大、静嘉
毛詩名物質疑	井岡桜仙			素材	写本	国会、日比谷、

						杏雨、村野
毛詩名物図説 9巻	北条蠣堂	文化5年 (1808)	江戸	素材	重印	九大、三康、大阪府立中之島、日本文華学園、京産大小川文庫、東大総、宮城県図、神戸大、神戸市立中央、高知大、国会
毛詩名物倭名 1冊	小島成斎	天保10年		素材	写本	東北大狩野
毛詩翼6巻	松平君山			注釈		（備考）大成
毛詩覧	田中鳴門			注釈		（備考）大成
毛詩陸氏草木鳥獣虫魚疏図解（別称陸氏草木鳥獣虫魚疏図解、毛詩草木疏図解、詩疏図解）5巻	淵景山	安永8年	京都	素材	刊本	文教大 『先哲遺著漢籍国字解全書（五）』収載、佐野市立郷土博物館須永文庫、内閣、椙山女八木文庫、早大、国会、宮書、京都大、教大、慶大、東大、日大、北大、宮城、足利、刈谷、杏雨、天理、村野
毛詩劉伝槀 1冊	古賀侗庵			注釈	自筆本	宮書

毛詩類考8巻	片山兼山			注釈		（備考）大成
毛詩六義	江良仲文			総論		（備考）大成
毛詩六義考（別称六義考）	大田錦城			総論	写本	国会、京都大、東大、日比谷
毛詩六義考続考2巻	大田錦城			総論		（備考）大成
毛儒の囀里（別称二南毛儒の囀里）2巻	草場佩川	天保14年序		歌謡	写本	東北大狩野
毛鄭同異考（別称詩経毛鄭同異考）3巻	細井平洲			注釈		（備考）日本経解総目録、大成
六義口訣1冊	久志木常夏	文化15年、文政13年、寛政11年		歌論	写本	京大
六義考1冊	中臣連由伎麿			歌論	写本	日比谷、無窮会
六義考9巻	林羅山			総論		（備考）大成
六義詳説1巻	神林復所			総論		（備考）日本経解総目録
六経逢原	中井履軒					
六経異同考	阿野蒼崖					（備考）大成
六経解義	香川南浜					（備考）大成
六経諸子説	鈴木腹					（備考）大成
六経小言	石川金谷					（備考）大成

六経説略 1 冊	加藤千蔭				写本	牧野
六経大義 14 巻	渡辺荒陽					
六経豹 12 巻	佐和莘斎					（備考）大成
六経編考 1 巻	浅見絅斎	元禄 6 年自跋	京都		刊本	国会、内閣、京都大、慶大、早大、東北大、日比谷、蓬左、神宮、茶図、天理、無窮会、『日本倫理彙編（七)』収載。
六経略説 1 巻	太宰春台	延享元年自跋、延享 2 年序	江戸		刻本	飯田市立中央図書館、金沢市立玉川図書館、無窮会、『日本倫理彙編（六)』収載。国会、九大、金沢市、静嘉、京都大、教大、慶大、早大、東大、東北大、東洋大、日比谷、刈谷、鶴舞、蓬左、神宮、茶図
六経略談 10 巻	菅間鷲南					（備考）大成
刪詩義 1 冊	会沢正志斎	天保 6 年		総論		宮城、尊経、無窮会
卮言抄	林羅山	元和 6 年				国会、大阪市

		跋、慶安2年				大、京都大、教大、早大、東大、東北大、広島大、千葉、日比谷、宮城、蓬左、尊経、無窮会、内閣
蓼莪九徳衍義考（別称蓼莪四章注）1冊	亀井昭陽	文政2年、安政4年			写本	慶大、日比谷
誦詩要法1冊	馬淵嵐山	寛政12年		総論	写本	無窮平沼
諧韻瑚漣1冊	中井履軒	明和6年自序		言語		懐徳堂文庫（阪大）、国会、内閣、大阪府、尊経、『崇文叢書（第2輯第44）』収載。
雎鳩草紙	毛利泰斎			擬経		（備考）大事典

※所蔵欄の略称・全称対照表

本表は主に『国書総目録』補訂版、第1冊（岩波書、1996年）によったものである。

一、書籍

大成	近世漢学者著述目録大成
大事典	近世漢学者伝記著作大事典

二、国立図書館等

公文書館	国立公文書館
内閣	国立公文書館内閣文庫
国会	国立国会図書館
国会白井	国立国会図書館白井文庫
国会鶚軒	国立国会図書館鶚軒文庫
東洋	東洋文庫
宮書	宮内庁書陵部
静嘉	静嘉堂文庫

三、都道府県市立図書館等

日比谷	東京都立中央図書館
日比谷加賀	東京都立中央図書館加賀文庫
日比谷河田	東京都立中央図書館河田文庫
東京都立中央	東京都立中央図書館
大阪府	大阪府立中之島図書館
京都府	京都府立総合資料室
千葉	千葉県立中央図書館
千葉県立中央	千葉県立中央図書館
大分	県立大分図書館
山梨県	山梨県立図書館
山梨県立図書館	山梨県立図書館
山梨県図根津文庫	山梨県立図書館根津文庫
長野	県立長野図書館
秋田	県立秋田図書館
宮城	宮城県図書館
宮城県図	宮城県図書館

島根県図	島根県立図書館
鹿児島	鹿児島県立図書館
富山	富山県立図書館
徳島	徳島県立図書館
刈谷	市立刈谷図書館
足利	足利学校遺蹟図書館
松本市	市立松本図書館
金沢市	金沢市立図書館
津市図書館	三重県津市図書館
津市図橋本	三重県津市図書館橋本文庫
浜松市	浜松市立中央図書館
神戸市立中央	神戸市立中央図書館
酒田市立	酒田市立図書館
酒田市立光丘文庫	酒田市立図書館光丘文庫
飯田	飯田市立中央図書館
飯田市立中央	飯田市立中央図書館
蓬左	名古屋市蓬左文庫
嚶鳴館	愛知県東海市嚶鳴館
鶴岡	鶴岡市立図書館
鶴舞	名古屋市鶴舞中央図書館
高遠町図書館	高遠町立進徳図書館

四、大学付属図書館等

一橋大	一橋大学
九大	九州大学図書館
二松学舎	二松学舎大学図書館
大谷	大谷大学

大阪市大	大阪市立大学
中央大	中央大学
中央大末松文庫	中央大学末松文庫
文教大	文教大学越谷図書館
日大	日本大学
北大	北海道大学
広島大	広島大学
名大	名古屋大学
早大	早稲田大学
京大	京都大学
京産大小川文庫	京都産業大学図書館小川文庫
国士舘	国士舘大学図書館
国士舘楠本文庫	国士舘大学図書館楠本文庫
国学院	国学院大学
学習院	学習院大学
岡山大	岡山大学
東大	東京大学
東大総	東京大学総合図書館
東北大	東北大学
東北大狩野	東北大学狩野文庫
東洋大	東洋大学
金沢大	金沢大学
神戸大	神戸大学
神外大	神戸市外国語大学図書館
茨城大	茨城大学図書館
高知大	高知大学図書館
教大	筑波大学

鹿大	鹿児島大学図書館
鹿大岩元文庫	鹿児島大学図書館岩元文庫
鹿大松本文庫	鹿児島大学図書館松本文庫
椙山女八木文庫	椙山女学園大学図書館八木文庫
滋賀大	滋賀大学
筑波大	筑波大学
愛知大簡斎文庫	愛知大学簡斎文庫
愛知学芸	愛知教育大学
愛媛大	愛媛大学
新潟大	新潟大学図書館
関大	関西大学
慶大	慶応義塾大学
慶大斯道	慶応義塾大学斯道文庫
懐徳堂	大阪大学懐徳堂文庫

五、私立図書館等

三康	三康図書館
大倉山	大倉精神文化研究所
天理	天理図書館
天理古義堂	天理図書館古義堂文庫
天満宮	天満宮文庫
杏雨	杏雨書屋
村野	村野文庫
牧野	牧野図書館
神宮	神宮文庫
茶図	お茶の水図書館
尊経	前田育徳会尊経閣文庫

無窮平沼	無窮会平沼文庫
無窮真軒	無窮会真軒文庫
無窮神習	無窮会神習文庫
無窮織田	無窮会織田文庫
旧彰考	彰考館文庫
岐阜天猷寺	岐阜県瑞浪市天猷寺

表十二　『詩集伝』相関著作（計34点、書名順）

書名	著者名	学派	分類	形態	所蔵
改正詩経集註 15 巻	松下見林	朱子		刊本	松本市
校定詩輯伝 8 巻	中西忠蔵	？		刊本	内閣
考定詩伝或問 1 巻	宇井黙斎	敬義	注釈	写本	内閣
詩経講義（別称詩集伝講義）1 冊	西依成斎	敬義	注釈	写本	京大
詩経集注講義	佐藤直方	敬義	注釈	写本	（備考）
詩経集註紀聞	五井蘭洲	朱子	注釈	写本	大阪府
詩経集註 15 巻	林羅山	朱子			山梨県
詩経集註筆記	五井蘭洲	朱子	注釈	写本	大阪府
詩経集伝講義	矢野容斎	敬義	注釈	写本	東大
詩経集伝講義	稲葉黙斎	敬義	注釈		清谷全話
詩経集伝師説（別称詩経師説、詩伝師説）1 冊	西依墨山	敬義	注釈	写本	京大
詩集伝講義（別称詩集伝講誼）8 巻	中村習斎	敬義	注釈	写本	蓬左
詩集伝纂要（別称詩伝纂要、詩集纂要）4 巻	金子霜山	敬義	注釈	写本	静嘉
詩集伝師説 10 冊	若林強斎	敬義	注釈	写本	無窮会
詩集伝資講 8 冊	三宅尚斎	敬義	注釈	写本	九大
詩集伝質朱 1 巻	増島蘭園	朱子	注釈		（備考）
詩集伝続録付別録・余録 6 巻	安東省庵	朱子	注釈		（備考）
詩集伝筆録（別称詩経集伝鼓吹）1 冊	市野迷庵	古文辞	注釈	自筆本	慶大斯道

詩集伝蒙鈔（別称詩伝蒙鈔、詩経蒙鈔、詩伝筆記、詩集伝筆記）8冊	笠原章	？	注釈		筑波大
詩集伝翼8巻	荘田恬逸	朱子	注釈		（備考）
詩書集伝朱蔡異同考6巻	安東省庵	朱子	注釈		（備考）
詩序質朱1冊	増島蘭園	朱子	総論	自筆本	日比谷
詩伝悪名（別称詩伝悪石、詩経悪石）1巻	渡辺蒙庵	古文辞	注釈		浜松市
詩伝叶韻十八例1巻	神林復所	朱子	言語		（備考）
詩伝要略	神林復所	朱子	注釈		（備考）
朱子詩伝膏肓2巻	太宰春台	古文辞	注釈	活字本	九大
朱子詩伝思問続編（別称詩朱伝質疑、読朱伝質疑：思問続編）3冊	古賀侗庵	朱子	注釈	写本	内閣
朱註詩経標解（別称詩経標解）5巻	宇野東山	古文辞	注釈	刊本	無窮会
首書詩経集註15巻	中井蕉園	朱子	注釈	刊本	懐徳堂
首書詩経集註8巻	松永寸雲	朱子	注釈		九大
首書詩経集伝8巻	松永尺五	朱子			
書正統監本詩書集伝後1巻	浅見絅斎	敬義	総論	写本	内閣
筆記詩集伝（五経筆記のうち）	中村惕斎	朱子	注釈	刊本	九大
弁詩伝膏肓（別称弁朱子詩伝膏肓）1巻	中村蘭林	朱子	注釈		（備考）

表十三　近現代における『詩経』関係著作（計1448点、出版年順）

一、単行本：（計209点）

出版年	書名	著者	出版者
1868	毛詩残 11 巻	鄭氏箋	積玉圃
1869	詩経（上・下）	朱熹註；東條方庵校	須原屋茂兵衛
1870	校正音訓詩経	？	吉田屋文三郎
1870	詩経（上・下）	朱熹集伝；時習館改點	？
1871	詩経	？	？
1871	読本五経：詩経（上・下）	後藤守中訓點	鹿児島県
1872	改正音訓五経	後藤世鈞點	北村四郎兵衛刊
1876	詩経	［宋］朱熹集傳；松永寸雲書寫	岡島真七
1880	詩経・礼記・易経・書経：五経白文	？	神彦三郎出版
1881	詩経	朱熹書；後藤嘉幸點	山中市兵衛
1881	詩経：五経、片仮名付	酒見五郎一郎点	奎章閣
1883	詩経：斯文学会講義筆記	広瀬範治、西尾為忠	斯文学会
1883	詩経正文（1-10）	広瀬範治校	温故堂
1884	五経講義（1）：詩経之部	内田春端	中外堂
1884	詩書評釈拾遺	長允文	須原鉄二
1885	韓詩外伝 10 巻	（漢）韓嬰著；鳥宗成校訓点	嵩山堂大阪
1890	監本詩経	朱熹	？

1893	詩経講義	小宮山綏介講述	博文館
1893	応用植物編：付・詩経植物類考	星野慎之輔	女学雑誌社
1896	葆真学舎詩経講義筆記（第4号）	林滝三郎	林滝三郎
1897	詩経講義	林英吉講義	興文社
1903	詩経新体詩選	大久保源次郎（綱蒲）	文学同志会
1903	詩経新註	山本章夫撰	山本読書室
1909	詩集伝名物鈔：昌平叢書	（元）許謙撰	松山堂書店
1910	詩経・詩疏図解：漢籍国字解全書（第5巻）	中村惕齋講述；淵景山述；早稲田大学編輯部	早稲田大学出版部
1910	詩経講義	山田濟齋講述	益友社
1911	毛詩	鄭玄箋、朱熹集伝	富山房
1911	毛詩尚書：漢文大系（第12巻）	星野恒；服部宇之吉校訂	冨山房
1911	詩経講義	根本通明講述	博文館
1912	詩経研究	諸橋轍次著	目黒書店
1913	毛詩・尚書	服部宇之吉校訂	富山房
1913	詩経：毛詩国字弁	宇野東山述；久保得二校訂	博文館
1913	詩経講義	新井政毅；林英吉講義	興文社
1917	国調周詩	寺内章明	光風館書店
1920	詩経：国訳漢文大成（第3巻）	国民文庫刊行會編	国民文庫刊行会
1922	毛詩唐風残巻・毛詩秦風正義残巻	京都帝国大学文学部編	京都帝国大学文学部

1922	詩経	塚本哲三編	有朋堂書店
1924	詩経：漢文叢書	塚本哲三編	有朋堂書店
1929	詩経：詩華集	京都詩話会編	青樹社
1929	詩経（2）	俵修二	京都詩話会
1929	詩経講義詳解	古城貞吉［他］	東洋大学神道研究会
1930	毛詩補伝	仁井田南陽	松雲堂書店
1930	詩経通解 30 巻	林義光学	衣好軒
1931	五経鈎玄	黒本植	林兄弟印刷所
1931	詩経一句索引	柏樹舎同人編	大東文化協会
1931	詩経集伝	西沢道寛校注	同文社
1931	詩経詳解	松崎覺本	春陽堂
1932	毛詩輯疏 12 巻	安井衡（息軒）	崇文院
1933	毛詩考：支那文学雑考	児島献吉郎	関書院
1933	詩経国風篇	岡田正三訳	第一書房
1934	毛詩考 26 巻付録 1 巻：亀井昭陽徳永玉泉南先生百年祭記念	亀井星（昭陽）	安川敬一郎刊
1934	詩経	五十沢二郎	竹村書房
1934	詩経異文	申綽著	矢野義男
1935	詩経講話	塩谷温著	弘道館
1936	五経索引・本文（第 1-3 巻）	森本角蔵	目黒書店
1936	毛詩正義：東方文化叢書	孔穎達等奉勅撰	東方文化学院影印
1936	史学文学論集：詩経章句独是	東北帝国大学法文学部〔編〕；青木正児	岩波書店
1936	聖道詩経	名取本道	筆之世界社

1936	詩経国風（上・下）	田中慶太郎校	文求堂
1937	三家詩より見たる鄭玄の詩経学	大川節尚	関書院
1937	校訂「毛詩抄」	三ケ尻浩	朋友堂
1937	詩経	小山愛司著	中央学会
1937	詩経：漢詩大講座（第5巻）	吉田増蔵校；国分青崖監修	アトリエ社
1937	詩経国風篇研究	松崎鶴雄	第一公論社
1938	詩経：経書大講	小林一郎講述	平凡社
1938	詩経句法新説	河合絹吉	育英書院
1940	毛詩抄：詩経	清原宣賢講述；倉石武四郎；小川環樹校訂	岩波書店
1941	地理論叢（第11輯）：詩経と楚辞とに現れた風土的性格	京都帝国大学文学部地理学教室；別枝篤彦	古今書院
1942	樋口竜太郎図書館論叢（第2輯）：有周文化顕現と詩経的参考文献集成	？	日本図書館協会
1943	五経提綱（上巻）：詩書之部	香山吉助	道会事務所
1943	足利手鈔本：毛詩版	？	？
1943	東洋天文学史論叢：詩経の日蝕	能田忠亮	恒星社
1943	宣賢手鈔本：毛詩版	？	？
1943	詩経：東洋思想叢書	目加田誠	日本評論社
1943	詩経美学:国風篇	井乃香樹著	救護会出版部
1947	詩経国風篇	岡田正三訳	第一書房
1948	詩経随筆	安藤円秀著	学徒援護会

1949	毛詩巻 1	諸橋轍次編	国会図書館管理部景印續装
1949	詩経：東洋思想叢書	目加田誠	丁子屋書店
1950	詩経韻釈：国風篇	永島栄一郎編	文京書院
1951	中国古代人の歌謡と人間性：詩経の秀歌	沢田正熙	作家社
1951	文部省科学研究費研究報告集録：周代金文との比較による詩経の研究	毛塚栄五郎；文哲史学研究現状調査委員会	文哲史学研究現状調査委員会
1953	詩学札記	中邨宏	山田氏景印
1954	新釈詩経：岩波新書（155）	目加田誠	岩波書店
1956	詩経	？	東洋文化協会
1957	愛情と結婚をめぐって：詩経に表れた女性	小山哲夫	藤樹学会テレサ書房
1957	詩経：中国文学史の問題点	目加田誠；倉石武四郎	中央公論社
1958	中国詩人選集（1・2）：詩経国風（上・下）	吉川幸次郎	岩波書店
1958	東洋文庫論叢（41）：詩経諸篇の成立に関する研究	松本雅明	東洋文庫
1960	世界名詩集大成（18）：詩経国風	魚返善雄訳	平凡社
1960	詩集伝事類索引	後藤俊瑞	武庫川女子大学文学部
1960	詩経：世界の歴史（3）	白川静；筑摩書房編集部編	筑摩書房
1960	詩経・楚辞	目加田誠訳	平凡社
1960	稿本詩経研究	白川静著	立命館大学文学部

			中国文学研究室
1961	世界文学大系（7）：詩経と楚辞	吉川幸次郎	筑摩書房
1961	赤裸々な文字の研究（第2篇）：詩経国風における愛の詩	木下秀教著	？
1961	詩経国風	橋本循譯注	筑摩書房
1962	毛詩引得付校経文	燕京大学図書館引得編纂処	東方学研究日本委員会
1963	詩経標識	東條一堂著；嵯峨寛校訂	書籍文物流通会
1964	詩経の史学的・基礎的研究	近藤英雄	近藤英雄
1965	古代史講座（12）：詩経と楚辞	松本雅明著；石母田正等編	学生社
1966	詩経：漢詩大系（1・2）	高田真治著；青木正児等編	集英社
1968	バッコス祭、受洗密儀：詩経	佐藤三夫著	バッコス社
1969	世界古典文学全集（2）：詩経国風	橋本循訳	筑摩書房
1969	詩経・楚辞：世界古典文学全集（2）	目加田誠訳	筑摩書房
1970	中国の古典詩：詩経から唐詩まで	村山吉廣著；早稲田大学出版部	早稲田大学出版部
1970	毛詩会箋	竹添進一郎	松雲堂書店
1970	世界文学全集（3）：詩経国風	橋本循訳	筑摩書房
1970	詩経：中国の古代歌謡	白川静	中央公論社
1971	中国詩選（1）：周詩-漢詩	目加田誠	社会思想社

1971	毛詩抄：抄物大系	清原宣賢講述；中田祝夫編；外山映次解説	勉誠社
1972	日本芸林叢書（第 3 巻）：詩経名物弁解正誤 7 巻	小野蘭山口授	鳳出版
1972	詩経倫理の歴史学的研究	近藤英雄著	神戸学院大学東洋史研究室
1972	韓詩外伝索引	豊島睦編	比治山女子短期大学（広島）
1973	毛詩註疏（1-4）	孔穎達疏；足利学校遺蹟図書館後援会	汲古書院
1973	古代歌謡の世界──『詩経』と『万葉集』：講座比較文学（1）	白川静；芳賀徹〔等〕編	東京大学出版会
1973	詩経の翻訳：140 篇	張建墻	明治書院
1974	朱子学大系（第 1 巻）：朱熹と詩	目加田誠	明徳出版社
1974	詩経	海音寺潮五郎訳	講談社
1974	詩経・楚辞・古詩選	近藤春雄	武蔵野書院
1974	乱世の詩人たち：『詩経』から毛沢東まで	松本一男	徳間書店
1975	詩と志	市川宏	毎日新聞社
1975	詩経：中国の名詩鑑賞（1）	乾一夫編	明治書院
1976	毛詩の歌物語	田所義行	秋山書店
1977	中国の古代文学──神話から楚辞へ：中公文庫	白川静	中央公論社
1977	中国古代の植物学の研究	水上静夫	角川書店

1977	中国古代文学論：詩経の文芸性	鈴木修次著	角川書店
1977	詩経	赤塚忠	明治書院
1978	毛詩考・古序翼：亀井南冥・昭陽全集（2）	亀井豊（昭陽）著；岡村繁解説	葦書房
1978	桃夭：串田孫一・篆刻作品集（1）：詩経を篆刻として	串田孫一著	天満堂書店
1979	篆書基本叢書（第 1 集）：楊沂孫篆書詩経	比田井南谷編	雄山閣出版
1980	東洋文庫論叢（41）：詩経諸篇の成立に関する研究	松本雅明	東洋文庫
1980	漢語文典叢書（第 6 巻）：詩経助字法	吉川幸次郎編；皆川愿撰	汲古書院
1980	韓詩外伝索引：付本文	伊東倫厚、末岡実、玉置垂俊、鬼丸紀編	東豊書店
1981	詩経研究：通論篇	白川静著	朋友書店
1982	うたの始め詩経：中国の名詩	目加田誠訳	平凡社
1982	中国の古典（18・19）：詩経（上・下）	加納喜光訳；竹田晃	学習研究社
1982	中国文学の女性像：鄭・衛の女性像——『詩経』より	鈴木修次著；石川忠久編	汲古書院
1983	『目加田誠著作集』（第 2・3 巻）：詩経訳注	目加田誠	竜渓書舎
1983	詩経	中島みどり著	筑摩書房
1984	中国文学館：詩経から巴金	大修館書店；黎波著	大修館書店
1984	詩経（上・中・下）	石川忠久著	明徳出版社

1984	詩経全釈	境武男著；境教授頌寿記念会	汲古書院
1985	毛詩巻第九・十残巻鄭玄箋 敦煌書法叢刊（第6巻）経史（4）	二玄社	
1985	和訳詩経：国風篇	杉村顕道	杉村顕道
1985	現代俳句叢書（7）：詩経国風	金子兜太	角川書店
1985	詩経研究	目加田誠著	竜渓書舎
1986	毛詩正義訳注	岡村繁訳注	中国書店
1986	赤塚忠著作集（第5巻）：詩経研究	赤塚忠著作集刊行会	研文社
1986	東洋文庫論叢（41）：詩経諸篇の成立に関する研究	松本雅明	弘生書林
1986	詩経集伝抄	原田種成	松雲書院
1987	詩経国風篇の研究	松本雅明著	弘生書林
1987	漢詩への招待	石川忠久著	新樹社
1988	詩経入門	趙浩如著；増田栄次訳	日中出版
1989	詩経・楚辞	牧角悦子；福島吉彦著	角川書店
1989	詩経から陶淵明まで	近藤春雄著	武蔵野書院
1990	詩経	海音寺潮五郎訳	中央公論社
1991	詩経：東洋思想叢書	目加田誠	講談社
1991	詩経字典	高橋公麿	万葉学舎
1992	古典研究会叢書（1-3）：毛詩鄭箋	鄭玄箋	汲古書院
1992	詩経研究文献目録	村山吉廣；江口尚純共編	汲古書院

1992	詩経諺解	光海君本	弘文閣
1993	毛詩鄭箋（1-3）	米山寅太郎；築島裕	汲古書院
1993	韓詩外伝：中国古典新書続編（17）	吉田照子	明徳出版社
1994	中山城山現存全集（第 4 巻）：詩経古註（松平公益会蔵）	桑田明	中山城山顕彰会
1995	中国自然詩の系譜：詩経から唐詩まで	大修館書店；田部井文雄	大修館書店
1995	懐徳堂文庫復刻叢書（8）：詩雕題	大阪大学懐徳堂文庫復刻刊行会	吉川弘文館
1996	詩集伝朱熹詩集伝全注釈	吹野安；石本道明共著	明徳出版社
1997	「四書五経」の名言録：成功の経営学	守屋洋著	歴思書院；かんき出版
1997	詩経（上・中・下）	石川忠久著	明治書院
1997	詩経関係著述論文目録	水原渭江編	国際芸術文化交流委員会
1998	詩経：東洋文庫	白川静訳注	平凡社
1999	漢唐詩経学研究	田中和夫著；李寅生譯	天馬図書
2000	四書五経入門：中国思想の形成と展開	竹内照夫著	平凡社
2000	詩経	白川静	平凡社白川静著作集（第 9・10 巻）
2001	毛詩鄭箋	上坂氏顕彰会史料出版部	上坂氏顕彰会史料出版部
2002	『万葉集』恋歌と『詩経』	徐送迎著	汲古書院

	情詩の比較研究		
2002	『詩』解釈から見た『郭店村楚墓竹簡』と『戦国楚簡』の成立	薮敏裕	岩手大学
2002	金子兜太集（第 1 巻）：詩経国風	金子兜太著	筑摩書房
2002	詩経「国風」の楽しみ	水口洋治著	竹林館
2003	『詩経』および出土史料による先秦時代の婚姻・家族研究	小寺敦	東京大学
2003	化政期の俳壇を理解する為の江戸時代後期の社会史・経済史・文化史	久留島浩	国立歴史民俗博物館
2003	毛詩正義研究	田中和夫著	白帝社
2003	宮詩経講義：内黙蔵全集下巻	宮内黙藏著；八木淳夫編	三重県郷土資料刊行会
2003	詩経：愛と祝いの詩集	中田昭栄著	郁朋社
2004	『詩経』の原義的研究	家井眞著	研文出版
2004	江戸期における詩経解釈学史の基礎的研究	江口尚純	静岡大学
2004	詩経：日々と祖霊と王	中田昭栄著	郁朋社
2005	江戸期における詩経解釈学史の考察	江口尚純	静 岡 大 学 2005-2007
2005	林宗二林宗和自筆毛詩抄：毛詩環翠口義上巻；下巻	林宗二、林宗和	臨川書店
2005	執轡如組・ひ（手綱）をとることそのごとし　中国最古の詩集『詩経』に詠まれた古乗組紐製作技法との出遭い：平成 17 年度秋季特別	元興寺文化財研究所編集	元興寺文化財研究所

	展		
2005	詩経：悲しみの詩集	中田昭栄著	郁朋社
2005	詩経の鑑賞	村山吉廣	二玄社
2006	東アジア文化圏と詩経	徐送迎	明治書院
2006	詩経：国風	無名史	新風舎
2006	詩経（1）：恋愛詩と動植物のシンボリズム	加納喜光	汲古書院
2006	詩経（2）：古代歌謡における愛の表現技法	加納喜光	汲古書院
2006	詩経抄	京都大学附属図書館	京都大学
2006	詩経図略	京都大学附属図書館	京都大学
2006	諧声符引き古音検字表：付解説・図表：『詩経』をよむために	井上亘編著	大東文化大学人文科学研究所
2007	両漢における詩と三伝（60）	渡辺義浩編	汲古書院
2008	『詩経』における植物採取の動詞に関する研究	柴田知津子	柴田知津子博士論文
2008	陳啓源の詩經學	江尻徹誠	江尻徹誠博士論文
2008	詩経国風	白川静訳注	平凡社
2008	漢詩をよむ（漢詩の来た道：『詩経』から魏まで）)	宇野直人	日本放送出版協会
2009	経典余師集成・（第 5 巻）（詩経・1）	渓百年	大空社
2009	経典余師集成・（第 6 巻）（詩経・2）	渓百年	大空社
2010	『詩経』：屈原から陶淵明	宇野直人、江原正	平凡社

| 2010 | へ（漢詩を読む；1） | 士著 | |
| | 陳啓源の詩経学：「毛詩稽古編」研究 | 江尻徹誠 | 北海道大学出版会 |

二、雑誌論文：（計1239点）

出版年	論題	著者	雑誌名	巻号・ページ
1894	詩経を読む	小柳司気太	東洋哲学	1-8
1898	詩書に見えたる天に就きて	服部宇之吉	哲学雑誌	13-133
1899	詩経中の植物・付図（1）	松村任三	東洋学芸雑誌	16-211、149-153
1899	詩経中の植物・付図（2）	松村任三	東洋学芸雑誌	16-213、242-247
1900	詩経中の植物・付図（3）	松村任三	東洋学芸雑誌	16-223、162-166
1903	詩経を論ず	久保天随	帝国文学	9-4
1907	詩経通考	大江文城	東亜之光	2-8、88-102
1913	詩経に表はれたる道徳観は個人的なるや国家的なるや	釈清潭	東洋哲学	20-69
1913	読詩瑣言（1）	滝川亀太郎	東亜研究	3-1、17-24
1913	読詩瑣言（2）	滝川亀太郎	東亜研究	3-3、16-21
1913	読詩瑣言（3）	滝川亀太郎	東亜研究	3-4、4-13
1914	読詩経	浅井周治	国学院雑誌	20-11、1146-1148
1915	周詩に見えたる農祭	鈴木虎雄	芸文	第6年、11、1145-1165
1919	周漢諸家の詩に対する思想（1）	鈴木虎雄	芸文	10-1

1919	周漢諸家の詩に対する思想（2）	鈴木虎雄	芸文	10-2
1919	旧抄本毛詩残巻跋	狩野直喜	史林	4-4
1921	詩経の自然美	高成田忠風	斯文	3-6、54-57
1922	詩の所謂三星と婚時	佐藤広治	支那学	3-2
1922	詩教発展の径路より見て采詩の官を疑ふ	青木正児	支那学	3-2
1922	詩経に見えたる音声の解釈	大島正健	国学院雑誌	28-9、741-750
1923	『詩』を通じて観たる周代の経済状態（1）	小島祐馬	支那学	3-7
1923	新刊紹介：毛詩会箋	浅野哲夫	斯文	5-6、57-58
1924	『詩』を通じて観たる周代の経済状態（2・完）	小島祐馬	支那学	3-8
1924	講経：兄弟閲于牆、外禦厥侮	牧野謙次郎	東洋文化	7、2-10
1924	講経：恭しく周南関雎のを講述して東宮の成婚を頌し奉る	牧野謙次郎	東洋文化	3、2-8
1924	講経：無念爾祖、聿修厥徳	牧野謙次郎	東洋文化	9、2-7
1924	詩経に現れたる女性美（1）	川島清堂	雅声	37
1924	詩経に現れたる女性美（2）	川島清堂	雅声	39
1924	詩経に現れたる女性美（3）	川島清堂	雅声	41
1925	毛詩詁訓伝	安井小太郎	斯文	7-5
1925	講経：式微式微、胡不帰	牧野謙次郎	東洋文化	15、2-10

1925	講経：周雖旧邦、其命維新（1）	牧野謙次郎	東洋文化	13、2-9
1925	講経：周雖旧邦、其命維新（2）	牧野謙次郎	東洋文化	14、6-13
1925	殷周の感生伝説に就いて（提要）	白鳥清	史学雑誌	36-11、71-73
1926	詩経の一面	角田孤峰	大東文化	3-2、111-118
1926	講経：赫赫師尹、民具爾瞻	牧野謙次郎	東洋文化	30、2-6
1926	講経：藐藐昊天、無不克鞏	牧野謙次郎	東洋文化	25、2-8
1927	講経：於乎、前王不忘	牧野謙次郎	東洋文化	42、2-12
1927	詩経作成の事情について	橋本増吉	史学雑誌	38-6、70
1928	大雅文王諸詩の二三の解釈に就て	岡崎文夫	狩野教授還暦記念支那学論叢（鈴木虎雄編、弘文堂）	945-967
1928	四部教科書──詩経大雅篇	頼惟勤	中国古典論集	428-532
1928	講経：君子万年、保其家邦	牧野謙次郎	東洋文化	54、2-9
1928	講経：撊無日益、牖民孔易	牧野謙次郎	東洋文化	52、2-10
1928	講経：済済多士、秉文之徳	牧野謙次郎	東洋文化	44、2-12
1929	講経：人亦有言、靡哲不愚	牧野謙次郎	東洋文化	61、2-9
1929	毛詩補伝の再版	佚名	斯文	11-12

1929	講経：民之未戻、職盗為寇（1）	牧野謙次郎	東洋文化	65、2-10
1929	講経：民之未戻、職盗為寇（2）	牧野謙次郎	東洋文化	66、2-7
1929	講経：君子屢盟、乱是用長	牧野謙次郎	東洋文化	64、2-13
1929	講経：普天之下、莫非王土	牧野謙次郎	東洋文化	57、2-9
1929	詩の比興に就て	橋本循	支那学	5-2
1930	講経：天保定爾、以莫不興	牧野謙次郎	東洋文化	67、12-19
1930	講経：枝葉未有害、本実先発（1）	牧野謙次郎	東洋文化	74、2-12
1930	講経：枝葉未有害、本実先発（2）	牧野謙次郎	東洋文化	75、2-11
1930	講経：青青子衿、悠悠我心	牧野謙次郎	東洋文化	78、2-12
1931	五経正義撰定策問	鈴木虎雄	桑原博士還暦記念東洋史論叢（桑原博士還暦記念祝賀会編、広文堂）	851-857
1931	講経：文王陟降、在帝左右	牧野謙次郎	東洋文化	82、2-10
1931	古抄本毛詩残巻跋	長沢規矩也	信義本神楽歌跋（竹柏園刊）	
1931	講経：於鑠王師、遵養時	牧野謙次郎	東洋文化	89、2-12

	晦1			
1931	講経：於鑠王師、遵養時晦2	牧野謙次郎	東洋文化	90、2-12
1931	講経：唯生厲階、至今為梗	牧野謙次郎	東洋文化	83、2-11
1931	詩経と論語（七五調）	見尾勝馬	井上先生喜寿記念文集（巽軒会編富山房刊）	592-596
1931	講経：謀夫孔多、是用不集	牧野謙次郎	東洋文化	80、2-12
1932	古今序六義説について	中島光風	日本文学論纂（佐々木博士還暦記念、明治書院）	361-383
1933	毛詩詁訓伝撰者考	安井小太郎	支那学研究（斯文会）	3
1933	詩経に見えたる対天思想と其の思想史的意義（1）	高田真治	漢学会雑誌	1-1
1933	詩経に見えたる対天思想と其の思想史的意義（2）	高田真治	漢学会雑誌	1-2
1933	詩経の一考察	滝遼一	史学雑誌	44-7、95
1933	詩経の作成年代に就いて	橋本増吉	市村博士古稀記念東洋史論叢（同書刊行会編、富山房）	931-1016
1934	講経：中谷有菴等	牧野謙次郎	東洋文化	126、2-11

1934	姜源伝説憶断	渡辺末吾	漢文学会会報（東京文理大）	2
1934	詩経に現はれた先秦民族の生活瞥見	今泉浦治郎	東亜経済研究	18-3
1934	詩経に現はれた巫歌	滝遼一	東 方 学 報（東京）	5
1934	詩経妄見	空山生	大東文化	6、82-84
1934	詩経章句独是	青木正児	東北帝国大学法文学部十周年記念史学文学論集	193-217
1935	二南の婚姻	森佐平次	支那哲文学	2
1935	朱子と詩集伝	杖下隆之	支那哲文学	第2号
1935	周南祭服考	安田正明	支那哲文学	2
1935	講経：無縦詭随、以謹無良	牧野謙次郎	東洋文化	128、2-8
1935	詩経に見はれたる感生帝	島田鈞一	大正大学学報	創立第 10 周年記念特輯号 21、23、215-226
1935	詩経に現はれた星	野尻抱影	同仁会報	9-4、5、6
1935	詩経六義に対する朱子の解釈法	斎藤護一	漢学会雑誌	3-1
1935	詩経講話蓼莪篇	塩谷温	斯文	17-4
1935	講経：謂山蓋卑、為岡為陵	牧野謙次郎	東洋文化	134、2-10
1936	「諸娣従之、祁祁如雲」之解（提要）	渡辺末吾	斯文	18-12、65

1936	毛詩形態論	山口角鷹	日本大学文学科研究年報	3-2
1936	毛詩豳風鴟鴞の詩の歴史的背景（提要）	長瀬誠	斯文	18-12、67
1936	申綽「詩次故」の学の詩説史上に占める位地	内野熊一郎	東方学報（東京）	6別篇
1936	講経：如彼築室于道謀（1）	牧野謙次郎	東洋文化	138、7-14
1936	講経：如彼築室于道謀（2）	牧野謙次郎	東洋文化	139、2-10
1936	講経：如彼築室于道謀（3）	牧野謙次郎	東洋文化	140、2-9
1936	急就篇中の詩経	渡俊治	支那語学報	3・4
1936	講経：胡転予于恤、有母之尸饔	牧野謙次郎	東洋文化	147、2-6
1936	詩の風体と司空図の二十四詩品	太田兵三郎	漢学会雑誌	4-2、71-79
1936	詩国風考	内田智雄	支那学	8-4
1936	詩経と我が歌謡に就て	福井久蔵	駒沢大学学報	6
1936	詩経に関する考察の一二	安藤円秀	服部先生古稀祝賀記念論文集（同書刊行会編、富山房）	73-87
1936	詩経の日蝕に就て	能田忠亮	東方学報（京都）	6
1936	詩経の国風殊に陳風に現	久米安行	斯文	18-12

	れた演劇的萌芽について			
1936	詩経毛伝引用月令句考	内野熊一郎	東 方 学 報（東京）	6
1936	頤志斎鄭譜質疑	杖下隆之	服部先生古稀祝賀記念論文集（同刊行会編、富山房）	647-658
1936	豳風七月の研究（1）	今泉浦治郎	東亜経済研究	20-4
1936	豳風七月の詩について	津田左右吉	東洋史会紀要	1
1936	続詩疑	安井小太郎	服部先生古稀祝賀記念論文集（同書刊行会編、富山房）	959-974
1937	「諸娣従之、祁祁如雲」大雅韓奕の解	渡辺末吾	東洋学報	25-1
1937	六笙詩考	渡辺末吾	漢文学会会報（東京文理大）	5
1937	毛詩解釈に於ける孫毓の批評	毛塚栄五郎	支那哲文学	21
1937	講経：他山之石、可以攻玉	牧野謙次郎	東洋文化	150、2-8
1937	古今集真名序に就いて	藤野岩友	漢文学会会報（国学院大学）	3

1937	音楽と詩	松本卓三	支那哲文学	3
1937	雅について	目加田誠	文学研究（九州大学）	20
1937	詩経狼跋考	柿崎富次郎	支那哲文学	21
1937	頌の特色	山口角鷹	漢学研究	2
1937	豳風七月の研究（2）	今泉浦治郎	東亜経済研究	21-1
1937	豳風七月の暦法について	橋本増吉	史学	16-2
1938	『詩集伝』に就いて	目加田誠	漢学会雑誌	第6巻1号、1-22
1938	天文と暦法より観たる詩経の詩篇製作の年代	野本清一	史学雑誌	49-5
1938	毛伝の成立及び今古詩説根の古在に関する一考察	内野熊一郎	東方学報（東京）	8
1938	毛詩注疏引用佚書書目	鈴木隆一（講）	東方学報（京都）	9
1938	言語学的に見た詩経葛覃3章	飯田利行	東洋学研究	8
1938	詩経と民謡	七里重恵	漢文学会会報（国学院大学）	4
1938	詩経国訳に就て	竹内照夫	中国文学月報	43
1938	魯詩考	島田鈞一	漢文学会会報（東京文理大学）	7
1939	「先儒の三家詩遺説分類」批判	渡辺末吾	東洋学報	26-2

1939	毛詩序並びに毛伝の成立時代	林健一	漢学会雑誌	7-1
1939	史記に於ける史遷の詩説	内野熊一郎	東方学報（東京）	10-1、65-76
1939	四家詩源流私考	吉田元定	漢文学会会報（東京文理大）	9
1939	風謡論	沢田瑞穂	漢文学会会報（国学院大学）	6
1939	詩経新釈	茶谷忠治	関西大学学報	111、28-32
1939	豳風七月の研究（3）	今泉浦治郎	東亜経済研究	23-6
1939	豳詩考――付束薪考	目加田誠	文学研究（九州大学）	25
1939	韓詩外伝の書誌学的考察	大塚伴鹿	大東文化学報	1
1939	戦争及び平和に対する詩経時代の支那人の態度	マーガレット・ブラウン　白尾（訳）	東亜経済研究	23-4
1939	霊星について	田村専之助	東洋史会紀要	3
1940	「詩」はいかに読むべきか	茶谷忠治	斯文	22-11
1940	九条家蔵唐橋本毛詩写本に就いて――我国古伝写本毛詩並に古活字本毛詩の	内野熊一郎	東方学報（東京）	11-3、741-800

	一考察			
1940	詩経「七月」の詩に見ゆる農民生活	安藤円秀	文科学会紀要（日本大学文学学科）	8
1940	詩経に詠はれた自然界	目加田誠	文学研究	27
1940	鄒衍学系考──特に斉詩との関聯に於て	田向竹雄	大東文化学報	2
1940	経文を中心としての「三家詩分類」批判（1）	渡辺末吾	斯文	22-7
1940	経文を中心としての「三家詩分類」批判（2）	渡辺末吾	斯文	22-9
1940	経文を中心としての「三家詩分類」批判（3）	渡辺末吾	斯文	22-10
1941	四始五際の思想に就いて	久野昇一	東洋学報	28-3
1941	詩家の四始説に就いて	渡辺弘一郎	漢文学会会報（東京文理大）	11
1941	詩教の本義	加藤虎之亮	国民精神文化	7-7
1942	春秋の断章賦詩に就いて	目加田誠	文学研究	31
1942	豳風七月の研究（4）	今泉浦治郎	東亜経済研究	26-2
1943	毛詩正義校定資料解説	経学文学研究室	東方学報（京都）	13-2
1943	正雅から変雅へ（1）──自己意識の展開を中心として	赤塚忠	漢学会雑誌	11-1
1943	正雅から変雅へ（2）──自己意識の展開を中心と	赤塚忠	漢学会雑誌	11-2・3

	して			
1943	清原宣賢の毛詩抄について	小川環樹	文化	10-11
1943	詩教	目加田誠	文学研究	33
1943	詩経諸篇の作成年代に関する卑見	橋本増吉	支那古代暦法研究第 2 章第 2 節（東洋文庫論叢）	29
1943	国風に於ける三章章四句の詩に就て	林健一	漢学会雑誌	11-1
1944	鶴鳴于九皐、声聞于天	松本洪	東洋文化	231、18-22
1945	毛詩正義の論証に就いての一考察	小尾郊一	東 方 学 報（京都）	15-1
1947	詩経抄	江口榛一	中国語雑誌	2-5
1947	韓詩外伝及び本事詩と伊勢物語	山岸徳平	桃源	2-1
1947	霊台考	橋本増吉	中国古代文化史研究（鎌倉書房）	1
1948	中国文学の発生	吉川幸次郎	世界	35
1948	詩経抄	江口榛一	桃源	9
1949	「詩」の興について	白川静	説林	1
1949	王土思想の考察	平中苓次	立命館文学	68
1949	古代祭礼の復原について――グラネー氏の詩経研究に関する一批判	松本雅明	西日本史学	1
1949	商頌5篇について	白川静	説林	3

1949	詩より見たる中国古代二大文化圏	福田襄之介	遠望	5
1949	詩経に於ける天の思想	佐藤匡玄	東洋文化の問題（京都大支那哲学史研究会）	1
1950	古代祭礼における季節的リズムについて──グラネーの詩経研究に関する一批判（上）	松本雅明	東洋学報	33-1
1950	目加田誠著「詩経訳注篇（1）」	白川静	説林	2（6）
1950	松本雅明「古代祭礼の復原について──グラネー氏の詩経研究に関する一批判」	上原淳道	史学雑誌	59（10）、90
1950	桃伝説の起源について	水上静夫	東京支那学会報	6
1950	詩経	鈴木修次	日本文学教室	5
1950	詩経毛伝の訓詁に関する考察──爾雅釈訓篇をもととして	加賀栄治	人文論究（関西学院大学）	1
1950	詩経時代の中国語の声調に就いて	永島栄一郎	言語研究	16
1950	詩経学の成立（1）	白川静	説林（立命館文学会編、白楊社）	2-9
1950	詩経学の成立（2）	白川静	説林	2-10、42-46

1950	詩経学の成立（3）	白川静	説林	2-11、14-21
1950	詩経学の成立（4）	白川静	説林	2-12
1950	詩経恋愛詩における採薪の表現──その新古の層弁別に関する一章	松本雅明	法文論叢	1、93-111
1950	鄭風から──詩経（2）	鈴木修次	日本文学教室	12月号
1950	静女──詩経（1）	鈴木修次	日本文学教室（蒼明社）	8月号
1951	上代日支文芸の相関性序──特に詩経との関係	山中鉄三	日本文学教室	8、27-31
1951	中国古代詩歌に於ける自然観照	杉本行夫	人文論究（関西学院大学）	2-4
1951	毛詩の序──詩経伝承上の一考察	鈴木修次	人文論究（函館人文学会）	4、35-59
1951	古代祭礼における季節的リズムについて──グラネーの詩経研究に関する一批判（下）	松本雅明	東洋学報	33-2
1951	未見君子考──詩経における新古の層の弁別について	松本雅明（講）	史淵	47
1951	母──詩経	安岡正篤	師友（師友会〔編〕、師友会）	20、2-9
1951	周詩の擬声語	境武男	秋田大学学芸学部研究	1

			紀要（人文・社会・教育）	
1951	清原宣賢加点「毛詩鄭箋」複製について	米山寅太郎	日本歴史	43
1951	詩書における天及び天命の考察	米田登	文芸と思想	2
1951	詩経と記紀の歌謡に於ける詩的形象	杉本行夫	日本文芸研究（関西学院大学）	2、56-78
1951	詩経に現れたる古代漢民族の農業生活	安田栄作	史学雑誌（大会記事）	60-12
1951	詩経成立についての一考察	大野実之助	国文学研究	4
1951	詩経修辞における賦比興の分類──古代中国人の自然感情についての研究序章	松本雅明	法文論叢	2、67-90
1951	詩経学の成立（5）	白川静	説林	3-1
1951	詩経学の成立（6）左伝における詩	白川静	説林（立命館文学会編、白楊社）	3（2）、11-17
1951	鄭風から──詩経（3）	鈴木修次	日本文学教室	1月号
1951	国風および万葉集に見える渡河──詩経における新古の層の弁別について	松本雅明	和田博士還暦記念東洋史論叢（講談社）	653-669

1952	毛詩本義の詩経研究史上の地位	安田栄作	史学雑誌（大会記事）	61-12
1952	古代に於ける歌舞の詩の系譜	赤塚忠	日本中国学会報	3
1952	唱和の婚俗について──読詩雑記之 1	金田純一郎	史窓	1
1952	詩経に見える存在の興──詩篇における新古の層について	松本雅明	東方古代研究（東方古代研究所）	第 1 号、1-17
1952	詩経に見える梁──詩経における新古の層の弁別について	松本雅明	東方学（東方学会）	3、44-52
1952	詩経に現れたる赤色好尚について	池田不二男	漢文学会会報（国学院大学）	8
1952	詩経を中心とした北中国の風土について	竜川清	会津短期大学学報	1、119-154
1952	詩経東山詩作者考	細田三喜夫	人文社会科学研究報告・（A: 人文科学）	2、1-5
1953	左伝引用詩の意味について	中島千秋	支那学研究	10
1953	西周期における東南地域の政治と文学──周南・召南とその背景	白川静	立命館文学	96
1953	周代における婚姻の季節について（上）──詩経にみえる庶民祭礼研究の 1	松本雅明	東方宗教	3

	章			
1953	風雅の伝統と白詩	竹治貞夫	徳島大学学芸学部紀要（人文科学)	2、10-18
1953	荀子の詩説──特に三家詩説との関係	杖下隆之	東方学	6
1953	詩書と孔子の天及び天命の思想	米田登	文芸と思想	6
1953	詩経と楚歌	竹田復	日本中国学会報	5
1953	詩経に見えるヲカシミの歌：付「東門」に就いて──読詩雑記之3	金田純一郎	史窓（京都女子大学史学会)	3
1953	詩経の興における象徴性と印象性──詩篇に見える思惟の展開について上	松本雅明	東方古代研究（東方古代研究所)	第2号、27-34
1953	詩経研究	目加田誠	文学哲学史学学会連合編集研究論文集（研究論文抄録誌3)	4
1953	綢繆の詩への一考察──読詩雑記之2	金田純一郎	史窓	2
1953	酸果伝説起原考	水上静夫	日本中国学会報	5
1953	論語関雎之乱章考	米山寅太郎	諸橋博士古稀祝賀記念論文集（同	161-179

			記念会編、 刊）	
1953	鄭声雑考	福原龍蔵	諸橋博士古 稀祝賀記念 論文集（同 記念会編、 刊）	3-21
1953	諷誦無文学の展開	赤塚忠	東京支那学 会報	13
1954	夕と祭祀──読詩雑記之 5	金田純一郎	京都女子大 学紀要	8
1954	万葉集と上代詩	山岸徳平	万葉集大成 Ⅶ（平凡 社）	
1954	万葉集と中国文学との交 流	小島憲之	万葉集大成 Ⅶ（平凡 社）	
1954	万葉集の比較文学的研究	吉田精一	万葉集大成 Ⅶ（平凡 社）	
1954	万葉集歌と中国韻文	杉本行夫	万葉集大成 Ⅶ（平凡 社）	
1954	比較文学と万葉集	土居光知	万葉集大成 Ⅶ（平凡 社）	
1954	毛伝と爾雅──岵と屺に関 連して	鈴木修次	漢文教室	14
1954	西周の農業	天野元之助	東方学報 （京都）	25、22-40

1954	西周の没落を詩経から見る	鈴木修次	漢文教室	12
1954	周代における婚姻の季節について（下）──詩経にみえる庶民祭礼研究の1章	松本雅明	東方宗教	4・5
1954	岵と屺（詩経陟岵）の意味	月洞譲	漢文教室	14
1954	神儀詩──「頌」の展開について	赤塚忠（講）	東京支那学報	大会臨時号
1954	雅琴思想について（1）──瑟の鄭声観念の成立	中島千秋	愛媛大学紀要人文科学	2-1、53-62
1954	詩篇の成立と天文学──詩経定之方中篇について	松本雅明	世界史研究	4
1954	詩経と楚辞	松本雅明	京大人文科学研究所論文集	
1954	詩経にみえる生活苦──詩篇の層序についての1章	松本雅明	熊本史学	7、1-9
1954	詩経の仁について	竹内照夫（講）	東京支那学会報	大会臨時号・29年度
1954	詩経の修辞法	杉本行夫	島根大学論集人文科学（島根大学）	第4号、109-124
1954	詩経の興における象徴性と印象性──詩篇に見える思惟の展開について下	松本雅明	東方古代研究（東方古代研究所）	第3号、11-23
1954	詩経国風篇にあらわれたる古代中国人の植物観に	池田不二男	中国古代史の諸問題	91-105

	ついて		（東大出版会）	
1954	詩経国風篇の三詩境	長沢文男	東洋文学研究（早稲田大学東洋文学会編、早稲田大学東洋文学会）	2、81-92
1954	詩経恋愛詩における興の研究——周南関雎篇について	松本雅明	東方古代研究（東方古代研究所）	第 5 号、1-18
1954	国風に於ける年代推定の資料	松本雅明	東方古代研究	4
1954	釈南——殷と南方文化・その 1	白川静	甲骨学	3
1955	「頌」の文学的伝統について	赤塚忠	東方学	11
1955	エズラ・パウンド『詩経』英訳	ワトソン・B	中国文学報（京大）	3
1955	かささぎのわたせる橋——振鷺の舞と鳥の「興」	赤塚忠	近代（神戸大学）	11・13
1955	大念仏寺本妙写毛詩伝私考	内野熊一郎	漢文学会会報（東京教育大学）	16
1955	万葉集と詩経文選	久松潜一	上代文学	5
1955	毛詩詁訓伝における所謂三緯の扱いに対する考察	桜木幹雄	漢文教室	16
1955	古代中国の征戍の詩について	長沢文男	東洋文学研究	3
1955	古代詩論の成立について	小川昭一	斯文	13

1955	左伝引詩考	藤原高男	香川中国学会報	1
1955	周代庶民思想の一研究——詩にみえる諺的表現について	松本雅明	東洋史学	12
1955	南山考〔読詩雑記之 6〕（下）——コトホギの歌をめぐりて	金田純一郎	京都女子大学紀要	11
1955	南山考〔読詩雑記之 6〕（上）——コトホギの歌をめぐりて	金田純一郎	京都女子大学紀要	10
1955	詩経	火野葦平	群像	10（4）
1955	詩経ジェームス・ジョイスのチェムバー・ミュージック	辻村鑑旧訳〕	学苑	175
1955	国風にみえる懐古の悲傷	松本雅明	東方古代研究	7
1955	釈詩経之「于」を読みて	三迫初男	支那学研究（広島支那学会）	第12号、46-56
1955	関雎小考	大西正男	香川中国学会報	1
1956	一茶と詩経	丸山一彦	連歌俳諧研究	11
1956	二南の詩と婦道と詩教	柳町達也	東京学芸大学研究報告	7
1956	中国古代における詩と音楽との関聯に就いて	清水潔	研究集録人文社会科学（豊中：大阪大学教養	4

			部）	
1956	中国古代における農祭詩の成立	松本雅明	東方宗教	11
1956	中国古代民歌の一側面（上）──挑と笑を中心に	金田純一郎	女子大国文（京都女子大学）	4
1956	古今集の序と詩の大序──古今集序典拠論の 1 部として	小沢正夫	平安文学研究	18
1956	古今集序の六義についての研究──中国の六義との比較を主として	小沢正夫	日本学士院紀要	14-1、27-63
1956	召南行露	山田統	国学院雑誌	57-1・2
1956	左伝の引用文に関する一考察──特に詩を中心として	大月邦彦	岡山県漢文学会報	1
1956	唱和方式の婚俗について（上）	金田純一郎	京都女子大学文学部紀要	13
1956	清朝以前の協韻説について	頼惟勤	お茶の水女子大学人文科学紀要	8
1956	詩経に見える農事詩-下-	白川静	立命館文学（立命館大学人文学会編、立命館大学人文学会）	139
1956	詩経に見える農事詩-上-	白川静	立命館文学（立命館大	138

			学人文学会編、立命館大学人文学会)	
1956	詩経の修辞に就いて	水上早苗	福井大学学芸学部紀要・第 1 部、人文科学	5、1-5
1956	詩経の詩形について──その句数型の諸相	太田実	中国文化研究会会報	12
1956	詩経訳註・古代の舞踏歌	松本雅明	いずみ	16
1956	詩経訳註・年の暮れと新春の詩	松本雅明	いずみ	18
1956	詩経訳註・懐古の悲しみ	松本雅明	いずみ	17
1956	頌の成立	松本雅明	法文論叢（文科篇）	8
1956	国風より見た周代村落の分解	松本雅明	史学雑誌（大会記事）	65-12
1957	『詩集伝』（国風）をとほして見たる朱子の思想	友枝龍太郎	東京支那学報	第 3 号、82-96
1957	中国古代の叙情詩時代（1）	貝塚茂樹	心	10-3
1957	中国古代の叙情詩時代（2）	貝塚茂樹	心	10-5
1957	中国古代の叙情詩時代（3）	貝塚茂樹	心	10-8
1957	中国古代の叙情詩時代（4）	貝塚茂樹	心	10-11
1957	中国古代民歌の一側面	金田純一郎	女子大国文	5

	（下）──挑と笑を中心に		（京都女子大学）	
1957	岾と屺──高等漢文訓詁ノート（その1）	加賀栄治	漢文教室	31
1957	真淵の歌論における詩経への関心──後期の歌論について	宇佐美喜三八	国文学（関西大学）	19
1957	唱和方式の婚俗をめぐって（中）	金田純一郎	京都女子大学文学部紀要	14
1957	葦と中国農業──併せてその信仰起源に及ぶ	水上静夫	東京支那学会報	3
1957	詩経	藤堂明保	人文科学の名著（毎日新聞社）	
1957	詩経の試訳	小原秋皐	岡山県漢文学会報	2
1957	詩経の畳字語に対する一考察	藤田秀雄	九州中国学会報	3
1957	詩経訳註・花の詩	松本雅明	いずみ	19
1957	詩経訳註・梁の詩	松本雅明	いずみ	22
1957	詩経訳註・渡河の詩	松本雅明	いずみ	21
1957	詩経訳註・黄鳥	松本雅明	いずみ	20
1957	綢繆の詩をめぐって	金田純一郎	史窓（京都女子大学史学会）	11
1958	「六義」考──存疑と価値について	岡本芳江	国語（東京教育大学）	6-3・4
1958	中国古代の叙情詩時代（5）	貝塚茂樹	心	11-2

1958	中国古代の叙情詩時代（6）	貝塚茂樹	心	11-6
1958	毛詩「匏有苦葉」二章解	頼惟勤	解釈（解釈学会編教育出版センター）	4-4
1958	白馬と賓客──有客・白駒の詩をめぐって	金田純一郎	京都女子大学文学部紀要	17
1958	吉川幸次郎注『詩経』国風上	土居光知	図書	103
1958	西周歌舞の一形態	赤塚忠	古代文化	2-10
1958	孟子詩説	境武男	詩経学	1、1-18
1958	松本雅明著『詩経諸篇の成立に関する研究』	白川静	立命館文学	160
1958	松本雅明著『詩経諸篇の成立に関する研究』	吉川幸次郎	東洋史研究	17（3）
1958	唱和方式の婚俗をめぐって（下）──東門考	金田純一郎	京都女子大学文学部紀要	16
1958	詩と音楽の世界	赤塚忠	図説世界文化史大系（角川書店）	15
1958	詩経	斯波六郎	中国文学における孤独感（岩波書店）	13-16
1958	詩経（中国文学思想基本資料解題1）	中国文化研究会同人	大安	4-5

1958	詩経に見える「嘆老」	藤野岩友	国学院雑誌	59-10・11
1958	詩経に見える擬声語1	境武男	詩経学	1、19-40
1958	詩経に於ける二・三の問題点について	猪口篤志（講）	大東文化大学漢学会誌	1
1958	詩経に現れたる古代漢民族の主婦の生活について（提要）	安里栄作	史学雑誌	67-12、74
1958	詩経の興味	赤塚忠	中国古典文学全集月報（平凡社刊）	21
1958	詩経名物考二則	青木正児	立命館文学	160
1958	詩経国風篇についての一考察（提要）	国定忠治	支那学研究	20、47
1958	詩経訳註・生活苦の歌	松本雅明	いずみ	26
1958	詩経訳註・吟遊詩人	松本雅明	いずみ	25
1958	詩経訳註・征役の詩	松本雅明	いずみ	29
1958	詩経訳註・東の門	松本雅明	いずみ	30
1958	詩経訳註・泉の詩	松本雅明	いずみ	28
1958	詩経訳註・婚礼の詩	松本雅明	いずみ	27
1958	詩経釈義──七月、鴟鴞、東山	境武男	詩経学	1、41-60
1958	邂逅の倫理	鬼頭有一	愛知県教育文化研究所紀要	13
1958	黄鳥と倉庚	境武男	詩経学	1、61-66
1959	「詩経諸篇の成立に関する研究」	松本雅明	史学雑誌	68（6）
1959	日中両国の古代信仰植物	水上静夫	甲骨学	7

	の連関について			
1959	古代の民謡──詩経国風について	松本雅明	書報（極東書店）	2
1959	古代文学を理解するための私見──たとえば詩経の場合（1）	鈴木修次	漢文教室	45
1959	尚書金滕篇と鴟鴞の詩	井上源吾	長大史学	3
1959	晏子春秋詩説	境武男	詩経学	3、1-22
1959	狼跋と獅子舞	赤塚忠	書報（極東書店刊）	2-2
1959	新耒耜考	関野雄	東洋文化研究所紀要	19、1-77
1959	楊柳信仰の起源について	水上静夫	斯文	25
1959	詩の「勺薬」とその信仰の発生背景について	水上静夫	大東文化大学漢学会誌	2
1959	詩経に見える擬声語 2	境武男	詩経学	2、1-18
1959	詩経に見える擬声語 3	境武男	詩経学	3、31-38
1959	詩経の魚 1	境武男	詩経学	2、51-56
1959	詩経の魚 2	境武男	詩経学	3、23-30
1959	詩経国風篇についての一考察	国定忠治	岡山県漢文学会報	3
1959	詩経訳註・りんごの樹	松本雅明	いずみ	31
1959	詩経訳註・木の実投げ	松本雅明	いずみ	32
1959	詩経訳註・祝頌の詩	松本雅明	いずみ	35
1959	詩経訳註・嘆きの詩	松本雅明	いずみ	36
1959	詩経訳註・恋愛の詩	松本雅明	いずみ	34
1959	詩経釈義-天保、采薇	境武男	詩経学	2、2-5
1959	詩経釈義──甫田、大田	境武男	詩経学	3、39-51

1959	摽有梅	山田統	国学院雑誌	60-3
1959	論語詩説	境武男	詩経学	2、18-38
1959	儒家の詩観──孔子・孟子・荀子を中心として	峯吉正則	漢文学会会報（国学院大学）	10
1959	関雎の詩	阿部吉雄	斯文	24
1960	「匏有苦葉」2章の疏	頼惟勤	中国語学	100
1960	大東篇釈義	境武男	詩経学	4、17-40
1960	小星篇「三五在東」について	境武男	詩経学	4、41-44
1960	古代文学を理解するための私見──たとえば詩経の場合（2）	鈴木修次	漢文教室	47
1960	古代文学を理解するための私見──たとえば詩経の場合（3）	鈴木修次	漢文教室	50
1960	休祥災異思想の源流──尚書・詩経を中心として	井上源吾	西日本史学会創立十周年記念論文集	
1960	周頌の成立	白川静	立命館文学	180
1960	荀子詩説	境武男	詩経学	5、1-36
1960	詩の「茶苡」とその信仰の発生背景について	水上静夫	大東文化大学漢学会誌	3、33-40
1960	詩経のこころ	倉石武四郎	とろ火（くろしお出版）	
1960	詩経の虫	境武男	詩経学	5、37-42
1960	詩経異文の音韻的特質	小川環樹	立命館文学	180

1960	詩経訳註・二子乗舟	松本雅明	いずみ	39
1960	詩経訳註・衛の歌3篇	松本雅明	いずみ	37
1960	詩経訳註・衛国の吟遊詩人	松本雅明	日本談義	113
1960	墨子詩説	境武男	詩経学	4、1-16
1960	関雎篇釈義	境武男	詩経学	5、43-52
1961	「梅柟」考	水上静夫	甲骨学	9
1961	『詩経』『楚辞』	吉川幸次郎	世界文学大系中国古典詩集1解説（筑摩書房）	
1961	古代中国文学の分析（1）──詩経の雅と頌について	鈴木修次	漢文教室	55
1961	古代中国文学の分析（2）──詩経の雅と頌について	鈴木修次	漢文教室	57
1961	古代文学を理解するための私見──たとえば詩経の場合（5）	鈴木修次	漢文教室	54
1961	古代文学を理解するための私見──たとえば詩経の場合（4）	鈴木修次	漢文教室	53
1961	君いまだ見えねば──詩経国風篇	松本雅明	世界文学大系月報（筑摩書房）	47
1961	姚際恒の学問（下）──詩経通論について	村山吉廣	漢文学研究（東京：早稲田大学漢文学研究会）	9

1961	若木考——桑樹信仰の起源的考察	水上静夫	東方学	21
1961	桑樹信仰論	水上静夫	日本中国学会報	13
1961	秦風『黄鳥』詩をめぐって	福島吉彦	大安	72
1961	揚之水3篇	白川静	世界文学大系月報（筑摩書房）	47
1961	雅頌に於ける人間美	沢田正熙	東洋文化（東洋文化振興会）	7
1961	葛覃釈義	境武男	詩経学	6、1-22
1961	詩緯についての二三の問題	中村璋八	漢魏文化	2
1961	詩経（豳風七月「殆及公子同帰」について）	目加田誠	中国の名著（東京大学中国文学研究室編、勁草書房）	1-6
1961	詩経と万葉集の間	蒲池歓一	日本文学論究（国学院大学国語国文学会）	20
1961	詩経と周礼との関係について	桜井芳朗	東京学芸大学研究報告	13
1961	詩経の芸術性と思想性（対談）	吉川幸次郎他	中央公論	76（1）
1961	詩経中の仁の意味について	竹内照夫	北海道大学文学部紀要	10

1961	詩経古訓	貝塚茂樹	世界文学大系月報（筑摩書房）	47
1961	詩経研究の方法	松本雅明	東洋文庫年報	1970 年度
1961	詩経新台篇私考	金田純一郎	女子大国文	20
1961	興的発想の起源とその展開（下）	白川静	立命館文学	188
1961	興的発想の起源とその展開（上）	白川静	立命館文学	187
1961	豳風鴟鴞の詩考	井上源吾	長崎大学学芸学部人文科学研究報告	11
1961	国風における鄭風の位置および鄭風の詩序の問題──「鄭の文化」（第 2 部第 2 章）	上原淳道	歴史と文化（歴史学研究報告第 9 集東大教養学部人文科学 紀 要 23）	5
1961	国風に於ける人間美	沢田正熙	東京支那学報	7
1961	国語詩説	境武男	詩経学	6、23-45
1962	毛詩要義と著者魏了翁	尾崎雄二郎	ビブリア	23
1962	古代中国文学の分析（3）──詩経の雅と頌について	鈴木修次	漢文教室	58
1962	古代中国文学の分析（4）──詩経の雅と頌について	鈴木修次	漢文教室	60
1962	田畯考	大嶋隆	東京支那学	8

			報	
1962	呂氏春秋詩説	境武男	詩経学	7、41-57
1962	巷伯釈義等	境武男	詩経学	7、1-17
1962	詩序考	境武男	詩経学	7、18-40
1962	管見『詩経』の疑問点	塩見敦郎	中国文芸座談会ノート	12
1962	稿本詩経研究──「通論篇・解釈篇」	白川静	東洋学報（東洋文庫編、東洋文庫）	44（3）
1962	韓詩の創新性──「琴操」にみえる創新性	佐々木邦彦	漢文学会会報（国学院大学）	13
1962	魏鶴山先生毛詩要義跋	吉川幸次郎	ビブリア	23
1963	「自然」の受容と表現──詩経国風篇における植物の繁茂	植村雄太郎	城南漢学（立正大学）	5、10-16
1963	毛詩竅（1）	川村勝太郎	山辺道	12
1963	古代中国文学の分析（5）──詩経の雅と頌について	鈴木修次	漢文教室	61
1963	古代中国文学の分析（6）──詩経の雅と頌について	鈴木修次	漢文教室	62
1963	詩「谷風」における興の方法	塩見敦郎	中国文芸座談会ノート	14
1963	詩経とヨーロッパの民謡	ディエニ J.	中国文学報（京都大学文学部中国語学中国文学研究室）	18
1963	詩経国風篇の精神史的考	杉森暢男	哲学論叢	21

	察序説		（東京教育大学哲学会）	
1963	漢代楽府詩における詩経の連想的表現方法の衰滅	小西昇	文学研究	61
1963	漢魏の詩歌に示された非情な文学感情	鈴木修次	中国中世文学研究	3、8-21
1963	豳風七月に於ける二三の考察	沢田正煕	愛知学芸大学研究報告（人文科学）	12
1963	韓詩外伝の一考察──説話を主体とする詩伝の持つ意義	西村富美子	中国文学報（京大）	19
1964	大雅文王篇・思斉篇の製作年代について	赤塚忠	日本中国学会報	16
1964	中国古代歌謡の発生と展開	赤塚忠	中国文学研究（大安刊）	3
1964	両周秦韓韻文の用韻からみた夏音と楚音	真武直	目加田誠博士還暦記念中国文学論集（大安社）	375-402
1965	周公詩をおくる	井上源吾	九州中国学会報	11
1965	詩経における神義の問題について──「ヨプ記」の神義論との比較を中心に	満間純子	国学院雑誌	66-9
1965	鰕辞と皇尸と	西岡弘	国学院大学	5、41-69

			紀要	
1965	豳風七月の舞台	篠田統	大阪学芸大学紀要（自然科学）	13
1966	古歌謡考	志村良治	東北大学教養部紀要	4
1966	昭明太子の文学意識——その根底によこたわるもの	船津富彦	中国中世文学研究	5、28-46
1966	敦煌毛詩音残巻反切の研究（上）	平山久雄	北海道大学文学部紀要	14-3
1966	詩に達詁無し	吉川幸次郎	朝日新聞夕刊	研究ノート
1966	詩経国風の民謡的性格	黒岩嘉納	茨城大学文理学部紀要人文科学（茨城大学文理学部）	17、57
1967	古代の祭祀の文学につきて——中国・日本におけるその発生と展開の様相	丸山晃	金沢高専研究紀要	2
1967	西周後期の金文と詩篇	白川静	立命館文学（橋本博士喜寿記念東洋文化論叢）	264・265
1967	詩経の花と黄鳥——新古の層についての1章	松本雅明	中国古典研究（中国古典研究会）	14、1-16
1967	詩経の倫理——中庸（1）	近藤英雄	山崎先生退官記念東洋	197-207

			史学論集（同退官記念会編、大安刊）	
1967	詩経の倫理──序説	近藤英雄	長野県短期大学紀要	21
1967	魯頌の構成について	赤塚忠	東京支那学報	13
1968	パウンドの詩経	御輿員三	吉川博士退休記念中国文学論集（吉川教授退官記念事業会編、筑摩書房）	59-74
1968	マーセル・グラネ『古代支那の祭礼と歌謡』──フランス人の詩経解釈	鈴木修次	東京書籍国語	64
1968	中国古代の禊ぎの文学	西岡弘	国学院雑誌	69-11
1968	詩経（1）「古典講座その1」	倉石武四郎	中国語	99
1968	詩経（2）「古典講座その2」	倉石武四郎	中国語	100
1968	詩経（3）「古典講座その3」	倉石武四郎	中国語	101
1968	詩経（4）「古典講座その4」	倉石武四郎	中国語	102
1968	詩経の伝承についての考察	巨勢進	漢文学会会報（東京教育大学漢文	27、45-55

			学会)	
1968	詩経の注釈について	西村富美子	吉川博士退休記念中国文学論集（吉川教授退官記念事業会編、筑摩書房）	43-58
1968	詩経の倫理──中庸（その2)	近藤英雄	長野県短期大学紀要	22
1968	韓嬰思想管見──「韓詩外伝」引用荀子句を中心として	豊島睦	支那学研究	33
1968	顧炎武の『詩本音』について（1)	頼惟勤	お茶の水女子大学人文科学紀要	21-3
1969	万葉集の二様式──詩経的と文選的と	久松潜一	短歌研究	26（1）10-14
1969	周南巻耳について	白川静	世界古典文学全集月報	37
1969	家持の歌に見える詩経の影響	藤野岩夫	国学院雑誌（国学院大学出版部）	70（11）、188-197
1969	訓詁一篇──「国風」の「伐檀」について（上)	吉田恵	人文学（同志社大学・外国語・外国文学研究特集)	21、110
1969	詩経・書経の伝統	鈴木修次	世界古典文学全集月報（筑摩書	37

			房)	
1969	詩経の倫理──大学	近藤英雄	長野県短期大学紀要	23
1969	詩経の倫理──西周人倫考	近藤英雄	鎌田博士還暦記念歴史学論叢（鎌田先生還暦記念会）	13-21
1969	詩経図と孝経図	古原宏伸	美術史	72
1969	鄭衛歌謡論──『詩経』国風解釈への一アプローチ	乾一夫	古典評論（東風の会）	第6号、38-59
1969	顧炎武の『詩本音』について（2）	頼惟勤	お茶の水女子大学人文科学紀要	22-1
1970	命子──詩経と楚辞との影響	峯吉正則	漢文学会会報（国学院大学）	15、47-54
1970	聖地と祭礼──詩経国風篇成立についての諸問題	松本雅明	法文論叢・文科篇	26、65-117
1970	詩経の倫理──孟子	近藤英雄	長野県短期大学紀要	24
1970	詩経の倫理──孟子	鎮西晃夫	北里大学教養部紀要	4
1970	詩経の倫理──論語	近藤英雄	長野県短期大学紀要	25
1970	詩経衛詩について	古川喜哉	園田学園女子大学論文集	5、81-96
1970	顧炎武の『詩本音』につ	頼惟勤	お茶の水女	23-1

	いて──第1・4・60部		子大学人文科学紀要	
1971	白川静著『詩経』──中国の古代歌謡	乾一夫	国学院雑誌（国学院大学出版部）	72（5）、64-68
1971	東洋的世界観の一原型──『詩経』に見る古代中国人の諸思想	市瀬正幸	高崎経済大学論集	13（3）133-158
1971	徂徠学における「詩」について	高橋博巳	日本思想史研究	5
1971	英訳詩経其の外古体詩	長尾定雄（訳）	研究論集（福岡工業大学）	3
1971	素餐」「素食」「素飧」考──「国風」の「伐檀」について	吉田恵	同志社外国文学研究	1
1971	詩経と万葉集	松本雅明	文学（岩波書店〔編〕、岩波書店）	39（9）、88-100
1971	詩経に見える周初に於ける王の資格──民族宗教人として	加藤常賢	二松学舎大学東洋学研究所集刊（二松学舎大学東洋学研究所）	1、1-18
1971	競争と結婚同盟──詩経国風篇成立についての諸問題-上-	松本雅明	法文論叢（熊本大学法文学会）	28、29-53
1971	顧炎武の『詩本音』について（4）	頼惟勤	お茶の水女子大学人文	24-1

			科学紀要	
1972	中国文学の中のバラッド的要素──『詩経』・「国風」の歌謡について	原一郎	天理大学学報	23（5）142-152
1972	古今集序文の文学論と六義	山岸徳平	山岸徳平先生頌寿中古文学論考（山岸頌寿）	1-42
1972	法──名言とことわざ　中国詩経編	高梨公之	時の法令（財務省印刷局編、財務省印刷局）	788、10-12
1972	秋の詩──日本と中国	志村良治	日本文化研究所研究報告	7・8合併号
1972	詩経における山岳観小考	松田稔	国学院高等学校紀要	14
1972	詩経の倫理──礼と舞	近藤英雄	長野県短期大学紀要	26
1972	詩経国風の農民詩──古代邑制国家における権力と自由	宇都宮清吉	竜谷史壇（竜谷大学史学会〔編〕、竜谷大学史学会）	65、14-65
1972	韓詩外伝と楽記篇	板野長八	中国古代における人間観の展開（岩波書	399-423

			店）	
1972	競争と結婚同盟──詩経国風篇成立についての諸問題-下-	松本雅明	法文論叢（熊本大学法文学会）	31、42-77
1973	周の始祖神話の成立と変質	谷口義介	立命館文学	331・332・333
1973	所謂伊人	加藤常賢	二松学舎大学論集	47、1-9
1973	皇皇者華篇と采薇篇──中国古代の劇詩に関する試論	赤塚忠	長沢先生古稀記念図書学論集（三省堂刊）	107-126
1973	唐五経正義撰定考──毛詩正義之1	福島吉彦	山口大学文学会志	24
1973	細井平洲の研究（4）細井平洲の『詩経古伝』──偽書の中の真実	鬼頭有一	東洋研究	33、27-37
1973	詩経国風	松本雅明	国語	125
1974	「湛露」考──詩経より懐風藻に至る	前川幸雄	漢文学（福井漢文学会）	14、27-49
1974	「詩之序議」訳注	加藤実	詩経研究	1
1974	「暮れる」ということ──古代詩の時間意識	小池一郎	中国文学報（京大）	24
1974	「関関雎鳩」のこと	吉田恵	入矢・小川教授退休記念中国文学語学論集（同記念会編、刊）	127-141

1974	ペリオ本敦煌出土唐写毛詩釈文残巻私考	内野熊一郎	宇野哲人先生白寿祝賀記念東洋学論叢（同記念会編、刊）	243-280
1974	小雅十月之交篇志疑	小嶋政雄	宇野哲人先生白寿祝賀記念東洋学論叢（同記念会編、刊）	435-457
1974	太宰春台の「朱氏詩伝膏盲」──徂徠学における詩経	村山吉廣	詩経研究	1、13-20
1974	王安右の「周南詩次解」について	清水潔	宇野哲人先生白寿祝賀記念東洋学論叢（同記念会編、刊）	491-510
1974	王粛の詩経学	坂田新	目加田誠博士古稀記念中国文学論集（同編集委員会編、竜渓書舎）	121-141
1974	本能寺門前版の版式──毛詩抄をめぐって	土井洋一	学習院大学文学部研究年報	20
1974	重修緯書集成巻 3（詩礼	中村璋八	駒沢大学外	3

	楽）補遺		国語部論集	
1974	解題韓愈『詩之序議』	村山吉廣	詩経研究	1、21-22
1974	詩書における天と人	穴沢辰雄	宇野哲人先生白寿祝賀記念東洋学論叢（同記念会編、刊）	63-82
1974	詩広伝初考	黒坂満輝	山形女子短期大学紀要	7
1974	詩経に現れた「桑」について──李太白集と対比して	川西弘晃	金沢医科大学教養部論集	2
1974	詩経疑義（1）──関雎	目加田誠	詩経研究	1、1-3
1974	詩経関係文献目録（昭和20-47年)	詩経学会編	詩経研究	1
1974	鄭風"淫奔"詩覚書	筧久美子	入矢・小川教授退休記念中国文学語学論集（同記念会編、刊)	143-157
1974	豳風「七月」の鄭玄箋と『周官』青草の記述	田中和夫	目加田誠博士古稀記念中国文学論集（同編集委員会編、竜渓書舎)	1-25
1974	亀井昭陽『古序翼』について	目加田誠	宇野哲人先生白寿祝賀記念東洋学	1131-1146

			論叢（同記念会編、刊）	
1974	欧陽修『詩本義』について	坂田新	詩経研究	1、4-12
1975	「詩之序議」考——古文復興運動の一面にふれて	坂田新	中国古典研究	20
1975	ふたもと葦よ——詩比興説存疑	沢田瑞穂	詩経研究	2、5-11
1975	中国古代の「礼楽論」と「詩の発想」	中村龍人	琉球大学国文学・哲学論集	19
1975	毛本「十三経注疏」の9篇序——『名古屋市蓬左文庫漢籍分類目録』を手にして	戸川芳郎	U（東京大学出版会）	37
1975	王船山の詩論	小川晴久	日本文学（東京女子大学）	44・45
1975	后稷の伝説——中国古代の霊穀について	御手洗勝	広島大学文学部紀要	34
1975	渡辺蒙庵の「詩伝悪石」について	村山吉廣	詩経研究	2、12-17
1975	詩	庄司荘一	中国哲学を学ぶ人のために（世界思想社）	76-83
1975	詩の「興」について——その名称の発生と発見と	田中和夫	早稲田大学大学院文学研究科紀要	1

			別冊	
1975	詩経「王事靡塩」考——万葉集「大君のみことかしこみ」との対比において	網代長利	漢文学会会報（国学院大学）	20、12-25
1975	詩経「匏有苦葉」2 章の考証学	頼惟勤	異体字研究資料集成12－2 月報（雄山閣出版）	
1975	詩経に見える魚・漁について	田中正春	漢文学会会報（国学院大学漢文学会）	第20輯、26-38
1975	詩経に於ける魚の「興」詞とその展開に就いて	家井真	日本中国学会報（日本中国学会）	27、34-47
1975	詩経の民謡的性格（2）——諧謔性	黒岩嘉納	茨城大学教育学部紀要（茨城大学教育学部）	24、1-11
1975	詩経の新古層弁別の一標準	高田時雄	中国文学報（京大）	25、1-10
1975	詩経注釈家の詩題意識について	吉岡孝	東洋大学大学院紀要（東洋大学大学院）	第11集、127-139
1975	詩経疑義（2）——白駒の客	目加田誠	詩経研究	2、1-4
1975	詩経関係文献目録（中文篇）	詩経学研究センター編	詩経研究	2

1975	論語における詩経の位置（上）	海老田輝巳	北九州工業高等専門学校研究報告（北九州工業高等専門学校創立10周年記念特別号）（北九州工業高等専門学校）	9、67-76
1975	豳風の篇第について──「七月」と農事詩との関連を中心に	田中和夫	中国古典研究	20
1975	懐風藻解釈上の異議	福島正義	漢学研究	複刊 13、14 合刊、97-106
1975	経書より見た天の思想──詩経・書経を中心に	三浦吉明	集刊東洋学（中国文史哲研究会）	34、38-65
1976	「女曰観乎」惑解	西岡市祐	漢文学会会報（国学院大学）	22
1976	「授衣」にこめた嗟嘆──孟浩然「題長安主人壁」詩札記	田口暢穂	詩経研究	3、4-8
1976	「詩経国風」の中の性の表現	吉田恵	東アジアの古代文化	9
1976	「国風」十又一篇 MEMO──中国周王朝の民謡に見る性の隠喩ほか	吉田 恵（訳）	同志社大学外国文学研究	14
1976	『毛詩異同評』をめぐっ	坂田新	中国文学研	2

	て		究（早稲田大学）	
1976	『古今集』六義の原拠について──中国詩論の六義説を通して	田中和夫	文芸論叢（立正女子短大）	12
1976	七月流火について	久保田剛	武庫川国文	9
1976	中国の詩（1）──その発生と展開	小南一郎	岩波講座文学 4（岩波書店）	
1976	中国古代に於ける燕の宗教的意義と『詩経』燕燕篇の「興」について	石川三佐男	二松学舎大学人文論叢	9
1976	毛詩抄の 2 部構造について──建仁寺両足院蔵林宗二写本による	山内洋一郎	国文学考（広島大学国語国文学会）	72・73 合併号
1976	毛詩経典釈文中の「毛・鄭音切」に就て	内野熊一郎	東方学（東方学会）	52、1-15
1976	先秦における公私の観念	沢田多喜男	東海大学紀要（文学部）	25
1976	周頌、農事詩の祭祀について──詩序と詩本文から見て	藤田忠	人文論叢（大阪市立大学大学院文学研究科）	1・2
1976	胡風と「七月」──「七月」解題	中島長文	京都産業大学論集	5-4、79-105
1976	神話と経典	白川静	中国哲学史の展望と模	91-110

			索 （創元社）	
1976	陳世驤「『詩経』・その中国の文学の歴史及び詩学における特質的意義」（書評）	前山慎太郎	中国文学報（京大）	26
1976	詩経小雅甫田篇解補説	宇都宮清吉	橘女子大学研究紀要（橘女子大学〔編〕、橘女子大学）	4、128-137
1976	詩経疑義（3）——西方の美人	目加田誠	詩経研究	3、1-3
1976	蒹葭堂版『毛詩指説』	水田紀久	文芸論叢	6
1976	鄭小同と『鄭志』（上）——魏晋南北朝詩経学史（1）	坂田新	詩経研究	3、9-17
1977	「中国の草木と人間」草論（3）——詩経に見える草木（2）	田中克己	民俗学研究所紀要、東京：成城大学民俗学研究所	1、33-106
1977	「中国の草木と人間」草論（続）——詩経に見える草木（1）	田中克己	日本常民文化紀要	3、23-101
1977	「襆黍」の称謂について——『詩経』に於ける併称を中心として	西岡市祐	漢文学会会報（国学院大学）	23、24-32
1977	六義論（1）——中国詩論と『古今集』序をめぐっ	田中和夫	宮城学院女子大学研究	47

	て		論文集	
1977	崔述「読風偶識」の著述意図について	藤井良雄	中国文学論集（九州大学中国文学会）	6
1977	詩経における「馬祭」の復原について	石川三佐男	二松学舎大学人文論叢	12
1977	詩経に於ける「羊祭」歌について	石川三佐男	二松学舎大学人文論叢	11
1977	詩経に於ける渡河の「興」詞とその展開に就いて	家井真	二松学舎大学論集（創立100周年記念、中国文学編）	223-249
1977	詩経に関する若干の考察	巨勢進	国士舘大学漢学紀要	1
1977	詩経研究──『詩経』とその中国文学における地位	N．T．Fedorenko著；川上久寿訳	小樽商科大学人文研究	54
1977	漢土から飛来した鷺の舞	赤塚忠	東京都高等学校漢文教育研究会紀要	1
1977	鄭・衛の音について	田中和夫	中国文学研究（早稲田大学）	3
1977	鄭声について	橋本栄治	二松学舎大学論集（創立100周年記念、中国	209-222

			文学編)	
1977	韓詩外伝校詮（1）	伊東倫厚	北海道大学文学部紀要	26-1
1977	焼き捨てられた詞華集──詩経	黎彼	中国語（大修館書店）	213
1978	『子貢詩伝』始末	坂田新	早稲田大学大学院文学研究科紀要別冊	4
1978	パラディグム変換詩の構造──詩経国風の基本詩形	加納喜光	日本中国学会報（日本中国学会）	30、29-44
1978	中国人の自然観	松本雅明	水墨美術大系（第2巻）	付録
1978	林鵞峰の『詩経正文』と『詩訓異同』について	村上雅孝	共立女子大学文芸学部紀要（共立女子大学）	24、59-78
1978	風樹之嘆溯源──韓詩外伝読解の一例	伊東倫厚	国語国文論集	7、229-235
1978	崔述の詩経学──「読風偶識」の立場	村山吉廣	詩経研究	4、14-21
1978	詩緯より見た緯書成立の考察	安居香山	緯書の成立とその展開（国書刊行会）	93-215
1978	詩国風に於ける助辞について（1）	古川喜哉	園田学園女子大学論文集	12

1978	詩経・国風の祭祀歌における「碩人」について (1)	荒木日呂子	二松学舎大学人文論叢	13
1978	詩経に見える"方社の祭祀"について──鄭玄の"方祭"の解釈について	藤田忠	内田吟風博士頌寿記念東洋史論集	421-436
1978	詩経に於ける「黄鳥」の興に就いて	平光慎思郎	二松学舎大学人文論叢	13
1978	詩経に於ける赤色好尚 (研究発表要旨)	増子和男	古代研究 (早稲田古代研究会)	第 9 号、48-50
1978	詩経──古代詩歌の世界	鈴木修次	中国語 (大修館書店)	6月号
1978	詩経時代の社会 (講演)	宇都宮清吉	名古屋大学東洋史研究報告	5、1-19
1978	詩経疑義 (4) ──飲食男女	目加田誠	詩経研究	4、1-4
1978	詩経関係文献目録 (昭和48-52 年)	詩経学会編	詩経研究	4
1978	鄭小同と『鄭志』(下) ──魏晋南北朝詩経学史 (2)	坂田新	詩経研究	4、5-13
1978	韓詩外伝校詮 (2)	伊東倫厚	北海道大学文学部紀要	26-2
1978	亀井昭陽『毛詩考』解説	岡村繁	亀井南冥・昭陽全集 (葦書房)	第 2 巻
1979	「執轡如組」	戸川芳郎	准南子上 (新釈漢文	60

			大系 54 明治書院）付録季報」	
1979	『潜夫論』に引く「魯詩」について	湯浅幸孫	中国思想史研究（京都大学）	3
1979	Valle-Inclan の詩集「伝説のかおり」試訳及びその構成についての一考察	堀内研二	大阪外国語大学学報（大阪外国語大学）	44、17-35
1979	ジェームズ・レッグの「詩経」訳	村山吉廣	詩経研究	4
1979	中国の歌垣における歌舞戯——詩経から（1）	川上忠雄	千葉商大紀要（千葉商科大学国府台学会）	17（3）、128-105
1979	中国古代の村落と生活儀礼——その方法論をめぐって	松本雅明	東方宗教	54
1979	古代中国の夢——詩経から楚辞まで	石上幸作	渡辺三男博士古稀記念日中語文交渉史論叢	827-843
1979	有物有則の解釈について	橋本高勝	懐徳	48
1979	享宴儀礼の賦詩における民族的特性	栗原圭介	東洋研究	55
1979	敦煌毛詩音残巻反切の研究（中の1）	平山久雄	東洋文化研究所紀要（東大）	78
1979	詩経・国風の祭祀歌にお	荒木日呂子	二松学舎大	15、28-36

	ける「碩人」について (2)		学人文論叢	
1979	詩経にみえる「無良」について	吉田恵	森三樹三郎博士頌寿記念東洋学論集（頌寿記念事業会編 汲古書院）	57-78
1979	詩経国風篇における叙事詩的詩篇の考察	巨勢進	国士館大学人文学会紀要（国士館大学文学部人文学会）	11、115-126
1979	鄭声の概念の生成過程（上）――春秋思想との関連に於て	田村和親	二松学舎人文論叢	16
1979	豳風七月の社会	谷口義介	東洋史研究	37-4
1979	韓詩外伝小考	豊嶋睦	比治山女子短期大学紀要	13
1979	鶏鳴考	大室幹雄	山梨大学教育学部研究報告人文社会科学系	29、51-59
1980	『毛詩』と『性霊集』との一考察	原尾明宏	密教学会報	17・18 合併号
1980	『毛詩』畳句原読考――「おどり字」の源流か	水上静夫	池田末利博士古稀記念東洋学論集（池田末利博士古稀記	73-90

			念事業会編、刊）	
1980	『列女伝』引詩考（下）	田中和夫	宮城学院女子大学研究論文集	53
1980	『列女伝』引詩考（上）	田中和夫	宮城学院女子大学研究論文集	52
1980	大念仏寺蔵「毛詩二南」残巻の訓点について	西崎亨	国学院雑誌	81-9、47-61
1980	中国における古代歌舞の淵源	川上忠雄	千葉商大紀要	18-2
1980	中国の歌垣における歌舞戯──詩経から（2)	川上忠雄	千葉商大紀要（千葉商科大学国府台学会）	17（4)、216-183
1980	中国古代の山川の歌謡	松本雅明	国分直一博士古稀記念論集日本民族文化とその周辺（国分直一博士古稀記念論集編纂委員会）	631-655
1980	中国古代詩歌の形態──『詩経』国風篇の形態的研究	川上忠雄	千葉商大紀要	18（3)、1-28
1980	中国古代詩学のレトリック──詩経国風の表現形式	加納喜光	人文学科論集（茨城大学人文学	13、45-94

			部)	
1980	日本詩訳詩経国風――中国古代の詩学（4・5）	加納喜光〔編〕	日本文学（東京女子大学日本文学研究会）	53
1980	束皙の補亡詩――魏晋南北朝詩経学史（3）	坂田新	詩経研究	5、5-16
1980	近江荒都歌と連続への志向	上野理	まひる野	35-8
1980	敦煌毛詩音残巻反切の研究（中の2）	平山久雄	東洋文化研究所紀要（東大）	80
1980	詩譜考――毛詩研究	福島吉彦	池田末利博士古稀記念東洋学論集（池田末利博士古稀記念事業会編、刊）	485-502
1980	詩経・黄鳥における戎狄の俗と華夏の理念について	近藤英雄	社会文化史学（社会文化史学会編、社会文化史学会）	18、33-56
1980	詩経研究文献提要（1）	詩経学会編	詩経研究	5、21-28
1980	詩経疑義（5）――二子乗舟	目加田誠	詩経研究	5、1-4
1980	詩経関係書目解題（1）――東条一堂『詩経標識』／赤松広『詩経述』／皆川間愿『二南訓閩』／黒	村山吉廣	詩経研究	5

	川彝『詩経一枝』			
1980	鄭女の活動について	大島愿恭	哲学（広島大哲学会）	32
1980	鄭玄の詩経解釈学	辺土名朝邦	中国哲学論集（九州大学中国哲学研究会）	6、16-33
1980	鄭声の概念の生成過程（下）──春秋思想との関連に於て	田村和親	二松学舎人文論叢	17
1980	魯論及び魯詩の異文が反映する方音的特徴	橘純信	漢学研究（日大）	18・19 合併号
1980	豳風七月篇の生活誌	谷口義介	立命館文学	418-421
1980	韓詩外伝に見える思想の源流	豊嶋睦	池田末利博士古稀記念東洋学論集（池田末利博士古稀記念事業会編、刊）	453-468
1980	旧音考（1）──毛詩釈文所引	坂井健一	漢学研究	18・19 合併号
1980	欧陽修の鄭箋批判	辺土名朝邦	活水論文集	23
1981	「鄭衛の音」について	大島愿恭	哲学（広島哲学会）	33
1981	中国文学と万葉集	白川静	解釈と鑑賞	46-9
1981	中国古代詩の修辞と形式──『詩経』の興と畳詠について	久富木成大	中国思想史研究（京都大学文学部中国哲学史	4、35-69

			研究室)	
1981	中国古代鄭衛の女性像——『詩経』より	鈴木修次	文部省助成金による報告	
1981	日本詩訳詩経国風——中国古代の詩学（6・7・8）	加納喜光〔編〕	日本文学（東京女子大学日本文学研究会）	55
1981	伊藤仁斎の詩経観	土田健次郎	詩経研究	6、13-19
1981	草木虫魚のシンボリズム——詩経の博物誌から（1）	加納喜光	漢文教室	137
1981	詩譜考続編	福島吉彦	山口大学文学会志	32
1981	詩経における類型表現の機能	加納喜光	日本中国学会報（日本中国学会）	33、139-156
1981	詩経研究文献提要（2）	詩経学会編	詩経研究	6、23-30
1981	詩経関係文献目録	金子恒雄〔編〕	詩経研究	6、31-33
1981	詩経関係書目解題（2）——新井白石校・狩野春湖筆「詩経図」について	村山吉廣	詩経研究	6、20-22
1981	碩人の宗教的性格と衛風「碩人」篇の解釈	荒木日呂子	東方学	62
1981	鄭玄の『六芸論』「詩論」について	間嶋潤一	北海道教育大学紀要（人文科学）	32-1
1981	鄭声解釈考（1）	大島愿恭	密教文化	133

1981	鍾伯敬「詩経鍾評」の周辺	村山吉廣	詩経研究	6、1-7
1981	鍾惺「詩論」訳注	加藤実	詩経研究	6
1981	韓詩外伝の文辞の成立ちについて	伊東倫厚	竹内照夫博士古稀記念中国学論文集（同論文集刊行会編、刊）	137-151
1981	顔師古の詩経学──資料編（上）──「漢書」顔師古注に現われたる、師古詩説	田中和夫	宮城学院女子大学研究論文集（宮城学院女子大学文化学会）	55、41-84
1982	「漢書」顔師古注に於ける詩経解釈について	田中和夫	中国文学研究（早稲田大学創立100周年記念、沢田瑞穂博士古稀記念）（早稲田大学中国文学会）	8、16-33
1982	『詩経』邶風燕燕篇解釈の一試論	吉田照子	福岡女子短大研究紀要	24、104_a-95_a
1982	毛詩学総論	森槐南	森槐南遺稿・中国詩学概論（神田喜一郎編臨川書店）	

1982	毛詩関雎序正義訳稿（上份）	福島吉彦	山口大学文学会志	33
1982	王質の『詩総聞』考略	村山吉廣	詩経研究	7、1-3
1982	采詩ノート（1）鳳鳴の碑；(2) 甘栗之碑	詩経学会編	詩経研究	7、28-30
1982	馬瑞辰「十五国風次序論」訳注	高橋明郎	詩経研究	7
1982	敦煌毛詩音残巻反切の研究（中の3）	平山久雄	東洋文化研究所紀要（東大）	90
1982	詩譜序正義訳注	岡村繁	文学研究（九州大学）	79
1982	詩経にみえる相互扶助精神の研究	林田剛	尚絅大学研究紀要（尚絅学園尚絅大学）	第5号、41-52
1982	詩経の博物学的研究（1）──虫の博物誌	加納喜光	人文学科論集（茨城大学人文学部）	15、47-77
1982	詩経研究文献提要（3）	詩経学会編	詩経研究	7、20-27
1982	詩経時代の楽舞（1）──詩経に見える殷人の楽舞	川上忠雄	千葉商大紀要	20-2、1-26
1982	詩経関係書目解題（3）──清原宣賢「毛詩抄」について・稲生若水「詩経小識」について	村山吉廣	詩経研究	7、16-19
1982	蓬左文庫本「毛詩」巻1国語史的研究序説──静嘉	西崎亨	訓点語と訓点資料	67

	堂文庫本「毛詩」との比較小見		
1982	賜姓在原朝臣	仁平道明	平安文学研究	68
1982	図版「詩経図」（宮内庁書陵部）唐様（付）解題	村山吉廣	詩経研究	7
1982	顔師古の詩経学通論篇（上）	田中和夫	詩経研究	7、4-9
1983	田畯考	藤田忠	国士館大学文学部人文学会紀要	15
1983	周南召南譜正義訳注	岡村繁	文学研究（九州大学）	80
1983	定本「詩経訳注」解説	岡村繁	目加田誠著作集（竜渓書舎）	第3巻
1983	采詩ノート（3）「穆如清風」の碑；（4）閑谷学校「鶴鳴門」	村山吉廣	詩経研究	8、45-46
1983	金陵学記（1）	坂田新	詩経研究	8、33-41
1983	前漢斉詩説の展開（上）	加藤実	詩経研究	8、20-29
1983	春秋左氏伝「君子曰」に於ける引詩義	小林茂	大東文化大学中国学論集	6
1983	草木虫魚のシンボリズム（2）——『詩経』の博物誌から	加納喜光	漢文教室	147
1983	詩経「汝墳」の一解釈——古代歌謡断片	桐本東太	中国民話の会（都立

			大)	
1983	詩経における捕兎の興詞と婚宴の座興演舞について——兎を対象とする呪儀的行為とその展開	石川三佐男	日本中国学会報	35、15-31
1983	詩経の和歌訳——寺内章明『国調周詩』のこと	沢田瑞穂	中国詩文論叢	2
1983	詩経の博物学的研究（2）——虫の博物誌（承前）	加納喜光	人文学科論集（茨城大学人文学部）	16、71-98
1983	詩経研究文献提要（4）	詩経学会編	詩経研究	8、42-44
1983	詩経時代の楽舞（2）——楽舞はいかに演じられたか	川上忠雄	千葉商大紀要（千葉商科大学国府台学会）	20（3・4）、67-89
1983	詩経曹風の下泉篇について——ものが水に濡れることの古代的意味と下泉篇の「興」、併せて古詩劇の復原	石川三佐男	専修人文論集	30、1-22
1983	詩経摽有梅における婚姻の正時——戴震の「詩摽有梅解」を通じて	藤山和子	日本中国学会報	35、32-44
1983	鄭玄の六芸論疑義	金子恒雄	詩経研究	8、30-32
1983	韓詩外伝にみる韓嬰の儒家思想の特色	吉田照子	福岡女子短大研究紀要	26
1983	韓詩外伝研究ノート（1）——『荀子』引用文との対照表	余崇生	待兼山論叢・哲学篇	17

1983	韓詩異文の反映する方音的特徴	橘純信	漢学研究（日大）	20
1983	藍沢南城の『詩謎記』訳注	増野弘幸	詩経研究	8、8-19
1983	藍沢南城の詩経学	内山知也	詩経研究	8、1-7
1983	図版「詩経図」（宮内庁書陵部所蔵）木瓜（付）解題	村山吉廣	詩経研究	8
1984	「風」字考	水上静夫	大東文化大学創立 60 周年記念中国学論集（大東文化大学同論集編輯委員会編大東文化学園）	931-958
1984	『万葉集』と『詩経』	古沢未知男	古典の受容と新生（明治書院）	544-555
1984	小雅甫田と斉風甫田	谷口義介	学林	3
1984	天武天皇 27 番歌と詩経曹風「鳲鳩」との関係について	平山城児	立教大学日本文学（立教大学日本文学会）	第 52 号、80-87
1984	毛詩正義所引の緯書	楠山春樹	讖緯思想の総合的研究（安居香山編、国書刊行会）	197-226
1984	杜詩と詩経	芳原一男	中国学論集	875-904

			（大東文化大学大学部中国文学科中国学論集編輯委員会編、大東文化学園）	
1984	周南関雎詁訓伝正義訳注（1）	岡村繁	文学研究（九州大学）	81
1984	岩崎本古文尚書・毛詩の訓点	石塚晴通	東洋文庫書報	15
1984	采詩ノート（5）「匪今斯今、振古如茲」（中島撫山書）の幟	村山吉廣	詩経研究	9、20-21
1984	徂徠学における「詩経」	若水俊	詩経研究	9、7-11
1984	段玉裁の考拠について──『詩経』「匏有苦葉」第2章の軌字の考拠から	浜口富士雄	日本中国学会報	36、221-234
1984	書評境武男著『詩経全釈』	石川三佐男	詩経研究	9、12-14
1984	陳風「墓門」篇索解	赤井益久	国学院雑誌	85-6
1984	詩序作者考	猪口篤志	大東文化大学創立60周年記念中国学論集（大東文化大学同論集編輯委員会編大東文化学園）	105-134

1984	詩経・雲漢発想考	吹野安	中国学論集（大東文化大学大学部中国文学科中国学論集編輯委員会編、大東文化学園）	821-848
1984	詩経における夫婦の破局をうたう歌について	石川三佐男	詩経研究	9、1-6
1984	詩経の博物学的研究（3）魚の博物誌	加納喜光	人文学科論集（茨城大学人文学部）	17、149-173
1984	詩経研究文献提要（5）	清水悦男編	詩経研究	9、15-19
1984	図版「詩経図」（宮内庁書陵部）諼草（付）解題	村山吉廣	詩経研究	9
1984	戦国諸子における詩説──儒家から法家へ	久富木成大	金沢大学教養部論集（人文科学）	22-1
1984	斉詩の五際説と詩緯の革命革政説	加藤実	早稲田大学大学院文学研究科紀要別冊	10
1985	「詩経国風」の1句（金子兜太〈特集〉）	阿部完市（他）	俳句（角川書店）	34（9）、80-94
1985	「詩経国風」の意義（金子兜太〈特集〉）	原子公平	俳句（角川書店）	34（9）、74-77
1985	中国文学館──「詩経から巴金」	前野直彬	中国研究月報（中国研	445、26-29

			究所)	
1985	毛詩鄭箋の訓点について ——E. サトー旧蔵本より	稲垣瑞穂	静岡女子短期大学研究紀要	30、31
1985	阮籍と『詩経』——四言「詠懐詩」を例として	沼口勝	中国文化（大塚漢文学会（筑波大学文芸言語学系横山研究室内））	43、15-29
1985	周南関雎詁訓伝正義訳注（2）	岡村繁	文学研究（九州大学）	82
1985	服部南郭の『詩』の意識 ——徂徠と南郭の詩経観をめぐって	浅山佳郎	上智大学国文学論集（上智大学国文学会）	18、143-160
1985	采詩ノート（6）「遷喬館」（岩槻市児玉南柯塾）	村山吉廣	詩経研究	10、22-23
1985	段玉裁「六書音均表」による詩経合韻一覧	尾崎雄二郎	古田教授退官記念中国文学語学論集（古田教授体感記念事業改変、東方書店）	659-670
1985	陳弟の上古音研究	富平美波	中国語学	232、90-99
1985	敦煌毛詩音残巻反切の研究（中の4）	平山久雄	東洋文化研究所紀要（東大）	97

1985	詩経と現代中国の教育現況（1）	水上静夫	詩経研究	10、7-12
1985	詩経における神婚儀礼	中鉢雅量	東方宗教（日本道教学会）	66、45-66
1985	詩経研究文献提要（6）	清水悦男編	詩経研究	10、16-21
1985	詩経解釈への史疑	前山慎太郎	日本及日本人	1580、84-93
1985	詩経関係書目解題（4）大田錦城「毛詩大序十謬」『詩経纂疏』	江口尚純	詩経研究	10、13-15
1985	道教における詩経	宮沢正順	詩経研究	10、1-6
1985	趙岐とその学問──『孟子』所引の『詩』句に対する注釈を中心として	弸和順	中国哲学（北海道大学）	14
1985	豳風七月と春秋時代の時令──『夏令』および『夏小正』を中心に	谷口義介	学林	6
1985	図版「詩経図」（宮内庁書陵部蔵）泮水（付）解題	村山吉廣	詩経研究	10
1985	顔師古の詩経学──資料編（中）──「匡謬正俗」に現われたる、詩経関連注解	田中和夫	基督教文化研究所研究年報（宮城学院女子大学基督教文化研究所）	17、75-101
1986	「勤雨」と「勤望之憂」──訓詁学概説資料	戸川芳郎	中国学論集（伊藤漱平教授退官記念、汲古書	1075-1106

			院)	
1986	「詩古微」の成立とその版本	高橋良政	中国古典研究	31
1986	『毛詩正義』に於ける「若然」について（上）	田中和夫	宮城学院女子大学研究論文集	64
1986	『詩』に見る「風」の宇宙論的構想	栗原圭介	大東文化大学漢学会誌	25、1-15
1986	大克鼎の時代（上）——豳風的社会の終末	谷口義介	熊本短大論集	36-3
1986	方玉潤の生涯と著述	村山吉廣	中国古典研究	31、19-32
1986	赤塚博士の詩経学	村山吉廣	赤塚忠著作集月報（研文社）	1
1986	周南関雎詁訓伝正義訳注（3）	岡村繁	文学研究（九州大学）	83
1986	采詩ノート（7）「六義園」；(8) 扁額「甘棠亭」	村山吉廣	詩経研究	11、27-29
1986	堀辰雄に於ける中国古典受容の形態について——『詩経』ノオトを中心に	岡本文子	和洋国文研究（和洋女子大学国文学会）	21、34-46
1986	敦煌毛詩音残巻反切の研究（中の5）	平山久雄	東洋文化研究所紀要（東大）	100
1986	詩書訓詁の一類型	頼惟勤	お茶の水女子大学中国文学会報	5

1986	詩歌及詩経概説	江英居	駒沢大学外国語部論集（駒沢大学外国語部）	24、17-34
1986	詩経	鈴木修次	文学史	2-1、23-39
1986	詩経とその詩人たち	岡村繁	中国詩人論（岡村繁教授退官記念論集、同刊行会編、汲古書院）	3-38
1986	詩経と現代中国の教育現況（2)	水上静夫	詩経研究	11、1-5
1986	詩経における小雅の様態	網代長利	漢文学会会報（国学院大学）	31、60-79
1986	詩経における頌の発生に就いて	家井真	中国思想研究論集（雄山閣出版）	139-349
1986	詩経における薪の「興」に就いて	平光慎思郎	二松学舎大学人文論叢（二松学舎大学人文学会）	32、40-48
1986	詩経に於ける雅・頌の発生と成立	家井真	二松学舎大学論集（二松学舎大学）	昭和 61 年度 55-94
1986	詩経への関心	土橋寛	赤塚忠著作集月報（研文社）	1

1986	詩経研究文献提要（7）	清水悦男編	詩経研究	11、23-26
1986	詩経豳風七月における「場」の意味について	増野弘幸	中国文化（漢文学会会報	44、1-11
1986	詩経関係書目解題（5）——三島中洲『詩集伝私録』	桜井宏行；詩経学会〔編〕	詩経研究	11、20-22
1986	詩経関係書目解題（5）——大田錦城『六義考』	江口尚純	詩経研究	11
1986	鄭樵の詩経学（1）——その学説と立場	江口尚純	詩経研究	11、12-19
1986	龔自珍論（1）——戒詩を中心として	中村嘉弘	中国文化	44、71-84
1986	図版「詩経図」（宮内庁書陵部所蔵）雎鳩（付）解題	村山吉廣	詩経研究	11
1986	関雎篇の詩旨——解釈学史の見地から	村山吉廣	詩経研究	11、6-11
1987	「毛詩正義」校勘劄記	岡村繁	詩経研究	12
1987	『毛詩原解』序説	村山吉廣	詩経研究	12、19-25
1987	小雅楚茨篇にみえる社会階層——祭祀儀礼を中心として	小林伸二	大正大学大学院研究論叢	11、193-204
1987	孔子と『詩経』-詩の効用（I 先秦漢の文学論）	高橋均	中国の文学論（伊藤虎丸、横山伊勢雄編、汲古書院）	4-15
1987	王船山の詩論をめぐって	本間次彦	日本中国学会報	39

1987	古代誌歌に見うれる水の祭礼についての一考察	土井健司	創大アジア研究	8
1987	采詩ノート（9）「不騫堂」	村山吉廣	詩経研究	12、33-34
1987	詩経邶風 3 篇における「日月」の意味について	増野弘幸	中国文化（漢文学会会報）	45、1-11
1987	詩経研究文献提要（8）	清水悦男編	詩経研究	12、29-32
1987	詩経時代の社会──西周・春秋期の生産関係	谷口義介	学林（中国芸文研究会）	第 9 号、1-15
1987	詩経関係書目解題（6）──安井息軒『毛詩輯疏』	桜井宏行；詩経学会〔編〕	詩経研究	12、26-28
1987	詩経関係書目解題（6）──岡白駒『毛詩補義』	村山吉廣	詩経研究	12
1987	雎鳩とはどんな鳥か──『詩経』周南関雎鳩の解釈について	西岡市祐	国学院大学紀要（国学院大学）	25、133-163
1987	鄭玄に於ける上帝の喪失──詩経大雅皇矣篇をめぐって	北村良和	集刊東洋学（中国文史哲研究会）	57、40-61
1987	謝霊運詩における詩経──詩言志の伝統と叙景詩の成立に関する一試論	山崎巧	中国文学論集（九州大学中国文学会）	16、33-67
1987	図版「詩経図」（宮内庁書陵部所蔵）騶虞（付）解題	村山吉廣	詩経研究	12
1987	欧陽修『詩本義』版本の	増子和男	神奈川大学	1

	諸問題		付属学校研究紀要	
1987	欧陽修の詩経学	江口尚純	詩経研究	12、10-18
1988	「毛序」成立考──古文学との比較を中心として	薮敏裕	日本中国学会報	40
1988	『万葉集』の称賛歌と詩経の頌詩との比較──国家形成期における発想の探求を中心とする	孫久富	国際日本文学研究集会会議録（国文学研究資料館編、国文学研究資料館）	11 号 13-37
1988	『毛詩』伐木篇の「鳥」について──『白氏六帳』鶯門考（上）	津田潔	漢文学会会報（国学院大学）	34
1988	『毛詩古音考』本証一覧（部分）	富平美波	人文学報（東京都立大学人文学会）	198
1988	『孟子』の「詩」に就いて	倉田信靖	大東文化大学漢学会誌	27
1988	自然詠の系譜（1）──『詩経』の詩の自然	田部井文雄	漢文教室	159
1988	赤塚氏の詩経	目加田誠	赤塚忠著作集月報（研文社）	6
1988	敦煌毛詩音残巻反切の研究（中の6）	平山久雄	東洋文化研究所紀要（東大）	105
1988	詩経の農事詩	越智垂明	戦国秦漢史	1

			研究第1編第1章第3節（中国書店）	
1988	詩経研究のうえで有用な辞典（向熹編『詩経詞典』四川人民出版社の書評）	弥和順	東方（東方書店）	83
1988	詩経庭燎からみた鄭玄の時間意識	藤山和子	お茶の水女子大学中国文学会報	7、1-20
1988	聞一多「姜嫄履大人考」	鈴木義照訳	ILTNEWS	85、60-72
1988	講経──女周南・召南を為びたるか	沢田剛雄	斯文	96
1988	蘭草と沢蘭──『詩経』溱洧篇の蘭の解釈について	西岡市祐	星美学園短期大学研究論叢	20
1988	龔自珍論（3）──再度の戒詩を中心として	中村嘉弘	中国文化	46、63-76
1988	釈蘭弁疑──『詩経』溱洧篇の蘭の解釈について	西岡市祐	漢文学会会報（国学院大学）	33、25-34
1989	「枯魚過河泣」考──『詩経』と古楽府のあいだ	乾一夫	二松	3
1989	『毛詩正義』小雅「采薇」篇訳注稿（下）	田中和夫	宮城学院女子大研究論文集	70
1989	『毛詩正義』小雅「采薇」篇訳注稿（上）	田中和夫	宮城学院女子大研究論文集	69

1989	『詩本草』と柏木如亭	新谷雅樹	芸文研究	54
1989	『詩品』における詩経	坂田新	詩経研究	14、1-12
1989	アナグラムとしての詩経	加納喜光	東方	100
1989	三家詩と『毛詩』――「関雎篇」を中心として	薮敏裕	斯文	97
1989	方玉潤の詩経学――『詩経原始』の特質	村山吉廣	日本中国学会報（日本中国学会）	41、198-206
1989	王引之の考拠経義述聞巻における「歌以訊止」の考拠から	浜口富士雄	群馬県立女子大学紀要	9、23-36
1989	呂祖謙『呂氏家塾読詩記』序説	江口尚純	詩経研究	14、13-23
1989	采詩ノート（10）「静嘉堂」	村山吉廣	詩経研究	13、43-44
1989	采詩ノート（11）「葛覃事」	村山吉廣	詩経研究	14、28-29
1989	阜陽漢簡「年表」整理札記	田中幸一訳	史泉	70、19-35
1989	桃夭――不相応の娘もちけり桃の花――一茶「享和句帳」抄	村山吉廣	詩経研究	13、21-33
1989	程大昌の『詩論』について	江口尚純	詩経研究	13、10-20
1989	詩経における「風」の表現について	増野弘幸	中国文化（漢文学会会報）	47、12-22
1989	詩経における「鳥が木にとまる」の表現について	増野弘幸	筑波中国文化論叢	9、1-15
1989	詩経研究文献提要（9）	清水悦男編	詩経研究	13、38-42

1989	詩経研究文献提要（10）	清水悦男編	詩経研究	14、24-27
1989	詩経説話「蔡人之妻」について	宮本勝	詩経研究	13、1-9
1989	詩経関係書目解題（7）──皆川淇園『詩経繹解』	江口尚純	詩経研究	13、34-37
1989	詩経関係書目解題（7）──熊沢蕃山『女子訓周南之解・召南之解』	江口尚純	詩経研究	13、34-37
1989	熊沢蕃山の女子教育論に関する考察（1）──『詩経』「周南之解・召南之解」「女子訓上」「女子訓下」（1）	浅沼アサ子	東京家政学院大学紀要（東京家政学院大学、東京家政学院短期大学）	29、63-77
1989	聞一多と詩経──研究におけるその方法論的試み	中島みどり	女子大文学国文編（大阪女子大学国文学科）	40、123-138
1989	図版「詩経図」（宮内庁書陵部所蔵）茉苢（付）解題	村山吉廣	詩経研究	13
1989	図版「詩経図」（宮内庁書陵部所蔵）羔羊（付）解題	村山吉廣	詩経研究	14
1990	『毛序』研究の現状について	薮敏裕	二松	4
1990	『毛詩正義』に於ける論証の意味するもの	田中和夫	中国文学研究（早大）	16
1990	『毛詩正義』小雅「出	田中和夫	宮城学院女	72

	車」篇訳注稿（上）		子大研究論文集	
1990	『毛詩正義』周南「桃夭」篇訳注稿	田中和夫	日本文学ノート（宮城学院女子大学）	25
1990	四言詩以前	坂田新	山下竜二教授退官記念中国学論集	191-223
1990	西周王朝と彤弓考	豊田久	東方学	80、16-32
1990	唐代詩経学史考略（1）	江口尚純	中国古典研究	35、22-34
1990	晁説之の詩序批判──王安石の詩経学との関はりに於いて	江口尚純	東洋の思想と宗教（早稲田大学東洋哲学会）	第7号、75-90
1990	雲漢考	栗原圭介	大東文化大学漢学会誌	29
1990	馮夢竜「叙山歌」考──詩経学と民間歌謡	大木康	東洋文化（東京大学東洋文化研究所）	71、121-145
1990	詩書に見える「無斁」という語について	前山慎太郎	佐藤匡玄博士頌寿記念東洋学論集（同刊行会編、朋友書店）	43-62
1990	詩経にみえる作邑と築城	谷口義介	学林〔白川静博士傘寿記念論集〕	14・15 合刊号 1-19

			（中国芸文研究会）	
1990	詩経東方未明の一解釈	桐本東太	史学（三田史学会）	59（2・3）、301-313
1990	詩経研究の近況と課題──付工具書（1）	家井真	二松学舎大学人文論叢	44、159-171
1990	漢初の覇者について（2）──「韓詩外伝」	相原俊二	東海大学紀要（文学部）	52
1990	熊沢蕃山の女子教育論に関する考察（2）──『詩経』「周南之解・召南之解」「女子訓上」「女子訓下」（2）	浅沼アサ子	東京家政学院大学紀要（東京家政学院大学、東京家政学院短期大学）	30、117-123
1990	鄭玄の『詩譜』	堀池信夫	中国における詩語の研究──文学言語のコスモロジー（東方書店）	
1991	「七夕詩歌」の発展──『詩経』『文選』『玉台新詠』所載の「七夕詩歌」を中心として	前川幸雄	敦賀論叢（敦賀女子短期大学紀要）	6
1991	「淮南子」所引の詩句について	戸川芳郎	日本中国学会報	43
1991	「詩言志」の伝統──竹林の七賢と陶淵明	大上正美	国語（山口県高等学校	50

			教 育 研 究会)	
1991	『六経奥論』疑義	江口尚純	中国古典研究	36
1991	『毛序』研究の近況と課題（上）	薮敏裕	二松学舎大学人文論叢	46
1991	『韓詩外伝』注釈（巻2)	吉田照子	福岡女子短期大学紀要	40
1991	『韓詩外伝』注釈（巻3)	吉田照子	福岡女子短期大学紀要	41
1991	『韓詩外伝』注釈（巻4)	吉田照子	福岡女子短期大学紀要	42
1991	レッグと王韜——稿本『毛詩集釈』の周辺	村山吉廣	詩経研究	15、11-18
1991	四庫提要詩類選訳（1）詩序2巻	江口尚純	詩経研究	16
1991	四庫提要詩類選訳（2）毛詩正義40巻	小原広行	詩経研究	16
1991	李瀷の詩経学概述	崔錫起〔著〕；権泰日〔訳〕	詩経研究	15
1991	采詩ノート（12)「青荓小学校」「青荓中学校」	村山吉廣	詩経研究	15
1991	采詩ノート（13）鹿鳴館（14）青荓会館	村山吉廣	詩経研究	16
1991	前漢斉詩説の展開（下）	加藤実	詩経研究	16、1-11
1991	悲哀からの飛翔——『詩経』・「古詩」・曹植	中野将	中 国 文 化（大塚漢文学会）	49、26-38
1991	新刊紹介]『詩経』目加田	村山吉廣	詩経研究	15

	誠著			
1991	詩経邶風北門篇における「門」の意味について	増野弘幸	大妻国文（大妻女子大学国文学会）	22、153-167
1991	詩経研究文献提要（11）	清水悦男編	詩経研究	15、19-21
1991	詩経学関係文献目録稿（邦文・論文篇）副題 1868（明治元年）-1989（平成元年）	江口尚純編	詩経研究	15、1-27
1991	趣向動詞「来」と『詩経』の解釈	長瀬瑞己	鎌田正博士八十寿記念漢文学論集（鎌田正博士八十寿記念漢文学論集編集委員会編、大修館書店）	603-646
1991	韓詩外伝研究序説	嶋崎一郎	詩経研究	16、12-19
1991	図版「詩経図」（宮内庁書陵部所蔵）辟廱（付）解題	村山吉廣	詩経研究	16
1991	図版「詩経図」（宮内庁書陵部所蔵）蟋蟀（付）解題	村山吉廣	詩経研究	15
1992	「王事靡塩」解釈から見た『毛伝』の訓詁態度	薮敏裕	岩手大学教育学部研究年報	52（3）
1992	「詩経学関係文献目録稿」後話	江口尚純	書誌調査（私立大学	

			国書舘協会東地区研究部書誌調査研究分科会)	
1992	『毛序』研究の近況と課題（下）	薮敏裕	二松学舎大学人文論叢	48
1992	『詩経研究文献目録』補遺 I	江口尚純；小原廣行	詩経研究	17
1992	『韓詩外伝』注釈（巻5）	吉田照子	福岡女子短期大学紀要	43
1992	『韓詩外伝』注釈（巻6）	吉田照子	福岡女子短期大学紀要	44
1992	『両度聞書』と『毛詩』——古今和歌集仮名序注と毛詩注繹	浅見緑	和漢比較文学叢書新古今集と漢文学（汲古書院）	第 13 巻
1992	大英国書館所蔵の訓点資料より——毛詩鄭箋巻第 1 訳文追考	稲垣瑞穂	訓点語と訓点資料	88
1992	文化の伝統について——21世紀へ託す（3）	白川静（立命館大学名誉教授）	月刊 Asahi	4（3）、82-89
1992	王韜「与英国理雅各学士」訳注（資料紹介）	楢崎洋一郎	詩経研究	17
1992	四庫提要詩類選訳（3）詩集伝 20 巻（資料紹介）	西口智也	詩経研究	17
1992	周作人「賀貽孫論詩」翻訳（資料紹介）	嶋崎一郎	詩経研究	17

1992	采詩ノート（15）「凱風快晴」	村山吉廣	詩経研究	17
1992	前漢三家詩における正変説について	加藤実	詩経研究	17、1-12
1992	南に喬木あり──『詩経』の風景	上田信	現代思想（青土社）	20 (9)、173-181
1992	書評『詩経研究文献目録』村山吉広・江口尚純共編	岡村繁	詩経研究	17
1992	崔東壁「東山詩解」について	村山吉廣	詩経研究	17、23-27
1992	崔述『読風偶識』の一断面──戴君恩の『読風臆評』とのかかわりについて	村山吉廣	中国哲学（北海道中国哲学会）	21
1992	詩経における天と鳥について	増野弘幸	詩経研究	17、13-22
1992	漢魏六朝詩における『詩経』の表現の受容について	増野弘幸	大妻国文	23、63-77
1992	鄭樵の経書観──特にその詩経学・春秋学をめぐって	江口尚純	日本中国学会報（日本中国学会）	44、141-155
1992	戴震の詩経研究に於ける「爾雅」の意義	種村和史	芸文研究（慶応義塾大学芸文学会）	61、98-119
1992	戴震の詩経学──「杲渓詩経補注」の立場と方法	種村和史	日本中国学会報	44、218-232
1992	図版「詩経図」（宮内庁書	村山吉廣	詩経研究	17

	陵郡所蔵) 果臝 (付) 解題			
1993	『四書』とは、『五経』とは──中国 3000 年の英知に彩られた不滅の教典 (特集・『四書五経』のリーダー学)	宇野茂彦 (名古屋大学教授)	プレジデント	31 (3)、72-77
1993	『詩経研究文献目録』補遺II	江口尚純；小原廣行	詩経研究	18
1993	『韓詩外伝』注釈 (巻7)	吉田照子	福岡女子短期大学紀要	45
1993	『韓詩外伝』注釈 (巻8)	吉田照子	福岡女子短期大学紀要	46
1993	『続列女伝』陳国弁女譚引詩』考──付『続列女伝』引『詩』一覧	山崎純一	詩経研究	18、1-9
1993	大英国書館所蔵毛詩鄭箋訓点の奥書	稲垣瑞穂	訓点語と訓点資料	90
1993	中国古代「謡」の社会史的研究──その課題と研究史	串田久治	愛媛大学法文学部論集文学科編	26
1993	四庫提要詩類選訳 (4) 詩補伝 30 巻 (資料紹介)	小原広行	詩経研究	18
1993	四庫提要詩類選訳 (5) 詩総聞 20 巻 (資料紹介)	西口智也	詩経研究	18
1993	宋代詩経学史考略 (上)	江口尚純	詩経研究	18、10-17
1993	男女の都合『蟊斯』「小序」私釈	森博行	季刊中国	34
1993	周作人「詩経新註」訳注 (資料紹介)	嶋崎一郎	詩経研究	18

1993	采詩ノート（16）「有造館」（17）「敬止館」	村山吉廣	詩経研究	18
1993	柳宗元の「愚」称について──「愚渓詩序」・「愚渓対」の創作とその心理の深層にあるもの	戸崎哲彦	彦根論叢（滋賀大学経済学会）	283・284
1993	唐代詩経学史考略（2）	江口尚純	中国古典研究	38、167
1993	清朝詩経学の変容──戴段二王の場合	種村和史	芸文研究（慶応義塾大学芸文学会）	62、91-110
1993	竟陵派の詩経学──鍾惺の評価をめぐって	村山吉廣	東洋の思想と宗教（早稲田大学東洋哲学会）	10、1-14
1993	須磨流謫の光源氏と「毛詩」「周易」──「たづがなき」から「退きて咎なし」へ	堀淳一	文芸研究（日本文芸研究会）	134
1993	詩経、民の心を知り「志」を養う──子曰く、詩を学ばずんば以て言う無し（特集・『四書五経』のリーダー学）	林田慎之助（神戸女子大学教授）	プレジデント	31（3）、88-93
1993	詩経「王事靡盬」の解釈に就いて副題経学研究への提言	家井眞	二松学舎大学人文論叢（二松学舎大学人文学会）	50、85-104
1993	詩経小考（1）大序小序の	江口尚純	詩経研究	18、32-34

	説について（資料紹介）			
1993	詩経旄丘篇解釈から見た「毛伝」の訓詁態度	薮敏裕	岩手大学教育学部研究年報（岩手大学教育学部）	53（1）、10-20
1993	輓近賭見せる詩経関係の著述及び論文──資料提目（2）	水原渭江	大谷女子大学紀要（大谷女子大学）	27（2）、172-174
1993	緯書詩説考──四始五際と三期・三気	堀池信夫	緯学研究論叢（平河出版社）	85-111
1993	豳文化の周への継承について	高橋庸一郎	阪南論集人文・自然科学編	28（3）
1993	図版「詩経図」（宮内庁書陵部所蔵）狐（付）解題	村山吉廣	詩経研究	18
1993	学会報告：第1回詩経国際学術研討会に参加して	田中和夫	詩経研究	18
1993	隠喩の忘却もしくは法の後に──「文心雕竜」比興篇から	中島隆博	中国哲学研究（東京大学中国哲学研究会）	6
1994	「夙夜」より見た詩経詩篇の新古に就いて	家井真	二松学舎大学東洋学研究所集刊（二松学舎大学東洋学研究所）	25、75-92
1994	『毛詩』頌に見る宗教思	栗原圭介	宗教研究	299（57-4）

	想と科学思想について			
1994	『詩経と万葉集』中における美女	徐送迎	環日本海研究年報	1、31-44
1994	『韓詩外伝』注釈（巻9）	吉田照子	福岡女子短期大学紀要	47
1994	正倉院本王勃詩序の研究（1）〔含正倉院本王勃詩序本文翻刻・漢字索引〕	長田夏樹	神戸市外国語大学外国学研究	30
1994	目加田誠博士追悼記〕目加田誠先生と詩経	岡村繁	詩経研究	19
1994	目加田誠博士追悼記〕温トシテソレ玉ノ如シ	村山吉廣	詩経研究	19
1994	采詩ノート（18）「高岡」	村山吉廣	詩経研究	19
1994	風雅論——近世期朱子学における古典主義的詩論の成立	揖斐高	俳諧と漢文学（和漢比較文学叢書：汲古書院）	第16巻
1994	曹植詩賦の語彙・表現について——『詩経』との比較を中心として	張健	中国中世文学研究	26、19-32
1994	詩経に見る哲学と科学思想副題序説	栗原圭介	東洋文化（無窮会）復刊	73、5-18
1994	詩経に於ける「草木伐採」の興詩に就いて	福本郁子	日本中国学会報（日本中国学会）	46、1-15
1994	詩経征役詩解釈から見た「毛伝」の訓詁態度	薮敏裕	斯文（斯文会）	102、38-55
1994	詩経葛覃・樛木・螽斯・	江口尚純	静岡大学教	45、17-30

		桃夭・兎罝篇解釈考		育学部研究報告・人文・社会科学篇	
1994	詩経解釈史序説——関雎篇の経学的解釈とその評価とめぐって	薮敏裕	岩手大学教育学部研究年報（岩手大学教育学部）	54（1）、34-26
1994	詩経巻耳篇釈考	江口尚純	詩経研究	19、1-18
1994	劉向の詩経学——幽厲時代をめぐって	加藤実	東洋の思想と宗教（早稲田大学東洋哲学会）	11、1-16
1994	劉向輯校「古列女伝」校異訳試稿（8）——母儀伝の下、なうび本伝所引詩句一覧	山崎純一	桜美林大学中国文学論叢	19、23-90
1994	蘇轍の詩経学	江口尚純	静岡大学教育学部研究報告人文・社会科学篇（静岡大学教育学部）	44、19-32
1994	図版「詩経図」（宮内庁書陵部所蔵）薺（付）解題	村山吉廣	詩経研究	19
1994	隠す自然——「楚辞」から見た『詩経』（上）	小池一郎	同志社外国文学研究（同志社大学外国文学会）	68、1-16

1995	『万葉集』と詩経の女性文学	徐送迎	現代社会文化研究（新潟大学大学院現代社会文化研究科）	第2号、1-25
1995	『詩経』とマザーグース	加納喜光	中国語（内山書店）	1月号
1995	『詩経』における天と鳥について恋愛	加納喜光	中国語（内山書店）	2月号
1995	『詩経』の動物・植物	加納喜光	中国語（内山書店）	3月号
1995	シェニエと詩経	森英樹	慶応義塾大学日吉紀要フランス語フランス文学（慶応義塾大学日吉紀要刊行委員会）	21、35-57
1995	補亡詩考	佐藤利行	中国学論集（安田女子大学中国文学研究会）	10
1995	詩経と数学	米山徹	大学の物理教育	95（1）、33
1995	詩経における動物象徴──性的メタファーを中心に（文苑）	加納喜光	新しい漢文教育（全国漢文教育学会編、研文社）	第21号、62-70

1995	詩経に見る「風」の概念形成と理念志向（上）	栗原圭介	大東文化大学漢学会誌	34、1-19
1995	詩経に見る色彩語彙の体系	遠藤雅裕	中国文学研究（早稲田大学中国文学会）	21、52-67
1995	詩経に於ける「君子」に就いて──祖霊祭祀詩を中心として	家井真	二松学舎大学東洋学研究所集刊（二松学舎大学東洋学研究所）	26、79-94
1995	詩経十五国風に見る科学思想	栗原圭介	東洋文化（無窮会）復刊	75、46-63
1995	詩経王風・采葛篇の解釈に就いて	福本郁子	二松学舎大学人文論叢（二松学舎大学人文学会）	55、56-73
1995	詩経周南・召南に見る宗教志向	栗原圭介	宗教研究（第53回学術大会紀要特集）	68号4、273-275
1995	詩経詩と邑・都・王	高橋庸一郎	阪南論集人文・自然科学編（阪南大学）	30 (3)、21-28
1995	詩経詩篇の成立に関する一考察──周南に就いて	家井真	二松学舎大学論集（二松学舎大	38、63-91

			学)	
1995	恋愛詩の宗教的意義についての一考察──関雎と雅歌を手がかりとして	市川裕	栗原圭介博士頌寿記念東洋学論集（汲古書院）	339-357
1995	礼概念形成に見る『詩経』的志向形態	栗原圭介	漢学研究（日本大学中国文学会）	33、39-53
1995	隠す自然──「楚辞」から見た『詩経』（下）	小池一郎	同志社外国文学研究（同志社大学外国文学会）	69、13-35
1996	『毛詩抄』の完成を喜ぶ	寿嶽章子	図書（岩波書店）	565
1996	『毛詩抄』完結によせて──抄物研究の現在	柳田征司、木田章義、赤瀬信吾	文学（岩波書店）	7（3）
1996	『毛詩草木鳥獣虫魚疏』──詩経名物学の祖	加納喜光	月刊しにか	7（12）、18-23
1996	『詩集伝』国風二南の主題をめぐって	近藤正則	国学院雑誌（中国学特集）（国学院大学出版部）	97（11）、143-154
1996	『詩経と万葉集』──「候人」と「松浦川に遊ぶ歌」	李哲権	帝京平成大学紀要	8（1）、63-74
1996	大谷大学蔵三教指帰注集	山本秀人	福岡教育大	45

	に引用された漢籍の訓法について（承前）毛詩、論語の場合		学紀要第 1 部文科編	
1996	司馬遷の『詩経』解釈の一側面——斉世家「大国之風」と斉風の詩	小林健一	言文	44、31-41
1996	四庫提要詩類選訳（6）毛詩指説 1 巻	江口尚純	詩経研究	20
1996	四庫提要詩類選訳（7）詩説解頤 40 巻	西口智也	詩経研究	20
1996	金文資料よりみた韻文の成立——『詩経』詩篇成立へのアプロ-チ	篠田幸夫	二松学舎大学論集（二松学舎大学）	39、123-147
1996	夏伝才『詩経研究史概要』	大野圭介	中国文学報（京都大学文学部中国語学中国文学研究室）	52、126-134
1996	詩経に見る「風」の概念形成と理念志向（下）	栗原圭介	大東文化大学漢学会誌	35、12-40
1996	趙岐の詩経学	弥和順	詩経研究	20、1-8
1996	仏訳唐詩集（oesiesdel'eoquedesThang）に見られる『詩経』観——ヨーロッパに於ける漢詩の受容（中国・韓国の思想・文学）	市川桃子	中村璋八博士古稀記念東洋学論集（中村璋八博士古稀記念論集編集委員会編、汲古書院）	611-639
1996	図版「詩経図」（宮内庁書	村山吉廣	詩経研究	20

	陵郡所蔵）芃蘭（付）解題			
1996	学会報告：第 2 回詩経国際学術研討会参加報告	田中和夫	詩経研究	20
1997	「毛詩抄」の楽しみ方	小林千草	図書（岩波書店）	577
1997	「気」の操作と祭祀――『国語』と『詩経』をめぐって	久富木成大	金沢大学文学部論集・行動科学・哲学篇	17、1-27
1997	『万葉集』「怨恨歌」と詩経「氓」を巡って（山口博先生退官記念特集号）	徐送迎	新潟大学国語国文学会誌	39、46-52
1997	『毛詩注疏』に見られる問答体構成の論証形式――「若然」をめぐって	田中和夫	人文社会科学論叢（宮城学院女子大学）	6
1997	『詩経』からの引用	加地伸行	新釈漢文大系季報（明治書院）	92
1997	『詩経』中の「孔」字の分布	清水茂	橋本万太郎紀念中国語学論集（内山書店）	149-153
1997	今後の『詩経』研究の隠れた好著	水上静夫	詩経研究	21、17-18
1997	白居易「諷諭詩」に見る「情」と「倫理」の矛盾――『詩経』の美的価値の継承について	諸田竜美	中国文学論集	26、37-54

1997	石鼓文製作年代考——『詩経』・秦公諸器銘文との比較に於いて	篠田幸夫	二松学舎大学論集（二松学舎大学）	40、107-131
1997	高吹万詩経蒐書軼事	村山吉廣	詩経研究	21、5-11
1997	問題提起に満ちた新しい詩経全釈——王宗石編『詩経分類詮釈』——書評	田中和夫	詩経研究	21、1-2119-21
1997	源氏物語「胡蝶」の巻の仙境表現——本朝文粋巻十所収詩序との関はりについて	田中幹子	伝承文学研究	46
1997	詩経の成立とその内容	家井真	新繹漢文大系季報（明治書院）	92
1997	詩経国風に於ける花・実・草・木の興詞——霊の依り馮くもの	家井真	中国研究集刊（大阪大学、大阪大学文学部中国哲学研究室）	来19、1637-1661
1997	論語を読む——孔子の詩経観	藤野恒男	仁愛国文	14
1997	韓詩外伝の詩と礼と楽	吉田照子	福岡女子短大紀要	53、96_a-81_a
1997	図版「詩経図」（宮内庁書陵郡所蔵）造舟（付）解題	村山吉廣	詩経研究	21
1998	なぜ雄略歌なのか——『万葉集』巻頭歌における『詩経の受容について	徐送迎	東アジア（新潟大学東アジア学	7、15-34

			会)	
1998	大田錦城の詩序論──『毛詩大序十謬』を中心として	江口尚純	中国古典研究	43
1998	四庫提要詩類選訳（8）呂氏家熟読詩記 32 巻	大野貴正	詩経研究	22
1998	如達堂縁起	村山吉廣	新釈漢文大系季報（明治書院）	95
1998	空海と『詩経』（第 1 部）──広法大師の思想と日本仏教	静慈円	仏教教理・思想の研究 佐藤隆賢博士古稀記念論文集（佐藤隆賢博士古稀記念論文集刊行会編、山喜房仏書林）	47-80
1998	采詩ノート（19）──「関雎堂」	村山吉廣	詩経研究	22
1998	徐光啓『毛詩六帳』序説	村山吉廣	詩経研究	22、20-26
1998	詩経鄘風・蝃蝀篇の「虹」に就いて	福本郁子	二松学舎大学論集（二松学舎大学）	41、115-138
1998	詩経の興詞と枕詞等	家井真	新繹漢文大系季報（明治書院）	95
1998	詩経国風の作風考──「氓」と「谷風」をめぐ	松崎治之	国際文化研究所論叢	第 9 号、1-19

	って		（筑紫女学園大学編、筑紫女学園大学）	
1998	漢代詩説における宣王像──宣王像のゆれと変雅の成立	加藤実	詩経研究	22、1-11
1998	図版「詩経図」（宮内庁書陵部所蔵）苓（付）解題	村山吉廣	詩経研究	22
1998	学会報告：第 3 回詩経国際学術研討会参加報告	田中和夫	詩経研究	22
1999	白氏文集』に於ける『毛詩』の非諷諭的受容──恋愛詩を中心として	諸田竜美	文学研究（九州大学文学部）	96
1999	村山吉広教授の退休に当たって］村山先生の思い出	赤井益久	詩経研究	24
1999	村山吉広教授の退休に当って］『詩経研究』創刊のころ	坂田新	詩経研究	24
1999	村山吉広教授の退休に当って］八階の研究室	加藤実	詩経研究	24
1999	村山吉広教授の退休に当って］詩経学会の生まれたころ	田中和夫	詩経研究	24
1999	村山吉広教授の退休に当って〔含略年譜〕	日本詩経学会	詩経研究	24、19-30
1999	季本の詩経学観	西口智也	早稲田大学大学院文学研究科紀要	45、89-97

			第 1 分冊（早稲田大学大学院、早稲田大学大学院文学研究科）	
1999	采詩ノート（20）——天険親不知「如砥如矢」の碑	村山吉廣	詩経研究	23、19-24
1999	采詩ノート（20）——偕行社	村山吉廣	詩経研究	24、14-16
1999	唐代後期の詩経学——施士匄と成伯璵『毛詩指説』をめぐって（国文学科）	塩出雅	武庫川女子大学文学部50周年記念論文集（武庫川女子大学文学部50周年記念論文集編集委員会編、和泉書院）	151-
1999	夏伝才教授の来日	村山吉廣	詩経研究	23
1999	郝敬の詩序論——朱子批判と孔孟尊重	西口智也	詩経研究	23、10-18
1999	馬場克昌『詩経物産図譜』について	岩佐伸一	岐阜県博物館調査研究報告（岐阜県博物館）	20、1-21
1999	詩の「興」について（中）	田中和夫	宮城学院女子大学研究論文集	90

1999	詩経における孔子刪定説の諸相──宋代までの学説を中心にして	江口尚純	詩経研究	24、1-10
1999	詩経に於ける「黄鳥」に就いて	福本郁子	二松学舎大学論集（二松学舎大学）	42、81-108
1999	詩経に於ける羔裘 3 編に就いて	家井真	二松学舎大学論集（二松学舎大学）	42、59-79
1999	詩経大雅・生民篇小考──叙事性をめぐって	松崎治之	国際文化研究所論叢（筑紫女学園大学編、筑紫女学園大学）	第 10 号、1-19
1999	鄧石如隷書冊頁『詩経』大雅抑篇について	遠藤昌弘	駒沢女子大学研究紀要（駒沢女子大学）	6、47-62
1999	韓嬰と諸侯王──『韓詩外伝』の教育論	斎木哲郎	中国哲学（北海道中国哲学会）	28
1999	翻訳──王元化『文心雕竜創作論八釈・釈「比興篇」擬容取心説』（上）──芸術的形象に関して──表象と概念の総合	甲斐勝二	福岡大学人文論叢	31 (3)
1999	図版「詩経図」（宮内庁書陵部所蔵）桃虫（付）解	村山吉廣	詩経研究	24

	題			
1999	図版「詩経図」(宮内庁書陵部所蔵) 鶉 (付) 解題	村山吉廣	詩経研究	23
1999	壷中天酔歩——中国の飲酒詩を読む (1)『詩経』	枯骨閑人	月刊しにか (大修館書店)	10 (11)、82-87
1999	学会報告：第 4 屆国際詩経学術研討会報告	川田健、西口智也	詩経研究	24
1999	済南再遊記	村山吉廣	詩経研究	24、11-13
1999	満文『詩経国風』における押韻について	山崎雅人	人 文 研 究 (大阪市立大学、大阪市立大学文学部)	51 (8 分冊)、763-789
2000	「之子」考——漢魏六朝期の詩を中心に	矢田博士	言語と文化 (愛 知 大学、愛知大学語学教育研究室)	2、172-163
2000	『毛詩正義』小雅 「四牡」篇訳注稿	田中和夫	人文社会料学論叢	9
2000	『毛詩注疏』における『史記』の評価	田中和夫	村山吉広教授古稀記念中国古典学論集 (汲古書院)	327-343
2000	『河海抄』の『毛詩』	吉森佳奈子	中 古 文 学 (中古文学会)	65
2000	人間存立の基本理念志向	栗原圭介	大東文化大	39

	──『詩』を源泉に「坊記」の形成		学漢学会誌	
2000	大田錦城の六義説──その歴代学説分類と賦比興説を中心に	江口尚純	村山吉広教授古稀記念中国古典学論集（汲古書院）	1041-1053
2000	女訓書としての漢代の『詩経』──『毛詩』と『古列女伝（女訓詩)』の基礎的検討	山崎純一	村山吉広教授古稀記念中国古典学論集（同論集刊行会編、汲古書院)	205-226
2000	公劉・大王の受難と「后稷の業」──『詩譜』「豳譜」における鄭玄の解釈	間嶋潤一	中国文化（筑波大学中国文化学会)	58
2000	王符の詩経学	加藤実	村山吉広教授古稀記念中国古典学論集（同論集刊行会編、汲古書院)	245-261
2000	王質の周南召南解	江口尚純	詩経研究	25、15-26
2000	王国維詩説選訳（1)──「漢以後所伝周楽考」	永井弥人	詩経研究	25
2000	出門・不出門	増野弘幸	詩語のイメージ──唐詩を読むた	

			めに（東方書店）	
2000	北朝鮮李朝申綽「詩次故」の詩経説学熟考	内野熊一郎	内野熊一郎博士白寿記念東洋学論文集」（汲古書院）	215-281
2000	明人李先芳『読詩私記』	李家樹；西口智也（訳）	詩経研究	25
2000	采詩ノート（21）——縣縣亭	村山吉廣	詩経研究	25、49-51
2000	金文の銘文から『詩経』へ、縦横家の弁説から「楚辞」へ	高橋庸一郎	阪南論集人文・自然科学編（阪南大学）	35（4）、117-129
2000	郝敬の賦比興論——その「興」説を中心に	西口智也	村山吉広教授古稀記念中国古典学論集（汲古書院）	897-910
2000	陳啓源『毛詩稽古編』——『詩経』解釈の方法と後世の評価について	江尻徹誠	中国哲学（北海道中国哲学会）	29、97-115
2000	楚辞韻読——中古音の楚辞への適用の妥当性	野田雄史	九州中国学会報（九州中国学会）	38、142-126
2000	詩経における「南畝」の意味について	増野弘幸	村山吉広教授古稀記念中国古典学論集（同論	129-143

2000			集刊行会編、汲古書院）	
2000	詩経のモチーフの研究（上）	加納喜光	人文学科論集（茨城大学人文学部）	34、136-115
2000	詩経の比喩──「如」字使用の直喩について	古田敬一	村山吉広教授古稀記念中国古典学論集（同論集刊行会編、汲古書院）	111-128
2000	詩経をめぐる二、三のことども	谷口義介	白川静著作集月報	10
2000	詩経宗廟考	福本郁子	二松学舎大学論集（二松学舎大学)	43、99-126
2000	詩経研究──恋歌を中心に	林琦	大阪女学院短期大学紀要	30、285-295
2000	詩経清廟之什の構成に就いて	家井真	二松学舎大学東洋学研究所集刊（二松学舎大学東洋学研究所）	30、39-73
2000	詩経図「大東総星図」解題	村山吉廣	詩経研究	25

2000	歌論と詩論——『古今和歌集』序と中国詩学	渡辺秀夫	日本語学（明治書院）	19、（13）
2000	漢城秋色——韓国詩経国際学術大会参加記	村山吉廣	詩経研究学会報告	25、40-48
2000	顧頡剛論詩序	西口智也訳（林慶彰著）	村山吉広教授古稀記念中国古典学論集（汲古書院）	963-976
2000	国風の起源と二南の成立——周南の形成	栗原圭介	東洋文化（無窮会）復刊	84
2000	欧陽修『詩本義』の揺籃としての『毛詩正義』	種村和史	橄欖（宋代詩文研究会）	9
2001	中国古代哲学・歴史文献中における『詩経』各篇別の引用状況一覧（1）——国風	翠川信人	研究紀要（東海学院教育研究所編、東海学院教育研究所）	第6号、21-42
2001	王質の詩序批判	江口尚純	中国古典研究	45
2001	朱子学成立の環境——ことばと文化	橋本高勝	京都産業大学国際言語科学研究所所報	22、299-335
2001	足利学校所蔵「毛詩鄭箋」識語考——心甫栄伝は足利学校の学徒か	倉沢昭寿	学校（足利市教育委員会足利市教	1

			育委員会史跡足利学校管理事務所)	
2001	采詩ノート（22）「嚶鳴舘」	村山吉廣	詩経研究	26、50-51
2001	段昌武の『毛詩集解』について	江口尚純	静岡大学教育学部研究報告（人文・社会料篇）	51
2001	敦煌『毛詩音』S. 10V 写巻考弁	遠藤光暁	論集（青山学院大学全学共通科目論集」編集委員会）	42
2001	逸詩としての「麦秀之詩」について——『史記』所引の詩と詩説	小林健一	言文（福島大学教育学部国語学国文学会）	48
2001	想像の歯車——聞一多の詩経研究	牧角悦子	詩経研究	26、1-15
2001	新刊紹介（中国詩経学会編『詩経研究叢刊』（第 1 輯）・呉万鍾著『従詩到経——論毛詩解繹的淵源及其特色』・林慶彰、楊晋竜主編；陳淑誼編輯『陳奐研究論集』・韓国詩経学会編『詩経研究』（第 2 輯））	村山吉廣	詩経研究	26

2001	詩経と一茶と団十郎	杉下元明	ユリイカ（青土社）	33（1）、100-107
2001	詩経における通い婚について──比較文学と民俗学の視点から	徐送迎	高崎経済大学論集（高崎経済大学学会）	44（2）、97-113
2001	詩経に於ける「于嗟」「嘆」「嘯」に就いて	福本郁子	二松学舎大学論集（二松学舎大学）	44、97-124
2001	詩経に於ける祖霊祭祀歌について	家井真	二松学舎大学論集（二松学舎大学）	44、69-95
2001	詩経のモチーフの研究（中）	加納喜光	人文学科論集（茨城大学人文学部）	36、152-132
2001	詩経研究におけるコンピューター活用の実際	西口智也	詩経研究	26、4-16
2001	詩経研究文献目録（邦文篇）2000（平成12年）	江口尚純	詩経研究	26、1-3
2001	詩経情詩に対する再検討──「歌垣」と「桑間濮上」「桑中之喜」をめぐって	徐送迎	詩経研究	26、28-43
2001	漢籍目録データベースの将来像について──「金山高氏蓜廬所蔵詩経目録」及び「復旦大学図書館蔵詩経書目録」を例として	西口智也	中国古典研究（中国古典研究会）	46、1-13

2001	聞一多の詩経研究──創作と古典研究をむすぶもの	牧角悦子	二松学舎大学人文論叢（二松学舎大学人文学会）	67、238-266
2001	劉敞の『七経小伝』について──特に詩経の論説を中心として	江口尚純	詩経研究	26、16-27
2001	螽斯頌	伝馬義澄	室生犀星研究（室生犀星学会）（星の広場）	23
2001	蘇轍『詩集伝』と朱熹『詩集伝』	石本道明	国学院雑誌（国学院大学出版部）	102（101134）、14-28
2001	図版「詩経図」（宮内庁書陵部所蔵）茹芦（付）解題	村山吉廣	詩経研究	26
2001	学会報告第 5 回『詩経』国際学術研討会報告	田中和夫	詩経研究	26、44-46
2001	斉詩学派と斉・魯学派	永井弥人	中国古典研究	46 号
2001	銭大昕の『詩経』斉風「還」の考拠	浜口富士雄	東洋古典学研究（東洋古典学研究会）	11、23-36
2002	「七月」文義弁	牟玉亭著、石合香訳	詩経研究	27、29-39
2002	一茶と『詩経』	杉下元明	和漢比較文学（和漢比	28、43-55

			較文学会)	
2002	中国の散歩道（5）『詩経』はお経にあらず	今村遼平	測量（日本測量協会）	52（1）、36-39
2002	日本の近代における『詩経』研究について──「十月之交」を中心として（第2部儒学思想の受容）	李慶	日本漢学研究初探	20-22
2002	毛詩発祥地考察暨研討会参加記	村山吉廣	詩経研究	27、40-46
2002	江戸期における詩経関係書目（暫定版）	江口尚純	詩経研究	27、1-17
2002	房中楽考──南音風始序説	胡志昂	埼玉学園大学紀要人間学部篇（埼玉学園大学）	2、128-113
2002	采詩ノート（23）「恵而好我」印	村山吉廣	詩経研究	27、47-48
2002	振る舞いの詩学──中国古典文学に見える〈トル〉とく オクル〉	赤井益久著	国学院雑誌	103巻11号
2002	詩経と音楽について（上）	清水浩子	詩経研究	27、1-11
2002	詩経における鋪陳	大野圭介	詩経研究	27、12-28
2002	詩経に於ける「隰」の依代に就いて	福本郁子	二松学舎大学論集（二松学舎大学）	45、113-144
2002	詩経のモチーフの研究	加納喜光	人文学科論	37、196-174

	（下）		集（茨城大学人文学部）	
2002	詩経臣工之什の構成に就いて	家井真	二松学舎大学東洋学研究所集刊（二松学舎大学東洋学研究所）	32、55-89
2002	詩経甫田之什の構成に就いて	家井真	二松学舎大学論集（二松学舎大学）	45、77-112
2002	詩経関係文献目録［邦文篇］2001（平成13年）	江口尚純	詩経研究	27、18-19
2002	聞一多論文「『詩経』的性欲観」について──その淵源を尋ねて	鈴木義照	早稲田大学日本語研究教育センター紀要（早稲田大学日本語研究教育センター）	15、63-76
2002	図版「詩経図」（宮内庁書陵部）荇菜（付）解題	村山吉廣	詩経研究	27
2002	黄佐の『詩経通解』について	西口智也	中国古典研究（中国古典学会）	47、127-143
2003	『韓詩外伝』と『荀子』──引詩の特色	吉田照子	福岡女子短大紀要（福岡女子短期	61、45-59

		大学)	
2003	小沢芦庵における詩経題について──自筆本『六帳詠藻』を中心に	伊藤達氏	和歌文学研究	87、38-50
2003	古代中国の夏・商・周代の法政史に関する序章的研究──『論語』・『孔子家語』・『詩経』・『礼記』・『尚書』の諸規定の中の刑法と民法と婚姻法の成立史を焦点として	高崎譲治	東日本国際大学研究紀要	8（1）（通号14）45-80
2003	名もなき民衆の望郷──『詩経』から（特集 1 ノスタルジ-の漢詩）	江口尚純	月刊しにか（大修館書店）	14（2）、18-21
2003	江戸期における詩経関係和刻本目録（暫定版）	江口尚純	中国古典研究（中国古典学会）	48、1-13
2003	江戸期における詩経関係書目（第1次分類版）	江口尚純	静岡大学教育学部研究報告人文・社会科学篇（静岡大学教育学部）	54、1-14
2003	岡井赤城『詩疑22巻』について	江口尚純	詩経研究	28、1-9
2003	采詩ノート（24）「鳩居室」	村山吉廣	詩経研究	28、10-11
2003	詩経に見られる饗宴儀礼の変遷について	岡田直子	二松（二松学舎大学大学院、二松学舎大学大	17、165-203

			学院文学研究科）	
2003	詩経篇名考	野村和弘	二松（二松学舎大学大学院、二松学舎大学大学院文学研究科）	17、205-233
2003	詩経関係文献目録［邦文篇］1991（平成 3 年）──1999（平成 11 年）	西口智也	詩経研究	28、1-10
2003	図版「詩経図」（宮内庁書陵部）犧尊（付）解題	村山吉廣	詩経研究	28
2004	王安石『詩義』に関する一考察──朱熹の『詩』解釈との関はりにおいて	井沢耕一	詩経研究	29、8-24
2004	采詩ノート（25）有斐閣	村山吉廣	詩経研究	29、28-29
2004	胡適の『詩経』解釈にみる文学観	横打理奈	東洋大学中国哲学文学科紀要（東洋大学文学部）	12、229-252
2004	詩の構造的理解と「詩人の視点」──王安石『詩経新義』の解釈理念と方法	種村和史	橄欖（宋代詩文研究会）	12、67-111
2004	詩経「桃夭篇」の解釈──通説への反論	市川桃子	応用言語学研究（明海大学大学院応用言語学研究科、明海大学大学	6、183-196

			院応用言語学研究科紀要編集委員会)	
2004	詩経における音楽性——言葉のリズムから	荒木雪葉	比較思想研究	(31)（別冊）
2004	詩経に於ける境界神祭祀詩に就いて	福本郁子	二松学舎大学人文論叢（二松学舎大学人文学会）	72、119-139
2004	詩経の中のエロス——桃の夭夭たる	牧角悦子	二松学舎大学東洋学研究所集刊（二松学舎大学東洋学研究所）	34、107-117
2004	詩経王風・采葛篇における「葛」の考察	柴田知津子	明海大学大学院応用言語学研究科紀要	6、233-247
2004	詩経召南・何彼襛矣篇の研究	張延瑞；柴田知津子	明海大学教養論文集	16、63-75
2004	詩経徳字考——国風・小雅を中心として	篠田幸夫	二松学舎大学論集（二松学舎大学文学部）	47、173-195
2004	図版「詩経図」（宮内庁書陵部）盧（付）解題	村山吉廣	詩経研究	29
2004	増島蘭園『詩序質朱』について	江口尚純	詩経研究	29、1-7

2004	学会報告：第 6 回詩経国際学術研討会参加報告記	田中和夫	詩経研究	29、25-27
2005	（研究ノート）宋・王質『詩線、聞』に見える「努紐」について	富平美波	アジアの歴史と文化（山口大学2004）	8
2005	「采詩の官」の言説に見られる白居易の詩観-青年期から晩年期まで-	秋谷幸治	中国学論集	23
2005	「采詩夜誦」ということ	山口為広	国学院雑誌	106-11
2005	『毛詩正義』小雅「常棣」篇釈注稿	田中和夫	人文社会科学　論　叢（14）（宮城学院女子大学付属人文社会科学研究所）	
2005	『孟子』「詩亡然後春秋作」の解釈に就いて	山辺進	アジア文化の思想と儀礼、福井文雅博士古稀記念論集（春秋社）	69-86
2005	『孟子』に於ける引『詩』に就いて	山辺進	二松学舎大学論集	48
2005	『荀子』『孟子』『左氏博』所見『詩』『書』考-経学前史（2）	沢田多喜男	東洋古典学研究	19
2005	『閑吟集』「序」の表現論的解釈と「日本書紀抄」「毛詩抄」	小林千草	東海大学紀要、文学部（東海大学	84

			文学部)	
2005	『詩』の成立と伝播に関する一考察──共同祭祀の場との関係を中心に	小寺敦	史学雑誌 114（9）	1532-1555
2005	『詩経』から見た色彩語	劉渇氷	神奈川大学大学院言語と文化論集	12、121-147
2005	『詩経』再考──育児しない鳥を詠む「鳲鳩」の真相を求めて	山崎洋平	詩経研究	30、1-16
2005	『詩経』境界神祭祀詩に於ける採草の興詞に就いて	福本郁子	二松学舎大学論集	48、81-108
2005	『墨子』引詩考	荻野友範	中国文学研究	30
2005	イナゴはどうして嫉妬しないのか？──詩経解釈学史的点描	種村和史	慶応義塾大学日吉紀要・言語・文化・コミュニケーション	35、55-87
2005	万葉歌に見られる『毛詩』伐木篇の影響-巻 19・4208 番歌を中心に	島村良江	昭和女子大学大学院日本文学紀要	16
2005	中国の古代歌謡──その淫風的性格について	辰巳正明	国学院大学紀要	43、81-105
2005	反復される語り-古代中国における「詩」と「小説」	広瀬玲子	専修人文論集	77
2005	日本における詩経研究文献目録（論文篇）1868	江口尚純	中国古典研究	50、1-46

	（明治元年）-2004（平成16年）		
2005	水の哲学（8）古代中国の水の思想（8）『詩経』を中心として	蜂屋邦夫	季刊河川レビュー	34（2）（通号130）
2005	王国維の詩経研究、神話と詩	野村和弘	日本聞一多学会）	4
2005	段玉裁の詩経研究に見られる説の揺らぎ──試論	種村和史	次世代中国古典文献データベース構築の基礎的研究（平成14-16年度科学研究費補助金（基盤研究C研究成果報告書）（村越貴代美編）	
2005	家井真著『詩経の原義的研究』	石川三佐男	二松学舎大学人文論叢75	168-173
2005	訓詁を綴るもの-陳奐『詩毛氏伝疏』に見られる欧陽脩『詩本義』の影響	種村和史	橄欖（宋代詩文研究会）	13
2005	郝敬の詩経観-「志・辞・声」論をめぐって	西口智也	アジア文化の思想と儀礼、福井文雅博士古稀記念論集	207-221

			（春秋社）	
2005	陳啓源『毛詩稽古編』における詩序論について	江尻徹誠	日本中国学会報	57
2005	陳啓源『毛詩稽古編』成立とその流布について	江尻徹誠	詩経研究	30、17-33
2005	詩経研究文献目録邦文単行本編（第 3 次稿）明治元年（1868）-平成 16 年（2004）	江口尚純	詩経研究	30、1-11
2006	『詩経』における祖先祭祀	徐送迎	桜美林論集	33、33-50
2006	『詩経』に詠まれた鳥、鳲鳩に関わる伝説を探る	山崎洋平	詩経研究	31、1-18
2006	『詩経』有瞽篇、霊台篇の存在意義	荒木雪葉	西南学院大学大学院文学研究論集	25、137-168
2006	『読風臆評』論——明代戴君恩の詩経学	村山吉廣	松浦友久博士追悼記念中国古典文学論集（松浦友久博士追悼記念中国古典文学論集刊行合編集）研文出版	148-162
2006	毛詩正義引書索引	野間文史	広島大学大学院文学研究科論集（広島大学大学院文学	66（特輯号 1）

			研究科)	
2006	古今集仮名序の六義	石井裕啓	和歌文学研究（和歌文学会）	92
2006	白川静の『詩経』研究について──「国風」詩を中心として	芦益平	九州国際大学教養研究	13（1）（35）、61-75
2006	朱熹の詩経学研究──朱熹の詩経観	重野宏一	国士館大学漢学紀要	9、51-76
2006	江戸期における詩経研究の一動向──大田錦城を中心として	江口尚純	中国古典研究	51、21-31
2006	林鵞峯の詩経関係著述考略	江口尚純	詩経研究	31、19-26
2006	荻生徂徠の詩経観について	張文朝	中国哲学論集（31・32）	97-120
2006	陳啓源と朱鶴齢の詩経学──陳啓源『毛詩稽古編』の成立に関する一考察として	江尻徹誠	詩経研究	31、27-43
2006	植物の採取に関する動詞について──『詩経』における植物の考察	柴田知津子	応用言語学研究	8、147-166
2006	詩経研究文献目録「邦文篇」2005（平成17年）	江口尚純	詩経研究	31、1-3
2006	学会報告第7回詩経国際学術研討会参加報告記	大野圭介、田中和夫	詩経研究	31、48-51
2007	「召南・行露」における女──自活する江南女性文	徐送迎	桜美林論集紀要日中言	5

	化の視点から		語文化	
2007	「詩」と「志」──民国期以来の「詩言志」論	萩野友範	早稲田大学大学院文学研究科紀要第2分冊	53
2007	「詩言志」一考──『尚書』、『論語』、『詩経』序を中心に	蔡江華	言葉と文化	8、21-35
2007	『上海博物館蔵戦国楚竹書研究（4）』「逸詩」における「奴」字の簡略化について	野原将揮	KOTONOHA	48
2007	『毛詩正義』と王安石『詩義』──唐から北宋までの経書解釈の展開	井沢耕一	詩経研究	32、9-26
2007	『易経』『書経』『詩経』における主題マーカーの「者」と「也」について	張麟声	中国語研究	49、42-48
2007	『詩経』の無韻部分に対する明・郝敬『毛詩原解』の音注について	富平美波	アジアの歴史と文化11	117-138
2007	『詩経』の話──「桃夭」「碩鼠」「黍離」を中心に	植田渥雄	日中言語文化：桜美林大学紀要	5、3-21
2007	『詩経研究』執筆者別五十音順索引（書誌と書誌論）	重野宏一	文献探索	214-225
2007	『韓詩外伝』と老荘思想	吉田照子	福岡女子短大紀要	70
2007	『説文解字繋伝』引	坂内千里	言語文化研	33

			究	
	『詩』考		究	
2007	二重像の詩学──比喩と対句と掛詞	川本皓嗣	大手前大学論集 8	1-22
2007	太宰春台の「詩論」	白石真子	東方学	114
2007	永嘉学派の詩経学の思想について（上）	錢志熙、種村和史訳	橄欖	14、181-210
2007	白川詩経学の方法（特集白川静と知の考古学）	谷口義介	大航海	63、80-87
2007	伊藤仁斎の詩経観について	張文朝	九州中国学会報	45、107-121
2007	伊藤東所『詩解』考略	江口尚純	中国古典研究	52
2007	伊藤東所の詩経学	江口尚純	詩経研究	32、1-8
2007	伝三条西実隆筆『毛詩国風篇聞書』について	田中志瑞子	訓点語と訓点資料	118
2007	采詩ノート（28）岡山市「甘棠碑」（付）「遺愛梅碑」	村山吉廣	詩経研究	32、27-34
2007	書評『詩経』Ⅰ・Ⅲ（加納喜光著）	増野弘幸	新しい漢字漢文教育	45
2007	郭璞『爾雅注』の方法──『詩経』の引用を中心にして（岡田教授退休記念号）	関清孝	大東文化大学漢学会誌	46、109-129
2007	陳啓源『毛詩稽古編』における賦比興論──六義論に関する一考察として	江尻徹誠	中国哲学	35
2007	渡辺蒙庵『詩伝悪石』考──徂徠、春台「読詩」の系譜	白石真子	和漢比較文学	39

2007	詩経から漢魏六朝の叙事詩における頂真格──形式及び語りの機能の発展を中心に	林宗正、二宮美那子訳	中国文学報74	1-28
2007	詩経研究文献目録「邦文篇」2006（平成18年）	江口尚純	詩経研究	32、1-3
2007	聞一多の『詩経』王風・采葛篇に関する論考について──「葛」語を中心に	柴田知津子	応用言語学研究	9、201-219
2007	藤原惺窩点本『詩経』における朱子叶音説とその所拠本	佐藤進	日本漢文学研究	2、31-57
2007	穏やかさの内実──北宋詩経学史における蘇轍『詩集伝』の位置その3　小序および漢唐の詩経学に対する認識	種村和史	慶応義塾大学日吉紀要・言語・文化・コミュニケーション	39、125-162
2007	穏やかさの内実──北宋詩経学史における蘇轍『詩集伝』の位置（その1）欧陽脩『詩本義』との関係	種村和史	橄欖	14、113-143
2008	『毛詩正義』小大雅譜訳注稿（上）毛詩注疏巻第九鹿鳴之什詁訓伝第十六毛詩小雅	田中和夫	人文社会科学論叢	17
2008	『詩経』における自然の音について	阿部正和	中国学研究論集	20、1-13
2008	『詩経』に見える祖霊──周頌・清廟之什の祖霊祭	薮敏裕	アジア遊学	110、160-166

	祀を中心に（特集アジアの心と身体）			
2008	『詩経』歌垣詩に於ける採草の興詞に就いて	福本郁子	二松学舎大学論集	51、141-165
2008	大田錦城の詩経学	江口尚純	詩経研究	33、1-10
2008	中国『詩経』と魚文化	葉駿、韓興勇	九州共立大学・九州女子大学・九州女子短期大学・生涯学習研究センター紀要	13、1-7
2008	日本古代都市論と藤原京の条坊──『詩経』に描かれた中国都市建設との比較	山近久実子	防衛大学校紀要人文科学分冊	96、71-102
2008	永嘉学派の詩経学の思想について（下）	錢志熙、種村和史訳	橄欖	15、87-110
2008	白川教授の詩経研究（白川静先生追悼記念号）	小南一郎	立命館白川静記念東洋文字文化研究所紀要	2、巻頭5-11
2008	杏林春秋古代の「風」の意味を考える──甲骨文・『詩経』・『周易』そして医書	小高修司	中医臨床	29（1）（112）、90-93
2008	東洋の学芸伊藤仁斎における『詩経』観	清水徹	東洋文化	100、12-26
2008	近時「詩経学」の諸問題	村山吉廣	国学院中国学会報	54、1-10

2008	采詩ノート（29）大雅「崧高」画賛	村山吉廣	詩経研究	33、11-13
2008	長准の詩境──『詩経』から北宋末まで	内山精也	橄欖	15、5-34
2008	詩経研究文献目録「邦文篇」2007（平成19年）	江口尚純	詩経研究	33、1-3
2008	穏やかさの内実──北宋詩経学史における蘇轍『詩集伝』の位置その3 小序および漢唐の詩経学に対する認識：補訂	種村和史	慶応義塾大学日吉紀要・中国研究	1、1-31
2009	『詩経』に見られる「鳥の形象」──「雅」を中心として	金秀雄	アジア学科年報	3、12-29
2009	グラネーと松本雅明の「詩経」研究について	芦益平	教養研究	16（1）、99-117
2009	それは本當にあったことか？──詩經解釋學史における歴史主義的解釋の諸相	種村和史	中国研究	2、1-62
2009	上巳習俗の基礎的研究－『詩経』鄭風・溱洧篇の韓詩説と上巳習俗の関係を中心として（上）	李真	岩大語文	14、101-109
2009	中国古代の歌謡と祭礼、復原への試み──松本雅明の詩経研究（特集歌謡の時代）	赤井益久	国学院雑誌	110（11）（1231）、13-26
2009	漢文教材研究『詩経』桃夭篇──漢文教材としての可能性	西口智也	新しい漢字漢文教育	49、65-75

2009	祢布ケ森遺跡出土『詩経木簡』をめぐって	多田伊織	木簡研究	31、262-273
2010	『詩經』に於ける水の呪力に就いて	福本郁子	二松学舎大学論集	53、55-80
2010	『詩經』祖靈祭祀詩に於ける採草の興詞に就いて	福本郁子	千葉大学人文研究	39
2010	なぜ過去の君主を刺った詩と解釋してはならないか?——宋代詩經學者の追刺説批判	種村和史	中国研究	3、1-38
2010	中国古代における「情」の語義の思想史的研究（その 1）詩経・書経・論語・孟子・易経・孝経・周礼における「情」の語義の検証	近藤則之	佐賀大国文	39、33-48
2010	周人の人間的自覺——詩・書を中心として	吉田篤志	大東文化大学漢学会誌	49
2010	詩を道徳の鑑とする者——陳古刺今説と淫詩説から見た詩經學の認識の變化と發展	種村和史	橄欖	17、202-245
2010	藤原惺窩の経解とその継承——『詩経』「言」「薄言」の訓読をめぐって	佐藤進	日本漢文学研究	5、274-248

日本における『詩経』学史

2012 年 12 月 初版 平裝

ISBN　978-957-739-778-2　　　　　　　　　　　定價：新臺幣 560 元

作　　者	張文朝	出　版　者	萬卷樓圖書股份有限公司
發 行 人	陳滿銘	編輯部地址	106 臺北市羅斯福路二段 41 號 9 樓之 4
總 編 輯	陳滿銘	電　話	02-23216565
副總編輯	張晏瑞	傳　真	02-23218698
編輯助理	游依玲	電　郵	editor@wanjuan.com.tw
編輯助理	吳家嘉	發行所地址	106 臺北市羅斯福路二段 41 號 6 樓之 3
封面設計	百通科技	電　話	02-23216565
	股份有限公司	傳　真	02-23944113
		印　刷　者	中茂分色製版印刷事業股份有限公司
版權所有・翻印必究			新聞局出版事業登記證局版臺業字第 5655 號
如有缺頁、破損、倒裝		網 路 書 店	www.wanjuan.com.tw
請寄回更換		劃 撥 帳 號	15624015